죽음의 심리학

KB121334

죽음의 심리학

—

2023년 6월 7일 초판 1쇄 발행

—

지은이 레이첼 멘지스, 로스 멘지스
옮긴이 석혜미
펴낸이 강준규
책임편집 유형일
마케팅지원 배진경, 임혜솔, 송지유, 이원선

—

펴낸곳 (주)로크미디어
출판등록 2003년 3월 24일
주소 서울특별시 마포구 마포대로 45 일진빌딩 6층
전화 번호 02-3273-5135
팩스 번호 02-3273-5134
편집 02-6356-5188
홈페이지 http://rokmedia.com
이메일 rokmedia@empas.com

—

ISBN 979-11-408-1156-4 (03180)
책값은 표지 뒷면에 있습니다.

—

비잉은 로크미디어의 인문 도서 브랜드입니다.
잘못 만들어진 책은 구입하신 서점에서 교환해 드립니다.

죽음의 심리학

HOW THE FEAR OF DEATH SHAPED HUMAN SOCIETY

MORTALS

죽음에 대한 두려움은
어떻게 인류 사회를
형성했는가

레이첼 멘지스, 로스 멘지스
지음

석혜미
옮김

Being

———— • 저자 • ————

레이첼 멘지스Rachel E. Menzies

레이첼 멘지스는 시드니 대학의 객원 강사이자 연구원이며, 멘지스 불안 치료 센터의 창설자 겸 센터장이다. 시드니 대학에서 심리학 학사 학위를 취득했고, 죽음의 공포와 강박장애의 관련성에 대한 논문으로 딕 톰슨 우수논문상Dick Thompson Thesis Prize을 받았다. 시드니 대학에서 임상심리학 석사, 박사 과정을 마치고 박사 후 연구원 과정을 시작했다. 학부생 시절에 시작한 죽음의 공포와 정신병에 관한 연구가 〈임상심리학 리뷰Clinical Psychology Review〉, 〈호주 임상심리학자 회보 Australian Clinical Psychologist〉 등을 비롯해 기타 세계적인 저널에 실렸다. 유명 국제 학회 연사로 초청받은 바 있으며, 호주 인지행동치료협회 Australian Association for Cognitive Behavior Therapy, AACBT의 7개 도시 투어 워크숍을 진행했다. 《죽음 공포 치료: 이론, 연구, 실제Curing the Dread of Death: Theory, Research and Practice》의 주편저자였으며, 라디오 방송, 유명 팟캐스트, '죽음의 축제The Festival of Death and Dying' 등 관련 공개 행사에 정기적으로 출연하고 있다.

로스 멘지스_{Ross G. Menzies}

로스 멘지스는 시드니 공과대학교 보건대학원 임상심리학 교수이다. 뉴사우스웨일스 대학에서 임상심리학 학사, 석사, 박사 학위를 취득했고, 1990년부터 2018년까지 28년간 시드니 대학 건강과학 교수로 역임했다. 시드니 대학 불안장애 치료원 설립이사, 호주 인지행동치료 협회장, 제8회 세계행동인지치료대회World Congress of Behavioural and Cognitive Therapies, WCBCT 회장 및 대표직을 역임했으며, 1995년에 창설된 세계 인지행동치료연맹World Confederation of Cognitive and Behavioural Therapies, WCCBT의 설립이사를 맡았다. 호주 인지행동치료 저널 〈행동 변화Behaviour Change〉의 편집자로 활동했고, 호주 웨스트미드 병원 심리학과 명예 교수를 비롯해 심리 치료와 관련된 여러 명예직을 역임하고 있다. 전 세계를 다니며 심리학자, 정신과 의사, 인지행동 치료사 지원보건전문인을 양성해 온 그는 9권의 책과 200건 이상의 저널 논문을 출간했으며 지금도 활발한 연구 활동을 이어가고 있다.

◦ 역자 ◦

석혜미

연세대학교에서 영어영문학을 전공했고, 한국문학번역원에서 영어권 정규과정을 수료했다. 글밥아카데미를 수료하고 바른번역 소속 번역가로 활동하고 있다. 옮긴 책으로는 《죽음의 역사》, 《액트 빅, 씽크 스몰》, 《슈퍼 파워 암기법》, 《암세포 저격수 비타민 B17》, 《암 없는 세상》, 《지속가능한 교육을 꿈꾸다(공역)》, 《실리콘밸리의 MZ들》 등이 있다.

우리에게 죽음의 기술을 알려준
제임스 윌리엄 (짐) 오븐스James William (Jim) Ovens에게 이 책을 바친다.

목차

어찌하여 그대는 알지 못하는가?
인간의 모든 죄악과 비열함과 비겁함의 뿌리는
죽음이 아니라 죽음에 대한 공포인 것을.

에픽테토스Epiktētos

MORTALS

1

죽음에 눈뜨다

누구를 위하여 종은 울리나
애써 묻지 말라.
바로 그대를 위하여 종은 울린다.

존 던(John Donne, 1572~1631)

†

은하수의 별들을 바라보지만, 결국은 죽는다.

갓 태어난 아들딸의 얼굴을 보며 미소 짓지만, 결국은 죽는다.

다른 이와 몸을 맞대고 깊이 사랑하고 또 사랑받지만, 그래도 결국은 죽는다.

삶이 너무나 눈부시고, 활기차고, 또 아플 만큼 강렬해서 죽음은 상상도 할 수 없다. 우리는 태어나는 순간부터 '나'의 의식으로 살아간다. 다른 사람의 내면세계는 경험해볼 수 없다. 저마다 내면의 감각적 경험을 이해하고 소중히 여기게 되는데, 이 강력한 감각적 본성으로 인해 인간은 나 자신이 특별하다고 느낀다. 거리에서, 집에서, 학교에서, 직장에서 마주치는 타인의 존재를 받아들이긴 하지만, 나와는 별개의 존재로 구분짓는다. 프랑스 실존주의 철학자들이 말했듯, 나는 다른 '나'들과 분리되어 있다. 나와 모든 타인 사이에는 건널 수 없는 다리가 가로놓여 있다. 우리는 모두 나만의 세계에 매몰되어 살아갈 운명이다. 나의 내면에서는 '나는 남들과 다르다, 내 삶은 보통 사람들과 다른 법칙을 따를 것이다'라는 확신이 메아리친다.

죽음은 찾아온다. 당연하게도. 물론 다른 사람에게는 말이다. 머나먼 땅의 이방인에게, 이웃에게, 늙은 과부에게, 마지막 날을 바라보는 아픈 아이에게, 아마도 어머니, 아버지, 할머니, 할아버지에게도.

하지만 나는 죽지 않을 것만 같다. 그런데 어느 시점이 오면 매우 어린 나이에 놀라운 사실을 마주하게 된다. 지구상의 모든 생명체는 죽는다는 것 말이다. 그러므로 충격적이지만 나도 죽는다. 내가 내면의 감각 세계를 아무리 사랑해도, 결국 죽음은 나를 찾아올 것이다.

셰익스피어Shakespeare의 표현을 빌리면, 우리는 각자 주인공으로서 인생이라는 무대에 올라 "자기가 맡은 시간 동안 무대 위에서 뽐내고 안달"한다. 하지만 특등석에서 지켜보던 죽음의 신은 언제든 그 무대에 오를 수 있고, 그날이 오면 먼저 떠난 수십억 명이 그랬듯 나도 관객에게 작별 인사를 해야 한다. 그리고 맥베스의 대사처럼 나는 "영영 사라져버린다."

인간은 모든 순간 머리 위에 드리운 죽음의 공포에 어떻게 대처하는가? 다른 일에 몰두할까? 현실을 부정할까? 지구에 살다 간 발자취를 남기기 위해 영원히 역사에 남을 일에 뛰어들까? 전부 정답이다. 게다가 다른 방법도 많다. 이제 죽음의 문제를 더 자세히 탐구해보자. 인간은 언제 죽음에 눈뜨며, 왜 인간만이 유일하게 죽음의 공포로 고통받는 걸까? 이 질문에 답하기 위해서는 인간 두뇌 진화의 장단점을 이해해야 한다.

두뇌 vs. 힘

인간의 뇌는 유별나게 크다. 체중 60~70kg의 다른 포유류는 평균적으로 뇌 크기가 200cm^{3}를 조금 넘는 정도다. 하지만 인간은 체중이 3~4kg에 불과한 신생아도 이보다 뇌가 커서 보통 350~400cm³는 된다. 인류는 지금껏 진화를 거치며 늘 뇌가 커지는 방향을 택한 듯하다. 심지어 250만 년 전 초기 인류도 현대 지구의 포유류 대부분을 훨씬 능가하는 600cm³의 뇌를 가졌다. 21세기 현대 인류의 뇌신경계는 놀랍게도 1,300~1,400cm³에 달한다.[1]

진화 과정에서 두뇌가 점점 팽창하는 데는 몇 가지 대가가 따랐고, 호모 사피엔스Homo sapiens는 생존을 향한 투쟁에서 다양한 장애물에 맞닥뜨렸다. 무거운 뇌는 상당한 에너지를 소모한다. 몸이 흡수하는 에너지의 약 20~25%가 뇌에 쓰인다. 인간이 두뇌를 유지하기 위해 하루에 소비하는 열량은 오랑우탄, 고릴라, 침팬지 등 다른 고등 유인원보다 훨씬 많다. 예를 들어, 안정시 대사율 대비 인간 두뇌의 소모 열량은 침팬지의 두 배다. 다른 유인원은 뇌로 빠져나가는 에너지가 적은 만큼 거대하고 강력한 근육계에 훨씬 많은 자원을 투자할 수 있다.[2]

말하자면, 인류는 가장 가까운 영장류와 진화의 전략이 달랐다고 할 수 있다. 자연 선택의 과정에서 두뇌를 선택한 생물 종과 힘을 선호한 종이 있었던 것이다. 대형 유인원의 힘은 어마어마하다. 인간과 오랑우탄의 코코넛 쪼개기 대결 장면은 웬만해선 절대 잊을 수 없을 것이다. 세 남자가 큰 칼로 단단한 코코넛을 쪼개려 애쓰는 동안, 커다란 유인원은 여유롭게 웃으며 이를 지켜본다. 그러다가 남자들의 코코넛이 갈라지기 직전에 코코넛 앞으로 어슬렁어슬렁 가서 인간이 귤을 반으로 쪼개는 것보다도 쉽게 두 동강을 낸다. 인간과 오랑우탄이 어두운 뒷골목에서 맞닥뜨린다면 누가 이길지 안 봐도 뻔하다.

심지어 호모 네안데르탈렌시스Homo neanderthalensis(네안데르탈인)도 현대 인류보다 강했다. 무게중심이 낮고 어깨가 넓으며 팔 힘이 강해서 몸싸움에 유리했다. 하지만 사람속屬 중 살아남은 종은 팔다리가 가늘고 뼈대가 약한 현대 인류뿐이다. 물론 그렇지 않은 때도 있었다. 약 200만 년 동안 지구에 사람속의 여러 종이 공존했다. 호모 데니소바Homo denisova, 호모 루돌펜시스Homo rudolfensis, 호모 에르가스터Homo ergaster, 호모 네안데르탈렌시스와 호모 사피엔스는 각자 생존법을 찾으려 애썼다. 사람속에 여러 종이 있었다는 사실이 놀랄 일은 아니다. 오늘날 평화롭게 공존하는 고양이속의 고양이 종류가 얼마나 많은가? 하지만 사람속에서는 결국 한 종만이 살아남았다. 왜 그럴까? 현대 인류는 어떻게 지배종이 될 수 있었을까? 쉽게 말하자면, 인간의 생존이 밤길의 주먹싸움에 달리지 않았기 때문이다. 지구에서의 생존 전쟁에는 계획하는 능력, 사고의 유연성, 문제 해결 능력이 필요했다. 포식자와 먹잇감의 움직임을 계산하고, 계획, 함정, 속임수를 썼을 때의 결과를 시각화할 수 있어야 했다. 이것이 인간을 인간으로 만든다. 어떤 종도 호모 사피엔스(말 그대로, 슬기로운 사람)의 인지 능력과 언어 능력을 따라올 수 없다. 생존이란 길거리 싸움보다 체스 게임에 가까웠기에 호모 사피엔스는 언제나 승리했다.

인간의 인지 능력

체스에서는 말을 할 수 없다. 이동시킬 때가 아니면 말을 만질 수 없고, 내 수를 기록하는 것을 제외하고는 필기도 할 수 없다. 침묵 속에서 시각화와 계획 능력만 발휘해야 한다. 체스는 전쟁 게임이자 속임수와 살인의 게임이며, 인류의 인지 능력에 대한 궁극적인 시험 중 하나다. 체스를 둘 때는 다섯 수, 열 수가 지나야 드러나는 복잡한 함정과 이중 공격을 설치하곤 한다. 모든 것은 결국 나의 킹을 보호하면서 상대의 왕국을 무너뜨리기 위한 계획이다. 가이 리치Guy Ritchie 감독의 고전 영화 「셜록 홈즈Sherlock Holmes」에서 홈즈의 머리가 악당 모리아티보다 뛰어나다는 사실을 드러내는 장치가 체스인 것도 우연이 아니다. 조앤 K. 롤링J. K. Rowling도 《해리 포터Harry Potter》에서 볼드모트가 간절히 갈망하는 영생의 근원인 철학자의 돌을 보호하는 마지막 관문으로 스스로 움직이는 마법사 체스 말을 선택했다.

인간은 12세에도 그랜드 마스터(체스 세계에서 선수에게 부여하는 최상위 칭호) 수준에 도달할 수 있다.[3] 또 놀랍게도 눈을 가린 채 체스를 둘 수도 있다. 앞이 보이는 상대방이 말을 어떻게 움직일지 말하면, 눈을 가린 사람은 체스판을 마음속에 그린다. 그렇게 몇 시간이 걸리는 게임을 기억하고 진행을 계산하면서 말들의 위치를 옮기는 것이다. 심지어 눈을 가린 체스 선수가 동시에 여러 경기를 하기도 한다. 현재 세계기록은 눈을 가린 채 동시에 48게임을 진행한 그랜드 마스터 티무르 가레예프Timur Gareyev가 보유하고 있다. 상대 선수들은 순서대로 자신의 수를 외치고 가레예프는 각 체스판에 대한 기억에만 의존하여 응수했는데, 놀랍게도 20시간 동안 계속된 경기에서 가레예프는 35승 7무를 기록했다. 눈이 보이는 상대 중 승리를 거둔 사람은 여섯 명뿐이었다.[4]

눈을 가린 채 여러 명과 체스를 두는 건 일반인의 능력 밖이라고 생각하는가? 다른 예를 들어보자. 보통 사람이 일상에서 하는 활동에도 호모 사피엔스의 엄청난 기억력과 집중력이 필요하다. 런던의 택시 운전사는 면허를 취득하기 위해 2만 5,000개 도로를 지나는 경로 수백 가지를 외워야 한다. 또한 주요 지형지물과 공원, 병원, 경찰서, 대사관, 호텔, 박물관, 극장, 교회 등 공공장소를 3만 곳 이상 기억해야 한다. 1865년부터 이어진 택시 운전면허 시험인 '지식 시험the knowledge' 은 서면과 구두로 이러한 내용을 평가한다.[5] 택시 기사는 체스 선수처럼 계획을 유연하게 적용해야 한다. 상대의 행동(이 경우, 도로 위 다른 차량)으로 인해 다른 방향을 택해야 할 수도 있다. 또한 시간대를 고려하여 교통 상황을 예측해야 한다. 도로에 방해물이 있는가? 위험 요소를 어떻게 파악할 것인가?

사람은 미래를 내다보고 잠재적 위험에 대비하여 계획을 세우는 특별한 능력이 있다. 이것이 반성적 의식reflective consciousness의 힘이다. 그러나 이 능력은 저주이기도 하다. 인간은 지구상에 살았던 어떤 생물보다도 앞날을 생각하는 능력이 탁월해서 어느 시점에는 모든 길이 결국 어디로 향하는지 깨닫고 만다. 바로 무덤이다. 인간이 존재의 위기를 겪는 것은 반성적 의식의 힘 때문이다. 인간은 너무 영리하다. 죽음을 인식한 어린아이는 어쩔 도리 없이 두려움에 빠질 운명에 처한다.

죽음을 인식하다

인간은 몇 살에 삶의 유한성을 인지하는가? 이를 인식하는 즉시 공포심이 일어날까? 지그문트 프로이트Sigmund Freud를 시작으로 여러 연구원과 임상의가 100년 이상 이 문제에 답하려 했다.[6] 아동 발달의 통합모형을 최초로 개발한 프로이트는 1900년에 아이들이 "얼음처럼 찬 묘지나 영원한 무無의 공포"에 대해 아무것도 모르며 "죽음의 공포는 아이에게 무의미하다"고 선언했다. 이 주장을 검증하기 위해 정신역학 연구자들은 아이들을 대상으로 공포에 대한 인터뷰를 시작했고, 1950년대쯤에는 프로이트가 다른 많은 영역과 마찬가지로 죽음의 공포에 대해서도 근본적으로 틀렸다는 사실이 증명됐다.

인터뷰를 통해 보통 다섯 살이면 죽음을 막연하게 이해한다는 사실이 일관되게 드러났다. 흥미롭게도 죽음에 대한 이해는 네 단계로 이뤄진다.

비가역성irreversibility: 죽은 사람은 살아날 수 없다는 인식

적용가능성applicability: 죽음은 살아 있는 것에만 일어난다는 이해

필연성inevitability: 살아 있는 모든 것은 결국 죽는다는 인정

비기능성non-functionality: 말하기, 듣기, 꿈꾸기 등 신체 활동 기능의 정지가
죽음의 특징이라는 이해

4~5세쯤 비가역성의 개념이 먼저 생긴다. 다음으로 초등학교 저학년 무렵, 보통 7~10세에 적용가능성, 필연성, 비기능성이라는 하위

요소가 차례로 습득된다. 네 가지 하위 요소를 모두 익히면 죽음에 대한 성숙한 이해를 획득했다고 볼 수 있다.[7]

그런데 5세 미만의 아동도 죽음을 두려워하는 모습을 보였다. 그렇다면 죽음에 대한 성숙한 이해가 있어야 공포가 발생하는 것은 아니라는 얘기다. 이에 대해 최소한 두 가지 논리적인 설명이 가능하다. 먼저 인간에게 내재된 위험 회피 본능이 죽음을 이해하기도 전에 경계하게 만들 수 있다. 사실 아이에게 '이해되지 않음'은 조심하라는 생물학적 신호다. 그래서 아이들은 익숙하지 않은 음식을 뱉어낸다. 알 수 없는 것은 틀림없이 위험하다고 느끼는 것이다. 둘째, 비가역성의 개념만으로 공포가 일어나는지도 모른다. 살아 있는 모든 존재가, 또 살아 있는 존재만이 죽는다는 사실을 아직 이해하지 못했더라도, 죽음에서 돌아올 수 없다는 사실이 끔찍하게 여겨질 수 있다.

죽음의 공포는 점점 짙어져서 5~10세가 되면 지배적인 걱정이 된다. 이 시기가 죽음의 개념이 완전해지는 발달 시기와 일치한다는 점은 주목할 만하다. 이는 '수정 아동 공포 조사법the revised Fear Survey Schedule for Children, FSSC-R' 등 아동 공포 설문을 이용한 연구에서 증명된 내용이다.[8] 설문지에는 80가지 상황, 활동, 사건(예를 들면 '뱀', '바보처럼 보이는 것', '통화하기', '엄마에게 벌 받기' 등)이 나열되어 있다. 아이들은 각 항목이 공포와 고통을 일으키는 정도를 평가한다. 5세 전후 아동은 일반적으로 동물, 괴물, 어둠, 부모와의 분리를 두려워하는데, 보호자와 떨어지거나 괴물이 있으면 죽음의 가능성이 높아지는 것은 확실하므로, 이를 죽음 불안death anxiety의 초기 형태로 볼 수 있다. 7~10세가 되면 더 노골적인 죽음 관련 항목('죽음 또는 죽은 사람'이나 '공동묘지' 등)이 가

장 흔한 공포로 떠오른다.[9]

프로이트는 완전히 틀렸다. 삶이 시작되고 얼마 지나지 않아 죽음 불안은 심리의 골수로 서서히 스며든다. 열 살이 될 때쯤 죽음은 이미 정신세계의 "중심에 자리 잡은 벌레"[10]가 되어 안전의 감각을 잠식한다. 죽음 불안은 그림자처럼 삶의 풍경에 어둡게 드리워진 영원한 동반자다.

생애 주기에 따른 죽음 불안

FSSC-R의 죽음 관련 항목들은 청소년기 내내 가장 두려운 상황으로 꼽히며 십 대들의 삶을 방해한다. 호주의 한 대규모 연구 결과, FSSC-R의 죽음 및 위험 관련 항목들이 상당한 고통을 주며 일상 활동의 즐거움을 방해한다고 답한 청소년이 60%에 달했다.[11] 어쩌면 당연한 일인데, 논리적 사고가 발달하면(약 11~12세) 죽음에 대한 사고력이 향상되기 때문이다. 12세 이후 연역적 추론과 계획 능력이 강화되면서 사고의 힘으로 추상적인 개념을 탐구할 수 있게 되고, 죽음과 그 결과를 점점 구체적으로 상상하게 된다.

죽음 불안을 심화시키는 청소년기의 특성은 또 있다. 어린아이와 비교하면 청소년은 삶에서 죽음과 상실을 경험했을 확률이 더 높다. 캐나다의 한 연구에 따르면 11~18세 청소년의 60%는 가족(형제자매, 부모, 조부모)의 죽음을 경험했다.[12] 같은 연구에서 청소년이 경험한 슬픔의 정도와 이후 죽음 불안의 수준 사이에 강한 상관관계가 나타났다.

즉, 쓰라린 애도를 경험하면 죽음에 대한 공포가 깊어지는 듯하다.

특히 여성 청소년이 남성 청소년보다 상당히 높은 수준의 죽음 공포를 보였는데, 성인 대상의 대규모 연구 결과도 비슷하게 나타났다. 성인 여성은 보편적으로 남성보다 죽음에 대한 불안이 크다.[13] 물론 큰 그림을 보면 여성이 두려움, 병적인 공포, 일반적인 불안을 남성보다 많이 느낀다.[14] 왜 그럴까? 남자는 정말 죽음을 부르는 위험과 죽음 자체를 덜 두려워할까? 연구가 더 필요하겠지만, 남자가 두려움과 불안을 축소하여 말하는 경향이 있어서 이런 결과가 나왔을지도 모른다. 남자의 허세는 지독하니까 말이다.

나이가 들면서 죽음 공포는 어떻게 변할까? 결국 인간의 하루하루는 죽음에 가까워지는 길이니, 인생 후반부에 접어들면 공포가 커질까? 흥미롭게도 초기 이론가들은 성년을 거치며 죽음을 두려워하는 정도가 상당히 변한다는 사실을 믿지 않았다. 데이비드 레스터David Lester는 "정신 발달이 완전히 이뤄질 때까지는 확실히 나이가 태도에 영향을 미치지만, 그 이후에는 성격 특성과 인생의 경험이 중요한 결정 요인"이라고 생각했다.[15] 초기 연구는 대상자의 연령대가 극히 제한적이어서 나이와의 관련성을 찾을 수 없었다.[16] 하지만 이후 치밀하게 설계된 신뢰도 높은 죽음 불안 측정법을 사용하여 성인 연령대 전체를 대상으로 연구하자 나이의 영향이 대체로 발견됐다. 다양한 미국인이 참여한 어느 대규모 연구에서는 청년의 40%, 중년의 25%, 노년의 10%가 죽음의 공포를 표현했다.[17] 다른 연구진의 유사 후속 연구에서는 60~83세의 죽음 불안 지수가 그 이하 연령층보다 낮게 나타났다.[18]

이 연구를 비판하는 학자들도 있다. 먼저, 참가자들은 연령층에 따라 완전히 다른 방식으로 죽음을 경험했을지도 모른다(서로 다른 전쟁, 전염병 발발, 세계적인 재난 등). 둘째, 나이가 들면서 특정 성향(예를 들면, 위험을 무릅쓰는 성향)인 사람들이 사망함에 따라 연령 집단 간에 인공적인 차이가 발생하여 편향된 연구 결과가 나타났을 수 있다. 하지만 오랜 시간 단일 집단을 추적하는 종적 연구에서도 결과는 비슷했다. 한 사람을 오래 지켜보면 보통 인생 후반부를 거치면서 죽음의 불안이 (최소한 아주 조금은) 줄어드는 모습을 볼 수 있다. 아이러니하게도, 우리는 죽음에 가까이 다가가면서 공포를 무디게 하는 방법을 찾는다.

항문이 달린 신

인간은 나이가 들면서 죽음의 공포를 어떻게 누그러뜨리는 걸까? 죽음을 다루는 법을 어떻게 배우는가? 이는 이 책에서 다방면으로 탐구할 핵심 질문이다. 언젠가 이 땅을 떠날 운명임을 미리 안다는 사실과 수천 년 동안 싸워온 인류의 무수한 전략을 살펴볼 것인데, 안타깝게도 여러 이론과 연구로 정립된 다양한 죽음의 심리 모형이 보여주듯, 인간의 대처 방식은 부정을 크게 벗어나지 못한다.

1973년 문화인류학자 어니스트 베커Ernest Becker는 《죽음의 부정The Denial of Death》에서 인간이 어떻게 죽음에 대처하는지 설명하는 최초의 종합 모형을 제시했다.[19] 베커는 이 작품으로 비문학 부문 퓰리처상을 받았다. 이 책의 핵심 전제는 우리가 냉혹한 죽음의 현실을 견디지 못한 나머지, 다른 동물보다 우월하다고 믿기 위해 거대하고도 섬세한 문화적 신념 체계를 창조했다는 것이다. 제프 그린버그Jeff Greenberg, 셸던 솔로몬Sheldon Solomon, 톰 피진스키Tom Pyszczynski의 나중 표현을 빌리면, 인간은 "유인원, 도마뱀, 완두콩보다 인간이 더 중요하지도, 오래 지속되지도 않는다고 생각했다면 평정심을 갖고 살지 못했을 것이다."[20] 문화가 있기에 열망의 대상이 생긴다. 유산을 남기거나 주변 사람이 인정할 만한 '사실상의 불멸성'을 이룰 방법이 생긴다. 인간은 영웅주의와 성취를 통해 인간의 유한성을 초월하고, 작은 존재지만 영생하는 신이 된다. 베커의 신랄한 표현대로 "항문이 달린 신"이긴 하지만 말이다. 그래도 인간이 보기에 인류는 확실히 위대하다.

문화적으로 요구되는 끊임없는 기념행사를 보면 인간이 인간의 중요성에 얼마나 취해 있는지 알 수 있다. 우리는 다른 사람들이 모여서 내 생일, 약혼, 결혼, 졸업, 아이 탄생, 승진, 성취를 축하해주길 바란다. 소셜미디어 플랫폼에 이런 행사를 자랑스럽게 올리면 다른 사람들이 '좋아요'를 눌러주는데, 이는 그들도 같은 방법으로 목적을 달성하고, 인정받고, 언젠가 끝날 무의미한 삶의 공포를 진정시키기 때문이다. 우리는 화려하게 옷을 빼입고 몸에 있는 털을 제거하고 화장으로 이목구비를 돋보이게 한다. 인간은 동물이지만 동물이기를 거부한다. 변호사는 가발을 쓰고 법복을 입고, 판사는 '존경하는 판사님'으로 불린다. 다들 직함으로 불리고 싶어 한다. 최근에는 치과의사, 물리치료사, 척추교정사, 심리상담사, 기타 건강 관련 직업을 가진 사람들도 전문의와 마찬가지로 '선생님'이라는 호칭을 기대한다. 박사학위가 있는 사람은 자아도취의 끝을 달리는 학계라는 광신 집단에 합류하길 열망한다. 어떤 대학 졸업식에 가든지 학자 공동체가 스스로 만들어낸 낯 뜨거운 자만 의식을 목격하게 된다. 학자들은 신도(졸업예정자의 부모와 친구)들이 지식의 주교와 추기경을 위해 자리에서 일어서는 가운데 학사모 술을 왼쪽으로 둔 채(졸업예정자는 학사모 술을 오른쪽으로 두며, 학위를 받고서야 왼쪽으로 넘길 수 있다.-역주) 예식용 깃발이 줄지어 꽂힌 거대한 식장으로 입장한다. 가족들은 왜 일어서는가? 학계의 조련 때문이다! 학자들은 자신을 불멸의 지식 보유자로 선언하고 이에 맞게 대우하라고 조용한 압박을 행사한다. 졸업예정자는 총장 앞에서 어떻게 행동할지 배운다. 경의를 표하며 모자를 벗고, 왼손에 졸업시험 합격증을 들고 오른손으로 가볍게 악수를 한 후에 학사모 술을 왼쪽으로 넘긴다. 성당에서 신도가 신부에게 '그리스도의 몸'을 받는 영성체 의식과도 같다. 평화가 당신과 함께하길.

어떤 식이든 우리는 계속 중요한 존재가 되고 싶어 하고, 인정받음으로써 죽음을 벗어나려 한다. 성취를 통해 전설이 되어 세상을 떠난 후에도 의미 있는 존재로 회자되길 원하는 것이다. 비범하고 흥미로운 문학인이었던 찰스 부코스키Charles Bukowski는 실제로 이러한 동기를 명확히 밝힌 바 있다. "위대한 작가는 망측한 인간들이다. 좋은 부분은 글에 쏟아붓고 현실은 엉망으로 살아간다. 좋은 사람들이 세상을 구하여 나 같은 나쁜 자식이 예술을 창조하고 불멸을 얻게 해준다. 내가 죽은 뒤 당신이 이 글을 읽고 있다면 내가 성공했다는 뜻이다."[21] 불멸성을 추구하느라 선뜻 삶을 버리는 사람도 있다. 1875년 매튜 웹Matthew Webb 선장은 최초로 영국 도버와 프랑스 칼레 사이에 있는 영국 해협을 수영해서 건너는 데 성공했다. 이 업적에 만족하지 못한 그는 더 위대한 명성을 위해 여러 다른 도전에 나섰고, 역설적이게도 영광을 찾다가 결국 죽고 말았다. 웹 선장은 나이아가라 폭포 아래 월풀 래피즈를 수영하려다 사망했다. 불가능한 일이라고 고개를 저었던 당시 사람들의 의견이 옳았던 것이다. 웹 선장의 고향인 슈롭셔주 돌리 지역에는 그의 이름을 딴 캡틴 웹 드라이브Captain Webb Drive와 웹 크레센트Webb Crescent라는 거리가 생겼다.[22] 바보 같은 만용에 대한 애처로운 보상인 셈이다.

영국 해협을 건너는 업적으로 불멸의 존재가 되고자 한 사람은 많았다. 하지만 이미 도전에 성공한 사람이 있는데 어떻게 명성을 얻을 수 있을까? 글쎄, 방식을 바꾼다면? 배영으로, 평영으로, 심지어 접영으로 해협을 건넌 최초의 인물이 되는 방법이 있다. 지금은 셋 모두 성공한 사람이 있다. 최고령이나 최연소로 성공하는 건 어떨까? 멈추지 않고 두 번 건너는 건? 세 번은? 사실 세 번으로도 만족하지 못해서 2019년 9월 미국의 초장거리 수영 선수 세라 토머스Sarah Thomas는 쉬지 않고 네 번을 건넜다. 그리고 이 문장을 쓰는 지금도 누군가는 다섯 번을 건너려고 훈련 중일 것이다.

확실한 재능이 없으면 어떻게 해야 할까? 눈에 띄는 기술이 없다면 어떻게 불멸을 얻는가? 상관없다. 능력이 필요하지 않은 기록을 세우면 된다. 2020년 《기네스 세계기록Guinness World Records》에는 가장 많은 종류의 치즈를 얹은 피자(궁금한 사람들을 위해 말하자면 154종류였다), 가장 긴 연장 손톱(1.21m), 한 명의 몸에 같은 이름으로 새긴 최다 타투(267개)가 올랐다. 《기네스 세계기록》 편집자는 매년 신규 신청이 3만 5,000건에 달한다고 밝혔다.

물론 이 모두가 불가능한 희망이고 헛된 행복이다. 위대한 성취를 남겨 유의미할 만큼 오래 기억되는 사람은 거의 없다. 지구에서의 시간 동안 나름 발자취를 남겼다 해도 보통은 금방 잊히고 만다. 세계적인 명성을 누렸고 수상 경력도 있는 이사벨 아옌데Isabelle Allende를 생각해보자. 아옌데는 2010년 미국 예술문학아카데미American Academy of Arts and Letters에 가입됐고 2014년에는 버락 오바마 대통령에게 대통령 자유훈장Presidential Medal of Freedom을 받았다. 최근 런던에서 그녀를 인터뷰한 〈선데이 타임스Sunday Times〉의 헬레나 데 베르토다노Helena de Bertodano는 이렇게 전했다. "아옌데에게 어떻게 기억되고 싶냐고 묻자 씩씩한 답변이 돌아왔다. '전 기억되지 않을 거예요. 이 세상에서 기억되는 사람은 거의 없어요.' 하지만 당신의 글은 남지 않겠느냐는 말에 그녀는 다시 말했다. '아뇨, 아닐 거예요. 그건 완전히 남성 판타지잖아요, 유산을 남긴다느니 하는.'"[23]

아옌데의 말이 옳을까? 유산을 남겨야 한다는 의지에 남녀 차이가 있을까? 아마도 그런 듯하다. 자기애적 성향 시험에서 남자는 여자보다 점수가 높다. 남자는 자기 능력을 과대평가하기 쉬우며, 다른 사람에 비해 우월함을 주장하고, 주목받고 싶어서 주변인을 조종한다. 연구에 따르면 남성은 명성에 대한 몽상을 더 자주 한다.[24] 예술을 비롯한 많은 분야에서 상과 상금을 추구하는 정도에도 남녀 차이가 크다는 증거도 상당히 많다. 호주의 가장 명망 높은 예술상으로 막대한 상금과 평생의 국가적 칭송이 뒤따르는 아치볼드 상Archibald Prize 초상화 부문을 예로 들어보자. 호주 예술학교 졸업생의 74%가 여성임에도 아치볼드의 영광에 도전하는 사람 중에는 남성이 더 많고 그래서 결승 진출자와 우승자도 남성이 더 많다. 사실 100년의 역사가 있음에도 2016년에야 최초로 결승 진출작 성비가 맞았다. 영국과 미국의 예술계에서도 비슷한 현상이 관찰된다.

최고가 되고 싶은 욕구에 대한 현저한 남녀 차이는 터무니없는 기네스 세계기록을 보아도 알 수 있다. 집단이 보유한 기록(동시에 가장 많은 사람이 알베르트 아인슈타인 옷 입기)과 한 성별에만 해당하는 기록(운동경기 남성부 기록)을 제외한 기록의 71% 정도를 남자가 보유하고 있다.[25] 이 남자들은 30초 안에 머리로 수박 많이 깨기, 3분 안에 셀카 많이 찍기, 한 번에 티셔츠 가장 많이 입기, 막대 하나로 비눗방울 가장 많이 불기 등을 훈련함으로써 명예와 영광을 얻으려 했다.

물론 모든 성취가 사소하지는 않으며, 아옌데의 주장에도 불구하고 살면서 행한 일들로 베커가 말하는 "사실상의 불멸성"을 얻은 인간도 있다. 이들은 죽음의 공포를 동기로 움직였을까? 많은 인간 행동의 기저에 있는 유산에 대한 욕구가 동기일까? 과거에 위대한 성취를 이룬 위인들의 마음에 죽음이 무겁게 내려앉아 있었다고 믿을 만한 일화는 많다. 예를 들면 셰익스피어는 인생 내내 죽음의 그림자를 느낀 것이 확실하다. 일부 연구자들은 그의 희곡이 이야기 치료narrative therapy의 형태라고 주장하기도 한다. 죽음에 대한 상실감, 비탄과 공포에 대응하려는 시도라는 것이다.

죽음과 관련된 셰익스피어의 희곡 중 최고 걸작으로 평가받는 《햄릿Hamlet》은 열한 살 난 그의 아들이 죽고 불과 3년 뒤에 발표됐다. 아들의 이름은 주인공과 매우 비슷한 햄넷Hamnet이었다. 셰익스피어의 희곡 중 절반 이상에 죽음의 공포에 대한 명시적인 텍스트가 포함되어 있으며, 셰익스피어 학자들은 그의 글 전체에 흐르는 가장 중요한 주제가 죽음이라는 데 의견을 모은다. 셰익스피어의 위대한 독백은 대부분 죽음을 주제로 한다고 지적한 사람도 많다. 햄릿이 '죽느냐 사느냐'를 외치며 자살을 고민하는 장면을 떠올려보자. 또한 요릭 Yorick의 해골을 발견하고 고통스럽게 탄식하는 장면도 있다.

> 아아, 불쌍한 요릭. 나는 그를 안다네, 호레이쇼. 끝없는 익살과 기막힌 상상력을 가진 친구였지. 천 번을 그의 등에 업혀 다녔지만, 지금은 이렇게 되어버렸다니. 생각만 해도 소름이 끼치는군. 구역질이 날 것 같네. 여기에 달려있었을 입술에 나는 얼마나 입을 맞추었는지 모르네. 좌중을 웃음바다로 만들던 그대의 익살, 광대 춤, 노래, 신명 나던 재담은 모두 어디로 가버린 건가? 이제 그대 꼴을 스스로 비웃을 수도 없지 않은가? 턱뼈가 떨어지고 말았으니. 이제 마님의 내실로 달려가 말해주게. 아무리 화장을 두껍게 해도 필경이 꼴이 되고 말 거라고. 그렇게 웃겨보란 말일세.[26]

셰익스피어는 이 훌륭한 대사에서 인간의 교만을 반성한다. 햄릿은 해골을 들고 요릭의 '끝없는 익살', '신명 나던 재담', '광대 춤'과 '기막힌 상상력'을 상기시킨다. 또한 얼굴의 짙은 화장도 죽음과 함께 사라져야 함을 깨닫는다. 셰익스피어는 단어를 조심스럽게 골라 인간의 두개골을 인간의 허영, 삶의 덧없음, 일상적 기쁨의 허무함과 무의미함의 상징으로 삼았던 바니타스vanitas(삶의 덧없음을 상징적으로 표현한 예술작품-역주) 예술운동을 언급했다.

셰익스피어는 평생 죽음과 덧없음을 이겨내려 씨름했으며, 부코스키처럼 불멸성을 창조하려 애타게 노력했다. 우리에겐 기쁜 일이다. 그 노력으로 영어로 쓰인 가장 위대한 희곡과 소네트가 탄생했으니 말이다. 셰익스피어는 신과 같은 지위를 얻었고 우리는 그의 글을 기쁘게 감상한다. 하지만 진정으로 이런 불멸성을 얻은 사람이 얼마나 되나? 약 1,070억 명으로 추정되는 지구에 태어나 죽은 사람 중 오랜 시간 기억되는 사람은 몇이나 될까? 인류 역사에서 진정한 영광을 누리는 모차르트와 미켈란젤로는 극소수다. 나머지는 애초에 심하게 착각한 상태로 불멸성을 추구한다. 그러니 존재의 진실을 받아들이는 편이 낫지 않을까? 고대 그리스의 스토아학파가 가장 먼저 말했듯, 인간은 모두 죽는다는 필연성을 중립적으로 수용해야 하며, 나만은 다르길 원치 않아야 한다. 지금은 과학의 진보 덕분에 잘 알려졌듯이, 인간은 오래된 돌덩이 위 희박한 대기 아래서 시간당 10만km 속도로 우주를 질주하다 언젠가 생명의 별이 지면 죽음을 마주하는 어설픈 유인원일 따름이다.

미래

인간은 위대한 철학자들의 글을 무시하고 어떤 형태로든 불멸성을 간절히 갈망한다. 죽음 공포에서 시작된 바보 같은 부정은 우리를 어디로 데려갈까? 마지막 장(14장)에서는 인류를 기다리는 암울한 미래를 살펴볼 것이다. 먼저 죽음 불안의 관점에서 20세기 인구 폭발을 탐구한다. 인류는 지난 60년 사이 인구 40억 명을 추가하며 점점 덩치를 불리고 있으며, 지난 10년 동안에만도 10억 명이 늘었다. 인구 증가 속도는 가히 충격적이다. 행성 하나는 이렇게 팽창하는 식품과 식수 수요를 감당할 수 없다. 피임이 가능해지고 몇몇 국가에서는 1자녀, 2자녀 정책을 시행했으며, 남자나 여자나 자녀가 늘어나면 개인의 행복도가 사실 낮아진다는 연구 결과[27]가 있음에도 인구 증가는 멈추지 않았다. 왜 이런 일이 일어났을까? 분명 다양한 요인이 있겠지만 존재론적 문제가 이러한 현상의 중대한 원인이다. 인간의 생식 욕구는 '나'를 넘어 살고 싶은 압도적인 욕구의 영향을 크게 받는다. 내 모습을 아이의 얼굴에서 보는 것은 죽음 불안에 대한 즉각적인 해결책이 된다. 내가 후손 안에서 살아남는다고 느끼는 것이다.

인구가 지속 불가능한 수준까지 늘었을 뿐 아니라, 소비 역시 점점 늘어나기만 한다. 세계 여러 지역은 이제 '버리기 사회throwaway society'가 됐다. 선진국에서는 TV 하나를 10년 이상 쓰지 않는다. 방마다 설치된 스크린을 철마다 시장에 나오는 더 번지르르하고 얇고 큰 모델로 교체한다. 삶의 많은 영역에서 오래 써야 할 상품도 소모품 취급을 받고 있다. 한 흥미로운 실험 연구에 따르면, 이와 같은 소비의 열기는 무의식적 죽음의 공포와 연결되어 있다.[28] 미묘하고 숨겨진 방식으로 죽음을 떠올리게 하면, 물건을 사고 싶은 욕구가 극적으로 증가하는 것으로 드러났다. 놀랄 일은 아니다. 돈을 벌고 쓰는 것이 현대 문화에서 곧 성공의 상징이다. 결국 항문이 달린 신은 위대한 존재로 살아야 하는 것이다! 이웃보다 앞서고 싶은 욕망, 왕이나 여왕으로 살고자 하는 욕망이 소비지상주의를 자극한다. 구매는 승리를 의미하니까.

이 모든 광적인 소비에는 생산이 필요하며, 생산에는 에너지가 필요하며, 에너지에는 (최소한 예전에는) 화석연료가 필요했다. 그래서 우리는 파내고 태우고, 파내고 태우고, 파내고 태웠고, 우리의 행성은 서서히 뜨거워졌다. 많은 사람이 다가오는 위험을 감지했다. 1912년 8월 14일, 한 뉴질랜드 신문의 '과학계 소식Science News and Notes'란에 다음과 같은 경고문이 실렸다.

석탄 소비가 기후에 영향을 미치다

세계 곳곳의 용광로는 매년 20억 톤의 석탄을 태운다. 석탄이 산소와 결합하여 연소하면서 매년 대기에 이산화탄소 70억 톤이 배출된다. 그러면 대기는 담요처럼 지구를 덮어 기온을 올린다. 몇 세기 후면 그 영향은 엄청날 것이다.[29]

과학계에서 100년 이상 명백했던 사실이 왜 아직도 논란의 대상일까? 역시 죽음에 대한 무의식적 공포와 부정의 전략 때문이다. 베커의 말처럼, 죽음을 부정하다 보면 "자연에 대한 인류의 완전한 승리를 확신"[30]하게 된다.[31] 인류는 실패할 리 없으며 전능하다는 집단적 신념 때문에 더 많은 자원을 얻기 위해 지구를 훼손하면서도 무사안일주의에 빠져 있다. 우리는 지구와 모든 형태의 생명에 대한 우월감과 통제력의 착각에 빠져 살았다. 이러한 자기애성 무지가 드러난 사례는 또 있다. 코로나 대유행이 시작될 때쯤 심각한 전염병 확산을 예측하기 위해 만든 과학 단체를 폐쇄한 사건이 그렇다. 죽음의 부정이 인류 멸종의 핵심 원인이라니, 거대한 아이러니가 아닐 수 없다. 해수면이 높아지고, 육지와 바다 온도가 올라가고, 이상기후와 물 부족 현상이 일어나고, 세계적으로 전염병이 퍼진다. 인류는 푸른 행성에서 누린 짧은 패권의 종료를 앞두고 있다.

앞에서 논의한 전략—유전자를 남기기 위해 대를 이어 아이를 낳는 것, 학문적 성취, 기록 세우기, 역사에 남을 예술이나 문학 작품 만들기, 소비와 소비지상주의에 참여하기—은 상징적 또는 사실상의 불멸성을 얻으려는 시도다. 하지만 문자 그대로의 불멸성, 즉 죽지 않을 가능성은 없는가? 자식이나 명성, 부를 통해서가 아니라 진짜로 계속 살 수는 없을까? 그렇다면 종교를 받아들여라. 종교는 인류 역사상 가장 선호도 높은 죽음의 해결책이다. 과학이 진보하며 무수한 종교적 주장이 점점 더 날카롭게 의심받는데도, 종교는 여전히 가장 대중적인 해결책이다. 죽음 후에도 살 수 있다고 믿는 사람이 40억 명이상으로 추정된다.[32] 이에 비하면 기네스 세계기록 지원자 수인 3만 5,000명은 매우 적어 보인다. 하지만 가장 길게 손톱을 연장하는 것과 달리, 신이나 종교를 믿는 것은 무해하지 않다. 종교 체계가 충돌하면 상대 종교의 운명에 의문을 품게 된다. 그래서 종교는 인간의 어떤 특징보다 많은 갈등과 전쟁을 유발했다. 종교 체계는 영생을 위해 개발됐으나 역사상 다른 어떤 신념 체계보다도 더 많은 죽음을 불러일으켰다.

2

종교의 약속

인간은 죽음과 어둠을 두려워하는 한,
자기중심성을 버리지 못하는 한,
신을 창조하고 그들을 기쁘게 하는 의식을
발명하기를 멈추지 않을 것이다.
언제까지가 될지 알 수 없다.

크리스토퍼 히친스(Christopher Hitchens, 1949~2011)

죽음이 가장 오래된 손톱 밑의 가시 같은 것이라면, 종교는 가장 오래된 연고다. 모든 종교는 어떤 방식으로든 삶의 유한성이라는 문제에 해결책을 제공한다. 거의 모든 종교가 내놓는 해결책은 얇은 천을 씌운 부정의 형태로 내세의 불멸성을 약속한다. 사실 내세도 영생도 없고 죽음이 영혼을 완전히 파괴한다고 주장하는 종교는 극히 드물다. 하긴, 다른 종교와 경쟁하는 상황에서 신도에게 묘지 너머 영원한 행복을 약속하는 건 당연하다. 종교는 인류가 역사 내내 죽음에 대처하려고 한 노력(과 실패)에 대해 무엇을 말해줄 수 있을까?

미라, 주문, 부적

고대 이집트 하면 사람들이 가장 먼저 떠올리는 이미지의 본질은 사실 죽음이다. 피라미드는 죽은 자가 묻힌 무덤이고, 미라는 죽은 자의 몸이니 말이다. 고대 이집트 유물은 언뜻 봐도 이집트 삶의 거의 모든 측면을 지배했던 죽음에 대한 압도적인 강박이 느껴진다. 서양 역사 문헌의 아버지로 여겨지는 그리스 역사가 헤로도토스 Herodotos는 기원전 5세기에 이집트를 방문했는데, 이집트에서는 일상적이었던 식사 문화에 눈길을 빼앗겼다.

> 부유한 자가 파티를 열어 식사가 끝나면, 한 사람이 관에 든 시체를 표현한
> 나뭇조각을 들고 손님들 사이를 돌아다닌다. 크기 0.5~1m 정도의 진짜처럼
> 색칠된 조각이다. 그는 손님들에게 차례로 조각을 보여주며 말한다. "먹고 마
> 시고 즐기면서 이 몸을 보시오. 당신도 죽으면 이렇게 될 테니."[1]

이집트인들은 확실히 파티 분위기를 띄우는 법을 알았던 모양이
다! 또한 죽음은 모든 인간이 마주한 수수께끼라는 사실도 알았으며,
최소한 2,000년 동안 이 문제를 풀기 위해 필사적으로 노력했다. 죽음
의 수수께끼에 대해 이집트인은 흔한 해결책을 내놓았다. 바로 불멸
을 약속하는 정교한 의식을 치르며 죽음을 부정하는 것이었다. 고대
이집트인들에게 영원한 삶의 보장은 일상의 삶이라는 천을 엮는 실
과 같았다. 많은 이집트인은 앵크(윗부분이 고리 모양으로 된 십자가, 고대 이
집트에서 생명의 상징-역주)를 가지고 다녔다. 앵크는 마법의 힘으로 소유
자를 보호하고 영생을 제공한다는 부적으로, 소유자가 죽은 후에도
그를 보호하기 위해 함께 묻는 경우가 많았다.

특정 신에게 기도하고 사원과 성지에 공물을 바치며, 축제에 참가
하고 가장 강력한 부적 없이는 집 밖에 나서지 않던 이집트인들에게
불멸의 삶을 위한 노력은 일생의 과제였는지도 모른다. 그래도 진짜
고된 일이 시작되는 것은 죽은 뒤였다. 기원전 3000년보다도 전에, 이
집트인들은 망자를 사막의 모래에 묻어 미라로 만들려 했다. 시신이
곧 부패하여 곤죽이 될 비옥한 토지는 피했다. 시간이 지나면서 시신

이 썩지 않도록 완벽하게 보존하는 기술은 점점 발전했다. 시신의 내세를 준비하는 일은 결코 쉽지 않았다. 보통 70일이 걸리는 이 과정에 사제와 방부처리사, 예술가, 기술자가 달라붙었다. 미라를 만드는 일은 엄청난 시간과 비용이 들었기에 오랜 시간 귀족에게만 허용된 사치였다. 시신을 미라로 만들려면 내장을 제거해야 하는데, 최대한 손상시키지 않고 살아 있을 때의 모습을 유지해야 하니 매우 어려운 작업이었다. 일단 망자의 복부를 미세하게 절개해 내장을 짜내고, 특별히 설계한 갈고리 모양 기구를 비강으로 삽입하여 조심스럽게 뇌 조직을 제거했다. 그런 다음 체강 내에 탈수를 유발하는 소금 꾸러미를 넣고 시신을 천연 탄산소다에 담가 모든 수분을 제거했다. 물론 내장을 빼내고 물기를 극한까지 말린 시신은 생기가 없고, 숨 쉬는 인간보다는 바람 뺀 풍선처럼 보인다. 이 문제는 어떻게 해결했을까? 시신을 천과 톱밥으로 채워 통통하게 만들고 욕창이 생겨 보기 흉한 피부는 가죽 조각을 덧대 감췄으며, 앞을 볼 수 없는 곧 썩을 눈알은 인공 안구로 바꿔 끼웠다. 이 단계를 전부 거쳐야 수백 미터의 천으로 머리부터 발끝까지 감쌀 준비가 되는 것이다. 여러 겹의 천 사이에는 시신을 보호해줄 부적을 추가로 넣었다.[2] 이 과정이 진행되는 내내 사제가 옆에 서서 살이 부패하고 썩는 냄새가 나고 체액이 흘러나오고 구더기가 생기는 등의 확실한 죽음의 징후로부터 시신을 보호하기 위한 주문을 외웠다. 주문을 크게 외우는 것만으로는 만족하지 못한 이집트인들은 장례의 주문을 석관이나 무덤 벽면에 새기기도 했다. 발굴된 관에 새겨져 있던 한 주문은 이집트 매장 의식의 정신을 그대로 담고 있다. "살아나라, 그대는 죽지 않았다. 일어나 삶을 찾으라, 그대는 죽지 않았다."[3]

　순전히 인간의 필멸성을 부정하기 위해 들인 비용과 노력을 생각하면 이집트 미라는 실로 대단하다. 자연스러운 시신의 부패를 막고, 최대한 오래, 최대한 살아 있을 때처럼 시신을 보존하려는 야심찬 고집이 드러난다. 주문, 소금, 붕대 감기의 목적은 분명했다. 살아 있을 때와 같은 신체는 내세로 가는 유일한 수단이었다. 육체는 정신을 영원으로 실어다 줄 배였다. 부패하는 배가 승객을 태우고 항해할 수는 없었다. 이집트인들은 죽음을 여행으로 보았으며, 긴 여행이 그렇듯 미리 채비를 해야 한다고 생각했다. 무덤은 놀이 도구, 화장품, 보석, 무기, 와인 등으로 채워졌다. 다시 살아나 영생을 얻은 주인이 손가락 하나 까딱할 필요 없도록 샤브티shabtis라는 작은 노예 모양 조각도 넣었다.

　모든 이집트인이 내세에 다시 살아난다고 믿긴 했지만, 신성을 가진 존재는 파라오뿐이었다. 파라오는 호루스Horus(태양의 신)의 현신으로 생각됐다. 그러나 통치자가 신성을 가졌다고 믿기에는 의문이 생긴다. 이집트를 수십 년간 지배하던 신이 왜 갑자기 죽는가? 왜 평범한 사람처럼 죽음 앞에 약하고 무력해 보이는가? 간단하다. 호루스는 부활과 명계冥界의 신인 오시리스Osiris로 다시 태어나야 한다. 신화에 따르면 오시리스는 질투가 심한 동생 세트Set에게 살해당했지만, 아내가 열네 조각으로 토막 난 시신을 충실하게 찾아서 맞추자 되살아났다. 녹색 피부에 몸이 천으로 감긴 죽은 자들의 신 오시리스를 통해 이집트인은 다시 태어날 수 있었다. 특히 파라오는 죽은 뒤에 오시리스 자체로 다시 태어난다고 믿었다. 종교의 약속 덕분에 이집트인들은 왕의 죽음을 진심으로 슬퍼할 필요가 없었다. 모든 파라오는 지난 파라오의 신성한 환생이라고 여겼기 때문이다. 이집트인에게 죽음과 부활의 고리는 매년 나일강이 넘쳤다가 원래대로 돌아가는 것만큼이나 익숙했다.

비밀 의식

고대 이집트에 비하면 고대 그리스의 관습과 신념은 훨씬 많이 알려져 있다.[4] 그리스 신화에는 죽음에 대한 고전적인 집착과 어떻게든 죽음을 피하려는 시도에 대한 이야기가 수없이 나온다. 죽음과 명계의 여신인 페르세포네Persephone는 엄청난 두려움의 대상이었다. 그 이름을 부르는 것조차 어리석다고 여겨졌고, 고대의 볼드모트(《해리 포터》 시리즈의 악당으로, 이름을 부르는 것이 금기시된 존재-역주)쯤 되었는지 다양한 별칭이 있었다. 그 이름을 속삭이는 것마저 페르세포네의 주의를 끌어 죽음을 불러온다고 믿었던 것이다. 그리스인은 죽음의 공포를 자신들이 만든 신에게 투영했다. '불사신'으로 불렸던 신들은 죽음을 떠올리기만 해도 끔찍한 충격을 받는다고 묘사됐다. 사랑과 미의 여신 아프로디테Aphrodite는 언젠가 죽을 인간 연인에게 슬프게 말한다. "늙음이 곧 그대를 무자비하게 덮치겠지요, 모두에게 그렇듯이. 죽음은 언젠가 모든 인간의 머리맡에 찾아와 생명도 영혼도 앗아갑니다. 신조차 죽음을 혐오하죠."[5]

그리스 신화는 필사적으로 영생을 추구했지만 결국 실패한 필멸자들의 이야기로 가득하다. 새벽의 여신 에오스Eos는 잘생긴 트로이 청년 티토노스Tithonos와 사랑에 빠진다. 인간과의 사랑이 결국 비극으로 끝난다는 사실을 잘 아는 에오스는 제우스에게 애원했다. 티토노스에게 영생을 허락하여 영원히 함께하게 해달라고. 에오스는 소원을 이루게 되지만 (영생에 대한 소원이 늘 그렇듯) 뜻밖의 문제가 있었다. 깜빡 잊고 영원한 젊음을 부탁하지 않은 것이다. 티토노스는 절대 끝나지 않는 삶에서 점점 잔인해지는 노화의 고통을 겪을 운명에 놓인다. 알프레드 로드 테니슨Alfred Lord Tennyson은 티토노스의 이름을 제목으로 한 시에서 그 비극을 가슴 아프게 그렸다.

숲이 썩는다, 숲이 썩어 무너진다,

그 증기가 눈물이 되어 땅으로 흐른다,

사람이 와서 그 땅을 갈고 그 아래에 눕는다,

그리고 여름이 여러 번 지난 뒤 백조가 죽는다.

나는 홀로 잔인한 불멸의 삶을

소모할 뿐이다: 그 속에서 천천히 시든다.[6]

그리스 신화가 만들어낸 유명한 이미지로는 시시포스Sisyphos도 있다. 시시포스는 영원히 바위를 산 위로 밀어 올리는 형벌을 받은 왕이다. 바위는 다시 산 밑으로 굴러떨어진다. 시시포스는 몇 세기 후 실존주의 철학자들이 즐겨 쓰는 은유가 되었다. 영원히 계속되는 무의미한 노력은 인간이 추구하는 모든 것의 부조리함을 상징한다. 시시포스의 운명은 대중문화에도 종종 표현되지만, 정확히 그가 어떤 죄를 지었기에 이런 형벌을 받았는지는 잘 알려져 있지 않다. 시시포스는 자연의 질서를 거역하고 한 번도 아닌 두 번이나 죽음을 속였다. 먼저 죽음의 신 타나토스Thanatos를 가두어 지구상에 죽음이 일어나지 않게 했다. 신들은 금방 타나토스를 구출했고, 시시포스가 신과 인간을 구별하는 결정적 요소인 불멸성을 모든 인간에게 부여했다는 사실에 격분했다. 영생을 향한 시시포스의 노력은 거기서 멈추지 않았다. 그는 죽음을 맞으면서 아내에게 자신의 벌거벗은 시체를 광장에 던져놓으라고 시킨다. 그러고는 죽은 후 명계의 여왕 페르세포네에게 아내가 정식 장례를 치르지 않았다고 불평하며 제대로 된 장례 절차를 요구할 수 있도록 며칠만 산 자의 세계로 돌려보내 달라고 빈다. 소원이 이뤄지자 시시포스는 명계로 돌아가길 거부했고, 그래서 제우스는 영원한 형벌을 내렸다.

불멸의 삶을 얻으려는 시도가 실패한 이야기를 하나 더 소개하겠다. 오르페우스Orpheus는 고대 세계에서 가장 유명한 신화 속 음악가였다. 사랑하는 아내 에우리디케Euridice가 갑자기 죽자 제정신이 아니었던 오르페우스는 자신의 재능으로 돌파구를 찾으려 했다. 그는 명계로 내려갔고, 아내가 안전하게 집에 돌아가게 해주면 상상할 수도 없는 신성한 노래를 연주하겠다며 페르세포네와 거래를 시도했다. 페르세포네는 동의했지만 조건이 하나 있었다. 오르페우스가 에우리디케를 안내하여 명계를 벗어나되, 두 사람이 산 자들의 땅에 도착하기 전까지는 뒤를 돌아보면 안 된다는 것이었다. 오르페우스는 에우리디케의 손을 잡고 어둡고 황량한 명계를 가로질러 위로 향했다. 그리고 안전한 땅에 발을 딛기 직전에, 헌신적(이지만 기억력이 나쁜)인 오르페우스는 사랑이 담긴 눈으로 자신의 어깨 너머 아내의 모습을 확인하고 말았다. 결국 에우리디케는 영원히 명계에 남게 되었다. 죽음을 극복하려는 시도의 무의미함을 보여주는 또 다른 그리스 신화다.

수많은 신화는 영생의 추구는 실패할 수밖에 없으며 죽음은 불가피하다고 말한다. 이를 근거로 고대 그리스인들이 인간의 필멸성을 받아들였다고 생각할 수도 있을 것이다. 하지만 종교 집단과 축제를 들여다보면 실상은 그렇지 않다. 예를 들면, 고대 세계에서 오르페우스 이야기는 너무 유명해져서 추종자들이 그의 이름을 딴 오르페우스교Orphism라는 집단을 형성할 정도였다. 당시 모든 종교 집단은 (지금과 마찬가지로) 초기 구성원에게 다양한 혜택을 줬다. 고고학자들은 지중해 전역의 묘지에서 금으로 만든 판을 서른 개 이상 발굴했는데, 이는 오르페우스교 신도에게 주어진 천국으로 직행하는 '황금 티켓'이었다고 한다. 암호와 지도가 새겨진 이 판을 소유한 신도들은 명계에서 최고의 장소에 갈 수 있다고 믿었으며, 명계에서 위험을 피하는 법도 배웠다. 판에는 '하데스의 집 왼쪽에 샘이 하나 있고, 그 옆에는 흰 삼나무가 있다. 절대 이 샘에 가까이 가지 말라!'와 같은 조언이 새겨져 있다.[7]

인정하건대 오르페우스교는 그리스 사회의 비주류였을 것이다. 그러나 가장 인기 있던 그리스 종교 의식에도 불멸성의 유혹은 강렬하게 드러난다. 매년 아테네 외곽에서 엘레우시스 제전Eleusinian Mysteries이 열렸다. 거의 2,000년 동안 그리스인들은 열흘간 계속되는 축제에 참가하기 위해 남녀 할 것 없이 아테네로 모여들었다. 실제로 제전에 모인 고대 세계 전역의 추종자는 수천 명에 달했다. 주인에게 돈을 받아 제전에 참가한 노예 이야기가 있을 정도다(참가하려면 돈이 들었고 그 중에서도 새끼 돼지를 제물로 바치는 비용이 컸다). 축제의 비밀 의식들은 철저한 감시하에 행해졌고, 이를 폭로하는 분별없는 자에게는 죽음의 위협이 따랐기 때문에 역사가들은 제전의 본질을 파악하는 데 어려움을 겪었다.[8] 축제는 표면상 데메테르Demeter와 페르세포네의 신화를 재현하는 것이 핵심이었다. 신화에 따르면 명계의 왕 하데스Hades는 들판에서 아무것도 모른 채 꽃을 꺾던 젊은 페르세포네를 신부로 삼기 위해 데려갔고, 페르세포네의 엄마 데메테르는 딸이 없어진 후 절망에 빠진 채 필사적으로 온 세상을 이 잡듯 뒤졌다. 제전 참가자들은 딸을 잃은 어미의 비통한 방랑을 기리기 위해 데메테르처럼 단식하면서 행진을 이어갔다.

엘레우시스 제전은 고대 그리스의 수많은 비밀 축제 중 하나였다. 그런데 무엇이 그리 특별했기에 수천 명이 단지 축제에 참가하려고 고대 세계를 가로질렀을까? 아테네 웅변가인 이소크라테스Isocrates가 깔끔하게 답하길, 참가자들은 "삶의 끝과 영원에 대한 달콤한 희망"을 누렸다.[9] 페르세포네와 그 엄마의 이야기를 기림으로써 참가자들은 명계의 여왕과 유대를 강화하고, 죽은 뒤 더 나은 운명을 보장받았다는 것이다. 고대 자료에는 제전에 참가하지 않은 사람들은 명계에서 대변의 바다에 빠져 고통받는 반면, 참가했던 사람들은 묘지 건너편에서 뽐내며 화려한 삶(죽음)을 즐긴다며 다음과 같이 묘사되어 있다. "우리에게만 태양과 신성한 햇볕이 빛난다."[10] 참가자들은 축제를 통해 명계의 가장 좋은 구역에 자리를 예약했을 뿐 아니라 죽음의 '모의실험'을 하는 귀한 기회도 얻었다. 제전은 사망 후 명계로 건너가는

2. 종교의 약속

과정을 모의로 진행해보는 일생일대의 기회였다. 참가자들은 아무것도 보이지 않는 어둠 속을 배회하다가 눈부시게 밝은 빛을 마주했다 (사원의 문을 갑자기 열어 안에 있던 불길이 보이도록 한 것이다).

제전은 비밀에 싸여 있지만, 불멸성을 보장함으로써 참가자를 끌어들였다는 사실은 확실하다. 철학자 플루타르코스Ploutarchos는 딸이 죽은 후 다음과 같이 아내를 위로하는 글을 썼다. "제전에서 주어진 신성하고 충실한 약속 덕분에 … 영혼이 더럽혀지지 않고 영원할 것임을 확신할 수 있소."[11] 사실 고대 축제 참가자들의 증언은 모두 이와 비슷한 생각을 담고 있으며, 제전이 제공했던 죽음의 공포로부터의 해방을 반영한다. 로마 정치인 키케로Cicero는 아테네의 고무적인 성취에 대해 이렇게 말했다. "아테네인들은 대단하고 신성한 것들을 여럿 발명했는데, 그중 제전이 최고였다. … 번영 속에 사는 방법뿐 아니라 더 큰 희망 속에서 죽을 방법도 얻었다."[12]

올림픽 경기도, 파르테논 신전 건축도, 민주주의의 발명도, 연극의 창조도 잊어버리자. 아테네의 이 모든 업적은 영생의 약속 앞에 그 빛을 잃는다. 이러한 매력을 가진 그리스의 종교적 믿음이 고대 로마를 비롯한 지중해 여러 지역으로 확산된 것도 당연하다. 이는 몇 세기가 지나 더욱 솔깃한 내세에 대한 믿음이 나타날 때까지 이어졌다.

다르마와 카르마

고대 이집트, 그리스, 로마에서 삶은 본질적으로 선형적인 개념이었다. 산다, 죽는다, 영혼이 다른 세계로 이동한다. 그런데 멀리 동쪽에서는 삶과 죽음에 대한 매우 다른 믿음이 형성되고 있었다.[13] 힌두교는 거의 4,000년 전 인도의 다양한 전통과 신념이 혼합되어 탄생됐으며, 오늘날 10억 명 이상이 믿는 세계에서 세 번째로 규모가 큰 종교다. 힌두교는 비폭력, 정직, 자비를 포함한 삶의 도덕인 다르마dharma에 따라 살라고 가르친다. 선한 행동을 보상하는 대부분의 종교처럼 힌두교도 그렇다. 다르마의 길을 따라갔는지 벗어났는지는 평생 행한 도덕적이고 비도덕적인 행동의 우주적 계산인 카르마karma로 귀결된다. 인간은 일생 동안 노력하여 카르마를 추구할 가치가 있다. 카르마가 다음 생에서 부유한 귀족으로 살지 구더기가 될지 결정하기 때문이다.

힌두교에서 아트만atman은 한 사람의 영원한 영혼 또는 자아이며, 이는 일시적이고 손상되는 물리적 육체에 들어 있다. 아트만은 일련의 죽음과 부활을 경험하면서 윤회samsara라는 환생의 순환을 통과한다. 다음 삶에서 영혼의 집이 될 물리적 육체는 그때까지 모은 카르마에 의해 결정된다. 힌두교의 기반이 된 고대 산스크리트 경전 모음 《우파니샤드Upanishads》는 이를 다음과 같이 설명한다. "속세에서 훌륭한 행동을 했던 사람은 훌륭한 자궁, 즉 사제나 왕족이나 상인 계급 여성의 자궁에 들어설 것이다. 그러나 지구에서의 행동이 고약했던 사람은 고약한 자궁, 즉 암캐나 암퇘지나 버려진 여자의 자궁에 들어설 것이다."[14] 이러한 힌두교의 가르침은 왜 어떤 이는 이루 말할 수 없는 빈곤 속에 태어나고 어떤 이는 부유하게 태어나는지 설명하기도 하지만, 다른 목적도 수행한다. 인간이 언젠가 흙으로 돌아갈 살과 뼈에 불과하다는 공포를 가라앉히는 것이다.

기원전 3세기로 거슬러 올라가는 힌두교 경전 《바가바드 기타 Bhagavad Gita》에는 아르주나Arjuna라는 강한 전사의 이야기가 있다. 전투가 벌어지기 직전, 아르주나는 곧 전장을 덮칠 비극과 죽음을 견딜 수 없을 것 같았다. 그의 옆에서 싸울 죄 없는 사람들과 이제껏 삶을 나눈 친구, 친척, 스승의 죽음에 어떤 역할도 하고 싶지 않았다. 그래서 싸움을 거부하며 활과 화살을 내려놓았다. 그러나 마부로 변장한 크리슈나Krishna 신이 다가와, 우리 안의 영혼은 "태어나지도 않고 죽지도 않으며 한 번 존재하면 사라지지도 않는다. 태어나지 않고 영원하며 태고의 것인 영혼은 신체가 죽임을 당해도 죽지 않는다"는 확신을 준다. 이어 여전히 걱정하는 아르주나를 이렇게 안심시킨다. "죽인 자가 죽였다고 생각한다면 / 죽임을 당한 자가 죽었다고 생각한다면 / 둘 다 이해하지 못한 것이다 / 죽인 자는 죽이지 않았고 죽임을 당한 자는 죽지 않았음을."[15] 힌두 경전을 읽는 자는 자비와 사랑의 신 크리슈나의 목소리를 통해 인간의 가장 내밀한 자아를 파괴할 수도, 죽일 수도 없다는 사실을 확인한다. 인간이 죽으면 영혼은 촛불처럼 꺼지는 것이 아니라 새로운 물리적 형태를 띨 뿐이다. "낡은 옷을 벗어 던지고 새 옷을 입듯, 한 육체에 들어 있던 자아는 낡은 몸을 벗고 새로운 몸을 입는다." 힌두교의 가르침에 따르면, 우리는 죽음과 함께 세계를 보았던 눈과 배우자의 얼굴을 만지고 태어난 아이를 안았던 손과 가장 깊은 비밀을 속삭이던 입을 떨쳐낸다. 더러운 옷을 벗어 빨래통에 던지는 것만큼이나 간단한 일이다.

신자들이 끝없는 환생을 통한 불멸성에 큰 매력을 느끼지 못할 희박한 가능성에 대비해서 힌두교는 대안을 마련했다. 그것은 카르마에 따라 윤회의 굴레에서 자유로워지는 열반moksha이다. 선한 삶을 오랫동안 유지한 힌두교인은 해탈의 경지에 이르러 열반에 들 수 있다. 깨우친 영혼은 두려운 환생의 고리에서 해방되어 신과 영원한 합일에 이른다. 열반은 더는 죽음이 존재하지 않는 차원에 도달하는 것이며, 힌두교 수행자에게는 궁극적인 영혼의 목표다. 결국 죽음이 없는 존재를 추구하는 것이 힌두교의 모든 도덕적 가르침의 바탕이다.

일생을 선하게 사는 것보다 빨리 열반에 이를 방법을 원하는 사람은 갠지스강을 찾는다. 인도를 가로지르는 길이 2,500km의 갠지스강은 세계에서 가장 신성한 강 중 하나다. 힌두교는 갠지스강에서 목욕을 하면 모든 죄가 씻기고 나쁜 카르마가 용서되며 열반을 앞당길 수 있다고 말한다. 갠지스강에서 죽는다면 단순히 몸을 담그는 것보다 더욱 신성하다. 갠지스강 주변에 있는 바라나시의 장작더미는 정화의 효과가 있어 죽은 자가 여기서 화장되면 즉시 구원을 얻는다. 바라나시에 도달하기 전에 사랑하는 사람이 죽었다 해도, 걱정할 건 없다. 화장한 재를 갠지스강에 뿌리는 방법도 좋기 때문이다. 강물에 몸만 담그면 해탈에 이를 수 있다니 혹할 만한 이야기다. 축제가 한창일 때 갠지스강에서 목욕하는 힌두교 신자는 7,000만 명 정도로 추정된다. 무해한 종교 행위로 보이는 이 관습은 안타깝게도 사실 수백만 명의 죽음을 초래한다. 강에 뿌려지는 것은 화장한 재뿐만이 아니다.[16] 갠지스강에는 한 해에 화장한 시체 약 3만 5,000구가 들어가는데, 가난한 집은 장작값을 감당하지 못해 완전히 불타지 않은 시신을 그대로 물에 넣어 하류로 떠내려 보낸다. 종교 축제로 강을 찾는 사람들 외에도 갠지스강의 물로 목을 축이고 목욕하고 이를 닦고 옷을 빨고 설거지하는 사람은 4억 명이 넘는다. 엄청난 규모의 인간 활동으로 갠지스강은 세계에서 가장 오염된 강 중 하나다. 막대한 환경적 영향은 말할 것도 없고, 강물에는 인간에게 안전한 수준의 300배가 넘는 배설물이 들어 있다. 갠지스강의 박테리아 농도가 너무 높아서 식수는 고사하고 농업용수로 쓰는 것도 안전하지 않다고 밝힌 연구도 있다.[17] 인도에서 해마다 5세 미만 아동 30만 명이 설사로 사망하는데, 주된 원인은 오염된 물이다.[18] 여름 동안에는 치명적으로 오염된 물 때문에 찾아온 신생아로 병원마다 병실이 꽉 찬다. 여러분이 이 글을 읽는 동안에도 한 명이 그런 이유로 죽었을 것이다. 인도의 오염된 식수원이 갠지스강 한 군데는 아니지만, 4억 명 이상에게 물을 공급하는[19] 만큼 이러한 죽음의 아주 큰 부분을 차지하는 건 분명하다. 갠지스강에 접근하면 이질, 콜레라, 간염의 위험도 있다. 하지만 박테리아와 믿음의 전쟁에서 종교는 계속 승리한다. 아이 수백만 명이 죽어간다고 해도, 영원한 구원을 약속하는 장례 관습은 사라지지 않는다.

진물이 흐르는 구멍과 신성한 치아

인도 아대륙에서 탄생한 주요 종교는 힌두교 말고도 또 있다. 힌두교가 탄생하고 약 1,500년 후에 고타마 싯다르타Siddhārtha Gautama가 불교를 창시했다. 고타마는 귀족 집안에서 태어났으나 주위의 고통을 보고 마음이 움직여 사치스러운 삶을 버렸다고 한다. 불교 신자들은 싯다르타가 니르바나nirvāṇa라는 영원한 평화의 상태에 도달했으며 스스로 붓다('깨달은 자'라는 뜻)가 되었다고 믿는다. 오늘날 불교는 5억 2,000만 명이 넘는 신자를 거느린 세계 4위 규모의 종교다. 더 오래된 힌두교와 지리적, 시대적으로 겹치는 만큼 비슷한 점도 많다. 두 종교 모두 윤회의 반복적 본질을 강조하며 탄생과 죽음의 끝없는 굴레를 끊고 열반에 이르러야 한다고 주장한다. 하지만 불교는 불멸성의 약속과 관련하여 일반적인 형태에서 흥미롭게 분화된 모습을 보여준다. 먼저, 붓다는 영혼이 영원한 것도 아니요, 죽고 나면 사라지는 것도 아니라고 가르쳤다. 이 관점이 힌두교와 명확히 다른 부분이다. 불교 경전은 썩기 쉽고 일시적인 신체의 본질을 깊이 생각해보라고 권유하지만 영혼이 본질적으로 이와 다르다는 암시는 거의 없다. 5세기의 경전은 사람이 '나'라고 느끼는 신체의 본질을 다음과 같이 설명한다.

> 180개의 관절로 연결되고 900개의 힘줄로 묶인 300개의 뼈가 900조각의 살로 덮여 있다. 내피는 촉촉하고 외피가 감싸고 있으며 여기저기 구멍이 있어 기름 냄비처럼 액체를 내뿜고 흘린다. 그 안에는 이런저런 벌레가 살고, 벌레는 질병의 근원이며, 질병은 고통의 근원이다. 만성적으로 열린 종기와 같은 아홉 개의 구멍에서는 분비물이 질질 흘러나온다. … 불결하고 메스껍고 불쾌하다는 점에서 왕과 거지의 신체는 전혀 다르지 않다.[20]

인간이 신과 같다는 환상이 깨질 만한 묘사지만, 이 정도로는 부족했는지 어떤 경전에서는 자신의 시체가 썩어가는 모습을 떠올리며 명상하라고 권한다. 실제로 부패하는 사체를 관찰하며 명상할 수 있다면 더욱 좋다. 현대의 명상가는 썩어가는 시체를 발견하기 어렵겠지만 고대 인도에서 시체를 찾기는 어렵지 않았던 듯하다. 자신의 죽음에 대한 명상은 행복과 내면의 평화에 이르는 가장 큰 비밀로 여겨졌다. 진언종파를 세운 일본의 승려 구카이空海는 이렇게 썼다. "마음의 고요를 얻기 위해 … 모든 사람은 결국 시체가 될 운명임을 생각"하고 "걱정으로 떨릴 때면 이 세상 모든 것이 덧없고 무상함을 떠올려라."[21] (하지만 8장에서 다룰 구카이의 특이한 장례 방식을 보면 그 역시 설법한 대로 살지는 못한 듯하다.)

실제 종교 의식은 경전에 담긴 가르침과 매우 다른 그림을 그리는 경우가 많다. 사실 어느 모로 보아도 실제 불교 의식에서 무상함을 강조하고 죽음을 수용하는 모습은 찾기 어렵다. 가장 초기부터 붓다와 깨달은 성인들을 화장한 장작더미에서 치아나 뼈 같은 유골을 모았는데, 이러한 신체적 유물은 그저 열성 신자 몇 명이 가져가는 게 아니라 사원에 보관되어 수많은 불자의 숭배를 받았다. 석가모니의 사리는 8만 4,000개로 나뉘어 전 세계 절과 사원으로 운송됐다고 한다. 심지어 일부는 법적으로 개인의 지위를 얻어 재산을 소유할 수 있다.[22]

2007년, 석가모니의 왼쪽 송곳니를 모시기 위해 싱가포르에 불아사 용화원Buddha Tooth Relic Temple and Museum이 설립됐다.[23] 건설비용은 5,600만 달러였고, 신자들은 사리탑을 위해 금 234kg을 기부했다. 2018년 사원이 신고한 연 수입은 1,000만 달러 이상으로 대부분은 기부금이다. 석가모니의 신성한 치아를 보기 위해 이 사원을 찾는 관광객은 매년 360만 명에 달한다. 이상하게도 이 송곳니 길이는 7cm 이상이라고 한다. 치과 전문의 여러 명이 이것은 사람의 치아일 리 없으며 소 이빨일 가능성이 높다고 주장했다.[24] (사원의 승려들은 분개했다.) 결론적으로 들소의 이빨을 모시기 위해 수천만 달러를 투자했다는 얘기다. 이 금액이 어느 정도인지 따져보자. 5,600만 달러면 1년간 아동 2,000만 명에게 식품 기반 미량원소를 제공하고, 고립된 지역에서 살아가는 300만 명의 기본적인 의료 수요를 충족하고, 고위험 시즌이 한 번 지나는 동안 500만 명의 아동을 말라리아로부터 보호하고, 1년간 700만 명 이상에게 안전한 식수를 제공할 수 있다. 그러고도 치료 가능한 실명 상태에 있는 개발도상국 환자 20만 명에게 시력을 되돌려줄 돈이 남는다.[25]

신과의 약속

세계에서 가장 오래된 유일신교인 유대교는 4,000년 전 중동에서 시작됐다.[26] 오늘날 유대인은 약 1,500만 명으로 파악되는데, 유대인 3분의 1을 사망에 이르게 했던 홀로코스트가 아니었다면 이보다 훨씬 많았을 것이다. 유대교의 신성한 경전 모음을 '타나크Tanakh'라고 하며, 여기에는 (기독교인에게는 '구약'으로 알려진) 히브리어 성경의 첫 5권인 토라Torah가 포함된다. 히브리어 성경에서 삶의 유한성에 대한 해답은 신이다.[27] 성경은 야훼가 "죽음을 영원히 멸하실 것"이라고 주장한다. 영혼의 불멸성이라는 개념은 새로운 것이 아니었다. 당시 죽음 후의 삶에 대한 지배적인 관점(고대 그리스와 로마부터 이어진)은 도덕적으로 살았든 부패한 삶을 살았든, 모든 영혼이 같은 목적지로 향한다는 것이었다. 내세(유대교의 '쉐올she'ol')에서 살인자와 범죄자의 영혼은 독실한 신자, 귀족, 여성과 나란히 어울릴 수 있었다. 박해받던 유대인들은 토라의 일부 구절에 반영된 이러한 신념에 의문을 품었다. 끝까지 믿음을 버리지 않은 사람이 있는가 하면 다수의 종교에 굴복하여 믿음을 버린 사람도 있는데, 정의의 하느님이 어떻게 이들에게 같은 내세를 허락한단 말인가?

제2성전 시대(예루살렘에 제2성전이 존재했던 기원전 516년에서 서기 70년까지의 시기 - 역주) 이후로 히브리어 경전에는 개념적 전환이 일어났다. 내세에 모든 영혼이 공존한다는 개념에서 초점이 바뀌어 정의로운 자/사악한 자의 분리와 부활이 강조됐다. 히브리어 경전에 다음과 같은 내용이 있다. "지구의 먼지에 잠든 자들이 깨어나 어떤 이는 영원한 삶을 누리고 어떤 이는 수치 속에 영원한 경멸을 받을 것이다. 또한 현명한 자는 저 높은 하늘과 같이 빛날 것이며, 많은 사람을 올바른 방향으로 이끈 자는 영원한 별처럼 반짝일 것이다."[28]

유대교 '부활'의 정확한 본질에 대해서는 논란이 많다. 영혼의 불멸성에 대해서는 보편적으로 의견이 일치하지만, 일부 유대교 학자는 죽은 자가 눈에 보이는 물리적 형태로 부활한다는 개념을 인정하지 않는다. 그러나 12세기에 활동했던 영향력 있는 유대교 철학자 마이모니데스Maimonides는 부활에 대한 믿음은 유대교 신앙의 13계명 중 하나일 정도로 유대교의 핵심이었다고 확신한다.[29] 유명한 신학자였던 그는 유대교가 설명하는 내세관의 저의가 불 보듯 뻔하다고 주장했다. "다수가 신념을 지키고 계율을 따르게 하려면 보상을 바라도 된다고 말해줘야 했다."[30]

유대인들이 형벌과 학대의 역사에도 뜻을 굽히지 않은 것을 보면 믿음의 대가로 주어지는 영생은 귀중한 동기부여였던 듯하다. 기원전 1세기에 글을 썼던 유대인 역사가 플라비우스 요세푸스Flavius Josephus는 로마인의 고문을 견디는 유대인이 "고통 속에서도 미소 짓고 고문하는 자를 옅게 조소했으며, 결국 돌려받을 것을 굳게 믿은 채 기쁘게 영혼을 내려놓았다"고 칭송했다.[31]

수백 년이 지나도 유대교의 믿음과 관습에는 여전히 영생이 단단히 엮여 있다. 유대인들의 아침 기도인 엘로하이 네샤마Elohai Neshamah를 생각해보자.

> 신이시여! 당신께서 제 안에 불어넣으신 영혼은 순수합니다. 당신이 창조하고, 당신이 빚으시고, 당신이 제게 불어넣으셨으며, 당신이 제 안에 두셨습니다. 당신은 언젠가 이 영혼을 가져가시겠지만, 내세에서 제게 돌려주실 것입니다. 이 영혼이 제게 있는 한 저는 당신께 감사합니다, 신이시여, 나의 신이시여, 나의 아버지의 신이시여. 모든 일의 주인, 모든 영혼의 주인이시여, 죽은 자에게 영혼을 돌려주실 당신을 축복합니다.[32]

매일같이 이 말을 외우는 사람이 불멸성의 약속에 위안을 받지 않을 수 있을까?

그런데 영생을 보장하는 야훼와의 관계를 유지하기 위해 신자가 해야 하는 일에는 아들의 성기를 훼손하는 것도 포함된다. 히브리어 성경에는 여러 차례 남성 할례에 대한 이야기가 나오며, 이는 야훼와 시조 아브라함Abraham의 약속이라고 주장한다.[33] 아브라함은 신의 경고를 받았다. "포피를 잘라내지 않은 인간의 영혼은 몸에서 잘려나갈 것이다. 나와의 약속을 어긴 자이니." 아들에게 할례를 행하지 않으면 신과의 유대를 끊는 것과 같으므로 영생의 기회는 멀어질 것이다. 신생아 할례는 영아돌연사중후군 확률을 높인다고 알려졌다.[34] 심지어 직접구강흡입metzitzah b'peh으로 알려진 정통 유대교의 특정한 할례 방식은 위험성이 더 큰데, 할례를 수행하는 사람이 신생아의 성기에 직접 입을 대고 상처에서 피를 빨아내는 방식이다.[35] 뉴욕에서 매년 이 방법으로 할례를 받는 신생아는 3,000명에 이른다. 2000~2019년에 직접구강흡입 할례로 인해 헤르페스를 앓게 된 신생아는 최소 28명이다. 이 중에는 안타깝게도 심각한 뇌손상을 입거나 사망에 이른 아이도 있다.

부활을 위해 죽다

유대교가 생기고 2,000년 뒤에 기독교가 탄생했다. 고대 후기의 기독교는 신생 종교에 불과했고, 고대인들이 선택할 수 있는 광범위한 파생 종교 중 하나였다. 당시에는 죽음에서 살아 돌아왔다는 초월적 치유자를 중심으로 한 종교가 많았다.[36] 하지만 초라하게 시작한 기독교가 곧 고대 세계를 지배하며 수백만 신도를 모으기 시작했다. 기독교의 매력은 무엇이었을까? 기독교는 영혼과 신체 둘 다

지속된다고 약속한 최초의 종교 중 하나였다. 고대 그리스 세계에서 내세에 대한 믿음은 일반적이었지만, 가장 독실한 엘레우시스 신도나 오르페우스교 신도조차 죽은 후에 살과 피를 가진 인간으로 부활하리라고 기대하지는 않았다. 영혼이 명계에서 일종의 유령 형태로 살아가리라 생각했다. 영혼의 기쁨이 영원하리라 약속하는 다양한 종교 사이에서 기독교는 단연 눈에 띄었다. 물리적 신체가 천국에서 영혼과 만나리라 약속했기 때문이다.

기독교의 급속한 전파는 콘스탄티누스Constantinus 로마 황제의 개종에 큰 영향을 받았다고 알려져 있다. 그렇지 않았다면 기독교인은 계속되는 박해를 견뎌야 했을 것이고, 오늘날 20억의 신도를 자랑하는 강력한 종교가 되지 못했을 것이다. 콘스탄티누스 황제는 사랑, 겸손, 인내라는 예수의 가르침에 감명을 받은 것일까? 그럴 가능성은 없어 보인다. 황제는 개종 10년 후 아들의 죽음을 명하고 아내를 끓는 물에 빠뜨려 살해한다.[37] 살인만큼 중죄는 아니지만 이어서 자신의 이름을 따서 도시 하나의 이름을 콘스탄티노플Constantinople로 바꾸기도 한다 (현재의 이스탄불). 사실 콘스탄티누스는 소위 기독교로 '개종'하고 25년이 지나서 죽기 직전에야 세례를 받겠다고 했다. 왜 그랬을까? 세례를 최대한 미루면 자신의 죄 때문에 천국에 들어가지 못할 가능성이 낮아진다고 생각한 것이다. 주화와 사원, 역사책에 확실한 흔적을 남기고 심지어 도시 이름까지 자신의 이름으로 바꿔 불멸의 존재가 된 로마 황제조차도 영원한 유산보다는 영원한 내세를 원했다.

기독교 성경에는 믿는 자의 불멸성을 확언하는 하느님의 메시지가 수없이 많다. 예수는 추종자들을 가리켜 "그들에게 영원한 삶을 주리니, 그들은 죽지 않으리라"고 했다.[38] 기독교는 추종자 자신의 문제뿐 아니라 사랑하는 자(그 역시 기독교 신자라는 전제하에)의 죽음에 대한 해결책도 마련해 주었다. "죽음은 없으리니, 애도하지도 울지도 말라." 신약 성경에서 '죽음'은 378번, '천국'은 277번 언급된다.[39] 성경을 읽는 사람은 '사랑'이나 '평화'(각각 202번, 109번 등장) 같은 단어보다 죽음에 대한 이야기를 보게 될 확률이 더 높은 것이다. 기독교 신자는 천국에서 부활할 수 있는데, 예수는 심지어 지구에서 죽은 자를 부활시키기도 했다.[40] 나사로Lazaros는 기독교 부활의 전형으로 여겨진다. 그는 나흘 동안 돌무덤에 묻혀 있다 수의를 걸친 채 걸어 나왔다. 이는 죽음을 부정하는 예수의 힘을 보여주는 수많은 사례 중 하나일 뿐이다. 예수는 장례식에서 죽은 자를 살려내기도 했고 임종에 든 열두 살 소녀를 부활시키기도 했다. 심지어 예수의 부활 능력을 전수받았는지 예수의 제자도 최소한 두 명을 살려냈다. 현대 교황도 죽음에 대해서는 초기 기독교의 태도를 유지하고 있다. 프란치스코 교황은 우리 모두가 마주한 교차로에 대해 신도들에게 경고한다. "주님과 함께하면 삶의 길이요, 멀어지면 죽음의 길이다."[41]

최근 멕시코에서 떠오르는 종교 운동으로 인해 죽음에 대한 기독교의 민감성과 이것이 종교계에서 불러일으키는 긴장이 드러났다. 죽음 자체를 의인화한 라 산타 무에르테La Santa Muerte(추종자들은 '앙상한 여인the Bony Lady'이라는 애칭으로 부른다)는 지난 20년 사이 숭배의 대상으로 떠올랐다.[42] 엄마 같은 이미지지만 왼손에는 어울리지 않는 낫을 들었다. 치유, 보호, 내세로의 안전한 여행이라는 기적 같은 선물을 약속하는 이 여인은 당연히 죽음을 계속 마주하는 사람들에게 인기가 많다. 특히 성 노동자, 마약 거래상, 절도범, 경찰이 앙상한 여인을 따른다. 멕시코 바예 데 찰코 자치구의 경찰 유니폼에서 라 산타 무에르테의 자수가 발견되기도 했다(역설적이게도 경찰의 반대편에 선 범죄자들 역시 앙상한 여인에게 안전을 기도한다).

죽음을 상징하는 여성의 인기가 하늘 높은 줄 모르고 치솟자 가톨릭교회는 비난에 나섰다. 흥미롭게도 교회의 공개적인 비난과 동시에 앙상한 여인의 수많은 추종자는 교회에서 인정하지 않는 죽음의 성인을 숭배하기 위해 가톨릭교에 등을 돌렸다. 고위 바티칸 인사 잔 프랑코 라바시Gianfranco Ravasi 추기경은 이를 '반종교적'이라고 비난하며 "종교는 삶을 찬양하나 이들은 죽음을 찬양"한다고 주장했다.[43] 추기경의 다른 대변인 역시 사람들이 죽음의 성인을 기린다는 사실에 분개했다. 2016년에는 프란치스코 추기경이 라 산타 무에르테 숭배에 대해 경고했다. 멕시코에 간 첫날, 추기경은 "환상을 떠받들고 섬뜩한 상징을 수용"하는 가톨릭 신자들이 "특별히 걱정"된다며 견해를 밝혔다. 해골 성인에 대한 교회의 공포는 아마도 부분적으로는 가톨릭교 전체의 문제인 죽음에 대한 공포와 부정 때문일 것이다. 가톨릭교가 죽음에 대한 기적 같은 해결책을 제공하는 마당에 자칭 가톨릭교 신자라는 사람들이 죽음을 숭배한다는 아이러니를 교회는 이해하지 못할 것이다. 보호의 힘을 원하는 일부 기독교인도 앙상한 여인에게 빠진 듯하지만, 교회는 혐오스러운 눈길을 보내며 맞서 싸우고 있다.

기독교의 뿌리 깊은 '반-죽음' 정서를 생각하면 '친-생명' 운동의 인기는 놀랄 일이 아니다. 2014년 퓨 리서치 센터Pew Research Center가 2만 5,000명 이상을 설문한 결과에 따르면, 미국 기독교인 둘 중 하나는 낙태가 불법이라고 생각했다.[44] 가톨릭교회는 오랫동안 낙태를 '말할 수 없는 죄'라 비난했고, 현 교황은 이를 살인청부업자를 고용하는 것이라고 비유했다.[45] 이렇게 죽음을 거부한 결과, 여성이 대부분의 짐을 짊어지는 비극이 일어났다. 2015년, 낙태를 시술하는 콜로라도 병원에 복음주의 교회 신도가 총기난사 사건을 일으켜 세 명이 사망했는데,[46] 종교적 동기가 확실했다. 10년 전, 그는 온라인 포럼에 다음과 같은 글을 게시했다. "예수를 믿지 않으면 지옥에서 불타리라." 또한 그는 '죄인'이 '깨어'나야 하며 '벌레가 [그들의] 살을 파먹으리'라고 주장했다. 광신도 총기난사범 한 명이 종교 전체를 대표할 순 없다고 넘길 수도 있지만, 존경받는 입법자와 의료 종사자에게서도 이처럼 위험한 독실함이 나타난다. 2011년, 31세의 사비타 할라파나바르Savita Halappanavar는 허리 통증을 느끼고 아일랜드의 골웨이 대학병원을 찾았다. 의사들은 당시 임신 17주였던 태아의 유산이 시작됐지만 배출되지 않았음을 알게 됐다. 아내의 상태가 나빠지는 가운데 남편은 공포에 질린 채 계속해서 낙태를 요구했다. 의료진의 반응은 어땠을까? "여긴 가톨릭 국가입니다." 가톨릭교회의 영향을 크게 받은 아일랜드 법률상 심박이 잡히는 태아를 죽일 수 없다. 의료 개입이 없으면 산모도 아이도 살아날 가능성이 없다는 사실을 알면서도 의사들은 남편의 요구를 거부했다. 할라파나바르는 의료적 도움을 받기 위해 병원을 찾은 지 48시간 만에 패혈증으로 사망했다.[47]

신도들에게 내세를 보장하는 기독교의 약속과 속세의 삶을 유지하려는 바람이 충돌하며 피할 수 있는 비극이 일어나고 있다. 예를 들어 기독교인에게 '혈액을 … 피할 것'을 지시하는 성경 문장이 있는데,

애매한 이 세 단어 때문에 매년 1,000명이 죽어간다.[48] 이제 800만 신도를 자랑하는 여호와의 증인이 이 문구를 신이 수혈을 금지한다고 해석하기 때문이다. 2002년 16세의 나이로 백혈병 진단을 받은 베서니 휴즈Bethany Hughes도 이렇게 죽음을 맞았다.[49] 여호와의 증인 신도로 자라난 베서니가 수혈을 거부하기로 하면서 법적 논쟁이 일어났고 부모는 이혼했다. 아버지는 베서니의 결정을 뒤집으려고 애썼고, 그래서 교회에서 쫓겨났다. 반면 어머니는 베서니가 진단 일곱 달 만에 사망할 때까지 치료 거부를 지지했다. 베서니가 죽은 후 대체 어떤 엄마가 살 수도 있을 자식이 죽어가는 모습을 보면서도 치료를 거부할 수 있느냐며 뜨거운 논쟁이 벌어졌다. 아마 그 엄마는 천국의 문이 신의 명령을 따른 아이를 따뜻이 반길 거라 믿었을 것이다.

어서 오라, 천국에

세계 5대 종교 중 마지막 종교도 기독교, 유대교와 마찬가지로 중동에서 싹텄다. 이슬람교는 서기 7세기 초 현재의 사우디아라비아에서 탄생했다.[50] 상대적으로 늦게 창시됐음에도 18억의 엄청난 신도를 거느리며 세계에서 두 번째로 규모가 큰 종교가 되었다. 이슬람 교리는 대천사 가브리엘이 이슬람교 창시자인 선지자 무함마드Muhammad에게 전한 신의 말씀이라는 《쿠란Quran》에 쓰여 있다. 《쿠란》은 죽음이 끝이 아니라 시작임을 받아들이라고 촉구한다. 무함마드는 무슬림에게 죽음이란 없다며, "신실한 자는 죽지 않는다, 이 세상에서 내세로 옮겨갈 뿐"이라고 주장한다.[51] 무함마드는 죽음이 내세로 가는 관문이라고 여러 차례 언급한다. '죽음은 무슬림에게 축복'인데, 왜냐하면 '묘지는 영원으로 떠나는 첫 관문'이기 때문이다. 이슬람교와 기독교의 핵심은 둘 다 영생이며, 이는 잠재 신도에게 매력적인 보상이다.

이슬람교에서 필수적인 여러 믿음이 있지만, 열렬한 추종자들은 내세에 대한 믿음이 가장 중요하다고 본다. 내세를 믿지 못하는 사람은 이슬람 신자를 어설프게 흉내 낼 따름이며 알라신을 믿지 못하는 것이다. 이슬람교에는 '알라와 최후의 날을 믿는다면'이라는 표현이 있다. 알라에 대한 믿음과 심판의 날·내세에 대한 믿음이 본질적으로 한 동전의 양면임을 보여주는 대목이다. 사실 《쿠란》의 거의 모든 페이지에는 어떤 식으로든 내세에 대한 이야기가 있다.[52] 무슬림은 종교 활동으로 최소한 하루 17번, 눈 뜬 시간 내내 반복적으로 일상을 멈추고 의무적인 살라트Salah(기도)를 외며 약속된 불멸성을 상기한다.

죽는 즉시 천국으로의 편도 여행을 약속하는 기독교와 달리 이슬람교는 심판의 날(야우마-딘Yawm ad-Din)까지 죽은 자가 묘지에 머무른다고 가르친다. 심판의 날에 죽은 자는 부활하는데, 그들의 운명은 일생 동안의 정의로운 일과 죄악을 다는 저울에 의해 결정된다. 정의롭고 신실한 삶을 살았던 무슬림은 모든 바람이 이뤄지며 젊음과 아름다움이 넘치는 이슬람교의 천국인 잔나Jannah에 간다. 그곳에 우유와 맑은 물(둘 다 사막에 살던 이슬람 민족이 매우 중요하게 여기던 자원이다)이 끝없이 흐르는 눈부신 정원이 그들을 기다리고 있다. 아름다운 처녀들이 시중을 드는 만찬이 이어지고, 죽은 자들은 비단옷을 입고 다이아몬드와 금을 걸치고 가족과 친구에 둘러싸여 쉴 수 있다. 신도들은 잔나에서 절대 늙거나 고통받지 않을 것을 알기에 푹 잠들 수 있다.

잔나에서 세상을 떠난 사랑하는 사람들과 알라를 만나는 것은 모든 무슬림의 궁극적 목표이며, 평생 선을 행하고 신실한 믿음을 지키면 자연스레 따라오는 결말이다. 이슬람이 지구상의 다섯 명 중 한 명을 신도로 포섭하며 세계에서 가장 빠르게 성장하는 종교로 자리 잡은 것도 당연해 보인다.

그러나 사후의 천국을 약속받는 대가는 크다. 가장 독실한 무슬림에게 가장 훌륭한 내세가 주어진다고 하는데, 알라를 위해 삶을 희생하는 것보다 더 독실한 행동이 있을까?[53] 《쿠란》은 속세의 삶을 순전히 죽음의 '축복'으로 통하는 문 정도로 가벼이 여길 뿐 아니라, 이슬람교 지도자들은 순교를 택한 자를 공개적으로 칭송한다.[54] 이슬람 무장단체 하마스의 대변인이자 교수인 이스마일 라드완Ismail Radwan은 순교자가 받을 보상을 다음과 같이 묘사했다. "그의 모든 죄는 처음 뿜어 나오는 피에 씻겨 그는 무덤의 고문을 면하게 된다. 천국에서 자신의 자리를 찾을 것이며, … 눈동자가 검은 72명의 [처녀]와 결혼할 것이다."[55] 무슬림은 순교자가 자연히 천국의 가장 높은 곳으로 올라간다고 믿는다. 순교자의 시신을 놓고 장례 기도를 하는 일도 없다. 순교자는 이미 천국의 가장 좋은 곳으로 갔으니 평범한 기도가 필요 없기 때문이다.

모든 종교의 가르침이 그렇듯, 이와 같은 약속은 현실에서 효과가 있다. 텔아비브 나이트클럽에서 자살 폭탄 테러로 이스라엘인 21명을 죽인 이슬람교 테러리스트는 유언장에 이렇게 썼다. "내 몸을 폭탄으로 바꿔 시온의 아들들을 사냥하고, 그들을 날려버리고 그들의 유해를 태우리라. … 오, 어머니, 기쁘게 외치십시오! 오, 아버지와 형제들이여, 단것을 나누어 주십시오! 검은 눈의 [처녀] 72명이 천국에서 당신의 아들과 결혼하기 위해 기다립니다."[56] 처녀 72명과 영원한 영광을 약속받은 젊은이는 종교가 시키는 어떤 일이라도 할 것이다. '순교자들의 어머니'로 알려진 마리암 파르하트Mariam Farhat는 십 대 아들과 녹화한 영상으로 널리 주목받았다.[57] 이 가족의 영상에 특별한 점이 있다면 아들이 죽길 바라며 작별 인사를 하는 엄마의 모습이다. 아들은 다음날 자살 폭탄 테러를 수행할 예정이었다. 파르하트의 세 아들은 이스라엘을 대상으로 한 자살 테러로 사망했는데, 이들을 부추긴 사람이 다름 아닌 파르하트였다. 그녀는 아들들이 죽었다는 소식에 대단히 기뻐했고 친구들에게 초콜릿과 사탕을 나눠주며 이렇게 말했다고 한다. "우리에게는 내세가, 영원한 축복이 있다. 아들을 사랑한다면 응당 영원한 축복을 선택해야 한다. … 알라신께서 우리에게 천국을 약속하시니, 이것은 내가 바랄 수 있는 최선이다. [내 아들이] 보여준 가장 위대한 영광은 순교였다."

　파르하트의 신념에 분노하는 사람도 많겠지만, 베서니 휴즈의 엄마라면 자식이 영원한 천국의 길에 오르는 모습을 지켜보는 순간이 가장 큰 선물이었다고 동의할 것이다. 게다가 파르하트는 무슬림 사회의 비주류로 살아가는 미친 사람이 아니었다. 팔레스타인 의회에 선출되었고, 2013년 사망했을 때는 장례식에 4,000명이 모였다. 다행히 2013년 11개국 9,000명의 무슬림을 대상으로 한 설문 결과, 무슬림 80%가량은 민간인에 대한 자살 폭탄 테러가 거의 또는 절대 정당화

될 수 없다고 답했다.[58]

라그나로크: 영생의 거부?

세계 대형 종교들은 저마다 신자들에게 이전보다 더 찬란하고 훌륭한 죽음의 해결책을 제시한다. 이들 종교는 그렇게 수천 년간 살아남았다. 그렇다면 의문이 생긴다. 신도에게 영생을 약속하지 않는 종교도 있을까? 그런 종교는 불멸에 대한 약속과 경쟁하는 가운데 얼마나 지속됐을까?

그리스도의 종교가 2,000년 이상 유럽의 신앙 체계를 지배하고 있지만, 원래 이 지역의 유일한 종교는 아니었다. 8세기에 번창한 스칸디나비아 신화는 초기 스칸디나비아인의 삶에 죽음이 얼마나 근본적인 요소였는지 보여준다.[59] 바이킹은 대부분 문맹이었기 때문에 문헌 자료가 드물지만, 역사가들이 모은 희귀 문헌을 보면 죽음이 바이킹 공동체에서 핵심적인 역할을 했음을 알 수 있다. 스칸디나비아 신화에 따르면 우리가 사는 세상은 이미르Ymir라는 거인의 시체로 만들어졌다.[60] 이미르는 강력한 외눈박이 거인 오딘Odin과의 전투에서 살해당했다. 오딘은 이미르의 훌륭한 신체를 낭비하지 않고, 살로 대지를 빚고, 뼈로 산을, 피로 바다와 강을, 머리카락으로 나무를 만들었다. 치아와 턱뼈, 잘린 시체에서 떨어져 나온 뼛조각으로는 바위와 자갈을 만들었다. 오딘은 거기서 멈추지 않고 이미르의 뇌까지 사용했다. 거인의 텅 빈 두개골로 만든 하늘로 던져진 뇌는 구름이 됐다. 이때쯤

이미르의 썩어가는 시체는 구더기로 뒤덮여 있었다. 오딘은 운 좋은 구더기들에게 의식을 부여하여 이들을 난쟁이로 만들었다. 늘 죽음에 둘러싸여 살던 바이킹은 자신들이 살로 만들어진 대지를 걷고 피의 바다를 항해한다고 믿었다.

스칸디나비아 신화마다 조금씩 차이가 있지만, 다양한 문화권과 시기의 신화를 조합해 보면, 한 가지 공통점이 나타나는데, 그건 바로 불멸성의 약속이다. 자연사나 사고사한 사람은 보통 지하의 땅인 헬Hel에서 영원을 보낸다고 여긴다. 어원은 기독교의 '지옥hell'과 같지만 그 외에는 공통점이 거의 없다. 스칸디나비아의 헬은 죽은 자들이 영원히 고통받는 지옥이 아니라, 축제를 벌여 먹고 마시며 사교 활동을 하고 땅 위에서와 마찬가지로 즐거움을 누리는 곳이다. 가장 유명한 종착지는 지구 위로 높이 솟은 거대하고 장엄한 발할라Valhalla다. 발할라는 전쟁 전사자를 위한 공간이지만, 전장에서 죽었다고 해서 모두 갈 수 있는 건 아니다. 싸우다 죽은 사람 중 절반은 프레이야Freyja 여신의 선택을 받아 폴크방Fólkvangr이라는 초원에서 영원을 보낸다. 전쟁에서 살해당한 사람을 발할라로 데려가는 여성들인 발키리Valkyries가 나머지 반을 전장에서 옮긴다. 이렇게 발할라로 간 전사들은 오딘의 궁에서 좋은 자리를 차지한다. 오딘의 시점에서 노래하는 10세기 시를 보면 발할라에 도착하는 자에 대한 따뜻한 환영과 영광을 느낄 수 있다.

꿈을 꾸었노라! 새벽에 꿈에서 깨어나
쓰러진 자들을 위해 발할라를 정리한다.

에인헤랴르_{Einherjar}를 깨워 일어나라 하여

벤치를 덮고 컵을 씻게 하며

발키리에게 와인을 가져오라 이르노라, 왕자가 오고 있으니.

인간 세계에서 올 유명한 영웅들을 기다린다

내 마음이 기쁘도다![61]

죽은 자들은 발할라에서 바이킹이 가장 사랑하는 세 가지 일을 하며 부러운 내세를 누린다. 밀주를 마시며 축제를 벌이고 전쟁을 준비하는 것이다. 그런데 죽어서까지 또 다른 전쟁을 준비하는 이유는 무엇인가? 바이킹이 최후의 전쟁, 라그나로크_{Ragnarök}를 믿었기 때문이다. 이 전쟁은 신들을 포함한 우주의 멸망을 초래한다고 여겨진다. 모든 존재가, 심지어 신들까지도 언젠가 완전히 파괴된다고 믿는다는 점에서 북유럽 신화는 여느 종교와는 분명 다르다. 라그나로크를 근거로 종교가 항상 죽음에 대한 해결책을 제공하지는 않으며 북유럽 사람들은 인간의 필멸성을 받아들였다고 생각하고 싶은 유혹이 든다. 하지만 이는 이야기의 절반에 불과하다. 더 가까이 들여다보면 북유럽 사람들 역시 세계의 끝에 대한 우울한 전망에 만족하지 못한 듯하다. 사실 신화가 보통 그렇듯 라그나로크 역시 시간이 지나면서 희망적인 미래의 이야기로 변했다. 이 신화의 나중 버전은 라그나로크를 끝이 아니라 더 풍족한 새로운 세상의 시작이라고 설명한다. 남아 있는 신들이 새로 태어난 세계로 돌아오고, 살아남은 인간들이 다시 번성하여 지구를 채운다는 것이다. 이러한 우주적 부활에 만족하지 못하고 개인적 불멸을 추구하던 바이킹들은 오래 기다릴 필요가 없

었다. 북유럽 종교는 수백 년 안에 모든 개종자에게 영원한 축복과 천국의 자리를 약속한 기독교로 완전히 대체되었으니 말이다.

너무 큰 대가

종교적 믿음의 역사를 보면, 종교의 핵심은 우주에서 인류가 특별한 위치에 있다고 일종의 확신을 주는 것이었다. 인간은 종교의 힘으로 다른 동물보다 인간이 우월하다고, 곧 죽음을 맞을 유인원 이상이라고 확신했다. 내세에 대한 믿음이 있었기에 불안한 마음을 달래고 밤에 잠을 이룰 수 있었다. 하지만 그 대가는 컸다. 인간은 현재도 너무 큰 대가를 치르고 있고, 역사적으로도 늘 그랬다.

인류 역사를 통틀어 종교적 믿음은 상상할 수 없는 규모의 폭력을 유발했다. 아즈텍족을 생각해 보자. 이들은 태양신이 피와 살의 제물을 받지 못해 활기를 잃으면 세계는 영원한 어둠과 죽음으로 빠져든다고 믿었다.[62] 그렇다면 세계의 파괴를 어떻게 막을 것인가? 이들은 인신공양이라는 섬뜩한 방법을 택했다. 사제는 희생자의 가슴을 열어서 아직 뛰고 있는 심장을 갈비뼈에서 뜯어내어 하늘에 있는 신에게 선물로 바쳤다. 희생에 대한 마지막 감사로, 피범벅이 된 희생자의 시체는 템플로 마요르Templo Mayor의 60m 높이 피라미드 아래로 던져졌다. 아스테카 왕국의 이러한 인신공양은 심심풀이로 가끔 하는 일이 아니었다. 매년 2만 명이 살해된 것으로 추정되며, 템플로 마요르는 지독한 피비린내를 풍겼다고 한다.[63]

희생자는 대부분 전쟁포로나 노예였지만, 제물이 되겠다고 자원하는 사람도 있었다. 실제로 1520년 스페인인은 인신공양이 예정된 사람들을 풀어주다가 배고픈 태양신을 달래기 위해 죽을 기회를 놓쳐서 실망이라는 이야기를 듣고 몹시 당황했다. 이러한 희생의 동기는 무엇이었을까? 역시 수천 년 동안 여러 종교적 행동과 믿음의 동기가 되었던 불멸성의 약속이다. 즉, 희생은 더 나은 내세를 보장했다. 아즈텍족에 따르면 영광스러운 죽음(전쟁이나 출산 중 사망)을 맞은 자는 천국에 도달하여 매일 뜨고 지는 해를 신들과 함께 맞을 수 있었다. 평범하게 죽은 불운한 영혼은 명계인 믹틀란Mictlan으로 가서 불멸성을 얻기 위해 일련의 심판을 받아야 했다. 신의 제물로 용감하게 죽는 것은 인간이 상상할 수 있는 가장 영광스러운 죽음이었다. 아즈텍족은 죽음에 대한 공포로 인신공양 의식의 필요성(매일 해가 떠서 생명이 유지될 수 있도록)을 발명했으며, 이는 제물로 바쳐진 자들이 자원한 동기와 같다.

종교 때문에 동료 신자나 친구와 이웃을 살해할 수 있다면 그 믿음에 도전하는 자에게는 종교의 이름으로 어떤 폭력을 행사할 수 있을까? 역사가 증명한 바가 있다면 믿음이 충돌할 때 사람들이 죽는다는 것이다. 1095~1292년에 이어진 십자군 전쟁을 생각해보자. 당시 무슬림이 점유하고 있던 성지Holy Land의 지배권을 되찾기 위해 교회가 이 전쟁을 허가하고 자금을 지원했다. 여러 잠재적 순례지 중에서도 유대교, 기독교, 이슬람교가 모두 역사적, 종교적 기원을 주장하는 도시 예루살렘이 문제의 핵심이었다. 예루살렘을 고대 이스라엘 왕국의 도시, 예수가 십자가에 못 박힌 곳, 무함마드가 천국으로 여행한 현장 중 무엇으로 보아야 할지에 대한 답은 누구에게 묻느냐에 따라 다를 것이다. 중세 기독교인은 이 문제를 더 생각할 것도 없이 이전 4세기 동안 예루살렘을 점유했던 무슬림을 죽이러 나섰다. 교회가 십자군에게 매력적인 참가 상품을 내걸면서 폭력은 더 심각해졌다. 즉, 면죄부를 약속한 것이다. 십자군 전쟁에서 무슬림을 죽인 기독교인은 천국으로 직행하는 입장권을 얻을 수 있었다. 십자군 전쟁으로 100만~300만 명이 사망했다. 다른 신념 체계를 가진 사람들이 지구상의 특정한 땅을 서로 '우리' 것이라고 주장했기 때문이었다.

안타깝게도 성지를 둘러싼 충돌은 중세에 마무리되지 않았다. 결국 오늘날 인류의 가장 골치 아픈 갈등인 팔레스타인과 세계 유일의 유대 국가인 이스라엘의 분란으로 발전했다. 히브리어 성경에서 신이 시조 아브라함에게 하사한 약속의 땅이 문제의 핵심이다. 이스라엘이 이를 근거로 한때 팔레스타인으로 불리던 땅을 점령하면서 분쟁은 거의 한 세기 동안 이어졌다. 예루살렘의 지배권을 놓고 논의가 계속되는 가운데, 종교의 선물은 끝없는 전쟁과 무분별한 유혈 사태만 부르고 있는 듯하다. 이 문제는 비단 신학적 의견 충돌에 그치지 않는다. 1947~2011년에 이와 관련된 전쟁에서 거의 5만 명이 사망했다. 지난 40년 동안만 해도 민간인 5,000명과 어린이 2,000명 이상이 학살당했다. 사망자 수는 꾸준히 늘어나고 있고, 난민의 수는 심지어 더 많다. 1948년 이후로 이스라엘을 떠나거나 추방된 팔레스타인 사람은 100만 명이 넘는다. 중동의 난민 캠프는 여러 종교가 한 땅의 소유권을 주장하는 바람에 고향을 잃어버린 무슬림들로 넘친다.

그리고 워낙 악명이 높아 소개조차 필요 없는 아돌프 히틀러Adolf

Hitler가 있다. 히틀러의 지휘하에 이뤄진 대규모 학살로 유대인 600만 명이 죽었고, 여러 세대에 걸친 정신적 외상은 오늘날에도 남아 있다.[64] 히틀러의 '유대인 문제에 대한 최종 해결책'은 독일의 힘이 닿는 한 모든 유대인을 말살하는 것이었으며, 1942년부터 히틀러 정부의 명확하고 의도적인 정책이었다. 나치는 폴란드 유대인의 90%, 유럽 유대인 인구의 약 3분의 2를 살해했다.[65] 세계는 그렇게 큰 규모의 체계적인 집단 학살이 현대에 일어날 수 있었다는 사실에 아직까지도 경악한다. 한 사람이 어떻게 그런 일을 할 수 있었을까? 히틀러 개인의 종교적 신념은 오랜 논란을 불러일으켰는데, 히틀러는 자신의 행동이 기독교의 뜻이라고 공개적으로 변호한 바 있다. 1933년, 히틀러는 가톨릭 주교에게 다음과 같은 뜻을 밝혔다.

나는 유대인 문제를 해결하는 방식 때문에 공격받았습니다. 가톨릭교회는 1,500년 동안 유대인의 폐해를 알고 이들을 분리 거주 지역에 보냈지요. 유대인의 실체를 알았기 때문입니다. 하지만 자유주의 시대가 오자 모두가 그 위험을 잊고 말았습니다. 나는 1,500년간 이어진 전통의 시대로 돌아가려는 것입니다. 인종이 종교에 우선하는 것은 아니지만, 전형적인 유대인은 국가와 교회에 해롭습니다. 나는 유대인을 학교와 공공기관에서 몰아냄으로써 기독교를 위해서도 힘쓰는 셈입니다.[66]

히틀러는 기독교의 이름으로 체계적인 인종 말살을 명령한 최초의 인간이다. 그런데 교회 역시 기나긴 유대인 박해의 역사를 자랑한다. 역사적으로 교황은 유대인에게 경제적 제약을 부과하고 이들을 분리 거주 지역으로 몰아넣고 유대교 회당 건축에 제한을 두면서 유대인 공동체의 권리와 자유를 빼앗았다. 기독교 복음에 따르면 예수는 유대인 법정인 산헤드린Sanhedrin에서 재판을 받고 죄인으로서 본디오 빌라도Pontius Pilatus에게 넘겨졌다. 유대교 원로들이 예수의 죽음을 원했다고 성경에 확실히 나와 있다. 더 중요한 것은, 예수가 하느님의 아들이자 메시아여야만 기독교인이 불멸성을 얻을 수 있다는 점이다. 희생양이 되었다가 하느님의 아들로서 부활한 예수에 대한 믿음이 기독교의 근본이다. 그런데 유대교는 이 주장을 반박하며, 전통적으로 예수를 거짓 예언자로 본다. 두 신념이 충돌하는 고전적 사례다. 유대교의 주장이 옳다면, 기독교는 영생을 잃는다. 불멸성이 위태로울 때 인간이 얼마나 잔인해질 수 있는지는 이미 확인한 바 있다.

신념에 대한 도전을 수용하지 않으려는 태도는 이슬람 내에서도 매우 분명하다. 2013년 퓨 리서치 센터는 유럽, 아시아, 중동 전역의 무슬림 3만 8,000명과 대면 인터뷰를 진행했는데, 20개국에서 수집한 결과로 얻은 통계는 불편한 진실을 드러냈다. 이슬람 신념을 버린 자가 사형을 받아야 한다고 생각하는 무슬림이 네 명 중 한 명이 넘었다. 중동에서는 이 수치가 충격적이게도 43%나 되었다.[67]

미국에서 혐오범죄 8,000건을 연구한 결과, 종교적 차이가 두 번째로 흔한 공격 동기였다.[68] 종교는 성소수자에게 특히 불친절하며, 이들이 신의 뜻을 거역한다고 여긴다. 여러 연구를 통해 종교 근본주의는 동성애자에 대한 적대감의 가장 강력한 예측 변수임이 증명됐다.[69] 2016년 오마르 마틴Omar Mateen은 미국 역사상 가장 많은 사람을 죽인 단독 총기난사 사건을 저질렀다. 마틴은 플로리다주 올랜도의 게이 나이트클럽에 들어가 안에 있는 사람들을 쏘기 시작했다. 50명이 살해당했다.[70] 성소수자에 대한 마틴의 공격이 무슬림 신앙 때문인지는 알려지지 않았으나, 이 공격을 찬양한 기독교 지도자들의 동기는 불 보듯 분명했다. 총격 사건이 보도되고 몇 시간 후 한 침례교 목사가 신도들에게 "비극입니다. 더 죽이지 못했다는 사실이요"라고 말했다.[71] 같은 생각을 가진 다른 목사는 "그 사람이 시작한 일을 신께서 마무리하시길 기도합니다"라고 선언했다.

기독교의 변방에 있는 열성 복음주의 신도만이 이런 신념을 드러내는 것도 아니다. 2014년 2만 5,000명 이상을 설문한 결과, 기독교인 둘 중 하나는 동성 결혼에 반대했다. 같은 해 설문에서 무슬림도 비슷한 비율로 동성애에 반대한다는 사실이 밝혀졌다. 사실 동성애 박해는 기독교와 이슬람이 뜻을 같이하는 몇 안 되는 지점 중 하나다.[72] 2019년 무슬림 신자가 대다수인 브루나이는 동성애자를 돌로 쳐서 죽이는 법을 도입했다. 국왕 하사날 볼키아Hassanal Bolkiah는 이것이 알라의 뜻이라고 선언했다. "짐은 이 국가에서 이슬람의 가르침이 더 강력해지길 바란다."[73] 2020년 현재 12개국에서 동성애를 사형으로 처벌하는데, 이에 대해 모두 종교적 근거를 든다.

2020년에는 코로나19로 인해 종교의 어두운 면이 더욱 드러났다. 세계적 전염병 대유행으로 시신이 쌓여가는 가운데, 종교가 이러한 죽음의 기여 요인이라는 증거가 늘어갔다. 2020년 4월, 시카고 신학대학 연구원들이 미국인 1,000명 이상을 대상으로 코로나바이러스에 대해 설문조사를 했는데, 참여 조건은 단 하나, 종교는 무관하지만 신을 믿는 사람이어야 했다. 결과는 놀라웠다. 설문 대상의 절반이 '신

이 우리를 감염으로부터 보호할 것이다'라는 명제에 동의했고, 60%
는 '코로나바이러스는 인류가 변하길 바라는 신의 메시지'라고 믿었
다.[74] 조사 당시 매일 미국인 1,000~2,000명이 사망하고 있었다. 사망
률이 높아지는 가운데 루이지애나의 한 목사는 "우리 교회는 아픈 자
를 치유하는 병원"이라고 설교하며, 당국의 종교 모임 금지 조치를 무
시하고 교회에 온 사람에게 '성유를 바른 손수건'을 나눠줬다.[75] 힐Hill,
곤잘레스Gonzalez, 버데트Burdette는 1,500만 개의 전자 장비를 추적하여
2020년 2~4월에 미국인의 평균 이동 거리를 조사했는데, 그 결과 종
교의 영향력이 강한 주에서는 그렇지 않은 주에 비해 외출 제한 명령
을 무시하고 멀리 움직일 확률이 높다는 사실이 드러났다. 실제로 의
료계의 조언을 어기고 봉쇄 명령 반대 시위가 일어났고, 미국인들은
'신께서 인간에게 면역 체계를 주신 이유가 있다', '주 그리스도가 나
의 백신이다'라는 팻말을 휘둘렀다.

　미국 밖의 상황도 마찬가지로 암울하다. 사람이 모이지 말아야 하
고 특히 실내 모임을 피해야 한다는 의료계 의견에도 불구하고 전 세
계 교회, 모스크, 회당, 사원은 문을 닫지 않았다.[76] 한국에서는 초기
감염의 거의 3분의 2가 한 교회의 신도들 때문에 발생했다. '31번 확
진자'가 신천지 모임에 나갔고, 교주는 빽빽이 들어찬 신도들에게 마
스크 착용을 금지했다.[77] 델리에서는 전인도 힌두교 모임 파티가 열
렸고, 신도 200명이 코로나바이러스를 쫓는 의식이라며 소 오줌을 마
시고 소똥으로 목욕을 했다.[78] 이스라엘에서는 초정통 유대교 정당
샤스Shas가 투표소에서 '코로나와 모든 전염병'을 치유한다는 주문과
초를 나눠줬다. 히브리어 성경에 적힌 신이 역병을 멈추는 구절을 근

거로 삼은 것이었다.[79] 한 유명 랍비는 "토라 공부를 취소하는 것이 코로나바이러스보다 더 위험하다"고 공언했다.[80] 그의 결정으로 수만 명의 정통 유대교 학생이 평소와 같이 종교 수업에 참석했다.[81]

전 세계 종교가 바이러스에 대한 대항력을 주장하지만, 통계를 보면 현실은 암울하다. 영국 국립통계청에서는 인구 조사 자료를 분석하여 종교가 코로나바이러스로 죽을 확률의 예측 변수인지 확인했다.[82] 연령의 영향을 조정한 뒤에도 종교 집단은 높은 사망률을 보였다. 무슬림, 힌두교 신자, 유대인, 시크교 신자, 불교 신자, 기독교 신자 모두 코로나바이러스로 사망할 위험이 높았던 반면, '무교'라고 밝힌 사람들의 사망률은 가장 낮았다. 아이러니하게도 종교가 코로나바이러스로 인한 사망률을 더 높였고, 병에 걸려 죽을까 봐 두려운 마음을 달래기 위해 종교에 기대는 사람은 더 많아졌다. 코펜하겐 대학의 연구 결과, 코로나바이러스 대유행 시기에 인터넷에서 기도문을 검색한 횟수는 기록 이래 가장 높은 수준이었다.[83] 종교는 신실한 종교 활동을 조건으로 내세를 보장하고 죽음을 부정하므로, 전염병 대유행 시기에는 치명적인 악영향을 미쳤다. 세계 어느 종교든 예배에 정기적으로 참석하고 예배 장소를 방문하는 것은 내세의 '입장 조건'쯤 된다고 볼 수 있다. 신이 사원을 찾는 신도에게 보상을 준다는데, 왜 발길을 끊겠는가? 세계적으로 수백만이 전염병으로 죽어가는 가운데, 믿음에 더욱 간절히 매달린 신도들이 결국 죽음을 맞은 것도 놀랄 일은 아니다.

최소한 지난 4,000년 동안, 인류의 종교는 인간의 필멸성이 불러오는 딜레마의 편리한 해결책이었다. 천국과 부활, 영혼의 영속성에 대한 약속은 인간의 일시적인 속성, 즉 우리가 살아가는 뼈로 된 집이 결국 썩어 없어진다는 사실에 대처하는 가장 오래된 동반자였다. 하지만 그 대가는 컸다. 죽음의 공포를 잠재우기 위해 진화한 종교는 이후 가장 큰 사망 요인이 되었다. 인간이 내세를 위안으로 삼지 않고 온전히 죽음을 마주했다면 수세기의 전쟁, 폭력, 오염, 질병, 종교 분쟁과 의식에 수백만 명이 희생되지는 않았을 것이다. 오늘날 종교 때문에 사망하는 사람 수는 줄어들 기미가 보이지 않는다. 아무리 애써도 종교는 손에서 피를 씻을 수 없을 것이다.

신들의 이야기는 그만두자. 복잡한 종교 신념 체계를 창조하는 것 말고도 인간이 죽음의 공포에 대처하는 방법은 또 있다. 어떤 이들은 실제적 불멸성이 아니라 상징적 불멸성 또는 사실상의 불멸성을 추구한다. 죽음의 신을 방어하는 두 번째 전술로 눈을 돌려보자.

3

문화에 매달리다

인생은 비극이다. 지구는 돌고 태양은 가차 없이 뜨고 지며,
우리는 모두 언젠가 태양이 마지막으로,
진정 마지막으로 지는 것을 보아야만 하므로.
아마도 인간의 문제는 오로지 죽음의 진실을 부정하기 위해
삶의 모든 아름다움을 희생하고
토템, 터부, 십자가, 피의 희생, 교회 첨탑, 사원, 인종, 군대, 깃발, 국가에
스스로를 가두는 데서 시작된다.
죽음은 인간에게 주어진 유일한 진실인데도 말이다.

제임스 볼드윈(James Baldwin, 1924~1987), 《단지 흑인이라서, 다른 이유는 없다(The Fire Next Time)》

상징을 쓰는 유인원

1980년대 중반, 제프 그린버그Jeff Greenberg, 셸던 솔로몬Sheldon Solomon, 톰 피진스키Tom Pyszczynski는 인생의 거대한 문제를 논의하고 있었다.[1] 캔자스 주립대학 사회심리학과를 졸업한 이 세 사람은 왜 인간이 그렇게 간절히 자긍심을 느끼려 하는지 궁금했다. 사람들은 왜 자신의 집단이 다른 집단보다 우월함을 증명하려 애쓰는가? 성장 배경과 신념 체계가 다른 사람들이 어울리기는 왜 그렇게 힘든가? 이들은 당시 10년 전에 출간된 어니스트 베커의 글에서 어느 정도 답을 찾았다. 베커가 쇠렌 키르케고르Søren Kierkegaard 등의 철학자와 지그문트 프로이트, 오토 랭크Otto Rank 등의 정신분석학자의 이론에 의거하여 펴낸 《죽음의 부정》 말이다. 이 역사적인 책의 중심에는 죽음의 공포가 있다. "동물에게 자의식이 있다는 것은 어떤 의미인가? 이 개념은 기이하고도 터무니없다. 결국 벌레의 먹이가 된다는 사실을 안다는 의미다. 이것은 공포다. 우리는 무에서 발생하여 이름과 자의식과 깊은 내면의 감정을 갖게 되고, 계속 살고 싶다고, 나를 표현하고 싶다고 고통스러우리만치 열망하지만 결국 죽어야 한다." 그러나 베커는 인류가 죽음에 대한 영리한 방어책을 발명해냈다고 주장한다. 바로 문화다. "진짜 세상은 인정하기엔 너무 끔찍하다. 인간이 언젠가 죽어서 썩어 없어질 벌벌 떠는 작은 동물이라니 말이다. 그런데 문화는 이 모든 것을 바꾼다. 인간에게 중요성을 부여하고, 인간을 우주에 없어서는 안 될 존재, 어떤 의미에서는 불멸의 존재로 만든다."[2]

인간 문명 전체가 어쩌면 죽음에 대한 정교한 방어 수단이다. 인간은 수천 년 동안 시간과 노력과 자원을 투자해서 자신보다 오래 남아 있을 것들을 만들었다. 건물, 신념 체계, 위대한 예술 작품 등을 말이다. 이것들은 우리의 동물성을 숨기고 인간이 죽음을 초월할 수 있다고 느끼게 한다. 우리는 '항문이 달린 신'[3]인 동시에 상징을 쓰는 유인원이다. 인간은 발달한 지성으로 보통의 사물에 한껏 의미를 부여한다. 흰 별 여섯 개가 박히고 왼쪽 위에 붉고 흰 십자가가 있는 파란 직사각형 천(호주 국기의 묘사 -역주)은 '동료애'와 '공정한 기회', 그리고 사막으로 덮인 2,500만 명이 사는 섬을 의미한다. 나무 십자가에 매달린 턱수염이 난 남자는 희생, 헌신, 죄악, 삶과 맞바꾼 천국의 약속을 상징한다. 다들 비슷한 방식으로 내가 죽어도 계속될 상징주의에 참여하고 있다. 우리 개인은 모두 흙으로 돌아갈 운명이며 이것은 틀림없는 사실이다. 그러나 국가는 어떤가? 도덕률이나 종교 체계, 스포츠 팀, 가장 좋아하는 브랜드, 선호 정당, 가장 아름다운 예술과 건축 작품은? 그것 역시 쉽게 무너질 것인가, 아니면 한 사람 한 사람보다 오래 남을 것인가? 또한 내 신체가 땅에 묻혀 썩어가도 상징적인 자아는 지상에 남아 있을 수도 있다. 베커에 따르면 인간은 이런 이유로 우월감과 의미를 찾아 성취를 추구한다. 명성, 유산, 자손을 통해 계속 살아가려는 것이다.

베커는 상징적 불멸성을 찾기 위해 영광을 추구하는 행위가 수천 년 전으로 거슬러 올라간다고 말한다. 호머Homer의 《일리아드Iliad》에서 신화 속 영웅 아킬레스Achilles는 트로이 전쟁에서 싸워야 할지 갈등한다. "내가 여기 머물러 싸운다면 살아서 돌아가지 못하겠지만 내 이름은 영원히 남으리라. 하지만 집으로 돌아가면 내 이름은 죽을 것이고, 머지않아 죽음 또한 나를 덮치리라."[4] 영원한 영광의 약속은 아킬레스에게 너무나 유혹적이었고, 결국 전투에서 죽기로 결심한다. 그의 예측은 옳았다. 거의 3,000년 후에도 아킬레스의 명성은 남아 있으며 그는 영원불멸의 용기와 힘의 상징이 되었다. 일시적인 개인의 삶과 대조되는 지속적인 문화의 본질은 고대 페르시아에서도 발견된다.[5] 1만 명에 달했던 페르시아 제국의 보병대는 전사의 수가 항상 일정했기 때문에 불멸의 군대로 유명했다. 병사들은 자신이 죽거나 다치면 똑같이 강력한 전사가 그 자리를 대신할 것을 알고 있었다. 개인이 죽는다 해도 문화의 힘은 영원할 것이었다. 이러한 집단적 불멸성의 매력은 이후 시대에도 계속됐다. 나폴레옹의 황실근위대와 20세기 중반 이란 군대는 고대 페르시아의 발자취를 따라 '불멸성'을 내세웠다.

대학 도서관에서 베커의 연구를 우연히 발견한 그린버그, 솔로몬, 피진스키는 깨달음의 순간을 맞았다. 이들은 곧 인간이 죽음의 공포에 대처하는 방법을 설명하는 공포 관리 이론Terror Management Theory을 개발했다. 베커의 연구를 논리적으로 연장한 이 이론은 주류 심리학에서 최초로 죽음을 조명했다는 의의가 있다. 공포 관리 이론에 따르면, 인간의 문화적 신념 체계는 죽음이 초래하는 심리적 공격에 대항하는 강력한 무기다. 인간이 공유하는 문화적 세계관은 의미 없는 세계에 의미를 부여한다. 문화가 제공하는 정부, 교육, 종교 체계와 여러 의식에 필사적으로 매달리다 보면 인간의 하찮음을 잊고 영원의 환상을 품게 된다. 문화를 믿는다면 나는 단순히 한 인간이 아니라 더 위대한 것의 일부가 되는 것이다.

하지만 문화적 관점을 지지하는 것만으로는 거기서 더 나아가지 못한다. 진정으로 죽은 후에 문화의 보상을 받으려면 문화가 깔아놓은 길을 성실히 걸어야 한다. 다양한 문화적 잣대를 성공적으로 따라야만 상징적 불멸성, 영원의 신기루를 얻을 희망이 생긴다. 물적 재화가 곧 성공이라는 문화에서 우리는 사후에 사회의 중요한 일원으로 기억되길 바라며 마음껏 소비한다. 고급 시계나 명품 가방을 사고 주방을 리모델링하면서 내 존재가 중요하다는 느낌을 받고 목적성을 느낀다. 죽음의 물리적 한계와 생물로서의 하찮음을 초월할 수 있을 것만 같다. 또한 시간이 지나도 기억되고 싶다는 장대하지만 결국 헛된 목표를 따라 맹목적으로 패션의 흐름을 따르거나 회사의 계급 사다리를 기어오른다. 역사가 증명하듯 인간은 문화가 자신의 희생을 기릴 것이라는 확신이 있다면 지도자를 위해 목숨을 바치기도 한다. 제2차 세계대전에서 동포들에게 영원한 영광을 자랑하고 매년 천황의 찬사를 받기 위해 가미가제 자살특공대로 자원한 일본군은 4,000명이 넘었다.

물론 모든 과학 이론은 연구로 뒷받침되어야 한다. 공포 관리 이론의 세 창시자는 1984년 콘퍼런스에서 흥분한 채 새로운 이론을 발표했으나 객석의 연구자들은 의구심을 품었다. 이론을 뒷받침하는 증거가 없었으니 열심히 준비하여 저널에 제출한 논문도 계속 거부당했다. 세 사람은 죽음의 공포가 인간의 많은 행동에 영향을 미친다는 사실을 어떻게 증명할 수 있을지 계획하기 시작했다. 인간이 정말 문화적 세계관을 공유함으로써 죽음 불안으로부터 스스로를 보호하고 있다면, 죽음을 상기한 인간은 그 동아줄에 더 단단히 매달리게 되지 않을까? 인간의 필멸성이 특히 현저히 드러난 상황이라면 사람들은 위협이 되는 이들을 공격하면서까지 문화를 보호하려 노력하지 않을까? 공포 관리 이론이 사실이라면, 죽음을 상기시키는 것은 문화적 세계관에 위배되는 사람을 더 엄격하게 벌하는 결과를 낳을 것이다. 즉, 의식의 가장자리에 죽음이 어른거릴 때는 문화적 규범과 맞지 않게 행동하는 사람을 더 가혹히 처벌하게 될 것이다.

그린버그와 솔로몬 등이 지방법원 판사 22명을 대상으로 수행한 실험은 이러한 가능성을 시험하기 위한 최초 연구 중 하나다.[6] 이 실험은 실제 법정에서의 판결 절차를 최대한 정확히 모방하여 설계됐다. 진짜 판사가 연구에 참가했을 뿐 아니라 연구는 법정에서 이뤄졌으며 설문지는 판사실에 두었다. 연구자들은 대상 판사들이 연구의 진짜 목적을 알지 못하도록 성격 요인이 보석금 판단에 어떤 영향을 미치는지 확인하는 실험이라고 설명했다. 이를 확신시키기 위해 설문지에는 개방성, 외향성, 우호성, 기타 성격 요소를 묻는 질문 수백 개를 나열해놓았다.

판사 22명 중 절반(즉, 실험군)이 받은 설문지에는 다음의 두 가지 추가 질문이 포함됐다. '나 자신의 죽음을 생각하면 떠오르는 감정과 생각을 묘사해 주세요.' '당신이 죽어가면서, 또 죽은 다음에 신체에 어떤 일이 일어날지 최대한 구체적으로 써주세요.' 이 두 가지는 죽음을 떠올리게 하는 미묘한 방법인 '죽음 현저성mortality salience'의 대표 질문이다. 설문을 완료한 후, 판사들은 매춘으로 체포된 캐럴 앤 데니스라는 여성의 사건을 검토했다. 증거는 실제로 법정에 제출되는 형태로 정리됐다. 마지막으로 단순한 질문이 주어졌다. 이 범법자에게 적절한 보석금은 얼마인가?

죽음에 관한 두 가지 질문을 받지 않은 대조군 판사 11명은 평균 50달러 전후를 말했는데, 1989년 기준으로 다소 적지만 적절한 금액이었다. 반면 죽음 현저성에 노출된 실험군 판사 11명은 그렇게 관대하지 못했다. 자신의 죽음을 떠올린 판사들은 평균 455달러라고 답했다. 이 판사들은 조금 전에 마주한 간단한 죽음 관련 질문이 판결에 영향을 미쳤다는 사실을 전혀 모를 것이라는 점에서 보석금에 이렇게까지 큰 차이가 난 것은 특히 충격적이다. 실제로 판사들은 사전 설문으로 법적 판결이 동요될 리 없다고 강하게 주장했다. 게다가 다른 설문에 대한 반응을 검토한 결과, 죽음을 상기한 사람과 그렇지 않은 사람의 감정 상태에는 차이가 나타나지 않았다. 인간의 필멸성에 노출된 판사들의 불안, 슬픔, 분노 수준은 그렇지 않은 판사들보다 높지 않았다. 의식적 차원에서 그들은 침착했으며, 머리로는 평소와 다름없이 공정하고 적절하게 보석금을 정했다. 하지만 아홉 배나 높게 책정된 보석금은 무의식적 차원에서 매우 다른 일이 일어났음을 말해준다. 이론적으로 예측한 바와 같이, 죽음의 공포를 느끼면 사회의 가장 합리적인 구성원조차 문화적 가치에 도전하는 사람을 최대한 벌하려 한다. 판사들에게도 일반 대중에게도, 범죄 행위는 잘못된 것이고 벌을 받아야 한다. 문화적 가치와 일반적으로 인정되는 행동 규범에 대한 위협이기 때문이다.

이성적이고 공정한 의사결정이 직무인 판사도 그렇게 쉽게 죽음의 힘에 영향을 받을 수 있다면, 그렇지 않은 사람에게는 희망이 있을까? 우리 누구든 죽음을 상기하면 문화에 위협이 되는 사람을 공격할 것이다. 홀리 맥그레거Holly McGregor는 판사 실험에 참여한 연구자 몇몇과 함께 이 부분을 연구하기로 했다. 그런데 작은 문제가 하나 있었다. 대학윤리위원회 감독하의 실험실에서는 참가자의 공격성을 자극하는 행위가 용납되지 않았다. 죽음 현저성으로 인해 문화적 세계관에 도전하는 타인을 해칠 수 있는지 확인하려면 공격성을 나타낼 창의적인 뭔가가 필요했다. 다행히 연구자들은 잔인한 요리 이야기에서 새로운 연구에 대한 영감을 얻었다. 뉴햄프셔의 한 요리사가 경찰관 두 명에게 타바스코 소스를 섞은 달걀 샌드위치를 만들어준 일이 뉴스에 보도되었는데, 경찰력에 적대적이었던 요리사가 소스를 넘치게 뿌려 입병과 위염을 유발해 폭행 혐의로 체포된 것이었다. 판사가 공소를 기각하긴 했지만(당시 판사는 죽음을 생각하지 않았던 모양이다), 연구원들은 이 사건을 보고 번뜩이는 아이디어를 떠올릴 수 있었다. 매운 소스를 뿌리는 것이 공격성에 적합한 비유가 아니겠는가?

애리조나 대학에서 중도 보수나 중도 진보 성향의 학생들을 대상으로 연구를 실시했다.[7] 학생들에게는 두 가지 분리된 실험에 참여하게 될 거라고 안내하며, 하나는 성격 특성과 타인 인지 사이의 관계를 확인하는 실험이고, 다른 하나는 성격 특성과 식품 선호도를 관찰하는 실험이라고 설명했다. 첫 실험에서는 참가자들에게 각자 좁은 칸

막이 안에 앉아 스스로의 정치적 견해에 대한 짧은 글을 쓰게 했다. 다음으로 설문을 작성하게 했는데, 연구의 진짜 목적을 들키지 않도록 죽음 현저성 질문을 관계없는 질문과 섞어 놓았다. 판사 대상 연구에서처럼 참가자 절반에게는 죽음 현저성 질문 두 개가 섞인 설문지를, 나머지에게는 일반 설문지를 주었다. 설문을 완료한 참가자에게는 다른 참가자가 썼다는 짧은 글을 하나씩 주었는데, 실은 모두 연구원이 쓴 것으로 해당 참가자의 정치적 관점을 지지하거나 반대하도록 설계된 글이었다. 강경한 입장의 글 두 편은 하나는 진보주의를, 하나는 보수주의를 비판하는 내용으로, 단어 선택은 거의 같았고 '진보주의자'와 '보수주의자'라는 단어만 바꾼 것이었다. 연구원들은 실험의 실제 목적을 감추기 위해 참가자들에게 글쓴이의 성별과 나이 등을 추측해보라는 질문을 한 후 첫 연구가 종료됐다고 안내했다.

이제부터가 흥미로운 지점이다. 연구진은 다양한 음식을 맛보고 평가를 내리는 두 번째 실험을 설명하면서, 각 참가자가 어떤 음식을 얼마나 맛보는지 주최 측이 알아서는 안 되며, 그래서 참가자들이 직접 상대방의 음식을 할당해야 한다고 말했다. 그리고 편의상 상대는 아까 읽은 글을 쓴 사람으로 지정했다고 설명했다. 연구원들이 관심을 가진 부분은 참가자들이 자신의 정치적 관점을 지지하거나 비판한 사람에게 할당하는 매운 소스의 양이었다. 참가자들에게 상대방의 음식 선호도가 표시된 양식을 주었는데, 여기에는 매운 음식을 매우 싫어한다는 정보도 있었다. 연구진은 모든 참가자가 받은 음식을 남김없이 먹어야 한다고 강조했고, 매운 소스를 조금 맛보게 하여 괴로울 정도로 맵다는 사실을 알려줬다. 연구진은 상대방에게 주고 싶은 만큼 매운 소스를 컵에 담으라고 말한 뒤 방을 떠났다.

세계관이 일치하는 글(즉, 자신의 정치적 관점을 지지하는 글)을 읽은 학생들은 죽음 현저성 질문이 있었든 없었든 비슷한 양을 담았다. 하지만 세계관을 위협하는 글을 읽은 학생들에서는 바로 공격성의 차이가 드러났다. 죽음 현저성에 노출되지 않은 학생들이 비판적인 글의 저자에게 할당한 매운 소스는 평균 15g이었지만, 죽음을 생각한 학생들이 담은 양은 이보다 훨씬 많은 26g이었다. 죽음 현저성에 노출된 상태에서 자신의 정치적 신념을 짓밟는 글을 읽은 경우, 자신의 의견을 비판한 사람에게 먹기 고통스러운 소스를 거의 두 배나 준 것이다.

불편한 결론이지만, 다른 실험에서도 비슷한 결과가 계속 나오고 있다. 언젠가 찾아올 죽음을 떠올린 인간은 나의 문화적 신념에 도전하는 사람을 해치려고 하며 내가 믿는 가치 체계와 문화를 완강히 밀어붙인다. 정치적 관점이 일치하지 않는다는 이유로 동료 학생을 고의로 해칠 수 있다면, 낯선 사람에게는 훨씬 더한 짓도 할 수 있지 않을까?

전쟁과 평화

죽음을 초월하고 싶어서 문화에 집착하는 것은 현실 세계에서 비극적인 결과를 낳는다. 비행기 조종석에 앉아 외국 선박에 충돌하던 가미가제 특공대가 그랬듯, 전 세계 순교자는 상징적 불멸성을 위해 자신의 문화가 요구하는 바를 노예처럼 따랐다. 게다가 순교를 높이 평가하는 문화권의 구성원이라면 누구든 죽음을 떠올렸을 때 순교의 운명을 택한 사람을 응원할 수 있다.

2016년, 피진스키와 동료들은 이란 학생들이 순교를 지지하거나 반대하는 동료 학생을 어떻게 인식하는지 관찰했다.[8] 연구진은 한 설문에 대한 답변 두 가지를 참가자들에게 나눠주며, 같은 학교 학생이 작성한 것이라고 말했다. 사실은 연구원들이 '순교 찬성'과 '순교 반대'의 입장에서 작성한 것이었으며, 도발적인 질문일수록 두 답변의 차이도 커졌다.

참가자들은 죽음 현저성에 노출된 실험군과 노출되지 않은 대조군으로 나뉘어 무작위로 두 답변 중 하나를 읽었다. 다행히도 대조군의 이란 학생들은 순교가 '알라의 이름으로 이뤄지는 무의미한 죽음'이라며 '인종, 민족, 종교적 배경과 관계없이 모든 인간을 존중해야 한다'고 주장한 순교 반대 입장에 손을 들어줬다. 죽음을 떠올리지 않은 참가자들은 순교에 강하게 반대하는 사람을 호감이 가고 지적이고 훌륭한 사람으로 평가했다. 하지만 자신의 죽음을 떠올린 참가자들(실험군)에게서는 정확히 반대 현상이 나타났다. 자신의 죽음을 생각한 학생들은 '미국은 알라께서 파괴하길 바라는 세계의 힘을 대표한다'는 순교 찬성 입장을 선호했다. '알라의 이름으로 이뤄지는 순교를 통해 서구 제국주의 관행을 끝장낼 수 있을 것'이라는 표현은 죽음을 상기한 이란 학생들에게 호소력 있게 다가갔다. 이슬람 문화권에서 무슬림에게 최후의 순간을 기대하라고까지 가르치며 죽음을 찬양한다는 점을 생각하면 더욱 흥미로운 결과다.

이 명백한 차이를 어떻게 이해할 수 있을까? 의식 차원에서 무슬림은 이슬람의 내세에 대한 신념을 받아들이며 죽음의 공포로부터 스스로를 방어한다. 실험에 참가한 무슬림 학생에게 죽음이 두렵냐고 물었다면 죽음은 단지 천국으로 가는 관문이라고 설명하며 고개를 저었을 것이다. 하지만 무의식적으로 죽음의 공포를 막으려는 두 번째 방어기제가 작동한다. 학생들의 행동은 본인조차 자각하지 못했을 내재된 공포를 드러낸 것이다. 이슬람의 이름으로 이뤄지는 순교를 지지하는 누군가를 찬양함으로써 나 개인이 죽더라도 지속될 내가 속한 문화를 지키려 한 것이다.

해당 연구팀은 미국에서도 비슷한 결과가 나타날지 알고 싶어 러트거스 대학에서 후속 연구를 진행했다.[9] 연구진은 학생들에게 자신의 죽음, 중립적인 주제(대조군), 9.11 세계무역센터 테러라는 세 주제 중 하나를 무작위로 제시했다. 9.11 테러를 주제로 받은 집단에게는 9.11 테러 때 느꼈던 감정과 테러 공격에서 일어난 일을 묘사하게 했는데, 이는 죽음 현저성 연구에서 드문 방식이었다. 다음으로 모든 참가자에게 일련의 명제에 동의하는 정도를 점수로 매기게 했다. '향후 미국에 위협이 될 수 있는 국가(예: 이란, 시리아, 북한)가 미국에 대한 공격을 계획하고 있다는 증거가 없다 해도, 이들에 대한 선제공격은 전적으로 적절하다', '필요하다면 미국은 자국과 타국에서 미국의 이익을 보호하기 위해 핵무기를 사용해야 한다' 등이 목록에 포함돼 있었다. 또한 표면적으로 테러리즘을 방지하기 위해서라고 하지만 정부가 시민을 더 심하게 감시하는 행위를 허용하여 논란을 일으킨 애국자법Patriot Act을 지지하는 정도를 점수로 평가하게 했다. (애국자법은 9.11

테러로부터 불과 45일 후 미 의회에 제출됐다.)

　이란 실험에서 얻은 결과와 비슷하게, 자신의 죽음을 떠올린 미국 학생들은 그렇지 않은 집단에 비해 극단적인 군사 행동에 찬성했다. 죽음 현저성에 노출된 집단은 평균적으로 타국에 대한 선제공격, 핵무기 및 화학무기 사용, 애국자법을 지지하는 정도가 높았다. 흥미롭게도 참가자들의 정치적 지향은 중요한 변수였다. 정치 성향이 진보적이라면 죽음 현저성 노출 여부와 관계없이 군사 행동을 지지하지 않았다. 불필요한 군사적 개입은 하지 않아야 한다고 생각하는 진보적 세계관 때문일 것이다. 반면 죽음을 떠올린 보수 성향 참가자들은 더 공격적인 문화적 세계관을 옹호했는데, 실험실의 통제된 환경에서 그 방법은 국가를 위협하는 대상을 처단하고 국가를 보호하는 행위에 대한 지지를 표현하는 것뿐이다. 이번에도 죽음을 상기한 사람이 문화적 세계관에 집착하게 된다는 사실이 드러났다. 자유주의자들은 관용을, 보수주의자들은 공격을 지지했다. 또한 연구진은 흥미로운 결과를 얻었는데, 테러리즘에 대해 생각한(9.11 테러를 떠올린) 집단이 자신의 죽음을 생각한 사람들과 동일하게 행동했다. 사건으로부터 5년 이상이 지났는데도 9.11 테러에 대해 잠깐이라도 생각하는 것은 나 자신의 죽음을 떠올리는 것만큼이나 강력(하고 잠재적으로 위험)했다.

　란다우Landau와 동료들은 9.11 테러 한 달 뒤 미주리 주립대학 컬럼비아 캠퍼스에서 한 연구를 수행했다. 연구진은 해당 연구가 단어 지각과 성격 특성에 대한 것이라고 참가자들에게 설명하며, 컴퓨터 화면에 제시되는 짝지어진 단어를 보고 두 단어가 연관성이 있는지(꽃과 장미) 없는지(운동화와 샌드위치)에 따라 다른 버튼을 누르는 과제를 수행하게 했다. 참가자들은 몰랐지만, 이 과제는 연구와 아무 관련이 없었다. 진짜 목적은 참가자들의 무의식에 죽음이나 통제 주제를 심는 것이었다. 이를 위해 짝지어진 단어 사이에 해당 단어를 빠르게 나타났다 사라지게 했는데, 실험군에게는 WTC(세계무역센터)나 911(테러 일자)을, 대조군에게는 573(미주리의 지역 번호, 다른 단어와 길이 및 유사성을 맞추기 위해 선택)을 노출했다. 이 단어들이 노출된 시간은 28.5msec로, 의식 차원에서 인지하지 못할 매우 짧은 순간이었다.

눈속임용 단어 짝짓기 과제를 완료한 참가자들에게 몇 가지 '성격 측정' 과제를 주었다. 빈칸을 채워 단어를 완성하는 과제인데, 두 가지 답이 있는 문제도 있었다. 예를 들어보자. 아래 문제를 보고 가장 먼저 떠오르는 단어는 무엇인가?

FLOW__R

DRE__M

TIG__R

SK__LL

COFF__

GRA__E

어떤 단어를 생각했는가? 첫 세 단어는 아마도 'FLOWER(꽃)', 'DREAM(꿈)', 'TIGER(호랑이)'였을 것이다. 떠오르는 단어가 하나뿐이라 유용한 정보를 얻기 힘들다. 하지만 다음 세 단어는 어떤가? 두 가지 가능성이 있다. 어느 쪽을 생각했는가? 이 책을 읽던 독자라면 아마도 'SKULL(해골)', 'COFFIN(관)', 'GRAVE(묘지)'를 생각했을 것이다. 몇 시간 후 죽음에 대한 생각이 사라지고 나서는 'SKILL(기술)', 'COFFEE(커피)', 'GRAPE(포도)'를 떠올릴 가능성이 크다. 이 기발한 과제는 '죽음 사고 접근성death thought accessibility', 즉 한 사람의 의식에 죽음이 얼마나 쉽게 떠오르는지 측정하는 가장 흔한 방식이다. 의식의 가장자리에 죽음이 떠돌고 있을 때는 포도grape처럼 중립적인 단어가 아니라 죽음과 관련된 단어로 빈칸을 채우리라고 예측할 수 있다.

란다우와 동료 연구원들은 참가자들이 과제를 수행하는 동안 WTC나 911이 화면에 빠르게 지나간 것만으로 죽음을 의식하게 되는지 확인하려 했다. 그 결과, 모르는 사이 'WTC'나 '911'을 본 참가자들(실험군)은 중립적인 단어 '573'을 본 사람들(대조군)에 비해 죽음 관련 단어로 빈칸을 채우는 비율이 훨씬 높았다. 연구진은 마지막으로 각 참가자에게 짝지은 단어를 제외하고 화면에서 다른 단어나 숫자를 보았는지 질문했다. 대부분은 인식하지 못했으며, 뭔가가 빠르게 화면을 스쳐갔다고 답한 이들 중에서도 정확한 단어를 기억하는 사람은 아무도 없었다. 28msec는 시각 체계에서 의식적으로 인식할 수 없는 속도다. 그럼에도 테러리즘과 관련된 세 글자나 숫자를 본 것만으로 참가자의 마음속에 죽음이 떠올라서 스스로는 전혀 인지하지 못하는 사이 단어 완성 과제에 대한 답변이 달라졌다는 사실은 퍽 흥미롭다.

투표소의 저승사자

테러리즘을 살짝 상기시키기만 해도 죽음에 대한 생각이 일어나며, 죽음을 생각하면 (특히 보수주의자라면) 타국에 대한 군사 공격을 지지하게 된다. 그런데 죽음을 떠올린 미국 대학생이 화학 무기 사용을 지지하는 것이 정말로 문제가 될까? 물론 연구에 참가한 대학생들은 버튼 하나를 눌러서 수십만 명을 죽이는 결정을 내릴 일이 없을 것이다. 하지만 죽음을 생각하는 것이 우리 모두가 가진 가장 강력한 정치적 의사결정에 영향을 미칠 수 있다면? 투표에 영향을 미쳐서 나도 모르는 사이 원래 지지하던 후보가 아닌 전혀 다른 후보로 마음이 바뀌게 된다면? 정말 충격적인 일이 아닐까?

란다우와 동료들은 후속 연구를 통해 이를 확인하려 했다. 2004년 대통령 선거의 두 후보에 대한 신뢰, 존경, 긍정적 관점 점수를 매기도록 하여 이를 대조하는 방식이었다. 연구는 이전과 마찬가지로 죽음 현저성을 활용하여 설계되었으며, 한 집단(실험군)에는 미묘한 방식으로 죽음을 상기시키고 나머지 한 집단(대조군)에는 그러지 않았다. 대조군에서는 민주당 대통령 후보 존 케리John Kerry의 점수가 재임 중인 공화당 후보 조지 W. 부시George W. Bush보다 현저히 높았다. 9점 만점 평가에서 죽음을 떠올리지 않은 참가자들은 민주당 후보를 6점으로 평가한 반면, 조지 부시는 2점을 주었다. 참가자가 모두 대학생이고 대부분이 '중도 진보' 성향이니 의외의 결과는 아니었다. 그런데 자신의 죽음을 떠올린 집단에서 반응이 뒤집혔다. 실험군에서 조지 부시는 대조군의 존 케리와 비슷한 점수를 기록했다. 죽음을 생각한 집단에서 존 케리의 점수는 부시보다 낮아 4점도 채 되지 않았다.

놀라운 결과지만, 일부 비평가들은 이 연구가 대통령 선거 6개월 전에 수행됐음을 지적했다. 아직은 마음을 정하지 못하고 후보들을 비교 중일 시기라, 투표 당일에 비해 마음을 바꾸기 쉬웠을 것이다. 코헨Cohen과 동료들은 죽음 현저성이 지지율 변화를 설명할 수 있을지 알아내려 했다.[10] 이들은 실제 선거가 임박한 시점에 비슷한 연구를 수행했다. 선거 6주 전인 2004년 9월 말, 러트거스 대학 학생을 대상으로 한 연구였다. 참가자 88명을 죽음 현저성 집단(실험군)과 대조군으로 나눠 익명으로 지지 후보를 제출하게 했다. 결과는 분명했다. 대조군에서는 케리가 34표로 우세했고 부시는 8표를 모았다. 하지만 죽음에 노출된 집단에서는 부시가 32표를 끌어모았고 케리는 14표로 굴욕을 당했다. 단지 죽음에 대해 생각하는 것만으로 부시의 표가 400% 증가했다. 연구 시점이 실제 선거 불과 몇 주 전이라는 사실에 주목하자. 참가자들은 두 후보에 대해 몇 달이나 신중하게 생각해서 강점과 약점을 가늠했고, 선거가 서서히 다가오는 사이 확실한 결론을 내렸을 것이다. 그럼에도 단순히 죽음을 떠올린 것만으로 모든 계획과 결단이 허물어진 듯하다.

역사가 증명하듯 실험실에서의 연구 결과는 현실에서 일어난 일과 다르지 않았다. 조지 부시는 실제로 2004년 선거에서 이겼는데, 선거 유세 마지막 며칠 동안 드리운 테러리즘과 죽음의 그림자가 아마도 큰 역할을 했을 것이다. 사실 선거 9일 전의 여론조사만 하더라도 케리가 플로리다, 오하이오, 미네소타, 콜로라도 등 '경합주'를 포함한 몇몇 핵심 지역에서 부시보다 앞서 있었다. 그런데 선거 4일 전인 10월 29일, 오사마 빈 라덴Osama bin Laden이 미국이 무슬림에 대한 위협을 멈추지 않으면 9.11 테러가 반복될 것이라는 새로운 영상을 공개했다. 부시는 즉시 대응했고 그의 유세 기반이었던 테러와의 전쟁과 '악의 축axis of evil' 논리를 공고히 했다. 선거 몇 년 후, 저널리스트 엘리너 클리프트Eleanor Clift와 매튜 슈필러Matthew Spieler는 "해당 영상으로 테러리즘은 선거 당일 유권자들의 마음에 떠오른 핵심적이고 결정적인 문제가 되었다"고 논평했다.[11] 빈 라덴의 위협과 부시의 애국적 연설이 귀에 맴도는 가운데 유권자들은 투표소에서 가장 넓은 미국이라는 세계관에 매달렸다. 그리고 연구실에서 반복적으로 나타난 바와 같이, '악당'과 싸우며 외국을 선제공격한 지도자에게 충성심을 보였다.

수도의 묘지

미국에서 가장 중요한 정치 지도부 건물은 워싱턴 D.C.에 모여 있다. 대통령이 머무르는 백악관과 상·하원이 있는 국회의사당이 있고, 국회의사당 바로 뒤에는 대법원이 있다. 역시 나라에서 가장 중요한 의사결정이 이뤄지는 장소다. 백악관과 국회의사당 사이에는 3km 길이의 광대한 공원, 내셔널 몰이 있다.

잠시 미 상원의원이 되었다고 상상해보자.[12] 국회의사당에서 국가의 금융·안보·외교 문제와 관련한 청문회에 참석하고 판단을 내리며 오전을 보냈다. 점심시간에는 날씨가 따뜻하니 경치가 좋은 내셔널 몰을 산책하기로 한다. 국회의사당 계단을 내려가서 몇 분 만에 기념 동상 세 개를 지나간다. 오른쪽에는 미국 남북전쟁의 해전 사망자를 기리는 평화 기념비가 있다. 이 기념비 꼭대기에는 슬픔을 상징하는 여성의 거대한 조각상이 있다. 역사를 상징하는 조각상의 어깨에 기대 울고 있는 모습이다. 왼쪽에는 1881년 암살된 제임스 A. 가필드 전 대통령 기념비가 있다. 기념비 아래 지하실에는 대통령 부부의 관과 자녀들의 유골이 공개 전시되어 있다. 두 기념비 사이를 지나면 미국 남북전쟁을 승리로 이끈 또 다른 대통령 율리시스 S. 그랜트를 기리는 기념비가 있다. 이어 사망한 우주비행사, 기업가, 과학자, 환경보호 활동가, 정신과 의사의 이름이 붙은 건물들을 지나게 된다. 그러다 보면 회색으로 우뚝 솟은 워싱턴 기념탑에 도달한다. 169m 높이로 공원에 솟아 있는 이 기념탑은 미국 초대 대통령을 기린다. 죽은 대통령에게 헌정된 세계에서 가장 높은 기념탑이다. 경외감에 휩싸여 거대한 석조 구조물을 올려다보게 된다.

여기서 산책로는 갈라지는데, 어느 쪽을 선택해도 죽음 현저성에 노출된다. 왼쪽으로 가면 미국 홀로코스트 기념관, 5.8m 높이 동상이 있는 토머스 제퍼슨 기념관, 건국의 아버지 조지 메이슨 기념관, 루스벨트 대통령의 죽음을 상징하기 위해 특별히 만들어진 연못이 있는 프랭클린 D. 루스벨트 기념관, 마틴 루터 킹 주니어 기념관, 존 에릭슨 기념관을 지난다. 오른쪽으로 가면 미국 최초의 해군 전쟁영웅을 기리는 존 폴 존스 기념관을 지나 제2차 세계대전 기념관에 도달한다. 이 공간에서는 금빛 별 4,048개가 박힌 벽을 볼 수 있는데, 별 하나가 전쟁에서 사망한 미국인 100명을 상징한다. 또한 전투 중인 군인과 부상병을 치료하는 의무병과 전장에 묻히는 사망자의 모습이 얕은 돋을새김으로 조각돼 있다.

618m의 링컨 기념관 연못을 따라 걸어서 존 F. 케네디 하키 필드를 가로지른다. 둘 다 암살당한 대통령에게 헌정된 것이다. 앞을 보면 왼쪽에는 한국전쟁에서 사망한 미군 5만 4,246명에게 바치는 한국전쟁 참전용사 기념관이 있다. 이어서 2m 높이의 군인 19명의 스테인리스 동상이 눈길을 끈다. 무서울 정도로 실물과 똑같이 은도금된 소대는 전투복을 입고 손에 라이플을 든 채 공원을 지키고 있다. 마지막으로 링컨 기념관 연못의 끝에 다다르면 지하실 같은 링컨 기념관 본관이 2,500m² 이상 펼쳐져 있다. 안에는 거의 6m에 달하는 대리석으로 만든 링컨 동상이 있다. 동상 뒤의 돌 벽에는 "이 회당에도, 그가 구한 미국 국민의 마음속에도, 에이브러햄 링컨의 기억은 영원히 간직될 것이다"라는 문구가 새겨져 있다.

암살당한 대통령의 사원에서 돌아서면 앞으로 길이 있다. 오른쪽에는 베트남전에서 사망한 군인들을 기리는 라이플을 든 세 군인의 동상이 있다. 그 뒤 공간에는 유니폼을 입고 부상병을 돌보는 여성을 조각한 베트남 여성 기념비가 있다. 모래주머니 더미에 늘어져 고통으로 입을 벌린 군인을 간호사 하나가 살리려 한다. 두 조각상을 지나면 더 유명한 베트남 참전용사 기념관의 벽이 나타난다. 각각 75m 길이의 화강암 벽 두 개에 5만 8,320개의 이름이 새겨져 있다. 베트남전에서 돌아오지 못한 파병 미군의 이름이 하나하나 매끄러운 검은 돌에 새겨져 있는 것이다. 사망이 확인된 사람의 이름 옆에는 다이아몬드 표시를, 실종된 사람에게는 십자가 표시를 해놓았다. 십자가 위에 다이아몬드가 박힌 이름도 있는데, 실종인 줄 알았다가 사망이 확인된 사람들이다.

시계를 본다. 점심시간은 10분밖에 남지 않았다. 컨스티튜션 애비뉴로 나가서 손을 흔들어 택시를 타고 딱 맞춰 복귀해 서둘러 다음 일정을 소화한다. 불법으로 미국에 들어오려는 외국인을 더 엄격하게 처벌하는 법안에 대한 논의다.

과연 어떻게 투표할 것인가?

점심시간 동안 국회의사당 주변을 산책하면서 추모관을 총 23군데 보았다. 3분마다 죽음을 떠올리게 하는 요소가 나타난다. 죽은 과학자의 이름을 딴 건물처럼 노골적이지 않은 것도 있지만 어떤 것은 저절로 죽음이 생각날 수밖에 없다. 죽은 사람의 이름을 줄줄이 새긴 비석이 있고, 총을 든 채 죽어가는 군인의 실물 크기 동상이 있고, 국회의사당 계단 밑에 열린 채로 놓인 관 두 개가 있다. 수백 건의 연구를 통해 죽음을 상기시키는 요소는 사람을 더 공격적이고 인종차별적이고 가혹한 징벌자로 만든다는 사실이 밝혀졌다.[13] 입법자들의 의사결정이 출근길에 즐비한 죽음의 상징물들에 영향을 받지 않을 도리가 있을까? 왜 아무도 국회의사당 앞에 있는 묘지에 대해 우려하지 않는 것인가?

이런 추모 시설들은 죽음과 간접적인 관련이 있을 뿐이라고 주장할지도 모른다. 과연 죽은 대통령에게 헌정한 동상이 실제로 입법자들의 마음에 죽음의 생각을 심을 것인가? 그러나 묘지처럼 정말로 명백한 죽음의 상징을 마주한다면 이는 완전히 다른 차원의 문제일 것이다.

안타깝게도 이 역시 실재하는 문제다. 죽음으로 가득한 내셔널 몰에서 몇 분만 차를 몰고 가면, 세 개의 추모 다리 중 하나를 건너 펜타곤에 도달한다. 미 국방부 본부인 펜타곤은 미국의 군사적 의사결정이 이뤄지는 곳이다. 세계에서 가장 강력한 이 군사 건물에서 단 100m 떨어진 곳에 공동묘지, 그것도 평범하지 않은 묘지가 있다. 2.52km^2 규모의 알링턴 국립묘지에는 40만 개의 묘가 있다. 미국의 모든 묘지를 통틀어 매장 규모가 2위다. 똑같은 흰색 대리석 묘비가 풀이 우거진 경사지를 끝없이 수놓고 있다.

앞에서 죽음에 대한 간단한 질문 두 개만으로도 타국에 대한 선제 공격과 핵/화학무기 사용을 포함한 극단적 군사력 행사를 지지하게 된다는 사실을 확인했다. 연구 참가자들은 응답에서 죽음 현저성의 영향을 전혀 몰랐고, 자신이 이성적이고 근거가 있는 답변을 하고 있다고 믿었을 것이다. 또한 일반 대중만 죽음 현저성의 영향을 받는 것이 아니라는 사실도 확인했다. 공정한 판단이 기대되는 판사들도 죽음을 생각하고 나면 범죄자를 더 엄격히 벌하려 했다. 모두 연구 실험실에서 추상적으로 죽음에 대해 생각한 몇 분 후에 나타난 결과다. 그런데 세계 최대 규모의 군사 본부가 거의 묘 50만 개를 수용할 정도로 큰 공동묘지 바로 맞은편에 있다. 게다가 알링턴 공동묘지는 군인 묘지다. 묘비 그림만 보아도 자신의 죽음을 생각하게 되는 마당에, 국방부 직원들에게 군사 묘지는 심지어 더 강력하고 직접적으로 죽음을 상기시킬 것이다. 무심코 밖을 내다볼 때나 아침 출근길을 운전해 갈 때 전사자들의 묘비를 끝없이 마주치는 펜타곤 직원들은 무의식중에 일정 수준으로는 늘 죽음을 생각할 수밖에 없다. 그리고 국방부 장관을 비롯한 고위 공무원들은 하루하루 강력한 죽음 현저성의 영향을 받으면서 다양한 장소로 군대를 얼마나 파견할지, 언제 어디서 다음 공습을 지시할지 자문한다.

다시 말하지만, 상징적 불멸성의 유혹은 내 수명보다 오래 지속될 문화에 집착하게 만든다. 오늘날 인간은 역사상 그 어느 때보다 죽음을 떠올리게 만드는 것들에 많이 노출되어 있다. 뉴스만 보아도(거의 어떤 전자 장비를 틀어도) 살인, 테러 공격, 자연재해, 공공 보건의 위협, 유명인의 죽음에 대한 보도가 폭격 수준으로 쏟아진다. 현실 세계에서의 하루는 연구원들이 절대 인공적으로 만들지 못할 수준의 죽음 현저성 요소로 가득하다. 세계적인 코로나바이러스 대유행 시기인 지금, 길을 걷기만 해도(외출이 허용될 때의 얘기지만) 죽음을 떠올리게 되는 요소는 너무 많다. 마스크로 가린 얼굴, 손 세정제, 사회적 거리두기를 강조하는 가게 앞 안내문, '전염을 멈춥시다'라고 쓰인 버스정류장 광고판이 모두 죽음을 상기시킨다.

공포 관리 이론에서 예측하는 바와 같이, 호주 전체가 이러한 현실세계의 죽음 현저성에 집단으로 반응했다. 2015년, 파리 전역에서 폭격과 총격으로 130명이 사망했을 때, 호주인은 1만 7,000km 떨어진 곳에서 이를 애도했다.[14] 뉴사우스웨일스의 마이크 베어드Mike Baird 주지사는 "파리여, 우리가 애도하고 함께합니다"라고 트위터에 올렸다. 시드니 시장 클로버 무어Clover Moore가 말을 이어받았다. "시드니는 이 끔찍한 시간 파리 시민들을 강력히 지지합니다." 그리고 오페라 하우스에 프랑스 국기 색깔의 조명을 켜기로 했다. 테러 24시간 이내에 시드니 오페라 하우스의 돛은 선명한 파랑, 하양, 빨강으로 물들었다.

시드니 하버 브리지 꼭대기에는 호주 국기와 함께 프랑스 국기가 휘날렸다. 다른 국가도 이 선례를 따라 파리의 희생자들을 애도하며 각자 랜드마크를 프랑스의 색으로 밝혔다. 뉴욕의 세계무역센터, 오클랜드의 스카이타워, 런던 웸블리 스타디움, 리우데자네이루의 구세주 그리스도상을 비롯한 세계 곳곳의 건축물이 파랑, 하양, 빨강으로 물들었다. 정치인들은 프랑스와 자국의 '공유 가치shared values'를 지지하고 나섰다. 물론 세계 반대편에서 발생한 고통에 대해 같은 인간으로서 연민을 표현하는 데는 아무 문제가 없다. 그러나 그보다 12일 전 224명이 탄 러시아 비행기가 격추되었을 때, 호주는 이들의 죽음을 같은 깊이로 애도하지 않았다. 그리고 파리 테러 다음날 베이루트에서 수십 년 만에 가장 많은 사람이 사망한 폭격이 일어났는데도 프랑스 국기는 레바논 국기로 바뀌지 않았다.[15] 레바논 국기의 빨강, 하양, 초록 삼나무를 내걸어 폭격으로 사망한 89명을 애도한 랜드마크는 하나도 없었다. 레바논 의사 엘리 파르스Elie Fars는 이러한 위선을 지적했다. "우리 국민이 죽었을 때는 어떤 국가도 레바논 국기의 색으로 랜드마크를 밝히는 수고를 하지 않았습니다. 우리 국민이 죽었을 때는 세계가 애도하지 않았습니다. 이 죽음은 세계 뉴스의 대수롭지 않은 얼룩, 어딘가 다른 세계에서 일어나는 일일 뿐이었죠." 우리와 세계관이 다르다고 생각되는 국가에 닥친 비극에 다소 놀라고 슬플지는 몰라도 이를 애도하느라 일상을 멈추는 일은 없었다. 그러나 프랑스 테러 소식에는 같은 문화적 가치를 가졌다고 생각되는 비슷한 국가들과 함께 같은 편으로 느껴지는 사람들을 애도했다.

내가 태어나기 전부터 존재했고 죽은 뒤에도 지속될 문화적 신념을 강하게 지지하여 상징적 불멸성을 얻는 것은 인간의 유한성에 대한 강력한 해독제다. 그러나 문화는 변하기 쉬우며, 오늘날 우리 문화가 떠받드는 가치가 100년 후에는 아무것도 아닐지 모른다. 누가 문화적 중요성과 상징적 불멸성을 얻는가의 기준은 계속 변화한다. 불과 200년 전 미국에서는 전국에서 가장 성공한 노예 상인이 명성을 떨쳤다. 문화적 세계관이 달라진 오늘날, 그런 사람들의 동상은 해체되고 있다. 문화적 관습과 신념의 영구성을 확신할 수 없다면 어떻게 해야 할까? 신념 체계의 지속에 기대지 않고 불멸성을 얻는 더 직접적인 방법이 있을까? 내가 한때 살아 숨 쉬었다는 영구적 증거로 이 세계에 실재하는 흔적을 남기고 싶은 마음이 불멸성에 대한 갈망으로 인해 생길 수 있지 않을까?

MORTALS

4

불멸성 프로젝트와 창작물

인생을 산다면 유산을 남겨라.
세계에 지울 수 없는 흔적을 남겨라.

마야 안젤루(Maya Angelou, 1928~2014)

유산으로서의 예술

존재를 예술로써 남기고자 하는 열망은 인류 역사만큼이
나 오래됐다. 인간은 내가 실제로 여기 존재하며 태양 아래 살아갔다
는 사실과 잊히기 싫은 마음을 타인에게 전하고 싶어 한다. 이는 역
사 시대 이전에 시작됐을지도 모른다. 호모 사피엔스와 호모 네안데
르탈렌시스보다도 이전 시대에 남겨진 조각과 바위그림이 있으니 말
이다.[1] 인도 빔베트카에 있는 바위 오목새김은 분명 더 이전의 인류
에 의해 만들어졌다. 이 그림이 동굴에 새겨진 시기는 29만~70만 년
전으로 추정된다. 경도가 매우 높은 변성 규암에 새겨진 이 조각은
동굴 구조 한가운데 비바람이 막힌 작은 구역에서 발견됐다. 날씨의
영향이 완전히 차단된 장소에서 밀도 높은 변성암에 새긴 예술가의
유산은 여전히 남아 있다. 이 동굴 조각이 정확히 언제 만들어졌는지
알려면 몇 십 년 후 추가 확인을 거쳐야 할 것이다. 어쨌든 이 예술가
는 실제로 존재했고, 자기 존재의 영원한 기념물을 남기는 데 성공했
다. 유적이 오늘날까지 연구되고 있으니 죽음에 진정한 승리를 거둔
셈이다.

유럽에 있는 호모 네안데르탈렌시스의 예술로는 7만 년 전에 동

굴에 그린 손 그림이 있다. 스페인 말트라비에소 동굴의 유색 손자국 그림은 아프리카에서 출발한 현대 인류가 유럽에 도착하기 2만 년 전에 만들어졌다. 같은 시기 아프리카에서도 호모 사피엔스가 예술품을 만들고 있었다. 아프리카 남부 블롬보스 동굴에서 나온 그림이 새겨진 황토 조각 두 개는 지금껏 발견된 우리 종의 가장 오래된 예술품으로, 약 8만 년 전의 것으로 추정된다. 호모 사피엔스는 유럽에 도착한 이후 비슷한 예술 활동을 이어갔고, 4만 년 전쯤 스페인과 프랑스에는 수많은 동굴 그림이 생산됐다.

호모 사피엔스는 특히 비바람이 닿지 않는 동굴 벽에 손 그림을 즐겨 그렸다. 정확히 말하자면 '그림'이 아니라, 손을 쫙 벌려 벽에 대고 염료를 뿌려서 실제 손 모양을 남긴 것이다. 이 고대 예술 양식의 동기를 추론할 수 있는 두 가지 근거가 있다. 첫째, 당시 사람들은 동굴에 살지 않았는데도 이러한 그림이 비바람을 피할 수 있는 동굴 안에서 발견됐다는 점이다. 이는 단지 예술 작품을 남기기 위한 목적으로 동굴에 들어가 비와 바람이 닿지 않는 장소를 찾아냈다는 이야기다. 그러니 이들이 영속성을 추구했다고 가정해도 합당하다. 손 그림이 비바람에 지워지지 않기를 원했던 것이니 말이다.

둘째, 이 행위가 오늘날까지 이어진다는 사실에 주목하자. 지금도 교외 지역에서 길을 걷다 보면 콘크리트 도로와 보행로에 찍힌 손자국, 발자국, 서명을 볼 수 있다. 사람은 여전히 내가 죽은 후에도 남아 있을 것 같은 단단한 표면에 존재의 흔적을 남기려는 충동을 느끼는 듯하다. 미국에서는 유명 배우의 손자국을 이런 식으로 찍은 전시품이 관광 명물로 자리 잡았다. 1927년 이래로 그로맨 차이니즈 시어터 앞의 마르지 않은 콘크리트에 할리우드 최고의 스타들이 손바닥을 찍었다. 왜 이런 것을 만들까? 뉴스 기사 제목을 보면 알 수 있듯, 이는 명백히 불멸성을 추구하는 프로젝트다. '차이니즈 시어터 앞에 영원히 존재할 배우 키아누 리브스Keanu Reeves의 손자국과 발자국', '영원히 기억에 남을 손자국과 발자국 찍기에 참여한 영화감독 쿠엔틴 타란티노Quentin Tarantino', '시멘트에 영원히 남을 「트와일라잇Twilight」 스타들'.[2]

비슷한 사례는 또 있다. LA 선셋 대로에 위치한 록워크는 최고의 로큰롤 스타들을 기억한다. 척 베리Chuck Berry, 스티비 원더Stevie Wonder, 엘튼 존Elton John, 지미 페이지Jimmy Page 등이 여기에 손바닥을 찍었다. 이 역시 영원한 유산을 남길 목적이다.

인간은 영원을 추구한다. 프리츠 마르틴Fritz Martin은 그 점에서 보통 사람들보다 앞서 있는 듯하다. 지역 신문에 따르면 나사렛의 기타 명장 C. F. 마르틴의 손자국과 서명을 곧 할리우드 보도에서 볼 수 있게 된다. 캘리포니아의 음반사가 '음악 산업의 창시자와 선구자'의 손자국을 모으는 '록워크' 프로젝트를 기획했고, 프리츠가 할리우드까지 이동하지 않겠다고 해서 이 작업은 나사렛에서 이뤄졌다. 완성품은 할리우드로 옮겨졌고, 후원사에 따르면 '영원히 거기에 있을 것이다.'[3]

스타들은 유산을 남기려 하고, 현장을 방문하는 관광객들은 이를 통해 스타와 연결된 느낌을 얻으려 한다. 말로이Malloy의 말처럼 "관광객들은 스타에게 관심 없는 척 굴다가도 몇 분 안에 손자국과 발자국에 자기 손발을 대고 사진을 찍는다."⁴ 마릴린 먼로_{Marilyn Monroe}의 손자국은 그로맨 차이니즈 시어터에서 최고의 인기다. 손이 하도 닿아서 생긴 심한 얼룩이 이를 말해준다. 사람들에겐 스타가 만진 곳을 만지려는 강렬한 욕구가 있다. 마릴린 먼로의 손이 자리했던 곳에 내 손을 대면 어쩐지 연결되는 느낌이 드는 것이다.

지속성을 목표로 하는 예술 형태는 또 있다. 영원히 유지될 수 있도록 극도로 단단한 재료를 선택하여 만든 조각이 그렇다. 앞에서 말했듯 인류의 조상이 만든 가장 오래된 형태의 예술품도 조각(인도의 바위 조각)이다. 하지만 회화처럼 상대적으로 취약한 예술품을 만들 때도 예술가들은 영속성을 확보할 방법을 찾는다. 예를 들면, 프레스코화는 흥미로운 시도다.

프레스코화는 막 만든 축축한 회반죽에 그린 벽화다.⁵ 가루 염료와 회반죽을 물로 섞어 사용하며, 회반죽이 굳으면 그림은 벽과 하나가 된다. 이렇게 그린 그림은 벽에서 벗겨지지 않는다. 일반적인 벽화는 벽에서 지워진다는 고질적인 문제를 안고 있지만, 프레스코 벽화는 벽과 하나다. 벽이 남아 있으면 그림도 변함없이 남아 있어, 예술가는 자기 작품이 영원하리라 확신할 수 있다.

당연히 프레스코화 작업은 어렵다. 회반죽이 마르기 전에 완성해야 하기 때문이다. 회반죽은 보통 10~12시간 안에 마른다. 예술가는 처음 한 시간 안에 작업을 시작하고 마르기 두 시간 전에 끝내야 한다. 벽의 젖은 부분에 그림을 그릴 시간이 7~9시간밖에 주어지지 않는 것이다. 회반죽이 마르면 그림을 그릴 수 없어서 남은 부분을 제거하고, 다음날 다시 회반죽을 발라야 한다. 같은 원리로 틀린 부분만

덧칠해서 수정할 수도 없다. 작업한 부분이 마음에 들지 않는다면 전체를 제거하고 다시 처음으로 돌아가야 한다.

가장 오래된 프레스코화는 기원전 18세기 시리아에서 그려진 「짐리-림의 대관식Investiture of Zimri-lim」이다.[6] 인간은 거의 4,000년이나 프레스코로 영속성을 추구했다. 마른 평면에 그리는 것보다 정확도가 떨어지고 극단적으로 시간에 쫓기며 오류를 수정할 수 없는데도 예술가들은 여전히 이 화법에 끌렸다. 프레스코 기술은 이탈리아에서 인도, 시리아에서 그리스, 모로코에서 불가리아에 걸쳐 고대 유물에서 널리 발견되며 현재도 사용되고 있다. 작업에 어려운 부분이 많은데도 벽에서 벗겨지거나 색이 바래지 않고 벽과 일체가 된다는 매력이 압도적이라서 많은 예술가가 여전히 프레스코를 선택한다.

미켈란젤로 부오나로티Michelangelo Buonarroti가 그린 로마 시스티나 성당 천장화는 이제껏 만들어진 프레스코화 중 최고라고 칭송받는다. 지상에서 20m 높이의 성당 천장은 넓이가 460m^{2}에 달한다.[7] 평평하지 않고 구조물이 포함된 곡면이라 작업은 더욱 어려웠을 것이다. 미켈란젤로는 비계 건설과 표면 마감을 감독했고, 직접 작업에 착수하기 전 천장에 스케치를 옮겨 그리는 조수를 두었다. 인물이 300명 이상 나오는 이 천장화 작업은 1508년에 시작해 1512년에야 끝났다.

이루 말할 수 없이 어려운 작업이었다. 작품에 착수한 이듬해인 1509년, 미켈란젤로는 친구 조반니 다 피스토이아Giovanni da Pistoia에게 점점 커지는 부담감을 담은 시를 전했다.

이 고문으로 이미 나에겐 갑상선종이 생겼다.

4. 불멸성 프로젝트와 창작물

나는 롬바르디아의 고양이처럼 웅크려 앉아 있다.

배는 턱 아래 짓눌려 있고,

턱수염은 하늘을 가리키고,

뇌는 짓이겨지고,

가슴은 괴물처럼 뒤틀렸다.

언제나 내 위에 있는 붓에서 물감이 뚝뚝 떨어져

내 얼굴이 또 하나의 화폭이 되는구나!

엉덩이가 뱃속으로 파고드는 것 같다.

가엾은 엉덩이는 평형을 맞추느라 안간힘을 쓴다.

내 모든 움직임은 통제가 안 되고 목적도 없다.

피부는 아래로 축축 처지고

척추는 구겨져 있느라 여기저기 뭉쳤다.

나는 팽팽히 당긴 활처럼 휘어 있다.

이렇게 꼼짝하지 못하고 있으니

생각이 미쳐 날뛰어 믿을 수 없다.

휜 총으로 사격을 잘할 사람은 없다.

내 그림은 죽었다.

조반니, 나를 변호해다오, 내 명예를 지켜다오.

여기는 내 자리가 아니다 - 나는 화가가 아니다.[8]

천장화를 완성하는 과정이 고문처럼 힘들었고 스스로 화가의 자질을 의심하기도 했지만, 미켈란젤로는 25년 뒤 다시 시스티나 성당으로 돌아가 이번에는 제단 뒤에 거대한 프레스코화를 그리게 된다. 이 그림에는 「최후의 심판The Last Judgement」이라는 제목을 붙였다. 역시 168m²의 장엄한 작품으로 제단 벽 전체를 덮는다.[9] 「최후의 심판」에는 인물이 300명 등장하며 예수 그리스도의 재림과 모든 인간이 맞는 최후의 심판이 묘사되어 있다. 선택받은 영혼은 무덤에서 일어나 하느님과 영생을 함께한다. 신의 시험을 통과한 행운의 인간처럼 미켈란젤로도 불멸성을 얻었다. 21세기에 성당을 찾는 사람도 이 그림을 보며 16세기에 성당에 앉아 제단을 바라보던 사람과 똑같은 교훈을 얻는다. 하느님의 아들을 믿고 그리스도와 같은 삶을 살면 천국에서 영생을 누릴 수 있다고 말이다.

「최후의 심판」을 완성하는 데는 4년 이상이 걸렸고, 마지막으로 붓을 내려놓을 때 미켈란젤로는 67세였다. 한 공간의 두 면에 그림을 그리느라 거의 10년을 보냈다니 정말 충격적이다. 그런데 미켈란젤로가 이 작업을 통해 불멸성을 추구했다고 어떻게 확신할 수 있을까? 프레스코를 선택했다는 사실 자체가 유산을 남기고 싶은 열망을 반영한다. 미켈란젤로가 프레스코 작업을 강요당했다는 설이 있는데, 이보다 사실과 동떨어진 이야기도 없다. 미켈란젤로는 이 엄청난 과업에 다른 방식을 쓸 수는 없다고 스스로 완강하게 주장했다. 프레스코화가 단단한 바위 조각과 마찬가지로 완성품의 영구성을 보장하기 때문이었다. 「최후의 심판」 착수 전, 절친한 친구이자 동료 예술가인 세바스티아노 델 피옴보Sebastiano del Piombo는 마른 회벽에 바로 그림을 그리는 전통적인 벽화 방식으로 작업하라고 미켈란젤로를 설득했다.[10] 세바스티아노는 직접 교황과 이야기를 마치고 벽에 매끄럽게 회반죽을 발라 전통 벽화의 밑작업을 해두기까지 했다. 교황과 미켈란젤로의 최측근이었던 세바스티아노가 보기에는 전통적인 벽화가 최선의 선택이었다. 그리다가 실수해도 쉽게 수정할 수 있고, 마음만 먹으면 전체를 덮고 다시 그릴 수도 있으니 말이다. 전통 벽화 기법을 사용하면 프레스코화로는 구현 불가능한 수준의 완벽함이 보장된다. 그러나 실용적인 이점과 외부의 압박에도 미켈란젤로의 뜻은 확고했다. 자신이 창조할 예술품의 불멸성을 간절히 원했던 그는 교황의 뜻을 거역하는 것도 마다하지 않았다. 몇 달이나 작업 착수를 거부하며 프레스코에 필요한 거친 아리시오arricio 방식으로 벽을 다시 칠할 것을 고집했다. 프레스코보다 지속성이 떨어지는 방식으로 작업해야 한다면 의뢰를 맡지 않겠다는 것이었다.

미켈란젤로가 불멸성에 집착했다는 근거는 또 있다. 잘 알려진 대로 그는 작품에 자기 얼굴을 넣어[11] 죽은 뒤에도 상징적으로 삶을 연장하려 했다. 미켈란젤로의 얼굴은 「최후의 심판」에 그려진 그리스도의 사도 성 바르톨로메오Bartholomew의 버려진 피부에서 찾을 수 있다. 기록에 따르면 순교자로 알려진 바르톨로메오는 산 채로 가죽이 벗겨졌다.[12] 그래서 부활한 바르톨로메오는 번데기에서 날아오른 당당한 나비처럼 거죽에서 솟아난 사람으로 그려졌는데, 바르톨로메오가 옷처럼 들고 있는 쭈글쭈글한 거죽에 미켈란젤로의 얼굴이 있다. 작품의 영광으로 이름을 남기리라 확신하지 못했는지, 미켈란젤로는 본인의 얼굴을 젖은 회반죽에 그려 넣는 단계까지 나아갔다. 게다가 자기 얼굴을 그릴 곳으로 작품 배경이나 주변 인물이 아니라, 부활하여 그리스도의 곁에서 천국의 영광을 영원히 누릴 사도 바르톨로메오, 즉 성인이자 순교자의 얼굴을 택했다. 미켈란젤로는 작품을 통해 자신이 선택받은 인물이며 천국의 한가운데 자리하리라고 주장하는 듯하다.

시스티나 성당의 프레스코화 말고도 미켈란젤로가 불멸성에 집착한 흔적은 또 있다. 미켈란젤로는 어떤 기회로든 성스러운 지위에 오르고 싶어 했던 듯하다. 가장 중요한 것은 자서전으로 분류되는 게 더 어울리는 그의 전기다. 당시 여러 예술가를 다룬 전기가 있긴 했지만, 대개 예술 역사서에 더 가까웠고 책 한 권을 모두 할애해 서양 예술가 한 명의 삶을 다룬 사례는 없었다. 미켈란젤로는 이전에 쓰인 본인에 대한 글에 생략과 오류가 많다는 점에 분노하며 콘디비Condivi에게 전기를 의뢰했다.[13] 미켈란젤로는 (점잖게 표현하자면) 부정확한 정보를 홍보해서 신비롭고 독특한 이미지를 강화하려 했다. 예를 들면, 이 전기에는 미켈란젤로가 어떤 예술가에게도 배우지 않고 독학했다는 잘못된 정보가 담긴다. 실제로는 13세 이후 유명 화가와 조각가 밑에서 도제 생활을 했는데도 말이다. 콘디비는 심지어 미켈란젤로를 돌보던 유모의 아버지와 남편이 석공이었다는 점을 강조하며, 그래서 미켈란젤로가 초자연적인 능력을 갖추게 되었다고까지 말한다. "미켈란젤로가 끌을 잡는 일에 그렇게 만족감을 느낀 것도 우연이 아니다. 잘 알려진 바와 같이, 유모의 젖은 아이의 신체 온도를 바꾸어 원래 타고난 기질과는 매우 다른 성향을 끌어내는 강력한 작용을 한다."

미켈란젤로는 이와 같이 "다시 태어나 자연적인 유산과 무관하게 고유의 창조성을 부여받은"**14** 인물임을 자처했다.

　피조물을 통해 불멸을 얻으려 한 예술가는 미켈란젤로뿐만이 아니다. 사실 모든 예술가와 작가는 자아를 연장하는 예술품을 창조하므로 인생의 유한성을 마주할 때 이점이 있다고도 볼 수 있다. 필자역시 이 책에 이전에 쓰인 바 없는 문장을 쓰면서 죽은 뒤에도 죽지않을 수 있다. 예술품은 내가 여기에 존재했으며 내 수명보다 오래 외부 세계에 살아남을 무언가를 생산했다는 증거다. 물론 실제로 영원히 인정받는 창작자는 거의 없다. 동시대에 명성을 얻어도 결국 잊히고, 마르쿠스 아우렐리우스Marcus Aurelius의 아름다운 표현처럼 '하루의 생명체creatures of a day'**15**로 사라질 운명이 된다. 그러나 때때로 아우렐리우스의 말을 초월하는 존재가 나타난다. (아이러니하게도 아우렐리우스 본인 역시 '하루의 생명체'라기에는 매우 오랜 시간 기억되고 있다.) 간혹 수백, 수천 년간 이어질 위대한 유산을 창조하는 사람이 있다. 미켈란젤로 부오나로티가 그렇다.

불멸의 건축물

　케오프스Cheops(그리스 이름)라고도 알려진 이집트의 파라오 쿠푸Khufu에 대해 들은 적이 있는가? 그렇다면 이유는 하나뿐인데, 파라오이기 때문은 전혀 아니다(그랬다면 역시 파라오였던 쿠푸의 아버지와 아들의 이름도 알려졌어야 한다). 쿠푸의 이름이 남은 이유는 단 하나다. 역사상 가장 거대한 피라미드를 건설했기 때문이다. 이 피라미드는 4,000

년 가까이 인류가 만든 가장 높은 구조물의 지위를 누렸는데, 쿠푸가 원한 것이 바로 절대 잊을 수 없는 건축물을 세우는 것이었다.

젊은 나이에 왕위에 오른 쿠푸는 즉시 피라미드 건설에 착수했다. 건설 기간이 얼마였는지 의견이 분분하지만, 현재는 완공까지 10~20년이 걸렸으리라 추정하고 있다. 이 기간에 총 80톤의 석회암과 화강암 덩어리 230만 개가 현장으로 운반됐다. 146.5m의 엄청난 높이를 자랑하는 피라미드의 전체 무게는 약 600만 톤으로 추정된다.

원래 쿠푸의 피라미드는 석회암으로 만든 아름다운 포장 벽돌로 덮여 있어 표면이 희게 빛났다. 사암과 고운 모래를 연마재로 써서 광택을 냈을 것이다. 돌을 자를 때 생긴 도구 자국을 천천히 없애는 것은 시간과 기술, 엄청난 물리적 작업량이 요구되는 더딘 과정이었다. 피라미드 맨 꼭대기에는 피라미디온pyramidion이라는 캡스톤(관석)이 있었는데, 강렬한 이집트 태양 빛을 반사하도록 금박이 입혀져 있었을 수도 있다. 오늘날 남아 있는 핵심 구조물을 어떻게 건축했을지 다양한 이론이 제시됐다. 나일강 유역 채석장에서 거대한 돌을 강으로 운반하고 경사로를 통해 끌어올렸다는 이론이 가장 신빙성 있다. 작업 참가자 수에 대해서는 추정하는 사람마다 차이가 크다. 일부 역사가는 10만 명 정도가 동시에 일했으리라 추측했으나,[16] 현대 이집트 학자들은 훨씬 낮은 수치를 제시한다. 현대 건설 관리 연구에 따르면 건설 과정 전체에서 평균 인력은 1만 4,500명, 한창때는 하루에 약 4만 명 정도였을 것이다.[17]

쿠푸는 선왕 스네프루Snefru보다 40m 이상 높고 용적은 두 배가 넘는 피라미드를 세웠다. 이 건축물은 아버지가 건설한 거대 피라미드

들로부터 30km나 떨어져 있다. 기자의 자연 고원에 우뚝 솟은 쿠푸의 어마어마한 피라미드는 최소한 당시에는 어디서든 눈에 띄었을 것이다. 숨 막히는 광경이 아닐 수 없다. 불멸의 건축물이라 할 만하다!

피라미드가 아무리 거대해도 결국 단 한 사람의 무덤이었다. 아무리 웅장해 보여도 시체를 넣어 보관하는 상자에 불과하다는 사실을 숨길 수는 없다. 258만m³에 달하는 핵심 구조물에 비하면 그다지 크지 않았던 쿠푸의 실제 묘실(250m³)은 상상 속의 내세를 보내는 데 필요한 물건들로 꽉 차 있었다. 화려한 의복, 섬세하게 가공된 금은보화, 정교한 무기, 배, 애완동물까지 시신과 함께 묻혔다. 석관에서 서서히 썩어가는 파라오의 시신은 궁극의 허영을 상징한다. 인류의 터질 듯한 자의식을 이보다 더 잘 보여주는 예는 없을 것이다. 그러나 헛된 일이다. 투탕카멘Tutankhamun을 제외한 모든 파라오와 마찬가지로, 쿠푸의 화려한 옷과 보석들은 이후 수백 년에 걸쳐 도굴꾼에게 야금야금 도둑맞았다.

쿠푸의 피라미드는 서기 1311년 영국 링컨 대성당이 건설될 때까지 세계에서 가장 높은 건물이었다.[18] 링컨 대성당 역시 죽음과 부활에 관련된 건물이다. 1072년에 건설에 착수해서 완공까지 200년 이상 걸렸는데, 1548년에 첨탑이 무너지지 않았다면 1889년 에펠 탑이 건설되기 전까지 가장 높은 건축물이었을 것이다. 종교와 무관한 속세의 건물이 지구상에서 가장 높아진 것은 최근 150년 사이인데, 기나긴 인류의 역사를 생각하면 눈 깜짝할 순간이다.

물론 에펠 탑은 공학자 구스타브 에펠Gustave Eiffel의 불멸성 프로젝트다. (이 구조물의 명칭이 '파리 탑'이었다면 누가 에펠의 이름을 기억하겠는가?) 심지어 탑의 디자인도 에펠이 하지 않았다. 에펠의 회사에서 일하던 젊은 대졸 사원이 참신한 디자인을 생각해내고 개략적인 설계도를 제출했다. 취리히 연방공과대학교 출신의 모리스 케클랭Maurice Koechlin은 근무 시간 외에 집에서 설계도를 완성했고, '분리된 토대에 세워진 네 개의 격자 들보를 일정한 간격의 금속제 트러스로 연결하여 꼭대기에서 하나로 합치는 구성의 거대한 철탑'이라는 설명을 덧붙였다.[19]

동료 두 명이 건축적인 아이디어를 보태어 케클랭의 최초 디자인을 보완했고, 세 사람은 설계도의 특허를 냈다. 디자인을 인상 깊게 보았던 에펠이 특허권을 샀다. 그런데 마침 그때 통상부 장관이 당시 공모 중이던 1889년 만국박람회 상징물의 요건을 바꾸었으니, 그야말로 충격적인 승부 조작 사건이었다. 록로이Lockroy 장관은 출품 마감이 2주도 남지 않은 시점에 '모든 경쟁작은 300m 높이의 사각 금속탑을 포함해야 한다'고 공표했다. 제출 마감은 일정대로 진행됐고 에펠이 제출한 작품이 선정됐다. 바뀐 조건을 유일하게 만족했기 때문이다. 1887년 1월 8일 계약이 체결됐다. 에펠은 회사 대표가 아닌 개인 자격으로 계약서에 서명했다. 건설비 150만 프랑, 향후 20년간 탑에서 창출되는 모든 수익, 작명권 그리고 역사의 한자리까지 에펠의 차지가 됐다.[20] 에펠은 안정적인 수익을 내려는 건축가였을 뿐이라고 주장하는 사람도 있을 것이다. 그러나 이러한 시각으로는 왜 그렇게 많은 디자이너가 창작물에 자신의 이름을 붙이는지 설명하기 어렵다. 영원한 명성을 거머쥐려는 투명한 의도가 아니라면 에펠은 왜 이 탑에 자신의 이름을 붙이길 고집했겠는가?

비록 에펠은 기만적인 방식으로 불멸성을 추구했지만 우리는 모두 그 수혜자다. 파리라는 도시의 랜드마크이자 프랑스 문화와 자유의 상징이 된 에펠 탑을 누리고 있으니 말이다. 하지만 건축물을 통한 불멸성의 추구를 모두 긍정적으로 볼 수는 없다. 혐오, 정신병, 인간심리의 가장 어두운 면을 반영하여 구상된 건축물도 있다. 결국은 건설되지 않아서 다행이지만 말이다.

게르마니아

게르마니아Germania라는 도시를 들어본 사람은 거의 없을 것이다. 실존하지 않기 때문이다. 1972년 로버트 리프톤Robert Lifton이 〈뉴욕 타임스New York Times〉에 실었던 적절한 묘사를 빌리면, 게르마니아는 '영원히 살고 싶었던 남자'[21]의 비전이었다. 오스트리아 출신의 이 남자는 천년이 지나도 지속될 유산을 남기기 위해 도시 하나를 재건하여 '오직 고대 이집트, 바빌론, 로마와 어깨를 나란히 하는' 세계의 수도로 만들겠다고 계획했다.[22] 그는 조국에 오늘날까지 계속되는 불명예를 안겨준 악당이었다. 그의 이름은 아돌프 히틀러Adolf Hitler다.

히틀러가 1933년 1월 수상으로 임명되며 제3제국Third Reigh이라는 용어가 독일 전체에서 인기를 얻었다.[23] 그 기원은 아르투어 묄러 판 덴 브루크Arthur Moeller van den Bruck의 1923년 저서 《제3제국Das Dritte Reich》이다. 묄러는 신성로마제국(962~1806)을 제1제국, 독일제국(1871~1918)을 제2제국으로 정의했다. 히틀러는 천년의 제3제국을 상상했다. 모든 게르만 민족이 하나 되고 유럽의 리더로서 정당한 자리를 차지하는 이상적인 국가를 꿈꿨다. 히틀러는 서기 962년 신성로마제국 황제로 즉위하여 이탈리아인에게 황제로 불린 최초의 독일인 오토 대제Otto the Great의 정당한 후계자가 되고자 했으며, 기존 베를린 터에 새로운 세계의 수도 게르마니아를 건설할 계획을 세웠다.

1938~1943년에 실제로 게르마니아 건설이 시작됐다. 전쟁포로, 거지, 부랑자, 동성애자, 집시 등 약 13만 명이 강제로 동원되어 거대한 새 건물을 올리기 위해 한 도시 구역 전체를 철거했다. 정부가 야심 찬 도시계획에 필요한 땅을 사들이는 바람에 베를린 시민들은 보금자리를 떠나야 했다. 히틀러와 수석 건축가 알베르트 슈페어Albert Speer의 충격적인 건축 계획에 따라 5만~10만 가구가 폭파될 예정이었다.

히틀러는 정권을 잡기도 7년 전인 1926년부터 도시의 핵심 건물을 스케치했다. 그리고 1936년 슈페어의 조언대로 7km의 대로를 중심으로 도시를 구성하기로 결정했다. 한쪽 끝에는 33만㎡의 광장을 만들고, 여기에 히틀러의 아치형 대문을 세워 패배한 국가에서 탈취한 군사 장비로 장식할 계획이었다. 대문은 유명한 파리 개선문보다 65m 높은 117m로 설계됐다. 오늘날까지 세워진 그 어떤 대문보다도 높다. 대로의 반대편 끝에는 총통의 궁을 짓고, 궁에서 가장 잘 보이는 자리에 대본당Great Hall을 만들기로 했다. 히틀러가 직접 구상한 이 회당은 면적이 9만 9,000㎡에 달했고 18만 명이 한 번에 앉아 히틀러의 말을 들을 수 있게 설계됐다. 전 세계에서 가장 넓은 실내 공간이 될 터였다.

유산에 대한 히틀러의 갈망은 노골적이다. 그가 인간의 필멸성을 끊임없이 의식했기 때문이다. 출간되지 않은 히틀러의 두 번째 책에는 죽음에 사로잡혀 있다는 직접적인 언급이 나온다. "평범한 자는 죽음을 가장 두려워하지만 실제로는 거의 그에 대해 생각하지 않는다. 비범한 자는 죽음에 대해 끈질기게 생각하지만, 그에 대한 두려움은 가장 적다."[24]

히틀러는 천년의 제국을 세우고 이전에 존재한 어떤 문명과도 당당히 비견할 만한 세계 수도를 건설하는 일에 몰두하며 죽음의 공포를 누그러뜨렸다. 모든 이의 머리 위에 드리워질 지붕과 지구상의 어떤 유사 건축물과 비교조차 할 수 없는 개선문을 꿈꿨다. 그는 절대 사라지지 않을 유산을 남기길 원했다. 다행히도 게르마니아는 결국 꿈으로만 남았다.

히틀러처럼 거대한 건축물을 통해 불멸성을 얻고자 했던 사람들은 대부분 평생을 바쳐 꿈꾼 바를 결국 이루지 못했다. 파라오 쿠푸처럼 이를 성취한 일부의 경우를 보아도 여기에 쏟아부은 수많은 사람의 노력을 생각하면 보상은 어쩐지 공허하고 슬프게 느껴진다. 영원히 숭배되는 건물을 지으려 애쓰는 것보다 쉽게 실존의 문제를 해결하는 방법이 있지 않을까? 불멸의 건축물은 아무리 창조적인 사람이라 해도 실현하기 너무 힘든 목표다. 이보다 훨씬 간단한 형태의 치료는 창작물 자체에서 죽음과 인간의 필멸성을 다루는 것이다. 이를 전략으로 삼는다면 오래도록 전해질 문학 작품이 가장 확실하다.

태초에

지구와 생명을 창조하는 〈창세기Genesis〉가 기록으로 남은 가장 오래된 이야기라고 알고 있는 사람이 많지만, 이는 사실과 거리가 멀다. 현대 학자들은 히브리어 성경의 첫 5권이 기원전 5~6세기에야 완성됐다고 본다.[25] 〈슈루팍의 지침Instructions of Shuruppak〉을 포함한 수메르어 초기 문서가 그보다 20세기는 더 오래됐다.[26] 엄밀히 말하면 최초의 수메르 문헌은 도덕률을 나열해 놓은 것에 불과해서 이야기로 보기는 어렵다. 이와 비슷한 것이 고대 이집트 피라미드에서 발견된 문서(기원전 24세기경)인데, 죽은 파라오가 영혼으로 변해 신들과 만나게 하는 주문이 담겨 있다.[27] 피라미드 문서 역시 문학 작품보다는 신앙 활동의 기록으로 보는 것이 타당하다. 그러나 둘 다 문학은 아니라 해도 내용상으로는 명백히 인류의 집단적인 죽음의 공포를 반영한다.

그보다 앞서 사라진 구전 서사는 있었으나, 오늘날까지 문자로 남아 있는 가장 오래된 이야기는 〈길가메시 서사시The Epic Gilgamesh〉다.[28] 죽음을 이해하려는 젊은이의 고군분투, 영생의 추구, 불멸의 존재와의 만남이 핵심 이야기다. 이 고대 서사시(기원전 21세기경)는 가장 가까운 친구 엔키두Enkidu의 죽음을 슬퍼하는 바빌로니아 왕 길가메시의 이야기를 들려준다. 왕은 생생하고 절절한 언어로 탄식한다.

너무나 사랑했던 내 친구여.
필멸자의 저주가 그를 덮쳤도다.

그를 위해 여섯 날과 일곱 밤을 울었다.

나는 그의 시신을 매장하지 못했노라,

그의 콧구멍에서 구더기가 떨어질 때까지.

그리고 나 역시 죽을 것이 두려웠다,

죽음이 점점 두려워져 황야를 떠돌았다.

내 친구에게 닥친 일은 감당하기 힘들었다.

내 친구여, 엔키두여, 사랑했던 이가 흙으로 돌아갔다.

나도 그처럼 땅에 누워

영원토록 다시는 일어나지 못할 것인가?

친구가 죽고 시신이 부패하자 자신의 궁극적 운명을 인식하고 공포감을 느낀 길가메시는 불멸성의 비밀을 찾는 긴 여행에 나선다. 쉽지 않은 여정 중에 불멸의 추구는 어리석은 일이라는 경고도 받는다. 여관 주인이 그에게 말한다.

당신이 추구하는 영원한 삶은 절대 찾을 수 없을 것이오.

신이 인간을 창조할 때, 인류에게는 죽음을 예비했고,

영생은 자신들이 가졌다오.

길가메시는 경고를 무시하고 거대한 전갈이 지키는 산을 넘고 (한 방울이면 사람을 죽일 수 있는) '죽음의 강'을 건너 불멸의 기인 우트나피쉬팀Utnapishtim을 만난다. 우트나피쉬팀은 인류에 대한 신들의 형벌이었던 대홍수 이야기를 들려준다. 신들은 모두 비밀을 맹세했으나 비가

오기 전 에아$_{Ea}$라는 신이 우트나피쉬팀에게 비밀을 털어놓았다. 에아는 정확한 넓이의 거대한 방주를 지어 가족과 지구상에 있는 모든 종류의 동물을 태우라고 말했다. 상황은 예상치 못하게 전개된다. 홍수가 너무 가혹해 이를 명령했던 신들조차 두려움을 느꼈고, 피조물에게 부과한 형벌을 거둬들였다. 다행히 에아의 말을 따른 우트나피쉬팀은 방주에 탄 생명을 모두 살릴 수 있었다. 우트나피쉬팀은 다가오는 홍수에 대해 어떻게 알았는지 설명하고 신들에게 경건하게 제물을 바쳤다. 신들은 배를 짓는 그의 기술에 감탄해 영생이라는 보상을 내렸다.

길가메시는 어깨 위에 죽음의 신을 올려놓은 채 살 수는 없다며 자신에게도 불멸성을 달라고 우트나피쉬팀에게 사정했다. 엔키두를 잃은 고통스러운 경험이 그를 압도했다. 죽은 친구의 몸에서 구더기가 나올 때까지 땅에 묻지 못하고 시체를 붙든 채 우는 묘사는 문학 역사에서 지금까지도 가장 강력한 슬픔의 이미지 중 하나로 꼽힌다. 가엾은 왕을 돕고 싶었던 우트나피쉬팀은 불멸성을 얻을 방법을 가르쳐준다. 먼저 고대 그리스인들이 '죽음의 형제'라 불렀던 잠을 정복해야 한다는 것이었다. 보상을 쟁취하려면 6일 낮과 7일 밤 동안 깨어 있어야 했다. 하지만 안타깝게도 여행으로 피로했던 길가메시는 거의 즉시 잠들어 6일 내내 의식을 찾지 못했다. 깨어난 길가메시 왕은 패배를 깨닫고는 제정신이 아니었다.

오, 슬프도다! 어찌해야 합니까, 우트나피쉬팀, 어디로 가야 합니까!
삶의 도둑이 내 육체를 그러쥐고,

내 침실에 죽음이 살고 있고,

내가 발을 딛는 곳마다 죽음이 있을 것인데!

우트나피쉬팀은 길가메시를 불쌍히 여겨 바다 밑바닥에 젊음을 돌려주는 가시나무가 있다고 알려준다. 길가메시는 삶의 묘약을 구하기 위해 다리에 돌을 묶고 탁한 바닷물 깊이 가라앉는다. 죽음을 피하려고 죽음을 무릅쓰다니 멍청한 짓 같지만, 적당히 극적인 침묵 후에 길가메시는 의기양양하게 손에 식물을 들고 수면 위로 올라온다. 독자들이 길가메시의 승리를 확신할 바로 그때, 그는 승리의 문턱에서 패배를 움켜쥔다. 집으로 가는 길에 멈춰서 목욕하느라 잠시 전리품에서 눈을 뗀 것이다. 돌아온 그는 뱀이 식물을 훔쳐갔다는 사실을 알게 된다. 마치 마지막 일격처럼, 뱀은 오래된 허물을 벗고 젊음을 되찾아 잘난 체하며 스르르 기어간다. 길가메시는 다시 눈물을 흘린다. 이번에는 노력이 수포가 되었기 때문이다. 불멸의 희망은 모두 사라졌다. 우트나피쉬팀은 인간 중 유일한 불멸자, 살아 있는 사람 중 영원히 죽음을 만나지 않을 유일한 자로 남게 된다.

유령과 망령

〈길가메시 서사시〉 이후 4,000년간 이어진 이야기의 역사에서 죽음은 문학의 핵심 주제였다. 창작자들은 작품을 통해 자신의 유한성과 씨름하고 자기 자신과 사랑하는 사람을 불멸의 존재로 만들었으며, 죽음 후의 삶이라는 개념에 매달리기도 했다. 〈길가메시 서사시〉를 만들어낸 바빌로니아인처럼, 다른 작가들도 죽음의 인식이 본질적으로 인간을 변화시킨다는 글을 썼다.

찰스 디킨스의 《크리스마스 캐럴A Christmas Carol》이 대표적인 예다. 1843년 12월 19일에 발표된 《크리스마스 캐럴》은 초판본이 5일 만에 매진됐고, 1844년 말까지 13쇄를 찍었다.[29] 1849년 디킨스가 진행한 공개 독회가 매우 성공적이어서 1870년 그가 사망하기 전까지 128회나 열렸다. 《크리스마스 캐럴》은 절판된 적이 없으며 여러 언어로 번역됐고 연극, 오페라, 영화로도 만들어졌다. 오손 웰스Orson Welles, 마이클 케인Michael Caine, 크리스토퍼 플러머Christopher Plummer, 빌 머레이Bill Murray 등 엄청난 배우들이 주인공 스크루지 역을 맡았다. 거의 200년이 지나도록 공감을 불러일으키는 이야기다.

《크리스마스 캐럴》은 무섭고 인색한 구두쇠 노인이 놀랍게도 너그럽고 친절하며 명랑한 사람으로 변화하는 이야기다. 스크루지는 한 마을에서 재물을 쌓고 그만큼 증오도 쌓으며 평생을 살았다. 그는 친척도, 가난하고 약한 사람도, 충실하지만 제대로 급여를 못 받는 직원도 돌아보지 않는 사람이었다. 어느 모로 봐도 야비하고 자기중심적이며, 외모에서부터 평생 불쾌한 사람이었음이 드러난다. 스크루지는 고약함의 대명사다.

디킨스는 이미 악한 쪽으로 넘어간 사람은 인간 세상의 어떤 수단으로도 개조할 수 없다는 사실을 알고 절묘한 솜씨를 발휘했다. 스크루지에게 그를 기다리는 삶(그리고 더 중요한 그 이후의 죽음)을 보여줄 수 있는 존재, 유령을 등장시킨 것이다. 스크루지의 동업자 말리가 죽고

7년 뒤인 으스스하고 추운 크리스마스이브, 집에 있던 스크루지에게 말리의 유령이 찾아온다. 말리는 평생의 탐욕 때문에 무거운 쇠사슬과 돈궤를 끌고 다녀야 한다. 말리는 곧 찾아올 세 유령의 말을 제대로 듣지 않으면 스크루지도 같은 운명을 맞을 거라고 경고한다.

첫 번째로 과거의 크리스마스 유령이 찾아와 스크루지가 청년이던 때로 그를 데려간다. 과거의 스크루지는 여동생 프랜을 아끼는 청년이었고 첫 직장의 페지웨그 사장은 그를 정성으로 가르쳤다. 스크루지는 과거를 보며 자신이 순수했던 때를 떠올린다. 그러나 기쁜 일만 있던 것은 아니다. 유령은 항상 뒷전이었던 약혼녀 벨이 사랑보다 돈을 중요하게 여기는 스크루지에게 헤어지자고 말하는 장면을 보여준다.

그러나 말리의 경고도 스크루지를 변화시키지 못한 마당에 지나간 사랑도 소용없었다. 스크루지는 베개를 부풀리고 편안한 침대로 돌아간다. 깜빡 잠이 들었는데 현재의 크리스마스 유령이 찾아와 스크루지를 웃음 넘치는 크리스마스 시장과 조카이자 장부 담당자인 밥의 가족 식사 자리로 데려간다. 밥의 어린 아들 팀은 몸이 매우 아프다. 유령은 스크루지가 변하지 않으면 아이가 죽을 거라고 말한다.

그래도 스크루지는 동요하지 않는다. 유령의 위협에 면역이 생겼는지 무심히 침대로 돌아가 잠을 청한다. 마지막 유령이 다시 한 번 고요한 잠을 깨운다. 네 번째 유령은 무엇을 보여주기에 이런 사람을 바꿔놓을 수 있었을까? 간단하다. 본인의 죽음이다. 미래의 크리스마스 유령은 스크루지에게 조문객이 거의 없어 썰렁한 장례식, 차가운 관에 누운 시체와 버려진 무덤을 보여준다. 스크루지는 처음으로 공포에 떨기 시작하고, 후회에 사로잡혀 소리친다. "믿어주시오! 나는 옛날과 다른 사람이오!" 그리고 유령에게 사정한다. "내 인생을 바꾼다면 당신이 보여준 환영을 바꿀 수 있다고 말해주오! … 오, 비석 위의 글자를 지울 수 있다고 말해주오!"[30]

이 순간 네 번째 유령의 꿈에서 깨어난 스크루지는 새사람이 된다. 크리스마스 아침에 눈뜬 스크루지는 성격이 완전히 바뀐다. 입이 딱 벌어질 금액을 기부하고, 크리스마스 만찬에 올리라며 조카의 집에 마을에서 제일 큰 칠면조를 보내고, 조카의 가족들과 오후 시간을 함께하고, 직원의 월급을 올려주고, 꼬마 팀에게 아빠 역할을 한다. 차디찬 관에 누운 자신의 시체와 자신의 이름이 새겨진 묘비를 보자 평생 욕을 먹어도 일어나지 않던 일이 일어났다. 젊은 시절 약혼녀의 애원도 그를 바꿔놓지는 못했다. 첫 사장의 애정과 지도 역시 영향을 미치지 못했다. 마을 사람들의 경멸도 그를 흔들지 못했다. 목숨이 경각에 달린 어린 소년의 모습도 그를 설득하지 못했다. 그러나 자신의 시체를 보고 비석에 새겨진 이름을 만진 경험은 그의 성격을 근본적으로 바꿔놓았다. 죽음의 현실에 눈뜬 것이다. 그는 부자든 가난뱅이든, 누구에게든 죽음이 찾아온다는 진실을 깨달았다.

《크리스마스 캐럴》은 출간 즉시 사람들의 공감을 샀다. 죽음의 진실과 변화의 가능성을 보여줬기 때문이다. 《크리스마스 캐럴》보다 나은 크리스마스 이야기, 유령 이야기, 놓쳐 버린 사랑 이야기, 공동체의 가치를 담은 이야기는 물론 있었다. 그러나 셰익스피어가 요릭의 해골을 등장시킨 것처럼 디킨스가 주인공의 시체를 보여주자 이야기는 특별해졌다. 현대 심리학자들이 이제야 이해하기 시작한 것을 디킨스는 이미 알고 있었다. 죽음을 마주하고 받아들일 때 가장 큰 변화의 기회가 생긴다는 점 말이다. 거의 200년이 지난 지금, 추도 연설 쓰기, 장례식 계획하기, 묘비명 만들기 등은 정신 치료의 다양한 분야에서 흔히 사용하는 치료법이 됐다.[31]

많은 치료 안내문에 이와 같은 활동 설명이 포함된 것을 보았고, 비슷한 치료가 가진 변화의 힘을 개인적으로 경험한 사람도 있겠지만, 정신 치료 분야의 권위자가 디킨스에게 진 빚을 인정하는 글을 읽은 적은 없을 것이다. 그러나 인지행동치료, 실존치료, 수용-전념치료, 동기강화상담 분야 임상의들은 모두 찰스 디킨스의 가르침에 감사해야 한다. 인생에서 길을 잃은 사람에게 본인의 시신, 장례식, 묘비를 상상하며 실제로 다가올 죽음의 현실을 직시하라는 말보다 빠르게 영향을 줄 방법은 없다.

디킨스는 이 작품으로 죽음의 인정이 갖는 변화의 힘을 선명하게 그려냈다. 하지만 유령의 등장으로 강력한 메시지가 다소 약해지기는 했다. 디킨스는 스크루지가(즉, 독자가) 자기 죽음을 생각하게 만들면서, 한편으로는 말리뿐 아니라 이야기 전체에 여러 유령을 출현시켜 죽음 이후의 삶과 영혼의 불멸성에 대한 믿음을 드러냈다. 디킨스 시대 문학 작품에는 유령이 흔히 등장했다. 당시 영국의 평균 사망 연령이 40세였다는 점을 감안하면 당연한 일인지도 모른다. 죽음은 순식간에 찾아오기도 했다. 뭔가 삐끗하면 언제든 감염으로 죽을 수 있었다. 인플루엔자, 콜레라, 성홍열, 폐결핵은 눈 깜짝할 사이에 죽음을 불렀다. 그래서 유령이나 영원한 영혼에 대한 믿음은 위안이 되었을 것이다. 유령 이야기는 유령이 실재할 수도 있다는 믿음에서, 어떤 식으로든 내심 불멸성을 바라는 마음에서 비롯된다. 오늘날까지 유령에 대한 믿음은 강력하다. 2013년 〈허핑턴 포스트Huffington Post〉에서 미국인 1,000명을 설문한 바에 따르면, 거의 절반이 유령을 믿었다.[32] 추가로 퓨 리서치 센터의 2009년 조사를 보면 미국인 18%가 죽은 사람의 영혼과 함께 있었던 적이 있다고 답했다.[33] 비단 미국인만 그런 건아니다. 교육 수준과 관계없이 어떤 문화권이든 보편적으로 유령의 존재를 믿는다. 과학, 회의론, 세속주의가 발달해도 전 세계 사람들은 유령에 대한 믿음을 놓지 않았다. 특히 아이슬란드의 사례는 흥미롭다. 아이슬란드는 인구 99%가 문자를 읽을 수 있으며 세계 교육 수준 순위에서 영국, 미국, 프랑스, 캐나다, 노르웨이, 일본, 호주, 뉴질랜드를 가볍게 제치고 15위에 올랐다. 그런데도 유령 등 초자연적 현상에 대한 믿음은 강력하다. 2007년 테리 건넬Terry Gunnell이 수행한 인터뷰에서 아이슬란드인의 41%는 '유령이 존재할 수도 있다'고 답했고, 31%는 '존재할 가능성이 크다' 또는 '확실히 존재한다'고 답했다. 유령이 사는 집에 살았던 적이 있다고 답한 비율도 35%였다.[34] 아이슬란드의 전 대통령 비그디스 핀보가도티르Vigdís Finnbogadóttir조차 자기 집에서 죽었다는 여자가 유령이 되어 함께 산다고 공개 석상에서 말했다. "밤에 그녀의 소리가 들립니다. 복도를 걸어서 방에서 방으로 이동하죠. 계단을 올라와서 내 방 앞의 복도를 걷기도 해요."[35]

문자가 발명된 때부터 유령 이야기는 문학의 단골 소재였다. 유령 이야기는 왜 그렇게 인기가 많을까? 한편으로는 사람이 무서운 것을 즐긴다는 근거가 될 수 있다. 그렇지 않다면 호러 영화와 문학은 인기를 얻지 못했을 것이다. 수백 년 동안 사람은 불을 피우고 둘러앉아 돌아가면서 괴물과 초자연적 생물에 대한 무서운 이야기를 서로 해주곤 했다. 그러나 유령처럼 한때 사람이었던 불멸의 존재에 대한 집착에는 분명 더 심오한 동기가 있다. 유령을 믿는 미국인은 절반이나 되지만, 늑대인간 등 다른 신화 속 존재를 믿는 사람은 훨씬 적은 데는 이유가 있다. 순수하게 무서움을 즐기는 것이라면 늑대인간의 이야기도 뱀파이어나 유령 등 한때 인간이었던 불멸의 존재 이야기만큼 많아야 하지 않을까? 우리는 죽어서 묘지로 간 이후에도 살 수 있다고 믿고 싶은 내적 욕구 때문에 유령 이야기에 매력을 느낀다. 인간은 스스로 키운 내면의 감각적 의식과 연결된 '자아'를 놓지 못한다.

그리고 우리는 사랑했던 사람을 놓아주지 못한다. 영원히 함께 있고 싶어 하고, 그가 죽은 뒤에도 존재하길 바라는 압도적인 열망을 느낀다. 윌리엄 리스William Rees는 이 부분을 연구했다. 그는 의사 생활을 했던 웨일스 지방의 마을 주민을 대상으로 인터뷰를 진행했는데, 놀랍게도 사별한 사람 중 60%는 죽은 배우자를 영혼이나 유령 등의 형태로 '만났다'고 믿었다.[36] 모습을 보고, 목소리를 듣고, 심지어 접촉했다는 사람도 있었다. 당연히도 이들은 이러한 만남을 긍정적으로 묘사했다. 인간에게는 죽음을 부정하고 나 자신과 사랑했던 모든 것이 지속되길 바라는 간절한 욕구가 있어, 사랑하는 사람이 죽은 뒤에도 가까이에서 나를 자애롭게 내려다보며 관심을 쏟길 바란다.

슬픔과 '언데드'

문학에서 쉽게 볼 수 있는 유령처럼 죽음 후의 삶에 대한 인류의 집착을 반영하는 불멸의 존재가 또 있다. 작가들은 죽음을 나쁘게만 보지 말라는 듯 영원한 삶으로 힘들어하는 캐릭터를 앞 다투어 창조했다. 조너선 스위프트Jonathan Swift의 고전 소설《걸리버 여행기 Gulliver's Travels》에는 죽지 않는 스트럴드브럭Struldbruggs이 등장한다. 이 불멸자들은 럭낵Luggnagg이라는 상상의 섬에 사는 불행하고 우울한 존재다. 스위프트는 스트럴드브럭으로부터 젊음과 활기를 앗아감으로써 불멸의 삶이 최악으로 치닫는 가능성을 제시하며 독자에게 단도직입적으로 질문을 던진다. 감각과 정신이 쇠퇴하면서 무력해지지 않을 도리가 없는데도 끝없이 살고 싶은가? 그의 질문은 세월이 흘러도 유효하다. 어쩌면 글이 쓰인 18세기보다 오늘날 더 적절한 화두다. 21세기에 인간 수명은 늘어났지만 암울하게 살아만 있는 경우도 많다. 서양 문화권에서는 고립되어 외롭게 매일 감각과 기억을 잃어가는 노인들을 이런저런 약을 먹여 생명만 붙인 채 요양원에 숨겨 둔다. 스위프트의 스트럴드브럭을 보면 현대의 노인 문제를 내다보기라도 한 듯하다. 이들은 80세 전까지는 평범한 인간이지만, 80세에 존엄성을 잃으면서 비극이 시작된다.

> 스트럴드브럭은 80년의 수명을 채우는 즉시 법적으로 사망한 것으로 본다. 재산은 생활을 유지하기 위한 매우 적은 금액만 남기고 즉시 상속자에게 넘어간다. 가난한 자는 공공 지원으로 생계를 이어간다. 80세 이후에는 신뢰나

이익에 기반한 고용 관계를 맺을 수 없으며, 토지를 사거나 빌릴 수 없다. 민사, 형사, 경제 사건에서 증인이 될 수 없다. 토지 경계 설정과 같은 단순한 문제도 예외는 아니다.[37]

'죽지 못한' 존재의 가엾은 삶을 묘사하며 이와 비슷하게 불멸성을 그린 작품은 많다. 브램 스토커Bram Stoker는 1897년 걸작 《드라큘라Dracula》에서 최초로 '언데드undead'라는 용어를 사용했다. 유령부터 미라, 좀비, 흡혈귀 등 지금은 죽었지만 살아 있을 때처럼 행동하는 존재를 가리키는 말이다. 작가나 독자나 죽음을 초월한 존재에 관심이 많다. 그리고 흥미롭게도 '언데드'를 불행하게 묘사하고자 하는 욕구는 죽음으로 인한 슬픔을 다스리는 일반적인 방식인 듯하다.

메리 셸리Mary Shelley의 고전 소설 《프랑켄슈타인Frankenstein》은 젊은 과학자 빅터 프랑켄슈타인의 이야기다. 프랑켄슈타인은 어머니의 갑작스러운 죽음 이후 슬픔을 잊기 위해 연구에 몰두하고, 그러다 인간의 시체를 부활시키려 하면서 끔찍한 결말을 맞는다. 메리 셸리는 어떻게 이런 이야기를 쓰게 되었을까? 셸리는 1815년에 생후 2주였던 딸을 잃었다.[38] 당연히 상실감에 제정신이 아니었고, 극심한 우울증에 빠져 죽은 갓난아이의 환영을 보곤 했다. 1년 후 여전히 슬픔과 싸우면서 '시체가 움직일 수 있을지도 모른다'고 생각했고, 그렇게 첫 소설 《프랑켄슈타인》을 구상했다. 이렇게 시작된 상실감을 이기려는 시도는 평생 계속됐다. 셸리가 죽은 뒤 기념품 상자에서 남편의 재와 심장 조각, 죽은 아이의 머리카락이 나와 그녀의 아들을 놀라게 했다. 딸의 죽음을 받아들이려 노력한 끝에, 셸리는 자연의 질서를 거역하고 죽은 자를 되살리려는 시도의 위험성에 대한 소설을 쓴 것이다.

아카데미 후보에 오른 영화의 원작 《뱀파이어와의 인터뷰Interview with the Vampire》(1976)를 쓴 앤 라이스Anne Rice의 사연도 비슷하다. 라이스에게 뱀파이어 이야기는 독자에게 즐거움이나 무서움을 주는 수단 이상이었다. 사실 이 소설은 '인간의 딜레마'에 대한 이야기다. 라이스는 '뱀파이어는 인간 존재에 대한 최고의 은유'라고 말한 바 있다. "뱀파이어는 생물학적 신체에 불멸의 영혼이 깃든 괴물이다. 이는 인간에 대한 은유다. 내가 죽는다는 사실을 좀처럼 깨닫지 못하는 인간은 늘 불멸의 존재인 것처럼 생각하고 행동한다."[39] 앤 라이스는 백혈병으로 딸을 잃은 슬픔을 딛고 《뱀파이어와의 인터뷰》를 썼다. 딸 미셸 라이스Michele Rice는 사망 당시 겨우 다섯 살이었다. 라이스는 이 소설이 '사실 무언가가 되고 싶은 간절한 시도'였다고 밝혔다. "나는 딸의 죽음을 생각하다가 내가 아무도, 아무것도 아니라는 사실을 깨달았다. 나는 이제 엄마도 아니었다. 나에겐 아무것도 없었다." 죽음과 상실을 마주하고 뿌리까지 흔들린 라이스는 끝나지 않는 삶의 감정적 고통을 파헤치며 불멸성 프로젝트를 시작했다. 이런 식으로 딸의 삶이 너무나 짧았다는 사실에서 오는 복잡한 슬픔을 다룬 것이다. 라이스는 소설에서 짧아도 행복한 삶이 눈물과 고통, 상실로 가득한 어두운 세계에서 영원히 존재하는 것보다 낫다는 결론을 내린다. 라이스는 불멸의 작품을 남기려 했을 뿐 아니라 죽은 딸 미셸의 분신을 창조하여 미셸의 짧은 삶과는 극명히 대조되는 불멸성을 부여했다. 라이스가 만들어낸 클라우디아Claudia라는 다섯 살짜리 뱀파이어는 불편함을 자아낸다. 클라우디아는 소녀의 몸에 갇혀 영원히 살면서 삶의 고문에서 풀려날 길을 찾아 헤매는 저주받은 존재다. 자비롭게도 라이스는 그녀를 태양 아래로 밀어 넣어 결국 죽음을 허락한다. 사랑하는 딸이 아픔에 몸부림치는 모습을 보아야 했던 그녀가 작품을 통해 불멸성은 무의미하며 사람을 미치게 만든다고 묘사한 것도 당연하다. 라이스가 만들어낸 뱀파이어는 기쁨과 평화를 오래 누리지 못하고 사랑하는 사람이 스러지는 모습을 영원히 비참하게 보아야 하는 존재였다.

셰익스피어

셰익스피어는 죽음에 대해 고민했을까?[40] 창작의 동기로 삼았을까? 셰익스피어가 인간의 유한성에 대해 깊이 고심했다고 믿을 만한 이유가 몇 가지 있다. 그의 묘지부터 시작하자. 셰익스피어는 아내와 큰딸과 함께 스트랫퍼드-어폰-에이번이라는 작은 영국 마을의 참사회 성당 묘지에 묻혔다. 당시에는 일반 공동묘지에 매장되는 경우가 더 흔했지만, 셰익스피어는 십일조로 440파운드를 내고 교구에서 '교회 관리자lay rector' 직책을 맡았다. 교회 관리자는 안정적인 수입을 보장받는 대신, 성직자가 사용하는 공간인 제단 근처의 성단소를 관리할 책임이 있었다. 이 일을 담당했기에 셰익스피어가 교회에서 가장 성스러운 부지인 성단소 자체에 묘지를 쓸 권리를 얻은 것이다. 이는 셰익스피어에게 매우 중요한 일이었던 듯하다. 셰익스피어의 묘지에 새겨진 저주가 몹시 눈에 띈다.

그리스도의 이름으로, 벗이여,

여기 덮인 흙을 파헤치지 마오.

이 돌을 건드리지 않는 자에게는 축복이,

내 뼈를 옮기는 자에게는 저주가 있으리라.

유해의 안전에 대한 셰익스피어의 깊은 공포를 드러내는 특이한 묘비문이다. 근대 초기 영국 문학 전문가인 필립 슈비처Philip Schwyzer는 셰익스피어가 "매장과 시체 발굴에 특이할 정도로 집착했다"고 말한다. "그의 묘비문은 극작가로 살아가는 내내 그를 사로잡았던 죽음이라는 주제에 대한 최종적이고 단호한 선언을 상징한다."[41]

시신을 함부로 취급하는 것에 대한 불안은 38편의 희곡 중 최소 16편에서 나타나며, 《햄릿》, 《로미오와 줄리엣Romeo and Juliet》, 《리처드 3세Richard Ⅲ》에는 시체와 유해를 치우는 장면이 실제로 나온다. 셰익스피어는 죽은 자의 시신을 다루는 방법뿐 아니라 죽음 자체에도 집착했다. 등장인물이 모두 죽는 것은 셰익스피어 극에서 흔한 클리셰다. 모두 죽는다고 말하면 과장이겠지만 사망자를 한번 세어보자. 《타이터스 앤드로니커스Titus Andronicus》에서는 열네 명, 《맥베스Macbeth》에서는 열 명, 《리어 왕King Lear》에서는 아홉 명, 《햄릿》에서는 여덟 명이 죽는다. 다섯 명 이상이 죽는 극은 더 많다. 사랑 이야기조차 대학살의 장이다. 《로미오와 줄리엣》에서도 여섯 명이 죽는다.[42]

학자들은 셰익스피어에게 극은 자신의 죽음에 대한 공포와 삶에서 경험한 상실을 다루는 일종의 이야기 치료였다고 주장한다. 옥스퍼드 모들린 대학의 영문학과 교수 로리 맥과이어Laurie Maguire는 이렇게 말했다. "셰익스피어가 창조한 캐릭터들은 죽음이 무엇인지 계속 궁금해한다. … 셰익스피어의 극은 모두 어떤 식으로든 죽음을 탐구하거나 맞닥뜨린다. 심지어 희극까지. 셰익스피어 희극은 죽은 사람이 죽지 않았길 바라는 등장인물을 내세워 극을 진행하며 감정을 고조시킨다. 그리고 5막에서 등장인물의 소원이 이뤄진다."[43]

죽은 자가 돌아오길 바라는 깊은 소망은 셰익스피어가 겪은 상실과 애도의 경험을 반영한다. 그는 개인적으로 죽음과 관련된 아픔을 겪었다. 앞에서 아들 햄넷의 죽음이 어떻게 그의 글에 영향을 미쳤는지 언급했다. 얼마나 아들을 다시 보고 싶었을까? 셰익스피어가 극에서 애도하는 자의 품에 사랑하는 사람을 돌려보내며 소원을 들어주는 것도 당연하다. 《실수연발Comedy of Errors》과 《십이야Twelfth Night》에는 사랑하는 사람이 바다에서 죽었다고 생각하며 슬퍼하는 캐릭터가 나온다. 그러나 두 작품 모두 그 소식은 거짓이었고 죽은 줄 알았던 인물은 마지막 고비에서 살아 있는 가족과 만난다. 두 인물이 기적처럼 죽음의 총알을 피한 데서 슬픔은 해결되고 관객은 기쁨을 누리며 안도한다.

셰익스피어는 슬픔을 이해했으며, 그 고통에서 관객이 해방될 때의 힘을 이해했다. 현대적 시각으로 보면 역사상 최고의 심리학자다. 반성적 의식을 가지고 살아가는 존재의 어려움을 깊이 이해하고, 인간으로 살아가는 우리가 진정으로 공감할 수 있는 극과 시를 썼다. 그는 인간 경험의 중심에 죽음이 드리워져 있음을 알았다. 앞에서 본 것처럼 죽음은 어릴 때부터 우리 모두의 무의식을 지배하며, 누구나 각자 해결책을 찾아야 한다. 셰익스피어는 심리학자들보다 훨씬 앞서서 인간 경험에 죽음의 불안이 미치는 핵심적 역할을 파악하고 있었던 셈이다. 시저Caesar의 죽음을 계획하는 브루투스Brutus와 카시우스Cassius의 대화를 보자.

> **브루투스**: 우리 모두 죽음이 찾아올 것을 알지 않는가.
>
> 인간은 그저 선 채로 지나가는 시간을 바라볼 뿐이다.
>
> **카시우스**: 그렇다면 삶을 이십 년 줄이는 것은
>
> 죽음을 두려워하는 세월을 줄이는 것이로군.
>
> **브루투스**: 그렇다면 죽음은 혜택이 아니겠는가.
>
> 우리가 시저의 친구로서
>
> 죽음을 두려워하는 시간을 줄여주세.[44]

이 몇 줄의 대사에서 셰익스피어가 제시하는 죽음의 공포에 대한 궁극적 해결책은 죽음 그 자체다. 여러 사람이 말했듯 아이러니하게도 모든 죽음의 공포를 끝내는 것은 죽음이다.

무엇보다도 셰익스피어는 산 자의 기억을 불멸성의 열쇠로 본다. 《햄릿》에서 왕의 유령은 마지막으로 아들을 떠나면서 악당에 대한 복수나 처벌을 부탁하지 않는다. 그 대신 '날 잊지 말라'는 단순한 부탁을 남긴다. 소네트 5번에서 셰익스피어는 말한다. 우리가 자연에서 그 달콤한 향기를 맡을 때마다 져버린 꽃이 기억되며, 인간 역시 선행의 기억을 통해 계속 살아갈 수 있다고. 소네트 54번 역시 비슷한 생각이 담겼다. 셰익스피어가 영원히 존재하는 방법을 가장 명쾌하게 제시한 소네트는 55번이다. 글로 불러일으킨 기억보다 오래 지속되

4. 불멸성 프로젝트와 창작물

는 것은 없다. 가장 단단한 대리석으로 만든 조각도, 금을 입힌 궁전도, 인간의 노력으로 만든 어떤 산물도 결국 사라진다. 모든 것이 나타났다 사라진다고, 그러나 그의 시는 영원히 존재한다고, 셰익스피어는 선언한다.

> 대리석도, 왕족을 위해 도금한 기념비도
>
> 이 강렬한 시보다 오래 남지는 못하리,
>
> 오랜 세월 때 묻어 내팽개쳐진 석상보다
>
> 이 시 속에서 그대는 더욱 빛나리라.
>
> 만물을 파괴하는 전쟁이 동상을 부수고,
>
> 전란이 석공들의 건축물을 허물어뜨릴 때,
>
> 전쟁의 신 마르스의 칼도, 전쟁의 타오르는 불길도
>
> 그대를 기억하는 살아 있는 기록을 태우지는 못하리라.
>
> 죽음과 모든 것을 망각으로 몰아넣는 적에 맞서
>
> 그대는 나아가리라, 그대에 대한 예찬은
>
> 이 세상의 종말이 올 때까지
>
> 모든 후손의 눈 속에 살아남으리라.
>
> 그대가 부활하는 심판의 날까지
>
> 그대는 이 시 속에, 그리고 연인들의 눈 속에 살리라.

소네트 15번, 54번, 60번, 몇몇 희곡에서도 비슷한 생각이 드러난다. 그는 글을 통해 자신과 글에서 다룬 대상 둘 다 영생을 누릴 것이라고 주장한다. 시간이 지나면 아름다움은 빛을 잃고 처녀는 초췌해

지지만, 글의 질이 떨어지거나 포착된 순간의 영원성이 달라지지는 않는다. 셰익스피어의 단어로 담긴 순간은 영원히 남을 것이다.

불멸을 추구하는 창작자가 그렇듯 셰익스피어 역시 다작하는 작가였다. 현대의 기준으로 보면 짧았던 삶에서(52번째 생일에 사망했다) 소네트 154편을 지었고, 1,223명의 등장인물이 내뱉는 3만 4,895개 대사를 포함한 38편의 희곡을 썼다.[45] 게다가 셰익스피어의 작품은 쓰인 당시보다 지금 더 유명하다. 거의 500년이 지났는데도 여전히 전 세계에서 그의 희곡이 분석되고 무대에 오른다. 셰익스피어는 영원히 불멸의 존재일까? 그럴지도 모른다. 아니면 시간이 지나면서 근대 초기 영어로 쓰인 희곡과 시는 너무 어려워져서 관객들이 현대의 선지자에게로 돌아서게 될까? 시간이 지나봐야 알 수 있을 것이다. 셰익스피어 작품의 언어 때문에 고통받는 고등학생들은 이 정도의 노력과 어려움을 감수할 가치가 있는 내용인지 의문을 품곤 한다. 미술품이 셰익스피어의 글보다 감상하기 쉽다는 건 부정할 수 없는 사실이다. 《햄릿》을 읽기보다는 시스티나 성당 벽화를 바라보는 편이 쉽다.

창작자들이 주는 교훈

위대한 작품을 만들어 죽음을 초월하겠다고 꿈꾸는 사람은 많다. 하지만 그림도, 조각도, 건축물도 결국 만들어졌다가 사라지고, 이후 세대의 야심 찬 작품 때문에 빛이 바래곤 했다. 결국 극소수의 예술가만이 시대를 초월하여 기억되는 작품을 창조하는 업적을 이뤘다. 이를 꿈꾸며 평생을 노력해도 대부분은 원하는 보상을 절대 얻지 못할 것이다. 그리고 쿠푸처럼 실제로 뜻을 이뤘더라도 성취를 위해 수많은 사람이 쏟은 노력과 희생을 생각하면 보상은 공허해 보인다.

창작물 자체에서 죽음과 유한성을 탐구하는 것은 죽음의 불안을 달래는 훨씬 단순한 방식이다. 〈길가메시 서사시〉 이래로 4,000년 동안 인류는 허구의 이야기로 덧없는 삶의 어려움을 토로하고 죽음에 대한 해결책을 상상했다. 이 주제에 대해서는 간단히 다루다 보니 지면이 부족하여 타임 로드Time Lords나 좀비 등 문학에 등장하는 죽음을 초월한 여러 캐릭터를 논할 수 없었다. 철학자의 돌을 거머쥐고 호크룩스를 가방에 가득 채우며 불멸을 추구했던 볼드모트의 간절한 염원도 다루지 못했다. 그러나 이 장에 실은 몇 안 되는 작가와 장르, 책만으로도 인간이 글을 쓰게 된 이래로 죽음을 극복할 방법을 꾸준히 탐구했다는 사실이 명확히 드러났길 바란다.

불멸의 존재, 불멸성을 추구하는 존재의 삶은 어둡게 묘사되곤 한다. 예외도 있지만 작가들은 대부분 독자에게 영원한 삶을 바라기보다 이미 가진 삶을 누리라고 말하는 듯하다. 신화 속의 신은 영광의 존재지만, 문학 속의 인간이 죽음을 속이려는 시도는 얄팍하고 가련하다. 또한 불멸의 추구가 실패하는 이야기는 상실이나 슬픔에 대한 대응인 경우가 많았다. 죽음을 애도하는 저자는 이야기를 통해 죽은 자와 계속 유대감을 느끼며(9장 참고) 죽은 자에게 영원성을 부여하려한다. 이런 이야기는 보통 사랑에서 탄생한다. 어쩌면 사랑이 유한한 삶의 고통에 대한 해결책일지도 모른다.

사랑은 존재론적 위기를 치유하는 약이 될 수 있을까? 그럴지도 모르겠다. 1967년 6월 25일 세계 최초의 국제 인공위성 TV 방송 「우리의 세계Our World」가 전파를 탔다.[46] 빈 소년합창단, 오페라 가수 마리아 칼라스Maria Callas, 화가 파블로 피카소Pablo Picasso, 미국 대통령 린든 존슨Lyndon Johnson과 소련 수상 알렉세이 코시긴Alexei Kosygin의 회담 등 19개국 예술가와 권위자들의 모습이 방송됐다. 그러나 가장 주목받은 것은 최초로 '올 유 니드 이즈 러브All You Need Is Love'를 공개한 리버풀 청년 네 명의 무대였다. 비틀스의 노래는 당시 역대 최다 시청자 수(4억~7억 명으로 추정)를 기록했다. 모두가 그날 밤 비틀스를 기억했고, 이 중대한 무대의 다른 공연은 모두 빛을 잃는 듯했다. 비틀스는 옳았을까? 깊은 사랑과 애착은 존재론적 고통에 대한 해결책일까? 다음 장에서 다루겠지만, 그러한 가능성을 제시하는 연구가 많이 있다.

오직 사랑뿐

삶을 사랑과 죽음의 경쟁으로 보는 시각이 있다.
물론 언제나 죽음이 이긴다.
그러나 사랑은 그 승리를 공허하게 만든다.
그것이 사랑이 존재하는 이유다.

로버트 웹(Robert Webb, 1972~)

†

서기 79년의 일이다. 8월 24일 오후 1시경, 한 로마 도시의 땅이 흔들리기 시작했다. 종종 발생하는 지진에 익숙했던 주민들은 큰 관심을 기울이지 않았다. 그런데 갑자기 거의 20년간 있는 듯 없는 듯 조용히 서 있던 산이 화산재와 돌의 기둥을 내뿜었다. 가까운 마을로 재빠르게 대피한 사람도 많았지만 수천 명은 발이 묶였다. 이후 몇 시간 사이 베수비오 화산 폭발로 폼페이와 헤르쿨라네움 도시 전체가 흔적 없이 사라지고 1만 5,000명 이상이 사망했다.

화산재와 파편이 섞인 죽음의 구름이 도시를 덮쳤을 때, 폼페이 사람들은 마지막 순간을 어떻게 보냈을까? 이 사건을 직접 목격했다고 증언한 사람은 단 한 명이다.[1] 21km 떨어진 곳에서 공포에 떨며 상황을 지켜본 17세 로마 소년 플리니 2세Pliny the Younger는 보고 들은 바를 상세히 기록했다. 그의 진술을 통해 불타는 구름이 피어오를 때 사람들에게 무엇이 가장 중요했는지 알 수 있다. "여자의 비명, 아이들의 울음, 남자들의 외침이 들렸다. 누군가는 부모를, 누군가는 아이와 아내를 부르며 서로를 찾으려 했다." 마지막 순간, 폼페이 주민들은 간절하게 사랑하는 사람을 찾았다. 혼란의 고성이 오가고 돌비가 거칠게 쏟아지는 가운데 가족의 목소리를 들으려 안간힘을 썼다.

두꺼운 화산재에 묻힌 폼페이의 비밀은 2,000년 가까이 밝혀지지

않은 채였다. 그러다 1870년경 주세페 피오렐리Giuseppe Fiorelli라는 고고

학자가 발굴 프로젝트를 맡았다. 피오렐리는 시간이 지나면서 사망

자의 시신이 부패해서 화산분출물 아래 공동空洞을 만들었으리라 추

측했다. 주세페는 이 공간에 회반죽을 부어 굳힌 다음 조심스럽게 흙

에서 분리하는 방법을 시도했다. 이 기발한 방법은 성공적이었고, 사

망자들이 완벽한 모습으로 드러나면서 죽음의 바로 그 순간을 얼려

놓은 듯한 이미지가 나타났다.

　회반죽으로 복원한 순간을 보면 죽음이 코앞에 닥쳤을 때 폼페이

주민들이 사랑하는 사람에게 필사적으로 매달렸음을 알 수 있다. 계

단 아래 찬장에 숨으려고 한 4인 가족의 모습은 특히 마음이 아프다.

아장아장 걸을 나이의 아이가 엄마의 무릎에 앉아 있고, 가까이에는

아빠와 갓난아이가 누워 있다. 작은 교외 마을 오플론티스의 한 건물

지하 창고에서는 50명 이상이 발견됐다. 주변에서는 시체를 찾을 수

없었던 것으로 보아, 이들은 최후의 순간 함께 있기 위해 한방에 모인

듯하다. 다른 곳에서는 한 사람이 머리를 다른 사람의 가슴에 기댄 채

서로 꼭 붙어 영원한 포옹으로 묶인 두 사람의 유골을 찾았다. 원래는

여자 두 명이라고 추정했는데 최근 DNA 분석 결과 유전적으로 관련

없는 두 남자로 밝혀졌다. 남이든, 친구든, 연인이든 두 남자는 불타

는 화산재 구름이 덮친 현장을 벗어나려 싸우지 않고 서로의 품에 안

기길 택했다.[2]

　폼페이 역사가 미코 플로어Miko Flohr는 복원된 유골 1,047구 중 3분

의 2가 다른 사람과 함께 있었다는 사실에 주목했다. 유골이 발견된

장소 역시 시사하는 바가 크다. 희생자의 거의 절반이 도망가지 않고

가족과 집에 있었다. 대피를 시도한 사람들도 거동이 불편하거나 나이가 든 가족을 기다리느라 빨리 빠져나가지 못했다. 죽음이 확실한 순간에 폼페이 사람들은 왜 나이 든 부모의 손을 이끌거나 공중목욕탕에서 이웃과 모인 채 시간을 지체했을까? 왜 탈출에 방해되는 사람을 버리고 즉시 바다로 달아나지 않았을까? 그랬다면 살았을지도 모르는데 말이다. 한마디로 설명하자면, 애착 때문이다. 수천 년의 인간 역사는 실제로 물리적 위험이 닥쳤을 때 인간은 애착을 느끼는 대상에 매달린다는 사실을 증명했다. 그 대가로 목숨을 잃게 된다 해도 말이다.

왜 사랑인가?

관계는 어떻게 죽음의 공포로부터 인간을 보호할까? 몇 가지 타당한 설명이 있는데, 대부분은 선사시대 인류까지 거슬러 올라간다. 먼저 초기 인간 집단에서 긴밀한 관계는 생존에 필수적이었다. 호모 사피엔스는 언제나 극도로 사회적인 종이었다. 인간은 상호 유대가 긴밀한 사회를 이뤄 사냥하고 음식을 모으고 번식하고 외부의 위협에서 자신을 보호했다. 고립되거나 집단에서 추방되면 죽을 수밖에 없었다. 사실 잠재적인 짝짓기 상대가 있는 집단에서 떨어져 나가면 굶주림, 동물의 공격, 악천후의 위험에도 취약해지지만, 유전자를 남길 방도가 없어진다. 집단에서 긴밀한 유대를 유지하지 못한 초기 인간들은 오래 살아남지 못했고, 번식도 하지 못했다. 반면 타인과

가까이 지내는 기술이 있었던 인간은 오래 살아남아 유전적인 사회
적응력을 다음 세대에 전달했다. 수천 년간 이어진 진화의 결과로 타
인과의 유대에 대한 뿌리 깊은 욕구가 생겨났다. 결국 죽음을 피하려
는 오랜 열망에서 비롯된 욕구다.

이러한 진화론적 근거 외에도 긴밀한 관계는 다양한 방식으로 일
상에 도움이 된다. 최근에 긴장하거나 화났던 경험을 떠올려보자. 어
떻게 대처했는가? 주위 사람을 찾았을 확률이 높다. 반대로 혼자 동
떨어져 있거나 주위 사람을 밀어냈다면 신뢰하는 사람과 소통했을
때보다 불쾌한 감정을 떨쳐내는 데 오래 걸렸을 것이다. 우리 인간은
위협을 마주하거나 고통을 겪을 때 주위 사람을 찾는 경향이 있다. 긴
밀한 관계는 죽음 앞에서 느끼는 불안을 포함해서 불편한 감정을 가
라앉히는 데 도움이 되기 때문이다.

마지막으로, 긴밀한 관계는 자존감의 필수 근원이다. 자존감은 죽
음의 공포에 대한 완충 장치로 알려져 있다. 사랑하는 사람끼리는 지
지와 칭찬, 인정을 주고받는다. 이는 성공적이고 훌륭한 삶을 살고 있
다고 느끼게 해주는 요소다. 일부 사회심리학자는 사회적인 존재로
서 얼마나 잘 살아가고 있는지에 대한 피드백을 주는 것이 자존감의
핵심 목적이라고 주장한다. '소시오미터 이론sociometer theory'[3]에서 자존
감은 자동차의 연료 측정기와 같다. 높을 때는 현재로서 변화가 시급
하지 않다. 하지만 낮아지기 시작하면 '채워야 한다.' 즉, 사회적 배제
의 위험이 있으므로 행동을 바꿔야 한다는 신호다. 자존감 하락은 타
인이 보는 내 가치를 높여야 하고, 타인과의 유대에 투자해야 한다는
신호일지도 모른다. 인간의 자존감은 보통 사회적 관계와 떼려야 뗄

수 없이 연결되어 있다.

역사를 통틀어 인간관계는 나를 괜찮은 사람으로 느끼게 만들고, 감정 통제에 도움을 주고, 문자 그대로 생존하게 해줬다. 타인과의 관계가 인간을 죽음의 공포에서 보호하는 방식은 세 가지다. 이에 대한 실험적 증거를 살펴보기 전에, 애착 이론의 핵심부터 알아보도록 하자.

애착은 무엇인가?

1960년대, 존 볼비John Bowlby와 메리 애인스워스Mary Ainsworth 는 나중에 '애착 이론attachment theory'으로 알려질 새로운 심리학 이론의 선봉에 섰다.[4] 볼비와 애인스워스는 아동이 정상적으로 발달하기 위해서 보호자와 건강한 관계를 구축해야 한다고 주장했다. 지금은 당연해 보이는 말이지만 당시에는 혁명적인 이론이었다. 볼비와 애인스워스는 아이들이 스트레스 상황에서 애착 대상과 가까워지려 한다는 사실을 관찰했다. 또한 아동의 행동은 대부분 부모를 비롯한 애착 대상과 가까워지는 것이 목적이라고 주장했다.

애인스워스는 애착 시스템이 실험실에서 어떻게 나타나는지 확인하기 위해 '낯선 상황' 과제를 개발했다. 밖에서는 안을 볼 수 있지만 안에서는 밖이 보이지 않는 방에 아이와 보호자가 들어간다. 연구원들이 관찰하는 가운데 보호자는 아이와 놀아준다. 이때 낯선 사람이 방에 들어와서 보호자에게 말을 건다. 보호자는 방을 나가고, 아이는 낯선 사람과 단둘이 남는다. 갑자기 보호자가 사라지는 상황에 대한 아이의 반응과 낯선 사람과 상호작용하는 아이 모습을 몇 분간 관찰한 후에 보호자는 방으로 돌아간다.

애인스워스는 낯선 상황을 마주한 아이들의 반응이 대체로 세 가지 카테고리로 나뉜다는 사실을 발견했다. 안정형, 불안-회피형, 불안-양가형이다. 보호자와 안정적인 애착을 형성한 아이들은 보호자가 있을 때 자유롭게 방을 살펴본다. 이들은 낯선 사람과 이야기하거나 장난감을 가지고 놀 때 보호자를 '안전지대secure base'로 생각하며, 위로와 안전이 필요할 때 보호자에게 돌아갈 수 있다고 믿는다. 보호자가 방을 떠나면 속상해하지만 돌아오면 반갑게 맞이한다. 대부분은 이러한 안정 애착 패턴을 보였다.

그러나 모두 그런 것은 아니었다. 애착 형성이 불안정한 아이들도 있었다. 예를 들면, 어떤 아이들은 보호자가 돌아왔을 때 달라붙어서 떨어지지 않았으며, 안정시키려 하는데도 계속 힘들어했다. 엄마가 달래려고 내민 장난감을 화내며 밀어버리고, 안아서 흔들어주는데도 계속 울었다. 이 아이들은 '불안-양가적' 애착 유형이라고 볼 수 있다. 보호자와의 긴밀한 유대를 간절히 바라면서도 거부하는 유형이다. 반면 어떤 아이들은 방에 누가 있든 동요하지 않는 듯했다. 보호자가 있든, 낯선 사람이 나타나든 힘든 모습을 보이지 않았고 어떤 아이는 방으로 돌아온 보호자를 무시하기까지 했다. (안정형 애착인 아이들이 돌아온 보호자를 무척 반기는 모습과 극명한 대조를 이룬다.) 부모와의 친밀함을 피하려고 하는 불안-회피형 애착 유형의 사례로 판단된다.

왜 어떤 아이들은 안정적인 애착 관계를 구축하고 어떤 아이들은 그렇지 못할까? 볼비와 애인스워스에 따르면 보호자가 즉각적으로 반응하고 욕구를 적절히 채워주리라고 믿는 아이들이 안정형 애착을 갖게 된다. 반대로 보호자가 도움이 되지 않았거나 믿을 만하지 않았던 아이들은 불안정 애착을 형성한다. 그래서 불안-양가적 유형은 상호작용을 통제하기 위해 분노를 표현한다. 세라라는 아이가 울 때 보호자가 따뜻하게 보살펴줄 때도 있고 차갑게 무시할 때도 있다면 세라는 보호자의 행동을 예측할 수 없다고 느끼게 된다. 그러면 주위 환경을 자신 있게 탐구하기 어려워진다. 보호자가 필요할 때 항상 있어주리라고 믿지 못하기 때문이다. 또한 엄마가 다가올 때 밀어낼 수도 있다. 너무 불확실하게 느껴지는 관계를 통제하고 있다는 느낌을 유지하기 위해서다.

그런가 하면 불안-회피형 아이들은 냉정을 잃지 않는 모습으로 고통을 감춘다. 유대감을 느끼려는 시도를 매번 거절당한 아이들에게 흔한 유형이다. 부모에게 손을 뻗었을 때 번번이 고통스럽게 거절당하면 유대를 추구해 보았자 보상은 없고 처벌이 있을지도 모른다는 사실을 배우게 될 것이다. 그러면 자신을 보호하기 위해 회피를 택한다. 안전을 위해 어느 정도는 가까이 있지만 거부당하는 고통을 받지 않도록 거리를 유지하는 것이다. 심박수 측정기를 이용한 최근 연구는 이러한 주장을 뒷받침한다.[5] 보호자와 분리된 불안-회피형 아이들의 심장은 안정형 애착을 형성한 아이들보다 훨씬 빨리 뛰었다. 겉으로는 침착하고 얌전해도 사실 매우 심한 스트레스를 받고 있는 것이다.

어린 시절 보호자와의 경험은 기질(타고난 유전적 성향)과 합쳐져 애착 대상에 대해 생각하고 반응하는 방식을 형성한다. 어떤 사람은 유년기를 거치며 다른 사람을 믿을 수 있다고 확신하고, 어떤 사람은 타인이 예측 불가능하고 도움이 되지 않는다고 느낀다. 게다가 보호자에 대한 믿음은 성인이 되었을 때 형성하는 친밀한 관계에도 스며들어 반려자를 선택하는 과정과 이런 관계에서 편안함을 느끼는 정도를 좌우한다. 그래서 반려자에게 과도한 확신을 요구하기도 하고(버려질지 모른다는 공포 때문에) 친밀함을 아예 거부하기도 한다(거절당하는 위험을 줄이기 위해). 여러 연구에 따르면 애착 유형은 삶에 광범위한 영향을 미친다.[6] 안정 애착 유형은 다른 유형들보다 인간관계의 실패뿐만 아니라 자연재해나 전쟁 등 심한 갈등 상황에 대처하는 능력이 더 뛰어나다.

애착, 죽음, 의자 고르기

애착 유형에 따라 고통을 대하는 방식이 다르다면, 죽음의 공포를 다루는 방식 역시 다를까?[7] 이는 이스라엘의 연구원 마리오 미컬린서Mario Mikulincer와 빅터 플로리안Victor Florian이 여러 연구를 통해 탐구한 질문이다.[8] 이들은 불안-양가형(극도로 친밀함을 갈망하는 유형)이 의식적, 무의식적으로 죽음에 대한 공포를 크게 느낀다는 사실을 확인했다. 반면 불안-회피형(친밀함을 대체로 거부하는 유형)은 공포를 억누르는 듯 보였다. 죽음 불안 측정에서 의식과 무의식 점수에 큰 차이가 나타났기 때문이다. 두 집단과는 대조적으로, 안정 애착 유형은 죽음의 공포가 덜했으며 3장에서 설명한 죽음 현저성 노출에 대한 민감도도 낮았다. 미컬린서와 플로리안은 대학생을 대상으로 죽음 현저성이 다양한 범죄를 더 엄격히 처벌하게 만드는지 확인하는 연구를 수행했다.[9] 죽음을 상기한 실험군과 그렇지 않은 대조군은 강도, 의료사고, 교통법규 위반 등 서로 다른 사회적 범죄를 묘사하는 10개의 짤막한 글을 읽고, 지방법원 판사와 마찬가지로 해당 범죄에 적절하다고 생각되는 처벌 강도를 1('매우 가벼운 처벌')에서 7('매우 무거운 처벌')까지 점수로 매겼는데, 불안정 애착 유형만 죽음 현저성으로 인해 범죄에 더 엄격한 처벌을 제안했다. 일반적으로 관계에 편안함을 느끼는 사람들은 자신의 세계관을 위반하는 사람을 벌하는 방법으로 문화적 세계관을 철저히 방어하려 하지 않았다.

공포 관리 이론의 최근 연구에 따르면, 애착은 죽음 불안을 완화하는 데 문화만큼이나 중요할 수 있다. 그렇다면 죽음을 상기한 후 문화에 집착했듯 타인과의 관계에도 집착하게 될 것이다. 2003년, 아르노 위스먼Arnaud Wisman과 샌더 쿨Sander Koole은 암스테르담 자유대학에서 연구를 수행했다.[10] 참가자들은 먼저 설문지를 작성했다. 실험군은 표준 죽음 현저성 설문지를, 두 대조군은 TV 시청에 관한 설문지를 받았다. 다음으로는 집단 토론이 예정되어 있었다. 연구진은 각 참가자를 긴 테이블이 있는 방에 들어가게 했다. 테이블 맨 끝에는 연구원이 앉을 큰 팔걸이의자가 있었고, 한쪽에는 의자 세 개가 나란히, 반대편에는 의자 하나가 있었다. 연구진은 참가자에게 다른 참가자들이 곧 올 테니 아무 자리에나 앉으라고 지시한 후, 이들이 어디에 앉는지 기록했다. 혼자 앉을 것인가, 아니면 곧 도착할 다른 학생들과 함께 나란히 놓인 의자에 앉을 것인가? 대조군에서 의자 세 개가 있는 쪽에 앉은 사람은 46%뿐이었다. 과반수는 의자가 한 개뿐인 쪽에 앉아 개인 공간을 확보했다. 그러나 죽음을 상기한 이들이 다른 사람과 함께 앉을 확률은 거의 두 배나 높았다. 죽음 현저성 집단의 80%는 의자 세 개 중의 하나를 택해서 곧 온다는 다른 참가자와 붙어 앉으려 했다. 죽음을 의식하면 인간은 타인과 가까워지려 한다. 심지어 가까이 앉게 될 사람에 대해 아무것도 모르면서도 그렇다.

물론 간단한 과제에서 어떤 의자에 앉을지 고르는 것은 전반적인 삶의 상황 속에서 매우 사소한 결정이다. 단순한 실험실 환경에서의 선택이라 쉽게 영향을 받았는지도 모른다. 그렇다면 가장 친밀한 관계와 관련된 결정은 어떨까? 죽음을 상기한 후에 그에 대한 차이가 나타날까? 2002년, 플로리안, 미컬린서, 힐쉬베르거Hirschberger는 죽음 현저성에 노출된 사람이 연인과의 친밀도를 높이려 할지 알아보려 했다.[11] 연구진은 현재 진지하게 만나는 연인이 있는 사람으로 참가자를 제한해 죽음 현저성에 노출될 실험군과 그렇지 않은 대조군 1, 2로 나눴다. 그리고 죽음 현저성 집단에게는 표준 죽음 현저성 설문지를, 대조군에게는 통제 주제에 대한 설문지를 작성하게 했다. 연구의 진짜 목적을 감추기 위해 가장 중요한 질문은 무관한 항목들 끝에 배치했고, '나는 연인과 함께 늙어가고 싶다', '나는 충만한 관계를 위해 최대한 헌신한다' 등 연인에게 헌신하는 정도를 평가하는 30개 명제에 동의하는 정도를 점수로 매기게 했다. 그 결과 죽음을 생각해야 했던 실험군이 신체적 통증이나 중립적 주제(TV 시청 등)를 생각한 두 대조군에 비해 연인에게 훨씬 더 헌신적인 것으로 나타났다. 죽음의 공포를 느끼면 연인에게 집착하고, 연인과의 지속적인 친밀함을 갈망하고, 결별이나 이혼의 생각을 거부하게 되는 것이다.

3장에서 보았듯, 사람들은 죽음을 상기한 후 문화적 규범을 위반하는 타인을 벌하려 했다. 논리적인 사회 구성원으로 보이는 판사들조차 판결할 때 죽음의 영향에 취약한 모습을 보였다. 그렇다면 판결 전에 반려자를 생각하게 함으로써 이 대규모 오심을 해결할 수도 있지 않을까? 친밀한 유대가 공정한 법적 판단의 비결이 될 수 있지 않을까? 타인과의 관계가 우리를 죽음의 공포로부터 보호한다면, 실제로 친밀한 관계를 떠올릴 때 문화적 세계관 등 다른 방어책에 기댈 필요가 줄어들 것이다. 2002년의 다른 연구에서 힐쉬베르거, 플로리안, 미컬린서는 판사 대신 학생들을 대상으로 이 문제를 살펴보았다.[12] 연구진은 죽음을 떠올린 집단과 중립적 주제를 접한 집단을 무작위로 나누어, 연인에 대한 헌신 또는 중립적 주제(라디오 듣기)를 생각하라고 했다. 다음으로 이전 연구처럼 열 가지 범죄에 대한 글을 읽고 얼마나 무거운 처벌을 받아야 하는지 점수를 매기게 했다. 예측대로 죽음 현저성에 노출된 후 연인을 생각하지 않은 사람들은 대조군에 비해 훨씬 가혹한 처벌을 제안했다. 죽음 현저성에 노출됐지만 이어서 연인에 대해 생각한 집단은 연인 생각으로 죽음 생각의 영향을 씻어낸 듯 보였다. 실제로 죽음과 연인 둘 다 생각한 집단과 죽음을 전혀 생각하지 않은 집단의 처벌 강도에는 차이가 없었다. 두 집단 모두 합당한 수준에서 관대한 처벌을 제안했다. 누군가와 친밀한 관계에 있다면 문화적 세계관의 방공호에 숨어 문화에 도전하는 자를 벌해야 할 필요가 줄어든다. 연인을 잠깐 생각하는 것만으로도 죽음의 공포 때문에 다른 종교, 문화, 정치적 배경을 가진 사람에게 등을 돌리는 일을 막을 수 있는 것이다.

이듬해 세 연구원은 바르일란 대학 학생들을 대상으로 새로운 실험을 수행했다. 참가자들을 두 집단으로 나누어 실험군은 표준 죽음 현저성 질문에, 대조군은 TV 시청에 관한 질문에 답하게 한 뒤, 각 집단을 다시 셋으로 나누어 연인 가족과의 식사 후 연인에게 피드백을 듣는 상황(각각 칭찬, 불평, 비난)을 상상하게 했다. 먼저 '칭찬 피드백' 집단의 연인은 다음과 같이 말했다. "자기가 너무 자랑스러워. 오늘 밤 정말 다정하고 친절하더라. 다들 좋게 생각했을 거야. 자긴 너무 멋져!" '불평' 집단의 연인은 이렇게 말했다. "오늘 너무 내성적으로 굴더라, 우리 엄마를 도와주지도 않고 말이야. 다음엔 우리 엄마에게 좀 더 예의 바르게 행동했으면 좋겠어." 가벼운 불평과 건설적인 조언이 섞인 말이다. 마지막으로 '비난' 집단의 연인은 인간성을 비하했다. "오늘도 자기 생각에만 빠져서는 우리 엄마를 도와주지도 않더라. 늘 그렇듯이 세상이 네 중심으로 돌아간다고 생각했겠지! 넌 정말 자기중심적이야! 무슨 인간이 그래?"

세 가지 피드백 중 하나를 들은 참가자들은 이어 다음과 같은 문장에 동의하는 정도를 점수로 매겼다. '나는 연인과 거의 모든 것에 대해 자유롭게 이야기할 수 있다', '연인이 곁에 없으면 보고 싶다', '연인이 어떤 문제를 이야기하고 싶어 하면 나는 하던 일을 멈추고 원하는 만큼 들어준다.' 연인과의 관계에서 친밀감이나 긴밀성의 경험을 얼마나 추구하는지 평가하기 위해 만들어진 문장이었다. 죽음을 생각하지 않은 대조군에서는 예상한 결과가 나타났다. 칭찬 집단이 연인과의 친밀성을 가장 많이 표현했고, 다음은 건설적 불평 집단이었다. 호된 비난을 상상한 집단은 연인과의 친밀성에 가장 낮은 점수를 매겼다. 그러나 죽음 현저성 집단(실험군)의 결과는 매우 달랐다. 죽음을 상기한 참가자는 가상의 대화에서 연인이 어떻게 말했는지와 관계없이 친밀성을 더 원했다. 죽음의 공포는 비난받은 후에도 여전히 연인과의 친밀함을 추구하게 했다. 실험군에서는 자기중심적이라고 비난하는 연인을 상상한 참가자가 멋지다는 칭찬을 상상한 참가자와 똑같이 친밀성을 갈망했다.

이 연구는 죽음의 공포가 타인과의 관계를 추구하는 동기가 된다는 사실을 보여준다. 죽음을 생각하면 기존 관계에 더 깊이 몰두하게 되고 심지어 낯선 사람과도 가까워지려 한다. 긴밀한 대인관계를 유지한 사람이 진화 과정에서 훨씬 유리했다는 점을 생각하면 당연한 일인지도 모른다. 유인원 동족들과 마찬가지로, 배제나 고립은 인류의 조상에게도 확실한 죽음을 의미했다.

절망의 구덩이

해리 할로우Harry Hollow는 1930년 위스콘신 대학에 임용됐다.[13] 연구 분야는 영장류의 지능이었다. 그는 2년 후 지도하던 학생 클라라Clara와 결혼했지만, 자타공인 워커홀릭이었던 할로우는 늘 직접 지은 영장류 실험실에 한밤중까지 틀어박혀 지냈고 가족과는 거의 시간을 보내지 않았다. 연구에 빠져 개인적 삶이 전혀 없는 남편과의 생활을 견디지 못한 클라라는 결국 어린 두 아들을 데리고 떠났다. 할로우는 극도의 외로움을 알코올로 해소했다. 남은 생 전체를 술에 의존했던 할로우는 툭하면 동네 술집에 취해 쓰러졌고, 그를 끌어내 실험실에 데려다줘야 했던 학생과 동료들의 공분을 샀다.

알코올로 겨우 유지되는 고립된 삶 가운데, 할로우는 사랑의 본질에 대해 생각하기 시작했다. 그는 연구를 수행하기 위해 히말라야원숭이를 번식시켜 무리를 만들었다. 그리고 연구에 필요한 어린 원숭이를 안정적으로 얻기 위해 새끼를 어미에게서 떼어내 감염의 위험이 적은 통제된 육아 환경에서 길렀다. 그러다 할로우는 이상한 점을 발견했다. 갓 태어난 원숭이들은 연구진의 훌륭한 보살핌을 받았지만, 정신적으로 이상 증세를 보였다. 계속 불안해하며 숨으려 했고 천기저귀에 심하게 집착했다. 새끼들이 우리 안에 댄 부드러운 수건을 몸에 둘둘 감은 모습을 보고 할로우는 인간 아이를 떠올렸다. 포대기로 단단히 싸맨 아이가 엄마의 팔에 사랑스럽게 안겨 있는 모습을 생각한 것이다. 새끼 원숭이에게 이 부분이 부족해서 제대로 발달이 이뤄지지 않은 것일까?

이 가설을 확인하기 위해 할로우는 새끼 원숭이를 위한 '대리모'를 만들었다. 기본적인 얼굴 형태를 갖춘 나무와 철사로 만든 모형이었다. 새끼들은 곧 움직이지 않는 엄마와 애착을 형성하여 자기 대리모의 만화 같은 얼굴을 무엇보다 좋아하게 됐다. 다음으로는 대리모를 둘 넣었다. 하나는 철사로만 만들어진 대신 우유병을 들고 있었고, 다른 엄마는 부드러운 천으로 만들어졌지만 먹을 것은 없었다. 어린 히말라야원숭이들은 어떤 엄마를 택했을까? 당시 심리학자와 일반 대중에게 물었다면 원숭이들이 우유를 주는 엄마에게 관심을 보이리라고 예측하는 사람이 훨씬 많았을 것이다. 엄마의 역할은 영양분을 공급하는 것이며 포옹과 애정은 신생아에게 특별한 효능이 없다는 것이 그 시대의 일반적 관점이었다. 하지만 할로우의 연구 결과는 통념과 반대였다. 새끼 원숭이는 천으로 만든 대리모에 달라붙어 훨씬 많은 시간을 보냈다. 음식이 필요할 때만 잠시 철사 대리모에게 갔다가 금방 부드러운 천 엄마에게 돌아가 위안을 찾았다. 철제 프레임에서는 하루에 한 시간도 채 보내지 않았다. 할로우는 자라나는 아이에게 신체 접촉이 영양분만큼이나 중요하다는 결론을 내렸다. 또한 할로우는 인간 아이와 마찬가지로 히말라야원숭이들도 세상을 탐구할 때 대리모를 '안전지대'로 삼는다는 사실을 발견했다. 새로운 물건이 있는 낯선 우리에 새끼 원숭이를 넣자, 원숭이는 서서히 주위를 살펴보다가 무서울 때 대리모에게 돌아갔다. 일명 '공포 실험'에서는 시끄러운 소리를 내며 움직이는 기계 장난감을 우리에 넣었는데, 대리모가 있으면 새끼들은 안심한 상태에서 침착하게 호기심을 보였지만, 연구진이 대리모를 치우자 겁먹은 채 우리 구석에서 몸을 공처럼 웅크리고 불안하게 엄지를 빨았다.

사랑과 위안의 중요성을 증명하는 탐구의 여정에서 할로우의 실험은 점점 더 어두운 쪽으로 빠져들었다. 할로우는 따스한 위로가 없으면 설사 등 스트레스 관련 건강 문제를 겪는다는 사실을 증명하려고 일부러 철사 대리모만으로 새끼원숭이를 길렀다. 이어서 '철의 여자'를 만들었다. 이 대리모의 몸에서는 수시로 가시가 불쑥 튀어나오거나 강력한 찬바람이 뿜어져 나왔다. 새끼 원숭이는 겁에 질려 우리

반대편으로 도망가곤 했지만, 공포와 고통이 반복되는데도 신체 접촉이 간절해서 대리모에게 돌아갔다. 1971년, 두 번째 아내가 암으로 죽자 할로우는 심한 우울증에 빠졌다. 다시 연구를 시작했지만, 연구 관심사와 방식은 더욱 나쁜 쪽으로 방향을 틀었다. 할로우는 이제 외로움이 우울증을 초래하는지 알아내려고 새끼 원숭이를 '불완전 고립' 상태에 밀어 넣었다. 실험 원숭이는 다른 원숭이들의 모습을 보고 들을 수 있지만 철창에 갇혀 있어 물리적 접촉은 할 수 없었다. 그러자 계속 원을 그리며 빙글빙글 돌았고, 심지어 팔다리를 깨물며 자해했다. 15년이나 불완전 고립 상태로 지낸 원숭이도 있었다.

할로우는 거기서 멈추지 않았다. 고립된 방을 만들고 '절망의 구덩이'라는 이름을 붙였다. 새끼 원숭이들은 최대 12개월까지 칠흑같이 어두운 작은 우리에 완전한 고립 상태로 방치됐다. 보통 처음 며칠은 필사적으로 우리 벽을 기어오르려 하지만 어둡고 외로운 구덩이에서 곧 모든 것을 포기하고 희망을 잃었다. 할로우의 말에 따르면, 완벽한 사회적 박탈의 영향은 "대단히 충격적이고 심신을 약화시키"며 "사회성을 완전히 잃게 했다." 나중에 다시 무리로 돌려보내도 손상은 회복되지 않았다. 원숭이들은 깊은 우울 상태에 빠져 자기 몸을 꽉 붙들고 앞뒤로 흔들거나 거의 움직이지 않았고, 다른 원숭이와의 접촉을 피했다. 3개월간 고립 상태를 보내다가 풀려난 어느 새끼 원숭이는 먹기를 거부하고 곧 굶어 죽었다. 고립의 경험이 육아에 미치는 영향을 검토하기 위해, 할로우의 연구진은 물리적으로 강제 교미를 시도했다. 고립됐던 암컷 원숭이가 짝짓기에 관심을 보이지 않았기 때문이다. 고립됐던 원숭이들은 자신이 낳은 새끼도 방치하거나 학대했다.

새끼를 눌러 죽이거나 손가락을 물어서 뜯어버린 사례도 있었다. 무리와 분리됐던 상처는 평생 지속되며 다음 세대까지 영향을 미쳤다. 세대를 넘어 전해지는 비극적인 트라우마의 사례다.

할로우의 연구는 심리학계에서 아직도 악명이 높다. 지능이 높고 예민한 영장류를 그토록 잔인하게 취급했다는 이유로 광범위한 비난이 일었다. 1973년 할로우가 은퇴하자 전 동료들이 즉시 그가 만든 고립 시설을 부수는 모습이 전파를 탔고, 허약해진 새끼 원숭이 영상은 온라인에서 수백만 뷰를 기록하며 사람들의 마음을 흔들었다. 애초에 이런 연구가 허가됐다는 사실에 분노하는 사람이 많았다. 필자들도 마찬가지였다. 그러나 신생아도 음식보다는 사랑을 선택하며 관계를 박탈당하면 존재가 완전히 무너진다는 그의 발견이 획기적이라는 부분은 인정한다. 아이에게 사랑과 애정이 필요하다는 개념은 지금 우리에겐 너무나 명백하지만, 당시에는 혁명이었다. 심리학자들은 이전 수십 년간 부모의 사랑이 불필요할 뿐 아니라 해가 될 수도 있다고 경고했다. 저명한 행동 심리학자 존 왓슨John Watson은 1928년 엄청나게 팔린 육아 지침서에서 이렇게 조언했다. "아이를 토닥여 주고 싶어질 때면 엄마의 사랑이 위험한 것임을 기억하라. 너무 많은 입맞춤을 받은 아이의 인생에는 심각한 난관이 기다리고 있다." 할로우의 원숭이들은 중요한 유산을 남겼다. 넘치는 사랑이 아니라 모자란 사랑이 위험하다는 사실을 증명한 것이다. 불편하기 그지없는 히말라야원숭이 실험에서 배울 점이 있다면, 안정적이고 행복한 삶의 가장 중요한 요소가 애착일 수 있다는 것이다.

피리 부는 사나이 작전

1939년 여름, 영국 전역에 공포가 들끓었다. 독일 비행기가 폭격을 준비하고 있다는 소문이 퍼지면서 세계는 대혼란에 빠졌다. 8월 31일 아침, 영국 시민들에게 비장한 정부 명령이 떨어졌다. 도시에 있는 아이들을 안전한 시골로 이동시켜야 한다는 것이었다. 24시간 후 시작될 영국 역사상 최대 규모 피난 작전의 명칭은 '피리 부는 사나이(이 이야기에서 사나이에게 홀려 집을 떠난 아이들이 다시 돌아오지 않았다는 점을 생각하면 묘한 선택이다)'였다.[14] 엄마들은 미친 듯이 짐을 싸고, 아이를 언제 다시 볼 수 있을지, 다시 만날 수는 있을지도 모른 채 작별 인사를 했다. 3일 만에 100만 명 이상의 아이들이 가족과 이별하고 도시를 떠나는 기차에 올라탔다.

흥미롭게도 대피는 의무가 아니었다. 아이들을 안전히 대피시키라는 홍보 포스터가 도시 전체에 붙었지만, 이를 무시한 부모도 많았다. 영국 전역에서 실제로 대피한 아이들은 채 절반이 되지 않았다. 아들딸이 포화 속에 노출될 것을 알면서도 헤어짐을 거부한 부모가 많았다. 애착의 강력한 유혹 때문이다.

제2차 세계대전 직후, 샬럿 캐리-트레프저Charlotte Carey-Trefzer는 전쟁의 영향을 조사하기 위해 런던 병원에서 아이들을 인터뷰하기 시작했다. 연구 종료 시점까지 1,200명을 만났다. 결과는 충격적이었다. 적군의 공습에 노출된 아이보다 부모와 분리된 아이가 더 큰 타격을 입었다. 공습을 목격하고 불안 문제가 생긴 아이는 포격이 멈춘 후에는 대체로 정상으로 돌아갔다. 반면 폭탄이 쏟아진다는 소식에도 멀쩡했던 아이가 혼자 대피한 후에 갑자기 이상 증세를 보인 경우가 많았다. 원래 침착하던 아이였는데, 가족에서 분리된 후에 침대에 대소변을 누고, 안면 경련을 일으키고, 말을 더듬고, 공격성이나 도벽을 보이기도 했다. 캐리-트레프저는 케네스라는 소년의 사례를 설명했다. 케네스는 어떻게 보아도 '대피 전까지 착하고 평범한 아이'(두 살 때)였다. 1년 뒤 다시 만났을 때, 부모는 '완전히 다른 아이'처럼 보이는 케네스의 모습에 크게 충격을 받았다. 캐리-트레프저는 4년 반 만에 집으로 돌아온 케네스를 이렇게 기록했다.

처음 집에 돌아가서 남처럼 굴던 아이는 점점 버릇이 없어졌다. 특히 아빠에게 대들었고 엄마에게는 과한 집착을 보였다. 아빠에게는 매우 공격적이었고 거짓말을 했다. 반복되던 공격 중 칼을 든 적도 있었다. 또한 엄마의 돈을 빼돌리기 시작했다. 침대에서는 매일 자위를 하고 오줌을 쌌다. 어떻게 벌을 줘도 나아지지 않았다. 매를 맞아도 절대 울지 않았고 부모님이나 선생님을 두려워하지도 않았다. 학교에서는 반항적인 태도로 아무에게나 덤볐고, 파괴적인 성격에 친구가 없고 학업 성적도 나빴다. 그러나 상황을 조금 이해하는 선생님은 케네스를 이야기에 쉽게 동요하는 예민한 아이로 묘사했다. 먼 곳으로 보내지는 것만은 유일하게 두려워해서 부모는 이것으로 협박을 시작했는데, 당연히 아이는 개선되지 않았다. 부모는 집으로 돌아오는 길에 다른 아이로 바뀌었다고 믿기에 이르렀다. 매우 착했던 동생들도 케네스를 거부했다. 케네스는 가족에서 점점 소외됐다. 여섯 달 넘게 집중 치료를 받았지만, 부모의 태도 때문에 조금 나아졌다가도 모두 수포가 되었다. 하지만 부모가 많이 참았다는 점도 인정해줘야 한다.

전쟁 때 대피한 수많은 아이의 슬픈 이야기다. 사실 캐리-트레프저의 연구에 따르면, 전후 지속적인 심리적 문제를 겪었던 아이 중 68%는 대피 경험이 있었다. 프로이트의 딸 안나 프로이트Anna Freud는 대피가 아이들에게 미친 영향에 대해 유사한 연구를 수행했다.[15] 결론은 다음과 같았다. "아이에게 부모와의 분리는 폭격보다 심각한 충격이었다."

캐리-트레프저와 프로이트의 연구는 제2차 세계대전 직후에 이뤄졌다. 반면 런던 대학교 연구원 제임스 러스비James Rusby와 피오나 태스커Fiona Tasker는 전쟁 중 분리의 장기적 영향에 관심을 가졌고, 이 아이들이 결국 안정적이고 단단한 어른이 되었는지 알아보려 했다.[16] 영국 전체의 대피로 인해 전쟁 이후 수십 년간 특별한 종적 연구의 잠재력이 생긴 셈이다. 제2차 세계대전 중 아이 절반은 가족에서 분리되고 절반은 분리되지 않았으니 연구진이 접근할 수 있는 대상자는 충분했다. 캐서린 울프Katherine Wolf는 몇 년 뒤 영국 대피를 관찰한 내용을 다음과 같이 남겼다. "역사는 여기에서 대규모의 잔인한 심리 실험을 수행했다."[17]

러스비와 태스커의 연구는 대피로부터 거의 60년이 지난 1998년에 수행됐다.[18] 이들은 전쟁 중 켄트에 살았고 연구 당시 62~72세인 남녀를 찾는 광고를 도서관과 신문에 도배했다. 이후 관심을 보이는 참가자에게 설문을 배포했고 870명에게 답신을 받았다. 대부분은 어릴 때 대피했으며, 그렇지 않은 대조군은 86명에 불과했다. 평생 우울이나 불안을 경험한 적이 있는지, 현재 자기비판 수준은 어떤지가 공통 질문이었다. 대피했던 집단은 몇 살에 집을 떠났으며 어떤 보살핌을 받았는지도 서술했다.

러스비와 태스커는 어릴 때 대피하면 조금 커서 대피한 경우보다 정신건강 문제를 겪을 위험이 훨씬 크다는 결론을 내렸다. 흥미롭게도 부모에게서 분리된 나이는 특히 중요한 변수였다. 4~6세에 대피한 여성의 50%, 남성의 36%가 우울증을 겪었다. 집에서 어린 시절을 보낸 경우 우울과 불안을 경험한 비율은 훨씬 낮았다. 게다가 남자는 7세 이전에 대피했다면 7세 이후 대피한 사람보다 불안장애를 겪을 확률이 세 배 높았다. 남녀 모두 4~6세에 분리된 이들은 자신을 훨씬 엄격하게 비판했다. 이 시기가 이후 정신건강의 위험도에 특히 결정적인 듯했다. 의외로 가족과 떨어져 보낸 기간은 크게 문제되지 않았다. 할로우의 원숭이처럼, 사랑하는 사람과 분리되어 몇 달만 지내도 몇 년씩 떨어져 지낸 것만큼 피해가 컸다.

그러나 이 연구 결과는 우울하지만은 않았다. 부모로부터의 분리가 해로운 것은 확실했지만, 새로운 환경에서 지지받고 안정적인 보살핌을 받으면 그 영향을 완화할 수 있는 듯했다. 새로운 보호자에게 따뜻한 보살핌을 받으면 남성의 경우 우울과 불안 증세의 비율은 절반으로 줄었다. 양부모의 집에서 훌륭한 보살핌을 받았다는 남성은 유기와 고독에 대한 두려움이 적었고 여성은 자기비판의 정도가 덜했다. 부모가 없어도 애착 대상에게 따뜻함을 느끼면 보호받고 변화할 수 있다. 할로우의 원숭이가 천 대리모에게 매달렸듯 누군가의 팔에 안겨 있으면 이별의 아픔을 완화할 수 있다. 보살핌과 사랑, 보호는 삶의 문제를 헤쳐 나가는 힘을 길러주는 예방주사와 같아서 수십 년 뒤까지 영향을 미친다.

행복한 삶의 비밀

　　20세기 절반이 지나갈 때까지도 친밀한 관계의 중요성은 그다지 알려지지 않았다. 영국 아이들이 부모를 떠나 대피할 때쯤, 하버드 대학 연구진은 행복하고 건강한 삶의 비밀을 밝히는 데 관심을 두었다. 1938년, 지금까지도 가장 장기간 지속된 행복 관련 연구로 꼽히는 하버드 성인 발달 연구가 시작됐다. 연구진은 80년 이상 724명의 삶을 추적했다. 처음에는 하버드대 2학년 학생들에게 집중된 연구였지만 나중에는 보스턴 도심지 거주자 456명으로 대상이 확대됐는데, 성장 배경이 불우한 참가자들도 특별히 섭외해 포함시켰다. 연구는 일관성 있고 철저하게 진행됐다. 참가자들은 매년 인터뷰에 참여했고, 정기적으로 의료 기록을 제공하고, 피 검사와 심지어 뇌 정밀 검사까지 받았다. 연구진은 심지어 일상적인 삶과 인간관계가 어떤지 알아보기 위해 참가자들의 자녀와 면담을 진행했고, 아내와의 대화를 영상으로 기록했다. 시간이 지나며 연구 대상은 참가자들의 아내로까지 확장되었다.

　　수십 년간 그렇게 많은 참가자의 데이터를 모은 이 연구는 과학자의 꿈, 진정한 정보의 보고였다. 장수와 행복의 비결은 무엇일까? 소득? IQ? 운동 빈도? 일과 삶의 균형? 아니면 유전자가 가장 중요할까?

　　이 연구의 현재 책임자인 로버트 월딩거Robert Waldinger는 테드 강연 '무엇이 행복한 삶을 만드는가?: 행복에 관한 최장기 연구에서 얻은 교훈'에서 이 질문에 답한다.[19] 현재까지 2,000만 명 이상이 시청한 강연의 핵심 메시지는 분명하다. 지금까지의 연구 결과에 따르면, 행복과 건강의 가장 강력한 예측 변수는 인간관계다. 타인과의 유대는 신체적, 정신적 노쇠를 늦춘다. 심지어 장수의 비결이기도 하다. 삶의 다른 측면과 마찬가지로 인간관계에서 가장 중요한 부분은 양이 아니라 질이다. 결혼했는지가 아니라 결혼 생활이 얼마나 만족스럽고 힘이 되는지가 중요하다. 친밀하고 안정적인 결혼 생활을 하는 사람은 신체적 고통으로 힘들어할 확률이 낮지만, 불행한 결혼은 고통을 극대화하는 듯했다. 배우자에게 지지받는다는 느낌은 심지어 인생 후반의 기억 손실을 막아주기도 했다. 연구진은 50세의 인간관계 만족도로 80세의 신체적 건강을 예측할 수 있다고 밝혔다. 반대로 충분히 예측할 수 있는 결과이긴 하지만 외로운 사람은 덜 행복할 뿐 아니라 신체적, 인지적 건강의 급속한 위축을 겪고 수명도 짧았다. 월딩거에 따르면 "외로움은 죽음을 부른다. 흡연이나 알코올 중독만큼이나 치명적이다." 그러나 나이 든 환자에게 동호회에 가입하라거나 가족과 더 많은 시간을 보내라고 조언하는 의료 전문가가 얼마나 되는가? 게다가 건강을 돌보라는 말을 들었을 때 인간관계를 떠올리는 사람은 얼마나 되는가? 우리는 건강에 대해서 생각하는 방식과 시간을 투자하는 곳을 완전히 바꿔야 할지도 모른다.

관계: 궁극의 해결책인가, 궁극의 문제점인가?

할로우, 볼비, 애인스워스, 월딩거 등의 연구자는 관계가 행복한 삶에 필수적이라는 사실을 증명했다. 친밀하고 안정적인 애착의 부재는 대단히 파괴적이며 평생 영향을 미칠 수 있다. 동시에 관계 형성은 변화의 힘이 될 수 있다. 대피한 아이들은 모두 부모에게서 분리됐지만 새로운 위탁 가정에서 보살핌을 받으면 그 영향을 상쇄할 수 있었다. 실제로 힘이 되는 관계가 애착 유형을 바꿀 수 있다는 결론을 내린 연구도 있다.[20] 어릴 때 불안정 애착 유형으로 발달했다고 해서 평생 불안한 것은 아니다. 내게 애정을 보여주는 반려자와 건강하고 긍정적인 관계를 맺으면 새로이 안전과 안정감을 느끼며 안정 애착 유형으로 바뀔 수 있다.

죽어가는 사람이나 다른 사람이 죽음을 맞는 과정을 도와준 사람의 자기 보고에서도 비슷한 결과가 일관되게 나타난다. 1970년대, 집단치료사인 어빈 얄롬Irvin Yalom은 시한부 질병을 진단받은 사람이 삶의 의미를 찾고 죽음의 공포를 마주하는 등 인생의 거대한 질문을 해결하도록 도와주는 데 집중했다.[21] 30년 뒤, 얄롬은 평생에 걸친 임상 작업을 《태양을 바라보다: 죽음의 공포 극복하기Staring at the Sun: Overcoming the dread of death》에 담았다. 이 책에서 얄롬은 인간관계는 죽음의 공포에 대한 궁극적인 해결책이며, 다른 사람과 관계를 맺을 때 "외로운 '나'는 '우리'에 녹아든다"고 대담하게 주장한다. 관계는 실존적 고독감을 누그러뜨리는 데 도움이 되며, 평생의 경험이 죽음과 함께 완전히 끝난다는 인식을 달랜다는 것이다. 얄롬은 다음과 같이 말한다.

친밀한 관계는 죽음의 공포를 극복하게 한다. 수십 년간 이어진 내 가족—아내, 네 아이, 손주들, 누이—과 가까운 친구들과의 관계는 보물처럼 소중하다. 나는 오래된 우정을 끈질기게 유지하고 갈고닦는다. 오랜 친구를 새로 만들 수는 없으니. 그런데 관계의 가치는 어디까지인가? 결국은 우리가 홀로 태어나고 홀로 죽는다면, 관계의 지속적이고 근본적인 가치는 무엇이냐고 반문할지 모른다. 나는 이 질문을 들을 때마다 치료 집단에서 만난 죽음을 앞둔 여성의 말을 떠올린다. "칠흑같이 어두운 밤입니다. 나는 내 배에 홀로 앉아 항구로 들어갑니다. 다른 배의 불빛이 보입니다. 그들에게 닿을 수 없고, 만날 수 없다는 걸 알고 있지만, 그 불빛이 모두 항구로 들어온다는 사실이 얼마나 위안이 되는지 모릅니다." 나도 동의한다. 풍요로운 관계는 덧없는 삶의 고통을 누그러뜨린다.

죽음을 앞둔 이 여성은 인간의 연결성을 아름답게 묘사했다. 이는 삶의 끝자락에 있는 사람들이 자주 하는 이야기다. 세계적 명성을 누린 신경학자 올리버 색스Oliver Sacks는 2015년 종양이 전이되어 사망했다. 사망 6개월 전, 그는 〈뉴욕 타임스〉에 '나의 삶My own life'이라는 기고문을 냈다. "내게 남은 시간 동안 우정을 더 다지고 사랑하는 사람들에게 작별 인사를 하고 싶다."[22] 그리고 다가올 죽음을 생각하며 이렇게 덧붙인다. "두려움이 없다면 거짓말이다. 하지만 감사한 마음이 더 크다. 나는 사랑했고 사랑받았다. 많은 것을 주고 그 대가로 많은 것을 받았다." 삶이 끝나가는 시점에, 다른 사람들과의 관계는 그의 마음에서 가장 큰 부분을 차지했다.

그런데 관계가 공포감을 어느 정도 막아준다고는 해도, 진짜 죽음의 공포에 대한 해결책이 될 수 있을까? 안정적인 애착은 엄청난 변화의 힘이 된다지만, 동시에 누군가에겐 오히려 죽음의 두려움을 극

대화할 수도 있다. 첫째, 너무나 간절하게 사랑하는 사람을 떠난다는 예견된 슬픔이 있다. 사실 애초에 계속 살고 싶은 이유는 다른 사람을 깊이 사랑하기 때문인지도 모른다. 둘째, 언제라도 사랑하는 사람이 떠날 수 있다는 불안 속에 살아야 한다. 내가 죽는다는 생각을 떨칠 수 없듯 배우자, 가족, 친구가 언제든 죽을 수 있다는 사실도 그렇다. 사랑하는 사람과의 시간이 큰 기쁨을 주는 만큼 그들의 죽음을 생각하는 것은 깊은 고통을 유발한다. 어떤 사람에게는 다른 사람과의 관계가 가장 큰 문제다. 자기 죽음은 편안히 받아들이지만 가장 가까운 사람이 언젠가 죽는다는 생각은 매우 불편해한다. 많은 종교가 신도에게 홀로 개인적인 내세를 누릴 수 있다고 약속하지 않는 것은 우연이 아니다. 종교는 무덤 너머에서 사랑하는 사람과 다시 만날 것을 신도에게 약속한다. 같은 이유로 어떤 사람은 죽은 사랑하는 사람과 이야기하고 싶어 심령술사를 찾고, 어떤 사람은 사랑하는 사람의 무덤 바로 옆에 혹은 가족 납골당에 함께 묻히려 한다.

안정적 관계는 양날의 검이다. 죽음의 공포 앞에 사랑하는 사람에게 매달려 안정을 찾는 만큼, 우리는 그들이 떠날까 봐 두려워한다. 인류는 진화를 거치며 타인에게 극히 의존하게 되었다. 그 결과 죽음과 관련하여 사랑은 오랜 고민거리인 동시에 가장 오래된 위안이다. 사랑에 필연적으로 따르는 분리의 공포에도 불구하고, 수백 건의 연구와 수천 년의 인류 역사 자체가 사랑이 가진 변화의 힘을 증명한다.

MORTALS

6

건강을 위한 투쟁과
떠나보냄의 거부

불멸의 작품을 만들려는 생각은 없다.
그저 죽지 않는 불멸의 존재가 되고 싶다.

우디 앨런(Woody Allen, 1935~)

이 책의 두 필자는 호주에서 가장 역사가 깊고 명망이 높은 시드니 대학교의 여러 캠퍼스에서 총 40년을 보냈다. 시드니 대학교는 노벨상 수상자 5명, 호주 총리 7명, 호주 총독 2명, 고등법원 판사 24명을 배출했고, 로즈 장학생 110명, 게이츠 장학생 19명을 양성했으며, 여러 고등교육기관 순위에서 세계 50위권을 지키고 있다. 우리 시대부터 모든 분야의 과학적 발견, 거액의 정부와 기업 보조금, 새로운 학자의 도착을 알리는 시드니 대학교의 자랑스러운 온라인 성명은 끝없이 이어졌으며, 매번 그전보다 더 탁월하고 중요한 소식이 전해졌다. 부총장이 네 번 임명되고 셀 수 없는 학과장·부학과장이 자리를 거쳐 갔으며, 새로운 건물과 기념물의 제막식이 실시되고 엄청난 금액의 유증이 이뤄졌다.

그 모든 대단한 소식 중에 가장 이목을 끈 발표는 무엇이었을까? 이 훌륭한 대학의 직원, 학생, 졸업생이 가장 많이 클릭한 게시글은 나무 한 그루의 최후였다.[1] 2016년 10월 29일, 시드니 대학교 새소식 페이지에 게재된 다음 글은 조회수 신기록을 세웠다.

대학 전체가 쓰러진 자카란다 나무를 애도하다

상징적인 자카란다 나무, 수령 88년으로 사망

1928년부터 안뜰을 지킨 자카란다 나무가 지난밤 쓰러졌다는 소식을 전하게 되어 마음이 무겁습니다. 이 나무는 88년을 사는 동안 수천 장의 졸업식과 결혼식 사진 배경이 되어주었습니다. 2014년 자카란다 나무의 자연 수명이 다해간다는 조언에, 우리 대학은 전문 자카란다 재배사를 고용하여 삽수를 채취하고 이를 다른 자카란다 나무에 접목하여 두 그루를 복제했습니다. 따라서 유전적으로 동일한 자카란다 나무를 심을 수 있게 되었습니다.

2만 명 이상이 게시글을 클릭했고 대학 졸업생들의 애도가 이어졌다.

나무의 수명이 다해갈 때 대학 임원들은 어떻게 했는가? 죽어가는 나무를 복제했다. 그들은 상실을 견딜 수 없었고, 나무가 그 자리에 있어야 한다고 생각했다. 동일한 나무, 본질적으로 같은 나무가 영원히 살길 바랐다. 나무는 케네디의 영원한 불꽃(알링턴 국립묘지에 있는 케네디 대통령 묘비 뒤에 설치된 기념물로, 꺼지지 않고 타오르는 불꽃이다. - 역주)처럼 사라지지 않아야 했다. 나중에 대학 측은 '기존 나무와 유전적으로는 같지만, 날씨나 다른 상황에 따라 다른 모양으로 자랄 수 있다'고 정정 발표를 냈다. 완벽할 수는 없는 법이다.

새 나무를 심는 기념식에는 전 주지사, 당시 의회 의원, 몇몇 영사관 대사들, 1928년 원래의 자카란다 나무를 심었던 독일어·비교문학 교수 에벤 워터하우스Eben Waterhouse의 후손을 포함하여 150명 이상이 참석했다. 이후 나무의 소식을 알고 싶은 졸업생들은 연락처를 남겼다.

인간은 죽음을 좋아하지 않는다. 게다가 받아들이지도 못한다. 죽음은 실패로 여겨진다. 한낱 나무의 죽음조차도 그렇다.

실패로서의 죽음

의학은 항상 죽음을 실패로 여겼다. 아툴 가완디Atul Gawande 는 저서 《어떻게 죽을 것인가Being Mortal》에서 여전히 죽음을 궁극의 적 으로 생각하는 의료 시스템의 침묵을 묘사했다.[2] 시한부 환자에게 '전 어떻게 되나요?' 같은 직접적인 질문을 받으면, 의사들은 보통 '최선 을 다하겠습니다', '모든 방법을 써봐야죠', '치료받으면 희망이 있습니 다' 등으로 대답한다. 21세기에도 질병의 진실, 다가오는 죽음과 관련 된 직접적인 소통은 기피 대상인 듯하다. 이렇듯 집단으로 현실을 회 피하는 이유는 간단하다. 의사, 환자, 가족 모두 죽음 불안과 실존의 문제를 겪기 때문이다.

가완디는 이 책의 서문에서 몇 년 전 수술로 치료할 수 없는 암을 외과 수술하기로 한 환자의 선택을 떠올렸다. 의사 생활에서 만난 수 많은 환자 중에도 이 환자는 그의 기억에 아프게 남아 깊은 영향을 미 쳤다. 환자가 죽고 10년 후, 가완디는 이렇게 반추했다.

나를 괴롭히는 것은 그 결정이 얼마나 잘못되었는지가 아니라, 그의 앞에 놓 인 선택에 대한 정직한 논의를 모두가 얼마나 피했는지다. 다양한 치료법의 구체적인 위험을 알려주는 데는 어려움이 없었지만, 병의 현실을 제대로 설 명하지는 않았다. 종양학과 의사, 방사선 치료사, 외과 의사, 다른 의사들 모 두 환자가 치료 불가능한 질병의 치료를 몇 개월이나 이어가는 것을 보았다. 환자의 상태를 솔직히 이야기할 수도, 의료진 능력의 궁극적 한계를 논할 수 도 없었을뿐더러, 삶의 끝자락에 다다른 그에게 무엇이 가장 중요한지 터놓고 말하지도 않았다. 환자가 망상을 좇고 있었다면, 우리도 그랬다. 그는 몸 전체에 퍼진 암 때문에 신체가 부분 마비된 채 병원에 있었다. 몇 주 전의 상태로라도 회복할 가능성이 전혀 없었다. 그러나 이를 인정하고 환자가 사실을 받아들이게 도와주는 일은 우리의 능력 밖이었다. 의료진은 인정하지도, 위안을 주지도, 지침을 내놓지도 못하고 다음엔 어떤 치료를 받을 수 있는지 말할 뿐이었다. 어쩌면 좋은 결과가 있을지도 모른다며.

재클린 슬롬카Jacqueline Slomka는 의사들이 시한부 환자와의 솔직한 논의를 피하는 이유를 분석했다.[3] 희망을 유지하는 것이 중요하다는 환상 때문일 때도 있었다. 환자에게 발생할 감정적 고통 때문이라는 답변도 있었으며, 가족의 의사에 따른 경우도 있었다. 슬롬카는 의사들이 대체로 죽어가는 당사자가 아닌 환자 가족과 상황을 이야기하려 한다는 사실을 발견했다. 필자들은 이를 매우 이상하다고 생각했다. 일상적 의료에서 환자와 관련된 비밀 유지와 건강 상태에 대한 프라이버시권은 의료 윤리의 초석으로 여겨진다. 의사에게 전화해서 형제자매, 배우자, 아들딸의 의료 문제를 물어보자. 대상자가 성인이라면 의사의 비밀 유지 의무 때문에 당사자가 아닌 사람과는 아무 이야기도 할 수 없다는 말을 듣게 될 것이다. 그러나 환자가 죽음을 앞두고 있다면 모든 규칙은 깨진다. 갑자기 역할은 뒤집히고 환자 당사자를 뺀 나머지가 핵심이 된다. 슬롬카는 다음과 같은 현상을 관찰했다.

죽음의 협상은 대부분 의사와 가족의 협상이다. 가족이 환자의 뜻을 반영한다고는 하지만 실제로 항상 그런 것은 아니다. 아무 능력도 없어진 환자가 사전에 말해두었는데도 가족이 치료 중단에 합의하지 못해 치료가 계속되는 경우가 그렇다. 또는 환자가 기관 삽관을 거부하는데도 의사가 가족의 뜻에 따라 강행하기도 한다.

의미 없는 치료를 계속하는 것을 의료 용어로 '무익한 치료futile treatment'(연명 치료)라 하는데, 명칭 그대로 환자의 건강이 나아질 가망이 없는 치료를 말한다. 수십 년간 계속돼 온 무익한 치료의 관행은 끝날 기미가 없어 보인다. 2015년 신디 갈루아Cindy Gallois와 동료들은 무익한 치료를 시행했던 임상의를 인터뷰했다. 다음은 세 의사의 답변이다.[4]

의사라면 대부분 그런 적이 있다고 대답할 겁니다. 모든 정보를 종합했을 때 그 시점에 치료가 의미 없다는 걸 잘 알면서도 실시한 경우를 말하는 거라면, 솔직히 나도 그렇게 했어요.

첫 번째는 환자, 두 번째는 가족, 세 번째는 지역사회를 고려합니다. 환자에게 해가 되지 않는 한, 가족에게 이익이 되고 지역공동체에 너무 큰 손해가 아니라면 괜찮은 거죠. 가족을 달래기 위해 환자에게 심장이식을 하는데, 환자는 나아지지 않을 것이고 지역사회 비용이 수천 달러 나간다면, 그러면 지역사회에 대해서도 생각해야 하죠.

환자 본인 때문이었어요. 가족이 계속 치료하길 원한 적도 한두 번 있었지만,

그건 큰 문제가 아니었어요. 중기적인 치료는 대부분 환자가 원한 거였어요. 전 의식이 있는 환자의 뜻을 항상 존중합니다. 당사자의 뜻을 거스르고 싶지 않아요.

환자가 죽어가고 있다는 사실을 확실히 말해주고 이런 논의에서 오는 온갖 감정을 마주하는 대신, 의사들은 보통 그냥 치료를 계속하는 쪽을 선택한다. 세 번째 의사는 환자의 뜻에 따라 매우 비싸고 침습적인 신장 투석을 시행했다고 설명했다. 기억하자. 이것은 '무익한' 신장 투석이었으며 실패할 수밖에 없었다.

갈루아가 수행한 의사와의 인터뷰는 시사하는 바가 매우 크다. 의사들은 환자와 환자 가족의 희망을 강조하며 자신들은 수동적으로 환자들의 의지를 받아들이는 사람인 양 묘사했다. 그러나 환자가 본인의 뜻에 따라 의사결정 절차를 거치는 것 같지는 않았다. 이 인터뷰에서는 환자가 논리적 사고를 할 수 있도록 의사가 미약하게나마 노력했다는 증거를 전혀 찾을 수 없다. 오히려 가족과 환자, 선배 의사에게 의견을 제시하기 무서워 침묵을 지킨 듯하다. 그래서 무익한 치료는 계속된다. 많은 사람이 죽음에 관한 이야기를 감당하기 어려워하기 때문이다.

적극적 치료가 합당한 수준을 넘어서서 더 길게 이어지는 결정적인 이유는 의료 체계 내에서 죽음이 인지되는 방식 때문이다. 폴 웡 Paul Wong이 주장했듯, 의료계의 소명은 삶을 연장하는 것이고 죽음은 적이자 실패로 여겨진다.[5] 죽음은 우리 모두를 찾아오지만, 의료계에서는 여전히 이것을 패배로 본다. 의사가 보조하는 자살이 의료계에서 엄청난 논란이 되는 것도 당연하다. 연구에 따르면 이 행위가 법제화된 곳에서도 윤리와 절차, 과정에 대한 혼란은 여전하다. 왜 그럴까? 자살을 보조하려면 의사가 그들의 적, 즉 죽음과 손잡아야 하기 때문이다. 의료계 종사자들은 대개 죽음의 과정을 보조하는 훈련을 받거나 기술을 배우지 않으며 이를 원하지도 않는 듯하다.

의료 종사자의 죽음에 대한 태도와 이들이 제공하는 임종 관리 간호의 수준 사이에 강한 상관관계가 나타난다는 연구 결과가 있다. 예를 들어 죽음 수용력이 낮은 간호사는 임종 관리 간호에 부정적 태도를 보이며, 시한부 환자와의 관계 형성을 어려워한다. 의료 종사자의 죽음 불안은 죽어가는 환자의 가족을 대할 때도 부정적 영향을 미친다. 게다가 죽음 불안이 높은 의료 종사자는 환자에게 사전 연명 의료 의향서(환자 본인이 임종이 가까운 상태일 때 받기를 원하는 치료의 범위를 사전에 결정하여 기록하는 문서 - 역주)에 대한 이야기를 선뜻 꺼내지 못하는 것으로 나타났다. 그러면 막상 그 순간이 왔을 때 죽어가는 자의 뜻이 반영되기는 매우 힘들다. 마지막으로, 죽음에 대한 의사의 개인적 태도 때문에 환자가 미리 작성한 의향서를 따르지 않기도 한다. 죽음 불안이 높고 의사 보조 자살을 강력하게 반대하는 의사는 죽음이 임박한 환자의 치료를 중단하기를 거부하며, 더 오랜 시간 연명 치료를 이어가는 것으로 밝혀졌다.

의과대학에서 임종 관리와 관련된 교육을 충분히 하지 않아서 이와 같은 결과가 나타난다고 볼 수도 있다. 에이미 설리번Amy Sullivan과 동료들은 미국 전역 의대 62곳의 의료진 교육 과정을 검토했고, 의대생과 레지던트들이 죽음을 눈앞에 둔 사람에게 최선의 보살핌을 제공할 준비가 되어 있지 않다고 느꼈다.[6] 또한 현재 미국 의과대학의 교육 관행과 조직 문화는 임종 관리 간호를 충분히 지원하지 않는다고 밝혔다. 미국 의료 수련 프로그램의 핵심은 삶이지 죽음이 아니다. 죽음은 맞서 싸워야 하는 것, 최소한 부정해야 하는 것이다.

어떻게 보면 당연한 일이다. 결국 의사도 인간이다. 그들 역시 모두가 마주하는 존재론적 고민을 똑같이 갖고 있으며, 우리와 마찬가지로 죽음을 경험한다. 아무리 죽음에 대해 교육받고 죽음을 경험해도, 의료인 역시 가장 먼저 발동하는 방어기제는 부정이다. 그러니 환자가 죽어서 멈출 수밖에 없을 때까지 치료를 밀어붙인다. 의료인은 스스로를 절대 정복할 수 없는 힘에 맞서 싸우는 선의 힘이라고 생각하며, 할 수 있는 일은 뭐든 해보려 한다.

가완디는 오늘날 우리가 "삶이 기울어가는 날들을 정신을 흐리고 신체를 무너뜨리는 가망 없는 치료에 허비한다"고 지적한다.[7] 우리는 병원에서 죽음과 전투를 치른다. 어떤 대가를 치르더라도 사신과 싸워 이기려고 무슨 짓이든 한다. 노인을 집과 가족에게서 분리해 낯선 사람들이 가득한 낯선 장소로 보내야 한다 해도, 방문자 수가 제한된 격리 병원에 가둬야 한다 해도, 끝까지 포기하지 않는다. 죽음에 대한 이러한 접근은 부자연스럽고 잘못됐다. 여러 국가, 문화, 시대에 걸쳐 인간은 여러 세대가 함께 사는 집단에서 살고 죽었다. 아직 그 전통을 유지하는 문화권도 있지만 서양에서는 드문 일이 되었다. 죽어가는 환자는 병실에 틀어박혀 홀로 사신을 만난다.

인간은 삶을 연장하는 데 집착한다. 가완디는 단일 유전자를 변형하여 예쁜꼬마선충의 수명을 두 배 늘린 과학자들에게 10년 사이 두 번이나 노벨상이 돌아갔다는 점을 지적했다. 1mm 크기 벌레의 수명을 12일에서 24일로 늘린 과학자에게 학계 최고의 상이 수여된 것이다. 인간은 그 정도로 죽음을 이기고 싶어 한다. 질병을 이길 가망이 없을 때도 고통스럽고 침습적인 치료를 시행하면서 어떻게든 수명을 연장하는 데 집착한다.

비타민 산업

비타민은 여러 면에서 무익한 치료나 다름없다. 이 산업은 최근 수십 년간 눈부시게 성장했다. 어떤 약국에 들어가도 벽 한쪽에 보조제가 채워져 있고, 규제받지 않는 약물이라 처방전 없이 판매된다. 비타민 상품은 제조사에 연간 수천억 달러 규모의 수익을 가져다 준다.[8] 비타민을 먹는 사람은 이 글을 쓰는 순간에도 늘어나고 있다. 1980년대 미국에서 비타민을 비롯한 보조제를 챙겨 먹는 사람은 성인 인구의 30%에 불과했다.[9] 21세기 초에는 이 수치가 40%로 늘어났다. 그리고 지금은 영리한 마케팅 덕에 50%가 넘었다. 최신 전국 설문 자료에 따르면 성인 미국인 절반 이상이 지난 30일 사이 어떤 형태로든 비타민 보조제를 먹었다고 한다. 비타민 보조제가 꽤 고가이며 필수가 아니라는 점을 생각하면 대단한 수치다.

비타민을 섭취하는 방식도 계속 다양화되고 있다. 이제는 비타민 함유 맥주와 보드카를 마시고, 비타민 함유 빵과 시리얼을 먹으며, 심지어 비타민 함유 속옷을 입을 수 있다. 오지범AussieBum은 2006년 아세롤라 열매(체리의 일종 - 역주)에서 추출한 비타민을 함유한 초극세사 속옷 상품을 출시했다.[10] 섬유에 포함된 비타민 C와 항산화 성분 덕분에 일반 속옷보다 최대 15번 더 빨아 입을 수 있다고 한다. 항문으로도 비타민이 흡수되면 나쁠 것도 없지 않은가? 이제 위아래의 구멍으로 비타민을 섭취할 수 있다니!

하지만 안타깝게도 체계적인 검토 결과, 전 세계 인구 과반수가 섭취하는 이 물질에 확실한 효능이 없는 것으로 나타났다. 결과가 너무 부정적이라서 2013년 세계적으로 유명한 과학 저널 〈미국 내과학 회보Annals of Internal Medicine〉는 '이제는 그만: 비타민과 미네랄 보조제에 돈을 낭비하지 말 것Enough is enough: stop wasting money on vitamin and mineral supplements'이라는 제목의 사설을 실었다.[11] 이 사설 집필진에는 존스홉킨스 의과대학과 보건대학의 여러 의사, 영국 의료계 인사, 회보 편집위원회 위원 등이 포함됐다. 직설적인 제목만큼이나 본문도 명쾌했다.

원발성 또는 속발성의 만성 질병을 예방하는 데 있어 비타민과 미네랄 보조제의 역할을 평가하는 과학적 검토 결과, 일관되게 어떠한 효능도 없는 것으로 나타났고, 오히려 가능한 피해가 발견됐다. 수만 명이 무작위로 할당된 여러 임상실험 결과, 베타카로틴, 비타민 E, 고용량의 비타민 A 보조제는 사망률을 높일 수 있고, 다른 항산화제, 엽산, 비타민 B, 멀티비타민 보조제는 확실한 효과가 없는 것으로 나타난 것이다. 비타민은 만성 질병 예방에 사용되어서는 안 된다. 그러니 이제는 그만.

이 글이 사실이라면 사람들은 왜 비타민 상품에 수십억 달러를 쓸까? 답은 간단하다. 희망 때문이다. 우리는 어떻게든 운명을 통제할 수 있다고 믿으며 알약을 입에 털어 넣는다. 기도하는 것과 같은 이유, 즉 통제할 수 없는 것을 통제하고 싶은 간절한 욕망으로 약을 먹는 것이다. 인간은 노화와 사망을 막기 위해 할 수 있는 일이 아무것도 없다는 현실을 받아들이지 못하고, 인간의 유한성을 증오하며 어떤 식으로든 부정하려 한다. 심장병, 뇌졸중, 치매, 기타 사망 원인을 예방할 수 있다는 바보 같은 희망으로 보조제를 삼킨다. 하지만 안타깝게도 보조제는 효과가 없다.

비타민 회사는 대중의 불안과 공포를 이용하고 있다. 이들은 모든 인간이 경험하는 죽음의 공포를 마케팅 수단으로 삼는다. 제품 이름만 보아도 그 사실이 드러난다. 'Life Extension(생명 연장)'은 인기 비타민 브랜드의 상표명이다. 슈퍼 오메가-3 EPA/DHA 피시오일, 참깨 리그난, 올리브 추출물을 사면 '심장 건강, 뇌 건강, 그 이상의 종합적 피시오일의 효능'을 얻을 수 있다.[12] 엄밀히 말해 제조사에서 '생명 연장'이라고 대문짝만하게 쓰인 병을 팔긴 하지만, 그 알약이 실제로 생명을 연장한다고 주장하지는 않는다. 본 회사는 웹사이트에서 다양한 '면역력 보조제' 상품을 팔고 있었다. '건강이 가장 중요할 때 챙기고 대비하라'는 문구도 있었다. 우연일 수도 있겠지만, 이 마케팅은 코로나19 위기 중에 시행됐다. 해당 웹사이트의 호주 버전은 2020년 남반구의 겨울에 '7월 특가찬스'를 제공했다. '면역력 증강 필수 건강 키트' 옆에는 오른손으로 '멈춤' 표시를 한 남자의 이미지가 있고, 그 앞에 공기 중에 분명 코로나바이러스처럼 보이는 작은 입자가 떠다니고 있었다. 이번에도 이 기업은 상품이 코로나19를 막아준다는 말을 한 적이 없으며, 떠다니는 입자가 문제의 코로나바이러스라고 명시한 적도 없다는 점을 언급해야 할 것 같다. 그러나 많은 사람이 이 이미지를 보고 코로나바이러스를 떠올렸을 것은 분명하다.

더 노골적인 선전도 있었다. 2020년 4월 유명 셰프 피트 에반스 Pete Evans는 인스타 라이브 영상에서 바이오차저 NG Biocharger NG를 홍보했다.[13] 에반스의 웹사이트에서는 이 장비를 '기계에서 발생하는 네 가지 에너지가 전신을 자극하고 활성화하여 잠재적인 건강, 안녕, 운동성과를 최적화하고 개선하는 에너지 활성화 플랫폼'으로 묘사했다. 영상에서 에반스는 장비에 내장된 수천 가지 프로그램 중 일부는 신종 코로나바이러스에 효과가 있다고 주장했다. 호주 식약청은 이 근거 없는 주장에 대해 벌금 2만 5,000달러를 부과했다.

필자들의 전문 분야는 인간 행동을 이해하는 것이다. 일생을 건 작업이었다고도 할 수 있다. 우리 두 사람이 받은 심리학 학위가 여섯 개다. 하지만 솔직히 말해서 사람들이 왜 이런 상품을 사는지 이해하기 위해 인간 행동을 연구할 필요까지는 없다고 생각한다. 여기에 비밀이랄 게 있는가? 다음 상황을 생각해보자. 마스크를 쓴 사람이 약국에 들어간다. 마스크를 쓴 사람은 '생명 연장' 면역력 증강 제품과 '심장 건강' 멀티비타민을 산다. 꼭 대학 학위가 있어야 이 사람의 동기를 이해할 수 있을까?

러닝머신

죽음을 막기 위한 운동은 많은 사람을 끌어들인 또 다른 전략으로, 꽤 최근에 나타난 현상이다. 체육관과 헬스장은 상대적으로 새로운 발명이다. 과거에 사람들은 필요에 따라 움직였다. 육체노동이 포함된 일만으로도 건강을 유지하기에 충분한 일상적 활동량이 확보됐다. 배달은 제한적이었고 사람들은 가게나 직장에 걸어 다녔다. 집안일을 할 때 투입되는 신체적 노력을 줄여주는 장비는 거의 없었다. 수동 잔디깎이를 쓰거나 장작을 패서 불을 피우거나 젖은 빨래를 손으로 짜본 적이 있다면 무슨 말인지 이해할 것이다.

오락이나 건전한 경쟁으로 스포츠를 즐기는 일이 대중화되면서 운동 장비가 팔리고 기초적인 헬스장이 건설되기 시작했다.[14] 대체로 사람들은 경기에서 이기기 위해 훈련했다. 즉, 경기 자체가 주된 목적이었다. 헬스장에 가는 것은 단순히 경기에 중요한 신체 부위를 단련하기 위해서였다. 예를 들면 투창, 투포환, 테니스, 수구 경기에는 팔과 어깨 힘이 필요했다. 당연히 일반 대중은 헬스장을 찾지 않았다.

그러나 지난 50년 사이 상황이 달라졌다. 1960년대 후반부터 심혈관 건강에 대한 우려가 서구 국가들을 휩쓸었다. 사람들은 즉각적 위협으로 인식되기 시작한 심장병 예방에 집착했다. 심장병 전문의가 식단 책을 발간하면 사람들은 줄지어 그 책을 샀다. 1972년 초판이 출간된 《앳킨스 박사의 다이어트 혁명Dr Atkins' Diet Revolution》은 역사상 가장 많은 1,200만 부가 팔린 다이어트 도서가 되었고,[15] 20년 뒤 《앳킨스 박사의 신 다이어트 혁명Dr Atkins' Diet Revolution》으로 재출간되기까

지 했다. (물론 사기만 하고 읽지 않은 사람도 많았지만, 책장에 꽂아 놓는 것만으로
도 위안이 됐다.)

앳킨스가 다이어트 책을 출간할 무렵, 기계공학자 윌리엄 스타우
브William Staub가 최초의 러닝머신을 만들어 팔기 시작했다.[16] 매일 8분
의 러닝이 심혈관계 건강에 좋다는 1968년 쿠퍼 박사의 고전《에어로
빅스Aerobics》를 읽고 만든 것이다. 처음에는 40개의 쇠 롤러는 오렌지
색 벨트로, 모터는 회색 커버로 덮여 있고 오렌지색 다이얼로 시간과
속도를 설정하는 초보적 기계였다. 그러나 혁명의 시작으로는 충분
했다. 전 세계에 헬스장 수가 폭발적으로 늘었다.

헬스장마다 끝없이 늘어선 러닝머신은 여전히 세계적으로 가장
인기 있는 피트니스 장비다. 이 자체가 매우 흥미로운 현상인데, 러닝
머신이 근육을 만드는 것과는 관련이 없기 때문이다. 사실 상체에는
거의 영향이 없다. 러닝머신의 목적은 무엇인가? 심장 건강이다. 즉,
사망 원인이 가장 높은 심장 근육을 강화하는 기계다. 헬스장을 찾은
사람들은 줄지어 기다리면서까지 러닝머신에 오른다.

그런데 러닝머신을 이용하는 사람 대부분은 상대적으로 젊다. 그
런데도 무의식적인 죽음의 공포로 인해 달린다고 볼 수 있을까? 호주
에서 헬스장을 가장 많이 이용하는 연령대는 18~34세다.[17] 심장병 위
험이 더 큰 연령대(55세 이상)는 참여 비율이 가장 낮다. 청년들이 수십
년 뒤에 심장병으로 죽을까 봐 건강 증진 활동에 참여하고 있는 것은
아니지 않을까? 많이들 놀라겠지만, 흥미로운 연구를 설계한 오즐렘
보조Özlem Bozo와 동료들은 죽음을 생각하며 운동할 확률이 가장 높은
사람들이 청년이라고 주장한다.[18] 이들 연구원은 죽음 현저성 설계(3

장 참조)를 활용하여 건강 활동 보고 내용을 연구했다. 먼저 절반은 청년(20~35세), 절반은 60세 이상인 참가자 100명을 모집했고, 참가자 모두에게 운동 빈도와 강도를 포함하여 건강 증진 활동과 관련된 설문을 작성하게 했다. 그런데 설문 전에 참가자 절반에게 죽음과 관련된 이야기를 읽게 해 삶의 유한성을 상기하도록 했다. 참가자들이 읽은 글은 다음과 같다.

다음의 짧은 글을 읽고, 주인공의 관점에서 죽음의 불안에 대해 생각해보자. 그는 더 이상 계획을 세우지 않았다. 모든 일이 자연스럽게 일어났으니까. 인식하지 못하는 사이, 평범하게. 게다가 마음 깊이 자리 잡은 어둠뿐 아니라 등 뒤에서 느껴지는 죽음의 숨결에도 물론 익숙했다. 팔 힘을 빌려 병 때문에 무거워진 다리를 땅에 놓았다. 온 힘을 모아 구부정하게 일어섰지만, 몸을 펼 수는 없었다. 아주 작은 보폭으로 걸어 창문으로 다가갔다. 물을 조금 삼켜서 입안에 남은 약의 쓴맛을 씻어냈다. 그리고 잔에 물을 따르며 잠시 물 흐르는 소리에서 평온을 찾으려 했다. 이어서 창문을 가린 두꺼운 커튼을 젖혔다. 매일 밤 고집스레 꼭꼭 닫아놓는 창문이었다. 주님! 한순간, 지구의 모든 어둠이 그의 몸으로 흘러들었다. … 극심한 고통 속에 의식이 흐려져 갔다. … 아침이었다. 해가 가장 밝은 시간, 두꺼운 커튼을 뚫고 방을 밝히는 시간이었다. 아아, 그러나 커튼을 드리운 듯 그의 눈에서 태양은 졌고 다시는 떠오르지 않을 것이었다. 침을 삼킬 수 없었다. 최고의 보물이었던 젊은 몸을 함부로 다뤘다는 사실에 숨을 몰아쉬며 죄책감을 느꼈다. 아픈 몸에 남아 있던 가장 격렬한 외침이 목구멍까지 올라왔지만, 소리는 나오지 않았다. 그는 더 깊이 가라앉았다. 머리카락으로 매달린 것처럼 머리 가죽이 아팠다. 심장에 압박이 느껴졌다. 창밖에서는 눈부시게 아름다운 삶이 계속되고, 그는 약 냄새가 나는 병원 복도와 병실 사이에 누워 죽음이 그를 데려갈 순간만을 기다렸다.

다시 말하지만, 이 이야기를 읽은 참가자는 절반뿐이었다. 나머지는 그냥 앉은 채 연구가 진행되길 기다렸다. 절반이 글 읽기를 마친 후 참가자 100명 모두 과거의 운동 및 기타 건강 관련 행동 설문을 완료했다. 이전에 특정 행동을 얼마나 했는지 정확하고 정직하게 작성하라고 요구했으므로, 죽음 현저성은 결과에 영향을 미치지 않아야 했다. 참가자들이 사실을 말한다면 죽음을 떠올린 집단과 떠올리지 않은 집단 사이의 운동 빈도에 차이가 나타나지 않을 것이었다. 고령 집단에서는 실제로 그런 결과가 나왔다. 그러나 놀랍게도 청년 집단에서는 죽음을 떠올린 집단이 그렇지 않은 집단에 비해 더 자주 운동했다고 주장했다. 다시 말해, 죽음을 떠올린 참가자는 유산소 운동 및 기타 건강 관련 행동을 거짓으로 과장하여 답했다. 달리기를 했어야 한다는 생각을 기록한 셈이다.

어떤 면에서 이해가 가는 결과다. 죽음 불안은 인생 후반부로 가며 줄어드는 것(1장 참조)으로 나타났다. 체육관과 헬스장을 덜 찾는다는 부분에서 알 수 있듯, 노년층은 죽음에 대해 좀 더 수용적인 경향이 있어 (종교적 믿음 등 다른 부정의 전략을 시도할 수는 있지만) 적극적으로 죽음을 이기려 할 확률은 낮다. 인간 공동체에서 청년층이 죽음을 가장 두려워하며, 그래서 이 연구의 죽음 현저성에 영향을 받았다고 볼 수 있다. 매일 헬스장을 찾아 러닝머신 앞에 줄을 서고 무의식중에 살기 위해 뛰는 사람들도 청년이다.

냉동인간

어떤 사람들은 삶을 연장하는 전략(끝없는 운동이든, 비타민이든, 시한부 질병에 대한 연명 치료든)에 만족하지 못한다. 결국 이런 방법이 실제로 죽음을 막아주는 것은 아니기 때문이다. 오늘날 의료 시장에서 불멸의 가능성을 주장하는 상품은 단 하나, '인체냉동보존술cryonics'이다. 미래에 부활이 가능할 것이라는 희망으로 전신이나 머리를 얼려서 보관하는 기술을 말한다. 기본적으로 신체 온도를 초저온(보통 약 -196℃)으로 낮추되 세포벽을 파괴하는 얼음 결정이 형성되어서는 안 된다.[19] 그래서 어는점을 낮추는 저분자 동결보호제로 세포 내부의 물을 대체하는데, 글리세롤, 에틸렌글리세롤, 디메틸술폭시드 등이 동결보호제로 쓰인다. 인체냉동보존술에서는 사망 즉시 환자의 순환계에 동결보호제 용액을 주입한다. 이 과정은 약 0℃에서 몇 시간에 걸쳐 이뤄진다. 저온 상태여야 세포가 손상되지 않은 상태로 더 많은 동결보호제를 주입할 수 있다. 동결보호제 농도가 적정 수준에 도달하면 얼음이 형성되지 않도록 빠른 속도로 신체를 냉각한다. 이 과정은 인간 배아, 난자, 피부, 췌장도, 혈구, 혈관을 보존할 때도 사용되는 유리화vitrification 기술이다. 그레고리 페이Gregory Fahy와 동료들은 -135℃에서 토끼 신장 전체를 유리화했다가 나중에 다른 토끼에 이식하여 장기 생존시키는 데 성공했다.[20]

6. 건강을 위한 투쟁과 떠나보냄의 거부

이 움직임을 주도하는 국가는 미국이지만, 호주도 최근 남반구 최초의 냉동인간 센터를 설립했다. 뉴사우스웨일스주 홀브룩에 40명을 수용할 수 있는 냉동인간 시설이 건설됐고, 기관의 '창립 멤버'들이 이미 각자 5만 호주달러를 내고 27자리를 선점했다. 비창립 멤버는 15만 달러를 내야 한다. 골번 출신인 78세 론 필딩Ron Fielding은 가장 먼저 가입한 사람 중 하나다. 필딩은 몇 년째 인체냉동보존술에 대한 글을 읽었다며 낙관했다. "오늘날의 과학 기술을 보세요. '왜 죽어야만 하느냐'는 의문이 생깁니다."[21] 부활이 너무 간절했던 필딩은 호주 센터가 생기기 전에는 미국의 센터 근처에서 죽기 위해 가족을 떠나 이민 갈 계획까지 세운 적이 있다. 다른 고객도 온라인 후기에서 비슷한 자신감을 보여줬다. "마음의 평화가 생겼다. 앞으로 어떤 일이 일어나든, 미래에 다시 깨어날 가능성이 있으니까." 인체냉동보존술이 '우리만큼 삶을 사랑하는 사람에게는 … 자연스러운 선택'이라고 주장하는 부부도 있었다. 하지만 집 보증금이 족히 될 돈을 써서 시체를 얼리지 않고도, 삶을 사랑할 수 있지 않느냐는 의문도 생긴다.

인체냉동보존술은 확실히 점점 주목받고 있고, 여기에 더 많은 돈을 들이붓는 사람들도 생기고 있다. 하지만 과연 인체냉동보존술로 얼린 사람을 이전과 같은 모습으로 부활시킬 수 있을까? 현재 신경과학계 권위자들은 여러 이유로 불가능하다고 딱 잘라 말한다. 특히 얼음 결정 형성을 막기 위해 뇌에 동결보호제를 주입하면 어쩔 수 없이 뇌손상이 일어날 것이다. 뇌는 두개골에 고립되어 혈액뇌관문을 넘나드는 소량의 인체 대사산물을 빼고는 이물질이 들어오지 않도록 스스로를 철저히 보호하는 밀도 높은 기관이다. 따라서 동결보호제 주입은 조직에 손상을 입힐 수밖에 없고 뇌 활동의 기반이 되는 뉴런 간의 섬세한 연결을 파괴할 것이다. 런던 킹스 칼리지 신경과학 교수 클라이브 코엔Clive Coen은 이렇게 언급한 바 있다. "주된 문제는 [뇌가] 거대하고 밀도 높은 조직 덩어리라는 것이다. 뇌에 일종의 부동액을 주입했는데 조직이 멀쩡한 건 말도 안 되는 소리다. 무산소증(산소 부족)이 일어나면 몇 분 안에 해마 뉴런은 죽는다. 영원히."[22]

동결보호제를 뇌 구석구석에 강제로 채워 넣으면 뉴런의 연결이 끊어져 정상적인 인간 정신은 모두 파괴될 것이다. 냉동 기술로 보존한 인간을 죽음에서 살려낸다 해도 참혹한 결과가 예상된다. 코엔은 이렇게 물었다. "100년 후에, 암은 나았지만 생각하는 식물이 되어 깨어나고 싶은가? 사람들은 엄청난 손상이 일어난 신체를 저장하는 데 돈을 쓰고 있다는 사실을 모르는 모양이다."

냉동보존술 역시 죽음을 피할 수 있다고 믿는 인간의 간절한 욕구와 불멸을 얻기 위해 무엇이든 하겠다는 의지를 보여주는 사례다. 근거 없는 인체냉동보존술의 비용은 엄청나서 돈이 줄줄 새 나가게 될 것이다. 로버트 캐럴Robert Carroll은 저서 《회의론자의 사전: 이상한 믿음, 흥미로운 속임수, 위험한 망상의 모음The Skeptics Dictionary: A collection of strange beliefs, amusing deceptions, and dangerous delusions》에서 이를 깔끔하게 요약한다. "과학이 상상할 수 있는 희박한 희망 정도에 기댄 사업은 사기 행위다. 인체냉동보존술의 약속이 언젠가 지켜질 거라고 믿을 이유는 거의 없다."[23]

과학계에서는 냉동보존술을 반대하는 목소리가 지배적이지만, 어쩌면 가능할 거라는 작은 희망에 매달린 소수의 과학자도 있다. 나노

기술 분야의 랄프 머클Ralph Merkle 박사는 냉동보존술의 열렬한 지지
자로, 개인 웹사이트에 '삶은 멋지고, 길수록 더 좋다'는 슬로건을 내
걸었다. 그는 세계 최대의 냉동보존술 조직인 알코르Alcor 이사회 소
속이기도 하다. 냉동보존술을 홍보하는 연설에서 머클은 이렇게 농
담했다. "냉동보존술은 실험이다. 지금까지 대조군의 상황은 좋지 않
다."[24] 필자들은 이 의견에 정중히 반박한다. 머클의 비유대로 두 집
단을 비교해보자. 냉동보존술에 지원한 '실험군'은 삶에 필사적으로
집착하며 비싸고 가능성 없는 꿈에 희망을 건다. 이들은 냉동보존술
의 수상쩍은 주장이 진짜가 될지도 모른다는 희망으로 가족을 떠나
지구 반 바퀴를 날아가서 다른 귀중한 경험을 할 수도 있었을 저축액
을 소모한다. 반면 '대조군'은 죽음이 끝이라는 사실을 받아들인 사람
들이다. 이들은 삶이 언젠가 끝난다는 사실을 알고 있기에 소중한 인
생을 더 완전히 끌어안는다. 필자들이 보기에는 냉동보존술 실험에
서 심리적, 실용적 이점을 챙기는 쪽은 대조군인 듯하다.

인류의 자만에도 불구하고, 우리는 모두 나이가 들고 죽을 것이
다. 냉동보존술의 시도에도 프랑켄슈타인의 괴물과 달리 죽은 뇌는
다시 움직일 수 없다. 인간은 자카란다 나무처럼 복제할 수 없고, 심
지어 복제한다고 해도 새로 태어난 아이는 같은 DNA를 가진 다른 존
재다. 나의 기억, 경험은 물론, 절대 포기하고 싶지 않은 사랑하는 사
람들과의 관계는 사라진다. 이 모든 것을 유지할 수 있다면 도전해볼
가치가 있을지도 모른다. 모든 기억을 복제하여 디지털로 옮기고 서
버에 업로드할 수 있다면 '나'는 존재할 수 있다. 이것은 '전뇌 에뮬레
이션whole brain emulation' 또는 '업로딩uploading'이라 불리는 개념이며, 또 다

른 과학자 집단의 꿈이다.

전뇌 에뮬레이션

에뮬레이션emulation은 프로세싱 플랫폼의 표적 특징 전체를 모방하는 것으로 컴퓨터과학 분야에서는 잘 알려진 용어다. 에뮬레이터를 사용하면 한 컴퓨터를 다른 컴퓨터와 똑같이 동작하게 만들 수 있다. 현대의 컴퓨터를 옛날 코모도어64Commodore64처럼 작동하게 하는 소프트웨어 프로그램 VICE가 고전적인 사례다. 1993년 출시된 VICE 소프트웨어는 리눅스Linux, 아미가Amiga, 유닉스Unix, 도스MS-DOS, 윈도우Win32, 맥 OS X를 비롯한 다양한 호스트 머신에서 작동되는 공개 에뮬레이터다.[25] VICE가 작동하면 현대의 컴퓨터는 즉시 그 옛날 코모도어 8비트 기계의 복제품이 된다. 실제로 작동하는 모습은 매우 신기하다.

에뮬레이션은 이미 인간의 뇌에 적용된 바 있다. 베르거의 인공해마가 가장 유명하다.[26] 정보를 입력하고 검색하는 해마의 중요한 역할은 1957년부터 알려져 있었다. 스코빌Scoville과 밀너Milner는 발작이나 정신증으로 측두엽 절제술을 받은 환자 열 명의 기억 장애 정도를 설명했는데, 수술 이후 해마에 중대한 손상을 입은 사람들은 새로운 기억을 유지하지 못했다(이 증상을 전향 기억상실이라 한다).[27] 알츠하이머병 증세와 유사하게, 해마가 온전하지 않은 사람은 어린 시절의 사건은 기억할 수 있었지만 새로운 사건을 장기 기억에 저장하지는 못했다. 이를 포함한 관련 연구 결과를 참고하여 시어도어 베르거 Theodore Berger는 서던캘리포니아 대학교 동료들과 뇌를 인공적으로 보조하는 인공 해마를 개발했고, 2004년에 마침내 생체 조직 시험을 통과했다. 베르거의 인공 해마는 기본적으로 손상된 해마의 기능을 대체한다. 즉, 해마 외부 구역에서 정보를 입력받아 산출물을 내보내는 원래 해마의 기능을 할 수 있다. 쥐와 원숭이를 대상으로 무수히 실험한 끝에, 웨이크 포리스트 뱁티스트 메디컬 센터Wake Forest Baptist Medical Center의 로버트 햄슨Robert Hampson 박사가 이끄는 연구팀이 2018년 최초로 인간 환자에게서 인공 모델의 효능을 입증했다.[28] 웨이크 포리스트 팀은 개인에 맞춰진 인공 해마를 사용하여 질병으로 기억이 손상된 환자의 기억 기능을 37% 개선할 수 있었다. 인공 해마 모델을 사용하자 최대 75분까지 기억이 지속됐다.

이러한 과학계의 신기술을 보면 곧 인간 뇌의 에뮬레이션이 가능할 것만 같다. 아무래도 현대 컴퓨터는 인간의 뇌보다 빠르고 신뢰도도 높다. 뇌 회로 구조는 어떤 면에서 구식이고 꽤 어설프다고도 말할 수 있을 것이다. (포유류의 두뇌 신피질이 개발된 지 2억 년도 넘었다는 점을 생각하면 당연한 일이다.) 뉴런의 축삭돌기(약 860억 개가 있다)를 따라 말단까지 전류가 흐르면 신경전달물질이라고 알려진 화학 물질의 분비가 촉발된다.[29] 이 화학 물질은 다른 뉴런의 수상돌기에 있는 결합 장치로 흘러서 신호를 전달한다. 하나의 뉴런은 약 10만 개의 다른 뉴런과 이런 식으로 연결되어 있다. 인상적으로 들릴지 모르지만, 이 모든 과정은 느리고 신뢰도가 떨어진다. 축삭돌기 말단에 신경 자극이 도달해도 다음 뉴런의 연결부에 신경전달물질을 보내는 임무를 완수하지 못할 때도 많다. 사실 시냅스후 뉴런 또는 표적 세포가 제대로 입력을 받는 것은 다섯 번 중 한 번 정도다. 뇌는 동시에 여러 뉴런의 시냅스에 동일 정보를 전송함으로써 이러한 단점을 보완한다. 신경회로에는 불필요한 중복이 매우 많아서 여기저기서 실패해도 문제가 되지 않는다. 순전히 복제되는 횟수가 너무 많기 때문에 메시지는 어떻게든 전해진다. 그러나 이를 컴퓨터와 비교해보자.[30] 먼저, 컴퓨터의 처리 속도는 최초로 개발되었을 때보다 백만 배는 빨라졌다. 이런 변화는 인간의 뇌에서는 일어나지 않는다. 컴퓨터는 전류가 흘러서 화학 물질 분비를 유도하는 이중 절차를 사용하지 않기 때문에 컴퓨터 회로는 신경 화학 회로보다 훨씬 빨리 작동한다. 게다가 놀랄 만큼 안정적이다. 뉴런 사이에 화학 물질이 전달돼야 하는 어설픈 시냅스 연결과는 다르다. 컴퓨터는 단 한 번의 오류도 없이 조 단위의 명령을 수행한다. 마지막으로 크기 제한이 없다. 에뮬레이션을 수행하는 컴퓨터가 방이나 건물만큼 커도 무방하다. 하지만 인간의 뇌는 언제나 인간의 두개골 안에 들어가야 한다.

슈퍼컴퓨터가 개발되고 있다. 이미 인공 해마 보조 장치 사례로 보았듯 일부 뇌 활동도 재현할 수 있다. 전뇌 에뮬레이션 지지자들은 이 기술을 구현하는 데 필요한 도구의 상당수, 예를 들면 뇌지도화brain mapping, 단순 유기체의 뇌 시뮬레이션brain simulation, 가상현실 등이 이미 개발 중이라고 주장한다. 심지어 최초로 유기체의 커넥톰connectome, 즉 완전한 신경 지도를 완성하기도 했다. 물론 대상은 길이 1mm에 불과한 예쁜꼬마선충이었지만, 어쨌든 해냈다. 인류가 목표에 거의 도달했다는 뜻이 아닐까?[31]

물론 에뮬레이터의 완성이 코앞에 있다고 믿는 지지자들도 있다. 조지메이슨 대학의 로빈 핸슨Robin Hanson 박사가 가장 목소리를 높이고 있다.[32] 핸슨은 몇 년째 에뮬레이터의 도래를 준비한다. 그는 이 기술이 다음 세기 안에 완성될 것이며 '에뮬레이터의 시대'는 수렵·채취 사회에서 농경 사회가 된 것만큼이나 엄청난 변화일 것이라고 주장한다. 2016년 구글 연설에서 핸슨은 다음과 같이 설명했다. "에뮬레이터는 모방 대상이었던 인간과 똑같은 존재로 출발한다. 작동을 시작하자마자 '당신은 에뮬레이터입니다'라고 말해주고 더 이상 인간이 아니라는 사실을 설득시켜야 할 것이다. … 그 이후 에뮬레이터는 여러 다른 경험을 통해 원본과는 다른 존재로 발전한다."

핸슨은 인간 사회의 모든 분야에서 가장 현명하고 생산적인 구성원을 선택하여 에뮬레이션을 시작해야 한다고 주장한다. 에뮬레이터가 있다면 그 처리 속도와 기능을 따라갈 수 없어 인간은 대부분 은퇴할 것이다. 게다가 에뮬레이터는 복제도 가능하다. 에뮬레이터 변호사는 스스로 50개로 복제돼 동시에 법률 사건 50건을 다룰 수 있다. 게다가 에뮬레이터는 작업 소요 시간을 단축할 수 있다. 가상 세계의 속도를 재촉함으로써 법률, 치과, 의료, 건축을 비롯한 모든 전문 서비스를 훨씬 빨리 제공할 수 있다.

핸슨은 에뮬레이터의 시대를 설명하는 책을 썼으며 이 주제로 강연도 자주 한다. 이 주제에 매료되어 '업로딩'의 날을 기다리며 죽기 전에 기술이 구현되길 바라는 사람들도 있다. 핸슨과 지지자들은 죽음을 극복하고 싶다는 같은 열망을 품고 있다. 핸슨의 지지자가 에뮬레이터를 믿는 이유는 신앙인이 영적 지도자를 믿는 이유와 같다. 영원히 살 수 있다고 믿고 싶어서, 죽음의 진실을 감당하기 너무 힘들어서다.

하지만 주류 신경과학자들은 인류가 뇌 전체를 이해하는 경지에 다다랐다고 믿지 않는다. 2020년에 발표된 〈신경과학계의 존재론적 위기An existential crisis in neuroscience〉라는 흥미로운 기사에서 그리고리 기차운츠Grigori Guitchounts는 뇌 에뮬레이션의 기본 요건인 전뇌 지도화의 문제점을 검토했다.[33] 신경과학 박사과정생인 기차운츠는 하버드 대학 분자 및 세포생물학 교수인 제프 릭트먼Jeff Lichtman 박사와 인터뷰를 진행했는데, 뇌 지도화의 세계적 권위자인 릭트먼은 인류의 능력으로 인간의 뇌를 이해할 수 있다고 믿는 사람으로 보일지 모르지만, 그렇지 않다. 릭트먼은 기차운츠에게 이렇게 말했다. "인간은 무한한 지능으로 우주 전체를 이해할 수 있다는 잘못된 믿음을 갖고 있다. 만약 집에서 기르는 개가 말을 알아듣느냐고 물으면 '개는 뇌가 작아서 말을 다 이해할 수 없다'고 대답할 것이다. 인간의 뇌는 개보다 조금 더 클 뿐이다. 그런데 인간이 과연 모든 걸 이해할 수 있을까?" 릭트먼은 단순한 말로 인간의 자아도취를 따끔하게 지적했다. 인간이 뇌와 그 모든 작동과 상호작용을 이해하고 완전한 지도를 그린 다음 우리의 경험을 복제할 수 있다는 믿음은 우스울 정도의 자아도취적 허세에서 탄생했다. 스스로 신과 같다고 여기는 마음이 드러난 것이다.

정통 신경과학자들은 에뮬레이션에 대한 논문을 내지 않는다. 그저 뇌의 작은 구역에 대한 이해가 한 발짝 나아갔다는 논문을 쓴다. 살아 있는 동안의 삶을 개선하기 위해 연구하는 것이지 존재를 업로드하겠다는 꿈을 꾸지 않는다. 예를 들면 조현병 같은 뇌 장애를 치료하려 한다. 정신병의 근원은 무엇인가? 조현병 환자가 왜곡된 경험을 할 때 뇌에서는 어떤 일이 일어나는가? 조현병 환자의 뇌는 왜 일반인과 다르게 작동하는가? 공포의 학습과 해소 연구도 같은 동기로 이뤄진다. 공포를 유발하는 기억을 바꾸거나 공포가 발생하는 특정 회로를 차단할 수 있는가? 폭행당하거나 총구 앞에 선 경험이 있는 사람의 머릿속에 충격적인 장면이 자꾸 떠오르는 것을 막을 수 있는가? 한마디로 주류 과학자들은 뇌의 특정 처리 과정과 특정 영역에 대한 구체적인 질문을 한다. 뇌 전체를 복제한다거나, 심지어 뇌 전체를 이해하려는 생각은 전혀 하지 않는다.

현실적으로 전뇌 에뮬레이션이 절대 이뤄지지 않을 이유는 많다. 먼저, 인간의 뇌는 고정된 시스템이 아니다. 성인이 되면 뇌의 뉴런 수가 고정되며, 시간이 흐르면서 알코올 등의 영향으로 일부를 잃을 수 있지만 새로 생겨나지는 않는다고 잘못 알고 있는 사람이 많다. 다행히 이는 사실이 아니다. 신경줄기세포는 성년이 되어도 새로운 뉴런을 생산할 수 있다.[34] 이 신경발생neurogenesis 과정은 다양한 뇌 영역에서 관찰됐다. 예를 들면 해마에서는 새로운 뉴런이 계속 나타나는데 이는 기억이 작동하는 방식과 결정을 내리는 상황에 큰 영향을 미치는 것으로 보인다. 신경발생은 포유류의 뇌에서 꽤 빠르고 빈번하게 일어난다. 독자들도 이 책을 다 읽을 때쯤이면 (특별히 속독하는 사람이 아니라면) 뇌에 새로운 뉴런이 생겼을 것이다. 프로그래밍 전문가들은 이 문제를 어떻게 해결할까? 샌드버그Sandberg와 보스트롬Bostrom은 "에뮬레이션이 며칠 동안 제대로 작동하는 것으로 충분하다면, 진정한 장기적 기억 강화나 적용을 구현하려는 것이 아니라면" 신경발생을 "무시해도 될지 모른다"고 말했다.[35] 하지만 이 정도로는 아무도 만족시키지 못할 것이다. 우리는 그저 며칠만 제대로 살자는 것이 아니라, 새로운 기억을 저장하고 이를 앞으로 만날 새로운 세계에 적용하며 영원히 살길 바라는 것이니 말이다.[36]

수상돌기 연구에서도 비슷한 문제가 나타난다. 뉴런의 수상돌기는 다른 뉴런의 신경전달물질을 받아들이는 연결부가 있는 부분이다. 이것 역시 고정되어 있지 않다. 몇 개월이 지나면서 수상돌기는 자라고, 새로운 가시가 생기고, 다른 뉴런과의 연결이 바뀐다. 연결부가 있는 수상돌기 가지의 움직임이 몇 시간, 며칠 안에 바뀌기도 한다. 이러한 변화 과정은 분명 학습과 적용에 매우 중요할 것이다. 어떻게 이를 무시할 수 있을까? 고정적 에뮬레이션은 가상현실에 적응하지 못할 것이다. 살아 있는 인간처럼 정보를 통합하지 못하기 때문이다. 간단히 말해서 에뮬레이션은 실제 인간을 단순화한 프로그램에 불과하며, 환경이 바뀔 때마다 점점 기능이 떨어질 것이다.

인간 뇌의 시냅스 역시 몇 밀리초 만에도 연결 강도가 바뀐다. 반면 컴퓨터 연결은 안정적이고 변하지 않는다. 전류는 하나의 전선을 타고 다른 부분과 연결되어 흐른다. 에뮬레이션에서 인간 뇌의 연결 방식을 모방할 수 있을지도 모르지만, 이러한 측면은 인간 뇌의 진정한 복제본을 만드는 과정을 한층 더 복잡하게 만든다.

게다가 뉴런 말고도 인간 행동에 영향을 미치는 세포는 또 있다. 신경아교세포glial cell를 생각해보자.[37] 신경아교세포는 전기 자극을 발생시키지 않지만 뉴런을 둘러싼 채 자리를 유지한다. 이 세포는 절연 피복처럼 뉴런을 감싸 전류가 더 빠르고 안정적으로 흐르게 한다. 또한 죽은 뉴런을 제거한다. 신경아교세포(몇 종류가 있다)가 신경전달, 시냅스 연결과 기억 통합에 영향을 미치는 것은 확실하다. 에뮬레이터를 만들 때 고려해야 할 또 다른 복잡한 사항인 셈이다. 뉴런의 변화뿐 아니라 다른 세포의 활동도 계산해야 한다. 거기서 오는 복잡성은 어마어마하다. 신경아교세포는 그 성질과 기능에 있어 뉴런보다 훨씬 다양하다.

　뉴런에 영향을 미치는 요소를 또 이야기하자면, 신체는 어떤가? 인간의 신체는 뇌의 입력 장비로 기능하는데, 이 입력 장비 역시 컴퓨터에 연결된 키보드처럼 간단하지 않고 복잡하다. 먼저 인간 신체를 떠다니며 뇌에 영향을 미쳐 행동을 유발하는 힘이 있는 모든 분자를 지도화해야 한다.[38] 분자가 뇌에 미치는 영향은 대부분 인식되지 않는다. 예를 들면 배고픔을 생각해보자. 뇌 시상하부에 있는 뉴런이 활성화되면 배고픔을 느끼게 하는 두 가지 단백질, 신경펩타이드 Y$_{neuropeptide\ Y}$와 아구티 연관 펩타이드$_{agouti-related\ peptide}$가 생산된다. 이때 혈액뇌관문을 넘어 뉴런에 작용하는 것은 혈액 속의 복잡한 호르몬이다. 예를 들면 위가 비면서 생산되는 호르몬인 그렐린$_{ghrelin}$ 말이다. 그렐린은 배고픔을 유발하는 뉴런의 활동을 증가시키고 배고픔을 억제하는 세포의 활동을 둔화시킨다. 위가 차면 그렐린 생산이 줄어든다. 게다가 대장, 소장, 췌장, 지방세포에서 생산되는 무수한 호르몬이 시상하부에 작용하여 배고픔을 자극하거나 억제한다. 단순한 배고픔의 감각마저도 신체의 다양한 부위에서 생산되어 함께 작용하거나 서로 대립하며 언제고 뇌에 영향을 미치는 수백만 개의 분자가 복잡하게 상호작용하면서 일어나는 것이다. 배고픔 한 가지만 보아도 그렇다! 인간 신체에 가득한 화학 물질에 떠다니는 작은 분자들이 서서히 모습을 드러내고 있는 것은 사실이다. 열정적인 연구원들이 인간 대사체(신체의 저분자 대사물) 데이터베이스를 만들어가고 있다.[39] 그러나 모든 분자를 알아내는 것은 인간 복제에 필요한 수준에 비하면 어린아이 놀이에 불과하다. 진짜 인간을 복제하려면 신체적 분자들이 상호작용하는 방식의 완전한 지도를 그리고, 생산 과정과 뇌에 미치는 모든 영향을 알아야 한다.[40] 이 또한 복잡하기 그지없다.

전뇌 에뮬레이션이 구현되지 않을 마지막 이유는 인간 뇌의 한계와 관련이 있다. 간단히 말해서, 인간의 뇌는 복제할 가치가 없다. 인공지능이 발달하면서 훨씬 기능이 좋아진 스마트 기계는 뇌의 능력을 간단히 초월한다. 인간은 AI 연구진이 이미 만들어낸 신경 네트워크의 하위 버전이 되어가고 있다. 그래서 인간 뇌가 복제되는 일은 없을 것이다. 2018년 체스계는 최초의 신경 네트워크 프로그램이 모든 참가자를 짓밟는 모습을 경외감 속에 지켜봤다.[41] 인간은 이 신경 네트워크에 체스 규칙 외에는 아무것도 제공하지 않았다. 경기 데이터베이스도, 각 말의 가치에 대한 평가도 말이다. 즉, 당시 알파제로 AlphaZero라는 이 프로그램이 가진 정보는 규칙이 전부였다. 처음에 체스 경기에 대한 가이드라인이 없었던 알파제로는 무작위로 형편없는 수를 뒀다. 그러나 게임마다 승패가 쌓이면서 패턴 인지 소프트웨어를 통해 경기력이 향상됐다. 알파제로는 스스로 학습하고 있었다. 4시간 만에 신경 네트워크는 1,900만 회나 경기했고, 게임마다 수와 승패를 검토했다. 4시간이 지나자 어떤 인간도 도달하지 못한 수준으로 발전해 있었다. 인간 뇌보다 훨씬 학습 능력이 뛰어난 신경 네트워크는 이미 만들어졌다. 초보적인 머신 러닝 알고리즘이 이미 가장 뛰어난 인간을 초월했는데, 왜 뛰어난 인간의 복제품을 만들어야 할까? 전뇌 에뮬레이션은 실용적, 이론적, (이 장에서 채 다루지 못한) 윤리적 이유로 죽었다고 봐야 한다.

슬픈 결론

에뮬레이션에 대한 최근 구글 발표에서 로빈 핸슨은 자문했다. "나는 이 기술이 불가능할 수도 있다는 가능성을 왜 그렇게 빨리 무시했을까?"[42] 좋은 질문이다. 핸슨이 이 말을 꺼냈다는 사실이 기쁘다. 그는 이어서 답했다. "수십 년 동안 이 논의를 하도 해서 질려버렸다. … 그래서 그냥 만들어내자고 생각했다."

충격적인 대답이었다. 불가능할지도 모르는데 왜 만들어내려 하는가? 해결될 것이라 믿을 이유가 없는 문제를 왜 계속 붙들고 씨름하는가? 이미 인간의 뇌가 AI보다 보잘것없어 보이는 지금, 왜 그 일을 해야 하는가? 핸슨과 수많은 지지자는 왜 에뮬레이션을 계속 추구하는가? 이유는 간단하다. 그들은 에뮬레이션이 가능하다고 믿어야 한다. 복제되어 영원히 살 수 있다고 믿어야 한다. 불멸의 가능성에 매달리고 싶은 것이다. 사후에 시체를 냉동 보존하기 위해 매달 돈을 내는 이유와 같다.

환상에 매달리는 것이 왜 문제가 되느냐고 주장하는 사람이 있을지도 모른다. 물론 필자들은 이에 반대한다. 먼저, 앞에서 다뤘듯 불멸성을 믿을 때 발생하는 감정적 대가는 사소하지 않다. 영생을 간절히 추구하면 불안이 일어난다. 믿음이 현실이 되리라고 애써 생각하며 평생 내면에서 일어나는 의심과 회의를 눌러야 한다. 둘째, 불멸성에 대한 믿음으로 발생하는 불안은 해결해야 할 문제가 된다. 사람들은 이 문제를 다양한 방식으로 해결하는데 거기에도 대가가 따른다. 민족주의적 광기, 외집단에 대한 공격, 종교 전쟁, 불쑥 나타난 비타민 산업, 러닝머신 위에서 보내는 끝없는 시간, 냉동보존술에 대한 투자, 무익한 의료적 개입이 모두 인간의 유한성을 받아들이지 못해서 나타나는 현상이라는 사실은 앞에서 다뤘다. 죽음의 궁극성을 수용하고 진실을 마주해야만 존재론적 불안 없이 살 수 있으며, 한정된 시간 내에 자유롭게 열정적이고 진실한 존재가 될 수 있다. 몽상으로 나 자신을 속이면 지구에서의 짧은 시간 동안 잠재력을 펼치는 데 방해가 되어 자랑스러운 인생을 살기 어렵다. 자존감을 가질 수 있는 종류의 삶 말이다. 어쩌면 자존감이 답일지 모른다. 자존감은 궁극적으로 죽음을 편안히 받아들이게 하는 치료제일까? 다음 장에서 이 내용을 다룬다. 자존감은 실제로 존재론적 공포를 해결하는 중요한 요소인 듯하다.

7

자존감이라는 방패

사람들은 가장 중요한 가치,
우주적 특별함, 창조의 궁극적 유용성,
흔들리지 않는 의미를 느끼기 위해 행동한다.
자연을 개척하거나 인간의 가치를 반영하는 무언가
―삼대가 함께 사는 가족, 사원, 성당, 솟대, 마천루―를 만들며
이러한 느낌을 얻는다.
인간이 사회에서 창조한 것의 가치와 의미가 지속되기에,
내가 죽어 썩어도 그것은 존재하고 빛나기에,
인간과 인간의 창조물이 중요하기에 희망과 믿음이 있다.

어니스트 베커(Ernest Becker, 1924~1974), 《죽음의 부정》

†

20세기 초, 오스트리아에서 태어난 등산가 파울 프레우스Paul Preuss
는 담대하게 새로운 방식으로 등반을 시도하며 명성을 얻기 시작했
다.[1] 그는 단 7년 만에 1,200회의 등반에 성공했다. 그중 150회는 아무
도 오르지 않았던 절벽을 올랐는데, 이 최초의 등반 중에는 심지어 눈
과 얼음으로 덮인 봉우리도 있었다. 어디를 등반했는지도 중요했지
만, 그의 방식도 관심을 모았다. 프레우스는 수백 번을 혼자 산에 올
랐을 뿐 아니라, 기존의 등반 장비를 전혀 사용하지 않았다. 피톤(등반
에 쓰이는 쇠못-역주)이나 밧줄의 장력 등 암벽을 오를 때 사용하는 모든
등반 보조 장비를 전면 거부한 것이다. 심지어 레펠로 하산하는 것도
반대했다. 그는 보조 장비나 기술을 모두 편법으로 간주했다.

프레우스는 등반의 위험을 너무 잘 알았다. 1912년에는 영국 유명
산악인과 그 아내(험프리 오웬 존스Humphrey Owen Jones와 뮤리엘 그웬돌렌 에드
워즈Muriel Gwendolen Edwards-역주)가 300m 아래에 있는 빙하로 추락해 사
망하는 모습을 목격했다. 두 사람은 스위스 신혼여행 중이었다. 1년
뒤, 프레우스도 같은 운명을 맞았다. 북쪽 라임스톤 알프스를 단독 등
반하다 미끄러져 300m 이상 추락했다. 호주의 자연에 안긴 시신은
곧 내리는 눈에 묻혀 발견되기까지 2주 가까이 걸렸다. 신문에는 프
레우스의 인상적인 등반 업적이 실렸고, 부고는 다음과 같이 마무리

됐다.

단독 등반은 열성 팬이 있는 반면 이를 비판하는 목소리도 많다. 그러나 위대한 산악인이자 좋은 사람이었던 프레우스의 때 이른 죽음은 애석하면서도 자랑스러운 마음이 든다. 그는 최고의 지성인으로 이 시대에 더 쉽고 유리한 다른 삶의 길을 모두 알면서도 계속해서 더 어려운 문제에 도전하며 기술을 시험했고, 침착한 용기로 결과를 받아들였다.[2]

부고를 쓴 사람은 옳았다. 오늘날에도 남녀를 가리지 않고 죽을지도 모르는 고난도 단독 등반을 시도하는 사람은 끊이지 않는다. 파울 프레우스의 정신을 이어 더 높은 암벽을 프리 솔로free solo(인공적인 보조 수단 없이 사람의 육체적 능력만으로 암벽을 오르는 등반 방식 - 역주)로 오르는 도전자가 점점 늘면서 사망률도 높아지고 있다. 2018년 5월에는 사람들이 900m 높이로 솟은 거대한 암벽 엘카피탄에 올랐고, 10일 뒤 등반가 두 명이 같은 곳에서 등반을 시도하다 목숨을 잃었다. 이 암벽에서 죽은 사람은 총 30명이 넘는다. 엘카피탄을 프리 솔로로 등반하면서 스포츠계의 위대한 업적을 세운 미국 등반가 알렉스 호놀드Alex Honnold는 이렇게 말한 바 있다. "매일 죽음의 위기가 찾아온다. 그건 특별한 일이 아니다."

이에 대해 어떤 설명이 가능할까? 인류가 그렇게 죽음을 두려워한다면, 그래서 그 공포에서 스스로를 보호하기 위해 무슨 일이든 한다면, 왜 어떤 사람들은 죽을 수도 있는 일을 하는 걸까? 왜 비행기에서 뛰어내리고, 담배의 발암물질을 들이마시고, 몇 시간이고 태양의 치명적인 자외선 아래 몸을 구울까?

결국 그 답은 자존감이다.

3장에서 공포 관리 이론과 죽음의 공포를 달래주는 두 가지 방패를 살펴보았다. 문화적 세계관과 자존감이다. 앞에서 설명했듯, 문화는 죽음의 공포를 막는 강력한 방패지만 잠재적으로 파괴적인 방식이라는 사실이 수백 건의 연구로 증명됐다. 그렇다면 두 번째 방패는 어떨까? 자존감은 무엇이며 어디에서 오는가? 자존감은 죽음의 신을 만났을 때 어떻게 아군이자 적군이 될 수 있는가?

자존감

자존감은 개략적으로 자신의 가치에 대한 전반적 감각을 의미한다. 가장 유명한 자존감 측정법인 로젠버그 자존감 척도 Rosenberg Self-Esteem Scale[3]를 예로 들자면, '나는 나에게 다양한 장점이 있다고 느낀다'나 '전반적으로 나는 나 자신에 만족한다' 등의 명제에 동의하는 사람은 자존감이 높은 사람이다. 반대로 '나는 때때로 내가 쓸모없다고 느낀다'나 '나는 때때로 좋은 점이 전혀 없는 것 같다' 등의 명제에 동의하는 사람은 자존감이 낮다. 연구에 따르면 자존감은 인생 전반에 걸쳐 꽤 안정적으로 지속된다. 스스로에 대해 긍정적으로 느끼는 아이는 대개 어른이 되어도 비슷한 경향을 보인다. 상대적으로 변하지 않는 이러한 특징을 '기질적 자존감'이라고 한다. 개방성이나 성실성 등 대체로 변함없는 성격 특성과 비슷한 종류의 자존감이다. 하지만 살면서 자존감이 등락을 거듭하는 것은 정상적인 현상인데, 이를 '상황적 자존감'이라고 한다. 직장에서 승진하거나 연인이 생기거나 외모가 개선되면 일시적으로 자존감이 올라간다. 반대로 실직하거나 마음에 드는 사람에게 고백했다 거절당하면 자존감이 곤두박질칠 수 있다.

연구에 따르면 자존감은 뇌가 서서히 새로운 인지 능력을 갖추는 아동기쯤 나타난다.[4] 새로운 인지 능력이란 이상적 자아(내가 원하거나 남들이 원하는 모습)와 실제적 자아 사이의 차이를 인지하는 능력, 다른 사람의 시각에서 나를 어떻게 볼지 상상하는 능력, 나를 다른 사람과 비교하는 능력을 말한다. 나의 사회적 입지와 능력을 판단하는 데 필요한 요소다. 8세쯤 되면 대부분 세 가지 인지 능력이 모두 발달한다. 즉, 자존감의 토대가 마련되는 것이다.

유년기를 거치며 자존감에 필요한 능력이 발달할 뿐 아니라, 그 중요성도 커진다. 나이가 들면서 자존감은 삶을 지탱하는 데 음식과 물만큼이나 필요한 자원이 된다. 《의미의 탄생과 죽음The Birth and Death of Meaning》에서 어니스트 베커는 다음과 같이 자존감의 발달을 설명한다.

아이의 조기 교육 시기 전체는 자존감을 유지하는 방식을 바꾸는 법을 배우는 시간이다. 아이는 계속 몸으로 자기 뜻을 표현하면 부모의 인정을 받거나 자존감을 얻을 수 없다는 사실을 고통스럽게 배운다. 상징적 행동 규칙에 따라 행동해야 인정과 지지를 얻을 수 있다는 사실을 알게 된다. 다시 말해, 자존감의 필수적 정서를 엄마의 젖이 아닌 말에서 얻는다.[5]

베커가 말하는 '상징적 행동 규칙'은 모두에게 익숙한 개념이다. 어릴 때부터 우리는 어떤 행동이 '착하다' 또는 '나쁘다'고 배운다. 장난감을 친구와 나누고 편식하지 않고 '주세요'와 '감사합니다'를 말하면 칭찬과 애정이 따라오지만, (대부분 가정에서) 소리 지르거나 음식을 던지거나 드러누우면 벌을 받거나 소외당한다. 우리는 요람에서부터 주변 사람들의 기준에 맞추도록 양육된다. 이를 따라야만 착하고 가치 있는 사람이 될 수 있다. 나이가 들면서 우리는 이러한 기준을 내면화하며, 부모의 직접적인 칭찬은 오래전에 사라졌는데도 주변 사람들이 '착하다'고 생각할 만한 행동을 추구하면서 자존감을 기른다.

자존감의 기준은 외부와 단절된 채 나타나지 않는다는 점이 중요하다. 문화가 그 기준을 만들어낸다. 우리 문화가 명품 옷과 고급 승용차에 성공의 이미지를 포장하여 판다면 우리는 사회의 소중한 구성원이라는 기분을 느끼기 위해 물질을 좇을 것이다. 그러나 문화가 성공은 최고의 사냥꾼이 되는 것이라고, 최고 수준의 교육을 받는 것이라고, 또는 최고의 운동선수가 되는 것이라고 선언하면 또 그것을 열렬히 추구할 것이다. 자존감과 문화적 세계관은 같은 동전의 양면이다.

자존감의 방패

3장에서 보았듯 자존감은 인간이 죽음을 가장 당당하게 방어하는 방법이다. 내가 가치 있는 사람이라는 자기 확신이 있으면 죽음 앞에서 스스로 하찮은 존재라고 느끼지 않을 수 있다. 어니스트 베커의 표현대로 "우리는 스스로 영웅적 가치가 있다고 느끼기 위해 통장에 숫자를 쌓으며 분투한다."[6] 나 스스로를 영웅처럼 중요하다고 생각한다면, 문화가 강요하는 모든 과제를 능숙하게 해나가며 재산을 쌓고 친구를 사귀고 따르는 사람을 만든다면, 과연 죽음이 위협적으로 느껴질까? 죽음을 두려워할 필요가 없지 않을까?

1990년대 초반, 제프 그린버그, 셸던 솔로몬, 톰 피진스키는 이미 문화적 세계관이 죽음 불안의 보호막임을 증명하는 여러 실험을 수행했다(일부는 3장에 설명).[7] 공포 관리 이론의 증거가 서서히 나타나고 있었으나, 자존감 자체가 죽음의 공포를 완화하는 데 핵심적인 역할을 한다는 사실을 증명하는 실험은 없었다. 1992년, 이들은 잘 설계된 실험을 통해 자존감에 대한 가설이 옳은지 확인해보기로 했다.[8] 먼저 자존감이 높아지면 일반적인 공포에 대한 취약성이 낮아지는지 조사했다. 연구 대상은 대학생이었다. 먼저 참가자들에게 정확한 지능 측정 방식이라며 20개의 단어 구성 문제를 5분 동안 풀게 했다. 이어서 연구진은 채점을 위해 방을 떠났다가 (실험군 집단에게) 돌아와 지금까지의 모든 실험 참가자 중 가장 정답을 많이 맞혔다며 놀라운 성과라고 축하해 주었다. 이 피드백은 완전히 거짓이었다. 연구진은 문제를 아예 채점하지 않았고, 참가자 절반(실험군)의 자존감을 높이기 위해 칭찬한 것이었다. 나머지 절반인 대조군에게는 문제를 나중에 채점할 것이라며 피드백을 전혀 주지 않았다. 다음으로 모든 참가자는 피지오그래프 기계에 연결된 전극과 전선을 손끝에 붙였다. 불안의 생리학적 신호인 피부 전도성을 측정하기 위해서였다. 연구진은 불안을 유도하기 위해 이 기계가 고통스러운 전기 자극을 준다고 말했다. 결과는 어땠을까? 지능에 대해 거짓으로 긍정적인 피드백을 받은 참가자는 피드백을 받지 않은 참가자보다 불안의 신체적 징후를 훨씬 덜 나타냈다. 일시적인 자존감 상승도 우리를 공포로부터 보호해 주는 것이다.

자존감 상승이 인간을 일반적 불안으로부터 보호한다는 사실을 증명한 후에는 죽음의 공포도 방어할 수 있는지 탐구할 차례였다. 연구진은 후속 연구에서 참가자에게 감정적 고통을 주는 영상에 어떻게 반응하는지 살펴보는 연구라고 설명했다.[9] 참가자들은 먼저 성격 테스트를 작성했다. 이번에도 단어 구성 문제와 마찬가지로 연구진은 실제 성격 점수를 확인하지 않았고, 그 대신 사전에 준비한 포괄적인 피드백을 제공하여 자존감을 조작했다. 한 집단에게는 중립적인 피드백을 주었다. '성격적 약점이 있지만 보통은 보완할 수 있는 것들입니다.' '당신의 꿈은 때로 비현실적입니다.' 다른 집단에게는 단어 선택을 미묘하게 바꿔 긍정적인 뉘앙스를 전달했다. '종종 성격적 약점이 있다고 느낄지 모르지만, 당신은 근본적으로 강한 사람입니다.' '당신의 꿈은 대부분 꽤 현실적입니다.' 다음으로 각 집단을 둘로 나누어 7분 동안 두 영상 중 하나를 시청하게 했다. 죽음 현저성 집단(실험군)에게는 실제 부검과 사형수 건물에 수감된 재소자의 전기 처형 장면을 포함하여 죽음이 담긴 영상을 보여주었다. 대조군에게는 죽음과 전혀 관련 없는 중립적 영상을 보여줬다. 마지막으로 참가자들은 설문지를 받고 '나는 긴장했다', '나는 걱정된다' 등의 명제에 동의하는 정도를 점수로 표시했다. 가짜 성격 테스트에서 중립적 피드백을 받은 집단의 경우, 생생한 죽음 영상을 본 학생들은 대조군보다 훨씬 강한 불안을 느꼈다. 그러나 흥미롭게도 긍정적인 성격 피드백을 받은 집단의 실험군 학생들은 폭력적인 죽음 장면을 보고도 불안 수준에 차이가 없었다. 자존감의 일시적 상승이 죽음을 상기시키는 이미지로 인한 불편과 불안을 막아주는 효과가 있었던 듯하다.

5년 뒤, 같은 연구진은 애리조나 대학 에디 하몬-존스Eddie Harmon Jones가 이끄는 새로운 실험 설계를 보조했다.[10] 인공적으로 자존감 수준을 조작하는 대신, 원래 자존감이 높은 사람이 죽음 현저성의 영향을 덜 받는지 알아보는 연구였다. 이들은 대학 학생들에게 자존감을 측정하는 단체 메일을 보냈고, 매우 점수가 높은 학생들과 낮음~보통인 학생들을 연구 대상으로 초청했다. 연구진은 두 집단을 비교하여 자존감이 높은 사람들이 평균에 가까운 자기 개념을 가진 사람에 비해 죽음 현저성의 영향을 덜 받는지 알아보려 했다. 죽음 현저성 집단으로 분류된 참가자 절반에게는 죽음 관련 질문 두 가지를 했고, 나머지 절반에게는 질문을 하지 않았다. 다음으로 외국인 학생이 썼다며 손으로 쓴 글 두 편을 주었다. 하나는 미국인과 미국의 정책을 비판하며 맹공격하는 글, 다른 하나는 미국이 멋진 국가라며 칭찬 일색인 글이었다. 연구는 단순한 질문으로 마무리됐다. 수기를 쓴 사람을 어떻게 생각하는가?

3장에서 죽음을 떠올린 사람들이 일반적으로 어떻게 반응하는지 보았다. 문화적 세계관에 반대하는 사람을 싫어하고 지지하는 사람을 좋아하게 된다. 그런데 더 깊이 들어가 자존감의 방패에 빛을 비추면 상황은 좀 더 복잡해진다. 평균적인 자존감을 가진 실험 참가자들은 3장에서 본 바와 같이 반응했다. 죽음을 떠올린 후 문화적 세계관에 대해 더 완강해져서 미국을 좋아하는 저자를 훨씬 더 좋아했고 반미 성향의 글을 쓴 사람을 싫어했다. 그러나 자존감이 높은 사람들의 결과는 완전히 달랐다. 죽음을 떠올려도 글쓴이에 대한 느낌은 달라지지 않았다. 스스로 능력 있고 가치 있는 사람이라고 생각하는 사람들은 죽음을 생각해도 일반적인 방어기제가 활성화되지 않았다. 내가 이미 나를 중요한 사람, 죽고 나서 기억될 사람으로 보고 있다면 굳이 내가 속한 세계관을 변호하고 나설 필요가 없다. 나 자신의 중요성에 대해 확신이 없는 사람만이 죽음의 공포에서 파괴적 영향을 받아 내 세계관에 동의하지 않는 동료 학생에게서 등을 돌린다. 같은 연구진의 후속 연구에서는 자존감이 높으면 불쾌한 죽음의 생각을 잠재울 수 있는 것으로 나타났다.[11] 연구진은 참가자에게 죽음을 상기시킨 후, 'DE__'처럼 단어 일부를 제시했다. 'DEEP(깊은)'처럼 중립적 단어가 될 수도, 'DEAD(죽은)'처럼 죽음과 관련된 단어가 될 수도 있는 문제들이었다. 연구진의 긍정적 성격 피드백으로 자존감이 높아진 사람들은 죽음 관련 단어를 쓸 확률이 훨씬 낮았다. 나 자신이 특별하다는 생각이 죽음의 그림자를 의식 밖으로 밀어낸 듯했다. 반면, 긍정적인 피드백을 받지 않은 사람들은 죽음과 관련된 단어를 떠올릴 확률이 두 배 이상 높았다. 흔들리지 않는 자존감이 없다면 죽음에 관한 생각을 떨쳐버리기는 훨씬 힘들다.

자존감이 높으면 내가 죽는다는 사실의 일반적 영향에 면역이 있는 셈이다. 그런데 이게 전부는 아니다. 공포 관리 이론이 말하듯 실제로 자존감이 존재론적 공포로부터 인간을 보호하기 위해 진화했다면, 죽음을 떠올렸을 때 자존감에 대한 욕구가 강해져야 한다. 즉, 내가 썩어 없어지는 존재임을 상기한 후에는 스스로 좋은 사람이라고 느낄 만한 일에 관심이 커져야 한다. 연구에서 나타난 결과는 이러한 예상과 정확히 일치했다.

죽도록 자존감을 높이다

자존감의 방패는 인간 행동에 대한 또 다른 흥미로운 질문, 즉 그렇게 죽음을 두려워하는 인간은 왜 죽을 수도 있는 행동을 하는가에 답을 제시한다.

피부암을 예로 들어보자. 암 협회에 따르면, 피부암 사례의 95% 이상은 전적으로 예방 가능하다. 그래서 호주에서는 1980년대부터 피부암 예방 건강 캠페인을 벌여왔다. 지난 40년간 '똑똑하게 햇볕 쬐기'의 메시지를 퍼붓고 '셔츠, 선크림, 모자'를 상기시키며 '태닝은 죽음을 무릅쓸 만한 일이 아니'라고 직설적으로 말해왔다. 그래도 매년 여름이면 태닝을 하려는 사람들이 본다이 해변으로 몰려들어 모래사장에 누워서 치명적인 태양 빛에 온몸을 굽는다. 매년 흑색종을 진단받는 호주인은 1만 5,000명에 달하고, 심각하지 않은 환자가 대다수지만 죽음에 이르는 경우도 매년 2,000명이나 된다. 피부암으로 입원하는 환자 수도 급증하고 있다. 수백만 달러를 들인 공익광고는 태닝 마니아에겐 한 귀로 들어갔다 한 귀로 나오는 듯하다. 2015년 전국에서 상업용 태닝숍을 금지했을 정도다.

죽음이 그렇게도 두렵다면, 매번 태닝 때문에 죽을 수도 있다는 새로운 공익광고가 나오는데도 왜 피부암 발생률은 떨어지지 않을까? 공포 관리 이론이 정확하다면 매일 문을 나서기 전에 선크림으로 목욕이라도 해야 하지 않나? 2004년, 미주리 주립대학과 캘리포니아 주립대학 연구원들은 이 문제를 파헤쳤다.[12] 클레이 라우틀리지Clay Routledge, 제이미 아른트Jamie Arndt, 제이미 골든버그Jamie Goldenberg는 이전에도 태닝 관련 연구를 하면서 태닝의 주된 목적이 외모 개선임을 알게 되었다. 외모에 관심이 많은 사람일수록 위험한 햇빛을 피할 확률이 낮았다. 태닝은 그 위험에도 불구하고 사람들의 자아상에 긍정적 영향을 주는 듯했다. 태닝을 하면 자존감이 높아져 죽음 공포가 줄어드는 것은 아닐까?

먼저 세 연구원은 '태닝을 하는 것은 내 자아상과 자존감의 일부다'라는 명제에 얼마나 동의하는지 소속 대학 심리학과 학생들을 대상으로 설문을 진행했다. 그리고 '매우 그렇다'나 '그렇다'라고 답한 학생들만을 실험 대상으로 삼았다. 연구진은 성격과 소비 습관의 관계를 밝히는 연구라고 참가자에게 연구 목적을 설명한 뒤 모두에게 무작위로 설문지를 배포했다. 절반은 죽음을 상기시키는 질문을, 절반은 일반적인 질문을 받았다. 여느 죽음 현저성 연구와 같은 시작이다. 이 연구의 특별한 지점은 바로 그다음 단계다. 참가자 절반은 바로 실험의 다음 단계로 넘어갔고, 나머지 절반은 그전에 먼저 단어 찾기 퍼즐을 풀었다. 연구진이 이 단계를 추가한 이유는 죽음에 관한 생각이 의식 차원에서 사라질 만큼 시간이 지났을 때도 행동이 달라지는지 살펴보기 위해서였다.

다음 단계에서 연구진은 다양한 선크림 제품을 제시하고 각 제품을 살 것인지 물었다. 직전에 죽음을 떠올린 참가자들은 선크림 구매에 가장 흥미를 보였다. 삶의 유한성을 강제로 생각한 후에는 죽음을 생각하지 않은 사람보다 태양 빛에서 스스로를 보호하고 싶은 마음이 커진 것이다. 흥미롭게도 시간 지연을 두어 죽음에 관한 생각이 의식에서 무의식으로 물러난 참가자들은 선크림 구매에 관심이 훨씬 덜해서 모든 집단 중 선크림 구매 의향이 가장 낮았다. 죽음에 대한 걱정이 의식 전면에 있을 때는 실제적으로 도움이 되는 일을 한다. 태양을 피하거나 건강에 유의하자고 생각하는 것이다. 그러나 그런 생각이 물러나 의식의 수면 아래 머물게 되면 죽음의 공포를 방어하는 방법은 각자가 선호하는 방식(이 경우, 태닝)으로 자존감을 높이는 쪽으로 바뀐다. 후속 연구에서 죽음 현저성은 참가자가 태닝 제품을 사거나 태닝샵을 찾을 의향을 높이는 것으로 나타났다.[13] 매력적으로 태닝한 여성이 나오는 광고를 본 이후, 우리 문화가 구릿빛 피부를 아름답게 여긴다는 사실을 상기한 참가자들은 죽음을 떠올렸을 때 태닝을 원했다.

죽음의 공포를 느꼈을 때 자존감을 높이기 위해 위험한 행동을 할 수 있다는 연구 결과는 또 있다. 1999년, 오리트 타우브먼 벤-아리Orit Taubman Ben-Ari는 빅터 플로리안, 마리오 미컬린서(6장의 애착 연구에서 등장한 연구원들이다)와 함께 이스라엘 바일란 대학에서 이스라엘 방위군 남성 군인들을 대상으로 연구를 진행했다.[14] 먼저 운전이 자존감에 얼마나 중요한지 알아보는 설문을 했다. '운전할 때면 뭐든 할 수 있다고 느끼게 된다', '운전은 내가 "무리"의 일부라고 생각하게 만든다' 같은 명제에 얼마나 동의하는지 점수를 매기는 방식이었다. 이어서 실험군에게 표준 죽음 현저성 질문 두 개를, 대조군에게는 중립적 질문 두 개를 제시했다. 연구진은 공포 관리 이론에서 말하는 죽음 불안에 대한 무의식적 방어기제인 자존감에 대해 알아보려 했으므로 시간 지연이 필요했다. 태닝 연구에서처럼 죽음에 관한 생각이 의식 차원에 있지 않을 때 어떤 일이 일어나는지 확인하려는 것이었다. 그래서 다음 단계로 넘어가기 전에 모든 참가자에게 관련 없는 설문을 하게 하여 시간을 끌었다. 그런 다음 참가자들에게 짧은 글을 읽게 했다. 운전자가 위험하게 행동할 여지가 있는 도로 위 상황이었다. 예를 들면 다음과 같다. '당신은 주말 휴가를 즐기러 가는 중이다. 매우 느린 차가 바로 앞에 있다. 도로는 맞은편 차로와 중앙선으로 분리돼 있다. 당신이 앞차를 앞질러 갈 확률은?'

참가자들은 각 시나리오에서 위험을 무릅쓸 확률을 단순하게 점수로 답했다. 직관적으로 생각하면 죽음을 떠올린 후 운전에 조심스러워져서 빨간불에 달리거나 알코올의 영향이 있을 때 운전하겠다는 답변이 적어지리라고 기대할 수 있다. 실제 연구 결과도 그랬다. 그런데 운전과 자존감이 관계없다고 답한 참가자에게서만 이런 결과가 나타났다. 첫 설문에서 자존감과 운전의 관계가 드러나지 않은 참가자들의 경우, 죽음 현저성 집단(실험군)이 대조군에 비해 훨씬 신중하게 운전했다. 그러나 운전대를 잡으면서 자존감을 얻는 참가자들의 결과는 놀랍게도 반대였다. 이들은 죽음을 생각하자 죽음을 생각하지 않은 사람에 비해 훨씬 더 위험하게 운전하겠다고 답했다.

흥미로운 결과였지만 연구진은 중대한 한계를 인지했다. 가상 시나리오를 읽고 자기 행동을 예측하는 것이 실제 도로에서의 운전 행위와 얼마나 일치할 것인가? 과학적 연구는 늘 외부 타당도를 추구하며, 현실에서 일어나는 일을 실험실에서 최대한 똑같이 복제해야 효과적인 연구라고 할 수 있다. 그래서 세 연구원은 후속 연구를 설계했다.[15] 새로운 실험은 전 연구와 거의 비슷했다. 이스라엘 군인을 대상으로 했고, 운전에서 오는 자존감을 측정한 후 집단을 나눠 죽음을 상기시키거나 중립적 주제를 주는 단계까지는 같았다. 그러나 이번 연구에는 핵심적으로 다른 부분이 있었다. 참가자들은 가상 시나리오를 읽는 대신 실제 운전 상황을 본떠서 설계된 운전 시뮬레이터에 앉았다. 실제로 운전석에 앉아 도로와 풍경이 계속 바뀌는 가운데 운전대를 잡고 속도계를 보며 액셀과 브레이크를 밟았다. 연구진은 총 10분간 시뮬레이터에 참가자들을 앉히고 평소처럼 운전하라고 했다. 연구진은 죽음 현저성 집단이 대조군보다 상당히 빠르게 운전하는 것을 파악했는데, 이러한 현상은 운전이 자존감에 중요하다고 답한 사람들로 한정되어 나타났다. 운전이 자존감의 주요 원천이 아닌 사람들은 죽음을 상기해도 대조군과 비교하여 운전 속도가 크게 차이 나지 않았다. 또한 죽음을 생각하지 않은 대조군에서는 운전이 자존감에 중요한 참가자들과 그렇지 않은 참가자들의 운전 속도에 차이가 나타나지 않았다. 참가자들은 죽음이 의식의 모퉁이에 걸려 있을 때만, 그리고 운전이 자존감을 높이는 데 도움이 될 때만 무모하게 운전했다.

건강 경고의 함정

2011년, 호주 정부는 역사적인 '무광고 표준 담뱃갑 법 Tobacco Plain Packaging Act'을 도입했다. 모든 담배 상품에 브랜드를 붙이지 못하도록 하는 혁신적인 이 법률은 이후 다른 여러 국가에서도 채택됐다. 빨간색과 흰색으로 눈을 사로잡던 말보로 브랜드명과 로고는 시각적인 건강 경고로 대체됐다. 이제 담뱃갑 하나하나에 '흡연은 태아에게 해롭습니다', '흡연은 뇌졸중 위험을 두 배로 높입니다'와 같은 메시지가 새겨졌고 종양, 썩어가는 구강, 산소호흡기를 달고 있는 조산아 사진이 붙었다. 브랜드명은 담뱃갑 아래쪽에 단순한 글자로 작게 표시됐는데, 너무 작고 밋밋해서 알아보기 힘들 정도다.

이 획기적인 법률 이래로 호주 흡연율은 급감했다. 그러나 호주 흡연율은 새로운 법률이 도입되기 한참 전부터 수십 년간 꾸준히 내려가고 있었으므로 새로운 포장 요건이 결정적 효과가 있었는지에는 논란의 여지가 있다. 1980년에는 호주인 35%가 정기적으로 흡연한다고 답했으나, 2016년에 이 수치는 반 이상 줄었다. 무광고 표준 담뱃갑 법이 없는 미국 등의 국가에서도 흡연율은 줄어들었으니, 이 법률의 영향력은 확실하지 않다.

2018년, 에센스 커뮤니케이션Essence Communications이 보건부의 의뢰로 대규모 연구에 착수하면서 이 문제가 조명됐다.[16] 2,000명 이상의 흡연자 또는 과거 흡연자를 대상으로 건강 경고를 어떻게 생각하는지, 흡연 행동에 어떤 영향을 받았는지 조사했는데, 결과는 놀라웠다. 담배 포장의 파격적인 변화에도 불구하고, 담뱃갑의 건강 경고를 보고 금연을 고려했다는 흡연자는 34%에 불과했으며 실제로 흡연량이 줄었다고 답한 흡연자는 23%에 그쳤다.

건강 경고가 흡연 감소에 미친 영향이 사소한 것이었다면 흡연율이 줄어든 진짜 이유는 무엇일까?

참가자들과의 심층 인터뷰를 통해 담뱃갑의 효과에 대한 귀중한 통찰을 얻었다. 한 흡연자는 과거 포장이 '훨씬 예쁘고 멋진' 것이었다고 회상했다. 다른 사람은 사회적 지위와 관련된 담배 브랜드를 구매할 때 자부심을 느꼈다고 말했다. "금전적 여유가 있으면 나를 나타내는 브랜드를 샀죠. 윈필드 블루, 벤슨, 헤지스처럼요. 윈필드 블루나 레드를 피우는 사람은 꽤 자부심을 느꼈어요. 예전에는 담배 브랜드의 이미지가 있었죠. 지금은 포장이 이래서 남들 앞에서 담뱃갑을 꺼내기가 부끄러워요." 이러한 수치심과 친구나 가족의 눈길을 두려워하는 마음은 인터뷰에서 반복적으로 나타났다. 타인에게 부정적으로 비치기 싫어서 담뱃갑을 숨긴다는 흡연자가 많았다. 한 흡연자가 인정했다. "비흡연자 친구들이랑 있을 때는 가방에 넣어둬요. 그러면 친구들이 담배 피우는 걸 나무라지는 않거든요."

이 인터뷰는 매우 중요한 부분을 드러낸다. 흡연을 자존감의 중대한 원천으로 삼는 사람이 많다는 것이다. 수십 년간 이어진 담배 광고는 흡연을 사회적 지위, 부, 계급과 연결 짓는 데 성공했다. 융통성 없던 모범생 샌디가 입술에 담배를 물고 '쿨한 여자'로 다시 태어난 후에야 라이델 고등학교 킹카의 사랑을 얻는 영화 「그리스Grease」는 이런 메시지를 단단히 굳혔다. 비흡연자 친구들 사이에서 부끄러움을 느낀다는 인터뷰 대상자들의 경험에서 알 수 있듯 흡연에 대한 태도는 달라지고 있지만, 여전히 담배가 자아상에 중요하다는 사람도 많다. 그리고 공포 관리 이론이 말해주듯 인간은 아무리 큰 신체적 대가를 치르더라도 죽음의 공포를 달래주는 자존감 강화를 위해서라면 무슨 짓이든 한다. 게다가 앞에서 확인한 것처럼 죽음을 상기한 인간은 어떻게든 자존감을 높이려 한다. '흡연은 죽음이다'와 같은 확고한 문장으로 덮인 담뱃갑은 죽음 현저성 그 자체가 아닌가? 그렇다면 죽음을 상기시키는 담뱃갑의 이미지는 원래 의도와 달리 무의식의 흡연 욕구를 자극하는 것은 아닐까?

2010년, 잉그리드 마틴Ingrid Martin과 마이클 카민스Michael Kamins는 흡연자에게 금연 캠페인이 얼마나 효과가 있는지 연구했다.[17] 먼저 '흡연은 내가 다른 사람에게 좋은 인상을 주게 한다'와 같은 문장에 동의하는 정도를 점수로 답하게 하여 자존감과 흡연의 관련도를 확인했고, 이 점수에 따라 참가자를 '흡연 자존감이 높은 집단'과 '흡연 자존감이 낮은 집단'('흡연은 내 성격의 원하지 않는 측면을 드러낸다'나 '흡연하는 동안 타인과 함께 있는 것이 불편하다'에 동의한 사람들)으로 분류했다. 즉, 흡연에서 자존감을 찾는 집단과 그렇지 않은 집단으로 나눈 것이다. 그런 다음 실제 금연 공익광고를 보여줬다. 3분의 1은 건강에 초점을 맞춘 전통적인 금연 광고를 보았다. 시커멓게 변한 폐의 생생한 이미지와 수명이 몇 달 남지 않았다는 말을 들은 환자들의 모습이었다. 이 공익광고는 참가자들에게 죽음을 상기시키는 명백한 죽음 현저성 노출에 해당됐다. 다른 3분의 1은 죽음을 전혀 언급하지 않고 흡연자를 매력 없고 미성숙한 사람으로 묘사하는 공익광고를 보았다. 흡연자의 신체적 죽음을 경고하는 대신 주변 사람들에게 소외당하는 사회적 죽음을 겪는 모습을 보여준 것이다. 마지막으로 대조군인 나머지 3분의 1은 공익광고를 보지 않았다. 이어서 연구진은 참가자에게 몇 가지 단순한 질문을 했다. 가까운 미래에 금연할 확률은 얼마나 되는가? 향후 5년, 10년, 20년 안에는?

충격적이지만 건강에 집중한 메시지는 흡연자의 금연 의향에 전혀 영향을 미치지 못했다. 시각적 건강 캠페인을 본 흡연자와 전혀 광고를 보지 않은 대조군을 비교했을 때 금연 의향에 유의미한 차이는 나타나지 않았다. 흥미롭게도 사회적 부분을 겨냥한 광고를 본 흡연자는 죽음을 상기시키는 공익광고를 본 집단에 비해 금연 의향이 훨씬 높았다. 그리고 예상대로 흡연으로 자존감을 찾는 사람들이 사회적 배제의 영향에 특히 민감했다. 예를 들면 '흡연 자존감이 높은 집단' 중 사회적 문제에 집중한 광고를 본 집단이 건강 관련 광고를 본 집단보다 가까운 미래에 금연할 확률을 두 배 높게 답했다. 게다가 사회적 배제의 메시지는 금연 의향을 높였을 뿐 아니라 흡연이 건강에 나쁘다고 인식하게 했다. '흡연은 건강에 얼마나 나쁜가?'라는 질문에 대해 광고를 본 두 집단 모두 광고를 보지 않은 집단보다 높은 점수를 매겼는데, 단순히 흡연자들이 외면당하는 영상이 폐기종을 수술하는 의사나 몇 개월 남지 않은 삶을 탄식하며 병원 침대에 누워 있는 흡연자의 영상보다 흡연을 더 위험하게 인지하게 했다. 마찬가지로 흡연의 위험성을 판단할 때도 흡연 자존감이 높은 집단이 사회적 배제 메시지에 더 큰 영향을 받았다.

여기서 언급할 만한 다른 연구 사례가 있다. 2010년, 요아킴 한센 Jochim Hansen, 수잔 윈즐러Susanne Winzeler, 사샤 토폴린스키Sascha Topolinski는 흡연자를 대상으로 유사한 실험을 수행했다.[17] 먼저 참가자들을 흡연이 강력한 자존감의 원천이라고 생각하는 집단과 그렇지 않은 집단으로 나눴다. '흡연하면 다른 사람에게 인정받는 느낌이 든다', '흡연은 나의 긍정적 자아상을 해친다' 등의 문장에 동의하는 정도를 기준으로 삼았다. 다음으로 각 참가자는 무작위로 두 종류의 담뱃갑 중 하나를 받았다. 하나는 '흡연자는 수명이 짧습니다' 등 건강 관련 경고가 표시되어 죽음을 의식하게 했다. 하나는 '흡연은 매력을 떨어뜨립니다' 등 죽음과는 관련 없는 경고가 붙었다. 담뱃갑 자체가 각각 죽음 현저성 요소 또는 통제 조건으로 사용된 것이다. 다음으로 죽음에 관한 생각이 무의식으로 가라앉을 만큼 시간을 두고 흡연을 대하는 태도와 관련된 설문을 작성하게 했다. '당신에게 흡연은 얼마나 중요합니까?', '이 연구 직후 담배를 피울 것입니까?' 등의 질문이었다. 이번에도 우려스러운 결과가 나왔다. 마틴과 카민스가 이미 죽음과 관련된 경고가 흡연자의 금연 의도에 영향을 미치지 못한다는 사실을 증명했다. 충분히 놀라운 결과였다. 그런데 이 연구에서는 조금 다른 결과가 나왔다. 흡연으로 자존감을 얻는 경우, 죽음과 관련된 경고는 아이러니하게도 흡연 욕구를 증가시켰다. '흡연은 매력을 떨어뜨립니다' 등 죽음을 전혀 언급하지 않은 경고가 흡연으로 자존감을 찾는 집단의 태도를 바꾸는 데 더 효과적이었다.

이러한 연구가 시사하는 바는 매우 중요하다. 정부에서 수백만 달러를 투자하여 금연 메시지를 전달하는데, 죽음을 직접 논하는 시각적인 건강 경고는 효과가 없고, 최악의 경우 오히려 역효과를 부를 뿐이다. 수십 년의 공포 관리 이론 연구는 어떤 방식으로든 죽음을 상기한 인간은 자존감을 높이는 데 집착한다는 사실을 증명했다. 죽는다는 사실을 떠올리면 인간은 가치 있다고 생각되는 행동을 하며 상징적 불멸성에 매달린다. 흡연으로 사망할 수도 있다는 말을 들은 직후에 담배를 집어 들기도 하고, 선탠의 위험성을 알면서 해변으로 향하기도 한다. 인간은 말 그대로 죽도록 자존감을 높이려 한다.

낙관적 전망

그래도 전망이 어둡지만은 않다. 부정적인 사회적 영향을 상기시킴으로써 금연을 고려하게 만들 수 있다는 사실을 확인했으니 말이다. 이러한 초기 연구로부터 거의 10년 후, 마틴과 카민스는 다른 위험한 행동을 연구하는 새로운 실험을 수행했다.[19] 2019년, 이들은 타인과의 관계를 겨냥한 슬로건이 운전 중 문자메시지(휴대폰 사용)를 줄이는 데 효과적이라는 결론을 얻었다. '운전 중 문자메시지 보내기는 친구와 가족과의 모든 문자를 영원히 끝내는 확실한 방법입니다'라는 슬로건은 '운전 중 문자메시지를 보내면 고통스러운 죽음을 맞을 수 있습니다' 등 죽음에 집중한 슬로건보다 훨씬 효과적이었다. 이 연구 결과는 타인과의 유대를 상기시키고 타인의 관점을 보여주는 방법이 위험한 행동을 변화시키는 열쇠라는 또 다른 증거다. 이미 이러한 접근 방식을 도입한 공익광고가 굉장한 효과를 나타냈다. 2007년 호주 도로교통국이 만든 '새끼손가락Pinkie' 광고가 훌륭한 사례다.[20] 과속이 사회적으로 용인되지 않는 행동임을 인식시키는 것이

광고의 목적이었다. 특히 치명적 교통사고를 가장 많이 내는 청년 남성을 거냥했다. TV로 방송된 광고는 먼저 무모하게 속도를 내는 젊은 남성 운전자를 보여준다. 인도에서는 화가 난 여자들이 서로 새끼손가락을 흔들며(한심하다는 뜻의 제스처 - 역주) 운전자의 허세를 비웃는다. 뒷좌석에 탄 남자들도 눈을 마주치고 조심스럽게 같은 행동을 하는 슬로모션으로 광고가 끝난다. 백미러로 친구들의 모습을 본 운전자는 실망한 표정을 짓는다. 친구들이 과속을 선망하지 않고 조롱한다는 사실을 깨달은 것이다. 이어서 화면에 슬로건이 뜬다. '과속, 누구도 당신을 대단하게 생각하지 않습니다.'

'새끼손가락'은 획기적인 광고였다. 사람들이 과속 차량에 시각적으로 거부와 조롱을 표시할 수 있는 방식도 확립했다. 실제로 청년 남성 60%는 광고 이후 친구의 난폭운전을 지적할 확률이 높아졌다고 답했다. '새끼손가락' 광고의 지속적인 문화적 영향은 자존감을 효과적으로 자극하는 것이 강력한 도구가 될 수 있음을 증명한다.

문화적 세계관과 타인에 대한 애착도 각각 장단점이 있는 것처럼, 자존감의 방패도 그렇다. 높은 자존감은 해독제인 동시에 독약이 될 수 있다. 자존감은 불안에 대한 방패이자 삶을 위협하는 행동을 변화시키는 핵심 열쇠다. 그러나 자존감에 대한 집착 때문에 현명하지 못한, 때로는 치명적인 선택을 하기도 한다. 게다가 죽음을 앞둔 시점에 자존감이 제공하는 안정감은 환상에 불과하다. 내가 중요한 사람이며 죽고 나서도 사회에서 오래도록 기억되리라고 확신할 수 있지만, 기나긴 인간 역사에서 그런 불멸의 명성을 얻은 사람은 거의 없다. 상징적 불멸성의 공허한 본질을 인지할 수 있다면, 여전히 개인적 영웅주의, 베커의 말을 빌리면 "처칠, 마오쩌둥, 부처가 되려는 '높은' 영웅주의보다 광부, 농민, 소박한 사제의 '낮은' 영웅주의, 가족을 배고픔과 질병으로부터 지키기 위해 일하는 이의 거친 손으로 일군 꾸밈없고 일상적이고 현실적인 영웅주의"[21]를 추구하며 그 이점을 누릴 수 있을 것이다. 내가 죽은 후에 기억될 수 없을 거라는 사실을 받아들이기만 한다면, 나 자신을 가치 있는 존재로 여기게 하는 일상적 영웅주의는 충분한 만족감을 제공한다.

MORTALS

8

장례 풍습이
말해주는 것

문화는 무엇보다도 시신을
어떻게 흙으로 돌려보낼지에 대한 결정이다.

— 모코코마 마코노아나(Mokokoma Mokhonoana, 1985~),
《비관주의의 기록: 우습지만 심오한 격언 모음(P for Pessimism: A collection of funny yet profound aphorisms)》

···✝···

1920년대 초, 파푸아뉴기니 동부의 포어Fore 부족은 심각한 위기를 맞았다.[1] 엄청난 속도로 퍼진 '쿠루kuru'('떨림'이라는 뜻)라는 병에 한 번 걸리면 나을 도리가 없었다. 부족민들은 하나둘 경련을 일으켰다. 병이 깊어지면 통제할 수 없는 웃음 발작이 뒤따라서 쿠루병은 '웃음병'이라고도 불렸다. 결국 환자들은 팔다리를 전혀 가눌 수 없게 되고, 밥을 먹을 수도, 신체 기능을 통제할 수도, 심지어 일어나 앉을 수도 없었다. 병에 걸리면 몇 달 안에 죽었다.

매년 쿠루병으로 죽는 부족민이 200명에 달하면서 40년이 지나자 부족은 멸종 위기에 처했다. 이 이상한 병의 원인은 무엇이었을까? 그리고 남자들은 좀처럼 병에 걸리지 않는데 여자만 이 병으로 죽어간 이유는 뭘까? 1961년, 의료인류학자 셜리 린덴바움Shirley Lindenbaumd은 마을마다 돌아다니며 해답을 찾아 헤맸다. 곧 포어 부족이 어떤 점에서 남다른지, 왜 부족민들이 떼죽음을 당하고 있는지 알아차렸다.[2]

포어 부족은 죽은 부족민의 시체를 먹었다.[3] 뼈는 녹색 채소와 함께 익혔고, 뇌는 고사리와 섞어 대나무통에 넣어 구웠다. 시체를 며칠 동안 묻어 '숙성' 시킨 다음 다시 파내서 구더기와 함께 요리하는 마을도 있었다. 포어 부족은 망자를 애도하며 시체 전체의 맛을 해치는 쓴쓸한 쓸개를 제외한 모든 부위를 삼켰다. 구운 시체의 재마저 파르메산 치즈처럼 음식에 뿌려 먹었다. 이들은 시체를 먹음으로써 죽은 자의 영혼을 산 사람과 합칠 수 있다고 생각했다. 그렇게 죽은 자는 땅에 묻혀 썩지 않고 부족민들과 함께 계속 살아갈 수 있다는 것이었다.

그러나 망자의 영혼을 보존하려는 간절한 시도가 산 자를 죽이고 있었다. 감염된 시체에 가득한 변형 단백질을 먹으면 뇌에 있는 정상 단백질이 접히면서 신경세포가 죽는다. 감염성 '프리온prion(정상 단백질과 조합하여 비정상적인 구조를 가진 단백질로 변환시키는 단백질성 감염 입자 - 역주)'은 균형, 조정, 언어 능력을 관장하는 소뇌에 치명적인 구멍을 낸다. 이미 프리온에 지배된 사망자의 뇌를 먹는 것은 신경 퇴행 질환의 근원을 먹는 것이나 다름없었다. 감염된 상처에 입을 갖다 대는 격이다. 린덴바움은 왜 여성들이 쿠루병에 훨씬 많이 걸리는지도 알게 됐다. 전통적으로 남성보다는 여성이 시체의 뇌와 살 대부분을 먹었다. 여성에게 잠들지 못한 영혼을 쉬게 해줄 힘이 있다고 믿었기 때문이다. 포어 부족이 치명적인 장례 풍습을 그만두고도 40년이 지나서야 마지막 쿠루병 환자가 사망했다. 2012년에야 쿠루병 종식이 공식 선언됐다.[4]

죽은 공동체 구성원의 유해를 먹는 족내 식인주의는 파푸아뉴기니 포어족만의 관습은 아니었다. 1만 7,000km 떨어진 브라질의 와리Wari 부족 역시 1960년대까지 망자의 살과 신체 부위를 먹었다.[5] 포어 부족과 마찬가지로 이들이 인간의 살을 먹은 것도 배고픔이나 생존 본능 때문이 아니었다. 애도의 방식이었다. 의구심 가득한 연구원에게 와리 부족민 하나가 그 옛날의 의식을 반추하며 설명했다. "시체를 먼던 시절에는 죽은 사람을 애타게 그리워하지 않았어요." 실제로 지금은 누군가 죽으면 슬픔에 잠긴 가족들이 시체를 끌어안고 잠시도 놓으려 하지 않았다. 어떤 장례식에서는 시체에 대한 필사적인 집착이 최고조에 달해 슬픔에 잠긴 사람들이 시체를 갈기갈기 찢어 놓기도 했다. 시신을 미친 듯이 움켜쥐는 행동 때문에 부족장들은 한 번에 한 명만 시체를 만질 수 있다는 규칙까지 선포했다.

인도부터 보르네오, 브라질까지 시체 식인주의를 행하는 사람들은 전 세계에 존재했다. 인도 아고리Aghori 부족은 시신을 익히지 않고 먹기도 했다. 먹는 사람의 수명을 늘리는 동시에 죽은 자가 환생의 굴레에서 벗어나 시바 신에게 갈 수 있도록 하기 위해서였다. 아마존 야노마니Yanomani 부족은 죽은 사람의 재를 식사에 섞어 망자의 영혼을 자유롭게 하고 내세로 가는 길을 돕는다. 시체 식인주의를 행하는 문화권에서 목적은 먹는 것 자체보다는 존재론적 이유다. 너무 굶주려서, 특별히 맛이 있어서 죽은 가족을 먹는 것은 아니었다. 이들 공동체에서 시체 식인주의는 슬픔을 해결하는 방법이자, 산 사람의 삶을 연장하거나 사랑하는 사람이 내세에 도달하도록 도와주는 방식으로 여겨졌다.

서구 세계의 시각에서 죽은 가족을 먹는다는 개념은 너무나 기이하고 병적으로까지 보인다. 문화의 틀은 강력해서 '우리'와 '그들'의 전통을 인지하는 방식을 좌우한다. 기원전 5세기, 헤로도토스는 '우리'의 의식을 평범한 것으로 생각하고 '그들'의 의식을 비웃거나 두려워하는 인간의 경향을 관찰하고 《역사The Histories》에서 다음과 같이 서술했다.

누구든 세계 모든 국가 중 최고라고 생각하는 신념 체계를 선택할 기회가 주어진다면 상대적 장점을 신중하게 고려하겠지만, 결국은 불가피하게 자국의 것을 선택할 것이다. 누구나 예외 없이 자신이 믿고 자란 관습이나 종교가 최고라고 믿는다. … 다리우스Darius의 일화를 생각해보자. 페르시아의 왕이었던 다리우스는 법정에 있던 그리스인에게 아버지의 시신을 먹을 수 있느냐고 물었다. 그는 이 세계의 돈을 다 주어도 그럴 수는 없다고 답했다. 그러자 다리우스는 무슨 말이 오가는지 설명할 통역사를 세워 두고 칼라시Callatiae라는 부족 인디언들을 불러 그리스인이 보는 앞에서 물었다. 어떻게 하면 부모의 시신을 불태우겠느냐고. 부모의 시신을 먹는 풍습이 있었던 칼라시 인디언들은 공포의 비명을 지르며 그렇게 끔찍한 소리는 꺼내지도 말라고 했다. 관습이 무엇인지 알려주는 이야기다.[6]

헤로도토스는 깊이 있는 통찰을 보여준다. 우리는 고대의 장례 풍습, 심지어 별로 멀지 않은 나라가 지금도 행하는 풍습을 끔찍하거나 우습다고 여길 수 있다. 그러나 그러한 장례 풍습들에 얼마나 공통점이 많은지 알면 놀랄 것이다. 다양한 장례 의식의 핵심은 비슷하다. 어떤 공동체는 죽은 자의 기억을 보존하기 위해 시신을 먹고, 또 다른 공동체는 정확히 같은 이유로 유골을 파헤친다. 어떤 문화권에서는 내세에 도달하는 것을 돕기 위해 망자를 미라로 만들고, 다른 문화권에서는 같은 목적으로 불에 태운다. 장례 관습의 세부 사항은 시대, 종교, 정치, 지리적 위치에 따라 매우 다르지만, 그 표면 아래에는 한눈에 보이는 것보다 많은 공통점이 있다. 가장 흥미로운 장례 관습들을 돌아보면 하나의 선명한 그림이 완성된다. 죽음을 받아들이려 애쓰는 전 세계 인류의 투쟁이다.

다이쥬쿠와 비밀의 방

1783년, 다이쥬쿠 보사츠 시노야키 쇼닌이라는 사람이 일본 츠루오카에서 사망했다. 그의 죽음에는 이상한 점이 많았다.[7] 보통 사람이라면 자신이 아무리 싫어하는 사람도 이렇게 죽기를 바라지는 않을 정도로 끔찍했다. 그는 죽어갈 때 독이 든 차를 마시고 있었다. 식사를 자주 하지 않아 영양 공급이 끊긴 몸은 기괴할 정도로 말라 있었다. 결국은 산 채로 묻혔다. 한 무리의 남자들이 그를 작은 석실에 가두고 먹을 것도 마실 것도 주지 않으며 죽을 때를 기다렸다. 며칠 후 그는 굶어 죽었다.

누가 다이쥬쿠를 이렇게 끔찍하게 죽인 걸까? 사실 다이쥬쿠는 스스로 이런 죽음을 선택했다. 상징적 불멸성이라는 보상을 위해 기꺼이 몇 년을 굶고 독을 먹었으며 생매장을 부탁한 것이다.

다이쥬쿠는 즉신불即身仏 또는 '살아 있는 부처'가 되려고 시도(하고 예외적으로 성공)한 수많은 승려 중 하나였다. 이 고결한 목표를 달성하려면 죽은 후 시체가 완벽히 보존될 수 있도록 살아 있을 때부터 준비해야 한다. 고대 이집트 미라의 개념과도 비슷하지만, 승려는 다른 사람의 손을 빌리는 대신 스스로 미라가 됐다. 다이쥬쿠는 자그마치 10년에 걸쳐 미라화 과정을 수행했다. 시체가 완벽히 보존될 수 있도록 먼저 체지방을 최소한으로 줄였다. 첫 3년간은 산딸기와 솔잎만 먹었다. 그다음 1,000일 동안은 이미 빈약한 식단을 일종의 방부제 역할을 하는 소나무 껍질과 송진으로 바꿨다. 삶의 마지막 1,000일 동안은 독이 있는 옻나무 수액으로 만든 차를 마셨다. 시체의 부패를 가속하는 구더기와 다른 곤충이 들끓는 것을 막기 위해서였다. 보통 가구 광택제로 쓰이는 옻나무 수액이 몸을 독소로 채웠다. 대단한 용기가 필요한 마지막 단계에서는 동료 승려들이 다이쥬쿠를 작은 방에 가뒀다. 벽에 삽입한 관으로 겨우 숨만 쉴 수 있었다. 또한 아직 죽지 않았다고 동료 승려들에게 신호할 작은 종을 같이 넣었다. 그는 이 돌무덤에서 가부좌를 틀고 앉아 죽는 순간까지 참선을 이어갔다. 종이 더 이상 울리지 않게 되자 승려들은 호흡용 관을 제거하고 방을 봉인했다가 3년 뒤 다시 열었다. 어떤 일이 일어났을까? 살이 썩어 사람의 형체를 잃은 뼈가 쌓여 있는 것이 아니라, 쭈그러든 갈색 살갗에 싸여 미라화된 몸이 영원한 묵상 기도를 하듯 고개를 떨구고 있었다.

다이쥬쿠만 시간이 지나도 변하지 않는 살아 있는 부처를 꿈꾼 것은 아니었다. 시체를 보존하려고 굶주림, 중독, 생매장의 고된 과정에 뛰어든 승려는 수백 명이라고 한다. 한때는 승려들 사이에 즉신불이 유행처럼 번져서 1879년 메이지 일왕이 이를 금지하기도 했다. 그러나 자기 미라화는 쉬운 일이 아니라서 이에 도전한 수백 명은 대부분 실패했다. 실제로 성공하여 미라가 된 사람은 스무 명 남짓이다. 도전한 승려 다수는 곡기를 끊고 독성 차를 마시다가 결국 죽었다. 몇 년 뒤에 석실을 열었을 때 형체를 알아볼 수 없는 유해만 흩어져 있어 살아 있는 부처로 숭배하긴 어려웠던 경우도 있었다. 그러나 노력하여 성공을 거둔 행운의 몇 명은 미라화된 시체 상태로 지금도 불교 신자들의 추앙을 받고 있다.

필자들은 2016년 일본 오사카 남쪽 고야산에서 즉신불을 숭배하는 현장을 보았다. 고야산은 불교 진언종의 중심지로 여겨진다. 진언종은 구카이空海(홍법대사로도 알려짐)라는 승려에 의해 창시됐다. 오늘날 이 산에는 신자 20만 명 이상이 묻힌 일본 최대의 묘지가 있다. 지역 승려들은 묘지 한가운데에 있는 사원이 구카이가 명상하던 곳이라고 했다. 필자들이 머무르는 동안 주황색 승복을 입은 승려들이 하루 두 번 사원으로 접시를 나르며 구카이를 위해 성대한 식사를 준비하는 것을 볼 수 있었다. 구카이는 835년에 사망했는데, 다이쥬쿠처럼 생매장을 선택하면서 자신이 사원 안에 불멸의 존재로 영원히 남을 것이라고 제자들에게 확언했다. 추종자들은 몇 년 뒤 석관을 열었을 때 그의 머리카락이 1m 가까이 길어 있었다고 주장한다. 오늘날 승려들은 여전히 살아 있다는 창시자를 위해 밥을 짓긴 하지만 사원의 방에 직접 들어가는 것은 금지돼 있다. 가장 높은 승려만 구카이를 볼 수 있다. 그 이유는 상상에 맡기겠다.

구카이 본인은 죽음을 완전히 부정했지만, 추종자들에게는 삶의 유한성을 받아들이라고 반복해서 가르쳤다. 죽음을 받아들이는 것이 여러 면에서 행복한 삶의 비결이라고 했다. 구카이는 이 주제에 대한 여러 편의 시를 남겼는데, 그중 이런 구절이 있다. "걱정으로 떨릴 때는 세상의 모든 요소가 중요하지도 영원하지도 않다는 사실을 생각하라." 또 이렇게 조언하기도 했다. "마음의 평정을 얻으려면, 모든 사람의 운명이 시체가 되는 것임을 생각하라."[8] 내 시체가 티 하나 없이 수백 년이나 보존되고 숭배된다고 생각하면 마음이 편안해질 만도

8. 장례 풍습이 말해주는 것

하다. 죽었다는 점에서는 모든 시체가 평등하지만 조금 더 대접받는 시체도 있는 법이다.

구카이 같은 승려에게서 무엇을 배울 수 있을까? 불교는 자기 신체를 포함해서 모든 것의 덧없음을 받아들이라고 가르친다. 그러나 즉신불이 시사하는 바가 있다면, 평생 깨달음을 추구하며 나 자신, 자아, 속세의 욕망에 집착하지 않으려 한 사람들조차 여전히 불멸성을 갈망한다는 것이다.

순전히 더 나은 내세를 얻기 위한 복잡한 장례 의식의 사례는 즉신불 말고도 또 있다. 조장sky burial이라는 불교 의식의 목적도 비슷하다. 티베트 전역에서 수행되는 조장은 산꼭대기에 시체를 두어 독수리 등의 동물에 뜯어 먹히게 하는 것이다. 환생을 믿는 불교는 유대교와 기독교 전통에 비해 시신을 훨씬 덜 중요하게 생각한다(2장 참조). 조장은 너그럽게 자신의 썩어가는 몸뚱이를 음식으로 내놓음으로써 좋은 카르마를 쌓으려는 최후의 노력이다. 마침 그날 새들이 배가 고프지 않다면 틀림없이 하찮은 존재로 환생할 불길한 징조로 여겨진다. 힌두교, 불교, 자이나교는 화장이 물리적 형태에서 영혼을 해방하여 다음 생으로 보내는 가장 빠르고 확실한 방식이라고 본다. 고대 로마와 그리스 역시 매장도 했지만 화장으로 시신을 처리하는 사례가 가장 흔했다. 이들 고대 사회에서는 시체의 몸이나 입 안에 동전을 넣었는데, 이는 죽은 자와 산 자의 세계를 가르는 스틱스강을 건너도록 망자를 안내하는 신화 속 뱃사공 카론Charon에게 주는 편도 요금이었다. 이 요금을 내지 못한 영혼은 사후세계에 들어갈 수 없었다.

유럽에서 기독교가 세력을 늘리면서 화장은 줄어들기 시작했다.

신체는 부활과 영생의 필수적인 매개체였기 때문이다. 시체의 중요성이 높아지며 매장 비율이 높아졌고, 매장은 유럽의 표준 장례 방식으로 자리 잡았다. 물론 죽은 뒤의 시체 보존이 중요하게 여겨진 것이 처음은 아니다. 기독교보다 수천 년 앞서 이집트인들은 최고의 상태로 시체를 보존하여 내세를 살기 위해 필사적으로 노력했다. 미라화는 완전한 보존을 추구하며 발명된 기술이었다.

시신 방부 처리 기술

영안실 공기는 차가웠다.[9] 카림Kareem은 평생 시신 방부 처리사로 일하며 끝없이 밀려오는 시신을 하나하나 보존 처리했다. 앞에 누워 있는 시체는 거울 속 얼굴을 보듯 익숙했다. 그러나 매번 시체를 처리할 때 느끼는 신성한 기분은 사라진 적이 없었다. 시신의 마지막 여행을 준비하며 부패의 흔적을 지울 때면 무엇과도 비할 수 없는 감정을 느꼈다. 카림은 재빨리 앞에 누운 남자의 시신을 처리하기 시작했다. 손을 뻗어 날카로운 칼날을 집어 복부를 절개했다. 이어 다른 도구로 바꿔 쥐고 뱃속의 기관에 하나하나 구멍을 뚫었다. 위, 방광, 대장, 폐… 내장에서 액체가 흘러나오기 시작하자 카림은 잠시 물러나서 기다렸다.

천으로 미라를 감싸며 마무리하는 고대 이집트 의식이 떠오르는가? 하지만 이는 현대 미국의 풍경을 그대로 묘사한 것이다. 매일 미국 전역의 장례식장 수만 곳에서 시신이 방부 처리된다.

한때 역사 속으로 사라졌던 시신 방부 처리는 18세기 후반 유럽에서 서서히 장례 절차로 자리 잡기 시작했다. 스코틀랜드 해부학자 윌리엄 헌터William Hunter가 그 선봉에 있었다. 헌터는 부패를 늦출 목적으로 시체에 화학 용액을 주입한 최초의 인물이었다. 처음에는 마틴 반 버첼Martin van Butchell처럼 특이한 고객이 새로운 방식에 관심을 보였다. 버첼은 치과의사였는데, 고객 유치 수단으로 런던 집 창문에 죽은 아내의 시신을 방부 처리하여 공개 전시했다. 19세기를 지나면서 방부 처리의 인기는 꾸준히 높아졌다. 철도 시스템이 개통되며 집에서 멀리 떨어진 곳에 시신을 매장할 수 있게 되었는데, 방부 처리 덕분에 시체는 문상객들이 조의를 표할 최후의 장소까지 긴 거리를 이동할 수 있었다. 또한 가족들은 점점 절차가 복잡해지는 장례식을 준비할 시간을 벌 수도 있었다. 추도식을 더 크게 열고 멀리까지 이동해야 했던 유명 인사에겐 이 부분이 특히 중요했다. 예를 들면 트라팔가 해전에서 사망한 호레이쇼 넬슨Horatio Nelson 제독의 시신은 나무 브랜디 통에 담겨 배에 실렸다. 육지에 도착한 후에는 와인 증류주를 채운 납 상자로 옮겨졌다. 마침내 두 달 이상 알코올에 잠겨 있던 넬슨 제독의 시신을 꺼냈을 때, 구경꾼들은 시신 보존 상태가 너무 좋아서 충격을 받았다. 부패의 흔적이 거의 없었다.

미국인 60만 명 이상이 사망한 남북전쟁을 거치면서 일반 대중 사이에서도 시신 방부 처리의 인기가 급증했다. 남북전쟁 초기에는 냉장 기술이 발명되기 전이라, 미국 땅을 가로질러 시신을 가족에게 돌려보내려는 시도는 거의 성공하지 못했다. 남부의 열기 속에 사망한 군인들의 시신은 북부에 도착하기 훨씬 전에 부패했다. 그래서 전투

중 사망자는 전장의 쓰러진 자리에 그대로 버려져 썩어갔다. 유럽에서 새로운 보존 기술이 나타났다는 소식에, 미국인들은 전쟁터에서 시신 방부 처리 기술을 시험하기 시작했다. 가까운 막사에서 시신의 피를 빼고 그 자리에 비소와 수은을 채웠다. 기술과 경험이 없는 사람이 임시변통으로 시도한 방부 처리는 성공률이 그렇게 높지 못했다. 어쨌든 시신 방부 처리 사업은 전장에서 엄청난 호황을 맞아서 의무대는 의사에게 수수료를 주고 공식적으로 절차 시행과 감독을 맡겼다. 전쟁이 끝날 때까지 방부 처리된 시신은 약 4만 구로 추정된다.

그리고 1865년, 방부 처리된 에이브러햄 링컨의 시신은 움직이는 광고판과도 같았다.[10] 링컨 사후, 복잡한 장례 절차를 준비하면서 시신은 방부 처리됐다. 링컨의 시신은 2주에 걸쳐 기차로 워싱턴 D.C.부터 그의 고향인 일리노이주 스프링필드까지 옮겨졌다. (1862년 장티푸스로 사망한 링컨의 11살 난 아들 윌리Willie의 방부 처리된 시신도 무덤에서 꺼내져 그와 여정을 함께했다.) 기차가 지나가는 180개 도시에 문상객을 위한 빈소가 차려졌다. 기차가 멈추면 엄숙한 장송곡이 흐르는 가운데 링컨의 시신이 내려져 도시 중앙의 단상에 화려하게 전시됐다. 여정이 끝날 때쯤에는 지나가는 기차나 열린 관에 누운 링컨의 시신을 보려고 미국인 수백만 명이 몇 시간이고 줄을 섰다. 얼굴색이 변하고 이목구비가 주저앉기 시작했지만(기차가 움직일 때의 충격과 공기나 먼지에의 잦은 노출의 영향인 듯하다), 조문객들은 그의 편안한 모습에 경외감을 품었다. 〈시카고 트리뷴Chicago Tribune〉은 "죽음의 차가운 품 안에 있기보다는 조용히 잠든 듯한 극히 자연스럽고 살아 있는 듯한 모습"에 충격을 표했다.[11]

링컨의 방부 처리된 시신은 보는 사람에게 강한 인상을 남겼다. 당시 미국인에게(미국뿐 아니라 세계 어디든 그랬지만) 죽음은 일상적이었다. 실제로 링컨의 시신이 미국을 가로지르던 시기에 미국인 평균 수명은 35세였다.[12] 운 좋은 신생아만 유년기를 넘겼고, 시신을 닦고 묻는 힘겨운 일은 가족의 몫이었다. 남북전쟁 중에는 사신의 그림자가 늘 공중을 떠돌았다. 링컨의 조문객들 역시 일반적인 죽음의 이미지, 즉 아래로 늘어진 턱, 얼룩덜룩하고 기이한 빛의 피부, 부패의 악취에 너무 익숙했다. 그러나 대통령의 시신과 얼굴은 적어도 겉보기에는 불멸의 상태로 멈춰 있었다. 어떤 장의사도 생각하지 못했을 최고의 방부 처리 광고였다.

100년이 더 지나면서 방부 처리는 미국 장례 산업을 지배하게 된다. 오늘날 미국의 매장 절차에는 방부 처리된 시신이 조문객을 맞는 과정이 빠짐없이 포함된다.[13] 방부 처리 과정은 다음과 같다. 먼저 사후 경직으로 뻣뻣해진 사지를 주물러 풀어준다.[14] 죽은 후 근육에 힘이 풀리면서 눈은 뜬 채로 멈추고 턱은 벌어지는데, 장의사는 눈을 접착제로 붙이거나 플라스틱 '눈 덮개'를 씌워서 눈꺼풀을 고정하고 위아래 잇몸을 봉합사로 꿰매거나 와이어를 넣어 턱을 닫는다. 다음 단계는 방부 처리의 종류에 따라 다르다. 링컨과 같은 동맥 방부 처리 말고도 복강 방부 처리가 있다. 전자의 경우 목에 있는 경동맥에 관을 여러 개 삽입하여 몸에서 피를 빼낸다. 다음으로 (발암물질인) 포름알데히드, 에탄올, 염료, 기타 물질이 함유된 화합물을 혈관에 주입한다. 복강 방부 처리의 경우에는 복부를 절개하고, 투관침이라는 날카로운 도구를 몸에 넣어 흉강과 복강의 기관을 뚫어서 가스와 체액을 빼낸다. 동맥 방부 처리와 비슷하게 포름알데히드 등 화학물을 섞은 액체로 자연 체액을 대체하고 절개 부위를 꿰매 닫는다.[15]

방부 처리가 공중 보건에 중요하며 질병의 확산을 막는다고 주장하는 사람들도 있다.[16] 그러나 이것은 일종의 도시 전설에 가깝다. 이말이 사실이라면 방부 처리를 거의 시행하지 않는 국가(호주나 영국 등)에서는 질병이 만연하고 방부 처리가 표준인 유일한 국가(미국)에서는 질병 발생률이 상대적으로 낮아야 한다. 방부 처리가 공동체의 공중 보건에 유익하다면 정부나 유관 단체가 나서서 홍보했을 것이다. 실제로는 반대다. 코로나19 팬데믹 중에 세계보건기구WHO는 장례 관련 종사자에게 감염된 시신을 방부 처리하지 말라고 권고했다.[17] 방부 처리에 쓰이는 발암성 액체는 환경에 엄청난 악영향을 주며 잠재적으로 대중의 건강을 해칠 수 있다.

방부 처리의 실제적 이점이 없다면, 왜 이런 복잡한 단계를 거쳐야만 할까? 어떤 목적이 있는 것일까? 간단히 말해서 내장에 구멍을 뚫고, 와이어로 살을 찔러 고정하고, 발암성 화학 물질을 주입하는 모든 과정의 목적은 아이러니하게도 시신이 살아 있는 것처럼 보이게 만드는 것이다. 그게 전부다. 시신이 시신처럼 보이는 데 저항감이 심한 나머지 이를 막으려고 1,000달러에 가까운 비용을 들인다.[18] 박테리아가 죽은 세포를 분해하고 심장이 혈액을 순환시키지 않아 얼굴 근육이 풀어지고 피부가 창백해지는 자연스러운 과정을 받아들이는 대신, 우리는 시신에 독극물을 잔뜩 주입해서 아직 살아 있는 것처럼 보이게 만든다. 이어서 말끔하게 옷을 입히고 뺨과 입술을 화장품으로 붉게 칠한 다음 조문객 앞에 내보인다. 심지어 시신을 나무 관에 바로 눕히지 않고 고급 천과 부드러운 쿠션을 댄다. 화려한 장례 침구는 부정의 마지막 시도다. 죽은 사람에게 벨벳으로 만든 시트와 쿠션이 왜 필요하겠는가? 확실히 애도를 받는 사람보다는 애도하는 사람을 위안하는 장치다. 코미디언 제리 사인펠트Jerry Seinfeld의 농담처럼 "우리는 죽음을 이해하지 못한다. 죽은 사람에게 베개를 준다는 것이 그 증거다."[19]

지난 세기 북미의 장례 절차를 지배했던 방부 처리는 죽음을 부정하고 싶은 간절한 열망과 깊은 관련이 있다. 우리는 수용을 거부하고 아름다움을 택한다. 삶의 끝자락에서 망자의 자연스러운 외양을 받아들이기보다는 시신에 구멍을 뚫고 물감을 칠하는 쪽을 선택한다. 이는 수천 년 전 배를 타고 내세로 간다고 믿었던 고대 이집트인의 관습과 과연 얼마나 다른가? 조금이라도 진보했다고 볼 수 있을까?

묘지의 역사

인류 역사를 거치며 극적으로 바뀐 점이 하나 있다. 망자를 어디에 두는지다. 초기 구석기 시대부터 극히 최근까지는 죽은 사람을 안정적으로 매장하기가 어려웠다. 유목 생활을 했던 수렵·채취 사회에서는 한정된 도구로 빠르게 사망자를 묻어야 했다. 그래도 3만 년 전의 무덤에서 장신구 등의 물건이 나온 것을 보면 사후세계가 있다고 믿었거나 최소한 죽은 사람에게 예의를 표했다는 사실을 알 수 있다. 1만 2,000년 전 신석기가 시작되고 농경이 발명되면서 인류는 정착 생활을 했다. 영구적인 삶의 터전이 생기자 마침내 매장지를 정할 수 있었다. 도구의 질이 개선되고 도자기, 장신구, 무기 등 유형의 재화를 쉽게 구할 수 있게 되면서 무덤은 점점 더 정교해졌다. 이 시대에 인간은 묘지에 묻혔는데, 이때의 묘지는 그냥 넓은 평지였고 땅 위로 보이는 구조물이나 표식은 없었다.

시간이 지나면서 묘지는 도시 외곽에 만들어진 넓고 정교한 매장지인 네크로폴리스necropolis의 형태를 띠었다.[20] '죽은 자들의 도시'를 의미하는 고대 그리스어 'nekropolis'가 그 어원이다. 에트루리아 사람들은 이 용어를 말 그대로 받아들인 듯하다. 무덤 1,000개가 있는 넓은 부지인 반디타치아 네크로폴리스에는 실제 도시처럼 바둑판 모양 도로를 따라 정교하게 만들어진 집이 배치됐다. 4km²의 부지 전체가 산 사람의 도시를 모방한 으스스한 모조품이었다. 고대 사회에서는 죽음을 심하게 혐오하고 두려워해서 네크로폴리스는 산 자들의 도시와 꽤 많이 떨어져 있었다. 죽은 사람은 뭔가를 오염시키는 속성이 있다고 생각해서, 로마에는 성벽 안에 시신을 매장·화장할 수 없는 법이 있었다. 사망자는 도시 밖에 묻혔으나 걸어서 사랑하는 사람의 묘지를 찾아갈 정도는 되었다. 로마로 들어가려면 죽음을 지나야 했다는 뜻이다. 수도를 방문하는 여행자는 도시에 도착하기 전 무덤 수백 개를 보았다. 행인들은 무덤을 보며 죽은 사람을 기억하고 인간의 유한성을 되새겼다.

기독교가 세력을 넓히면서 이제 시신은 더럽다기보다 신성하게 여겨졌다. 도시 안에 묻히는 사람이 늘어났고, 교회 묘지가 일반적인 선택이었다. 중세 유럽에서 묘지는 죽은 자가 쉬는 곳이기도 했지만 활기찬 사교 활동 공간이기도 했다. 공원이나 수목원이 귀했던 그때는 묘지에서 시장이나 야외 행사가 열리는 일이 잦았고, 참가자들은 묘비 사이에서 이웃과 어울리고 휴식을 취했다. 마을 한복판에 자리 잡은 묘지는 지역공동체의 자연스러운 만남의 장으로 기능했다.

산업 혁명이 가속화되며 매장 공간이 더 필요해졌다. 50년 만에 런던 인구는 두 배가 되었고 영국 전역의 작은 교회 묘지는 빠르게 채워졌다. 관을 여섯 개까지 겹쳐 묻기도 했다. 게다가 비가 많이 오면 관 벽이 깨져서 썩어가는 시신이 길 위에 드러나는 일도 흔했다. 묘지 근방에서 전염병이 창궐하면서 공중위생에 대한 우려도 커졌다. 여러 문제가 동시에 작용하여 작은 교회 묘지는 도심지 밖에 따로 만들어진 대규모 묘지로 대체됐다.

이렇게 산 사람과 죽은 사람을 나누면서 공간과 위생 면에서는 실용적 이점이 있었지만, 묘지의 개념이 바뀌자 우리 사회가 죽음을 대하는 방식도 근본적으로 달라졌다. 200년 전까지만 해도 조상들은 가족의 묘를 매일 지나갔다. 몇 걸음만 걸으면 교회가 있었고, 거기에는 친구, 친척, 이웃의 묘가 있었다. 죽음, 특히 사랑하는 사람의 죽음을 상기시키는 요소가 가깝고 피할 수 없는 곳에 있었다. 오늘날 우리의 경험과는 매우 다른 이야기다. 지금은 세상을 떠난 사랑하는 사람을 만나러 가려면 미리 계획해야 한다. 죽은 사람이 있는 위치가 달라지면서 죽음에 대한 우리의 대응은 어떻게 변했을까? 죽음에 대한 두려움의 불꽃에 기름을 붓는 격이 되었다고 생각할 만한 근거가 있다. 여러 연구를 통해 죽음과 관련된 장소나 상황을 고의로 마주하면 가장 효과적으로 죽음의 공포를 줄일 수 있다는 사실이 밝혀졌다. 이런 연구에서 대개 참가자 절반은 영안실이나 묘지 등의 장소를 방문하여 서서히 두려움을 마주하고, 나머지 절반은 대조군을 형성한다. 묘지에 가는 상상으로 시작하여 묘지 사진을 보고, 마지막으로 실제 묘지를 방문하는 등 체계적으로 두려움의 사다리를 올라가면 죽음의 공포를 상당히 줄일 수 있는 것으로 나타났다.[21] 묘지가 역사상 어느 때보다 멀리 숨겨져 있는 지금, 공포를 마주하는 것은 더 중요한 일이 되었다. '눈에서 멀어지면 마음에서 멀어진다'는 말이 있듯, 죽음은 눈에서 멀어지면서 회피와 불안을 초래했다.

죽은 자의 위치가 달라졌을 뿐 아니라 어떻게 보관하고 존재를 표시하는지도 달라졌다. 인류 역사를 통틀어 죽은 사람 대다수가 땅에 묻혔고, 묘비를 세우기도 했지만 아무 표시가 없을 때가 더 많았다. 무덤 위치를 표시하는 석조 구조물은 고위층의 전유물이었다. 고대 카리아의 왕 마우솔로스Mausolos가 죽자 (마우솔로스의 누이이기도 했던) 왕비는 시신을 안치할 거대한 무덤을 의뢰하고 이를 직접 감독했다. 비용을 아끼지 않고 지은 45m 높이의 무덤은 그 정교함으로 고대 7대 불가사의 중 하나로 꼽힌다. 이것이 현대 튀르키예 할리카르나소스에 있는 마우솔레움Mausoleum이다. 이후 수백 년이 지나며 건물은 무너졌지만, 마우솔로스의 유산은 그의 이름을 딴 '마우솔레움'(생전에 유명했던 사람의 장대한 규모의 묘를 뜻하는 보통명사가 됨 - 역주)이라는 말에 남아 있다. 이후 사회적으로 중요하고 유명한 구성원의 시신을 안치할 때 마우솔레움이 건설됐다. 샤 자한Shah Jahan 황제가 죽은 첫 아내와 자신을 위해 지은 타지마할과 기자의 피라미드(4장 참조) 등 세계에서 가장 상징적인 건물 중에도 마우솔레움이 있다.

오늘날 서구에서도 화려한 매력이 있는 마우솔레움은 턱없이 높은 비용에도 불구하고 수요가 많다. 호수 옆에 자리한 전 웨일스의 공주 다이애나비Lady Diana의 마우솔레움은 언뜻 보아서는 그리스나 로마 신전과 구별할 수 없을 정도다. 도리아 양식 기둥으로 마무리하고 전면에 큰 글씨로 이름을 새긴 마우솔레움은 고대의 신과 같은 방식으로 그녀를 기리려는 시도가 분명하다. (다이애나비의 실제 시신은 마우솔레움이 아니라 대중의 발길이 닿지 않는 사유 묘지에 묻혔다.) 특별히 부유하거나 유명하지 않은 사람의 마우솔레움은 그 정도로 화려하지는 않지만, 여전히 무덤 표지석이나 허리 높이의 묘비가 바다처럼 펼쳐진 가운데 우뚝 솟아 눈길을 끄는 것은 사실이다. 공동묘지 한쪽을 차지한 마우솔레움은 죽은 사람을 위한 지상의 성지쯤으로 보인다. 인기 있는 한 장례 업체는 마우솔레움의 장점으로 "특권의 느낌"을 꼽았다.[22]

성지 같은 특별한 외관뿐 아니라 많은 유해를 한 공간에 보관할 수 있다는 점도 마우솔레움의 인기 비결이다. 고대로 거슬러 올라가면, 영원한 내세로 떠나며 서로에게서 몇 발짝이라도 떨어지고 싶지 않은 끈끈한 가문이 마우솔레움을 선택했다. 예를 들면, 아우구스투스Augustus의 마우솔레움에는 악명 높은 네로Nero와 칼리굴라Caligula를 포함하여 로마 황제의 가족 21명이 묻혀 있다. 오늘날에는 황제가 아니라도 이런 기회를 누릴 수 있다. 많은 가족이 개인 무덤 대신 마우솔레움의 지상 납골당을 선택하며, 행인들이 볼 수 있는 곳에 자랑스럽게 성姓을 새기곤 한다.

인간은 왜 가장 가깝고 사랑하는 사람 곁에 묻히고 싶어 하는가? 공포 관리 관점에서 보면 정교한 가족 마우솔레움은 죽음의 공포를 막으려는 마지막 시도다. 앞에서 자존감이 높고 애착 대상과 가까우면 죽음의 공포를 막을 수 있다는 사실을 다뤘다. 우리 가족만을 위한 단독 마우솔레움을 지어 사랑하는 사람과 나란히 관을 놓는 것보다 더 효과적인 시도가 있을까?

마우솔레움에 매장되든, 단순한 묘비를 놓든, 사람은 죽은 사람을 방문하고 싶어 하는 듯하다. 전 세계 묘지는 관광객이 흔히 찾는 장소다. 파리 페르 라셰즈 묘지의 연간 방문객은 350만 명으로,[23] 유명한 에투알 개선문 방문객 수의 세 배다.[24] 세계 각지의 관광객이 오스카 와일드Oscar Wilde, 에디트 피아프Edith Piaf, 마르셀 프루스트Marcel Proust, 거트루드 스타인Gertrude Stein과 같은 유명인의 묘 앞에 선다. 짐 모리슨Jim Morrison의 묘지가 가장 유명한데, 찾는 사람이 너무 많아서 당국에서는 결국 손상 방지를 위해 바리케이드를 설치했다. 근처 나무는 팬들이 붙인 수백 개의 씹던 껌 무더기로 뒤덮여 있다. 모리슨의 묘지 근처에 흔적을 남기고 그의 반항적인 정신을 기리려는 것이다. 불꽃에 뛰어드는 나방처럼 사람들은 사랑하거나 동경했던 사람의 마지막 휴식 장소를 찾는다. '오스카 와일드가 누워 있는 흙을 밟았다, 그의 이름이 새겨진 묘비를 쓰다듬었다'고 말하면서 어쩐지 죽은 사람과 깊은 관계를 맺은 느낌을 받는 듯하다.

망자와의 춤

죽은 사람과 물리적으로 가까이 있고 싶은 마음은 문화에 따라 다르게 실현된다. 사랑하는 사람이 누워 있는 땅 위에 서는 것으로 만족하기도 하지만, 거기서 멈추지 않는 문화도 있다. 마다가스카르 고원에서는 몇 년마다 특이한 춤의 행렬이 마을을 지나간다. 이 축제의 귀빈은 모두 시신이다. 이 의식은 파마디하나famadihana('유골의 귀환')라 불린다.[25] 말라가시Malagasy 부족 사람들은 일단 시신이 마를 때까지 최소 1년 무덤에 둔다(벌레가 들끓으며 썩어가는 살덩이와 춤추고 싶은 사람은 아무도 없다). 파마디하나가 시작되면 죽은 사람의 이름을 부르며 무덤을 연다. 어둠 속에서 시신이 나타나는 순간 음악은 고조되고 모인 사람들은 우렁차게 환호한다. 여자들은 시신을 무릎에 누이고, 구경꾼들은 망자의 명복을 빈다. 여자들이 울고 소리치며 죽은 가족을 무릎에 누이면 남자들이 새 천이나 비단 수의로 시신을 감싼다. 이때 진짜 파티가 시작된다. 라이브 음악 연주자들이 흥을 돋우고 수백 명이 행진한다. 다들 시신을 하늘로 들어 올리며 광란의 상태로 미친 듯이 춤추고, 음악은 점점 빨라져서 최고조에 이른다. 비단으로 감싼 먼지와 뼈에 지나지 않는 시신은 살아 있는 파트너와의 춤에 따라 이리 당겨지고 저리 비틀린다. 춤이 끝나면 시신은 여기저기로 흩어진다. 몇 시간의 의식이 끝난 뒤에 조상들이 있는 가문 묘지에서 새로이 쉴 곳을 찾기도 하고, 거리를 돌아다닌 후 원래 묘로 돌아가기도 한다. 운 좋은 시신은 가족과 함께 집으로 가서 며칠 동안 파티를 즐기기도 한다.

　모든 시신이 매장 이후 몇 번이나 파마디하나를 거치기 때문에 격렬한 춤을 출 때마다 점점 가루로 변한다. 갈색 먼지 자루가 같이 춤추기 어려울 정도로 줄어들면 다른 것과 합쳐진다. 아내의 먼지가 남편의 먼지와, 아이의 가루는 부모의 가루와 섞인다. 잊힐 때가 된 사람들은 최대한 오래 기억하기 위해 유명한 사람의 유해와 섞는다.

말라가시 사람들은 왜 파마디하나의 전통을 이어갈까? 복수심에 불타는 망자를 달래기 위해서라고 한다. 파마디하나는 조상의 영혼을 달래고 무덤에서 저주하는 것을 막는 방법이었다. 조상을 무시하는 것은 자신이나 자식의 죽음을 부르는 위험한 일이었다. 기억할 만한 조상의 죽음을 기리는 것에는 다른 목적도 있다. 살아 있는 사람에게 불멸의 느낌을 주는 것이다. 파마디하나 의식을 연구하는 인류학자들은 이를 "타인의 대리를 통해" 불멸을 추구하는 기회라고 설명한다.[26] 소중한 고모할머니의 시신을 파내어 끌어안으면서 언젠가 다른 사람이 나에게 이렇게 해줄 것이라고 자연스럽게 확신하는 것이다. 몇 년에 한 번은 누군가 나와 함께 춤추고 나를 소중히 안아주며, 무덤의 으스스한 어둠 속에서 내 뼈와 먼지가 나타났을 때 후손들이 기쁨의 노래를 부르리라 생각하는 것이다. 보다 개인적 수준에서는 이미 죽은 사랑하는 사람과 연결되어 그들이 여전히 함께 있는 것처럼 느낄 수 있다. 이들은 시신을 꼭 끌어안고 빙빙 돌며 최근 소식을 귀에 속삭이고 속세에서 일어난 사건을 말해준다. 수의를 갈면서 죽은 사람이 좋아하던 선물을 주기도 한다. 삼촌에게 담배 한 갑, 엄마에게는 새 립스틱, 아이에게는 포장한 사탕. 몇 년마다 죽은 사람을 다시 만날 수 있다면, 사랑하는 사람을 잃어도 그렇게까지 끔찍하지는 않을 것이다. 죽은 사람에게 가까이 가려는 마음이 너무 강렬하기에 바스러지는 뼈가 한낱 먼지가 될 때까지 땅에서 파내어 품에 끌어안는 것이다.

우리는 말라가시 부족이 아니지만 죽은 사람과 연결되고 싶은 충동은 똑같이 경험한다. 전 세계 문화에는 죽은 자의 유해와 접촉하는 의식이 있다. 이슬람 문화권에서는 망자의 직계가족이 시신을 목욕시키고 흰 면으로 만든 수의를 입힌다. 딸이 어머니를, 아들이 아버지를 씻긴다. 일본의 코츠아게骨揚げ는 가족들이 화장한 잿더미에서 젓가락으로 뼛조각을 줍는 의식이다. 재를 담기 전에 뼛조각을 하나하나 조심스레 주워 작은 항아리에 담고, 이것을 따로 집에 간직한다. 애착에 대한 인간의 열망은 강력하고 보편적이다. 어떻게든 죽은 자와 물리적으로 가까워지고 망자와의 유대를 유지하려는 사람은 많다. 이러한 욕구는 언제 문제가 될까? 때로는 죽은 이모와 가끔 춤추는 것보다 훨씬 이상한 일도 일어난다.

9

망자와의
계속되는 유대

애도의 슬픔을 절대 겪고 싶지 않다면
애착을 전혀 갖지 않는 방법밖에는 없다.
그러면 행복도 누릴 수 없다.

에리히 프롬(Erich Fromm, 1900~1980)

.....†.....

메삭 란통Mesak Lantong은 인도네시아 술라웨시 남부에서 90세의 노모를 포함한 가족들과 함께 살았다.[1] 란통은 하루 세 번 식사를 나르며 어머니를 보살폈고, 나머지 가족들도 곁에서 살아가는 이야기를 하며 어머니의 말동무가 돼줬다. "어머니가 여기 안 계셨으면 정말 그리웠을 거야. 평생 우릴 돌봐 주셨으니 이제 우리가 돌봐 드려야 해." 란통은 입버릇처럼 말했다.

이 정도는 일반적인 자식의 도리처럼 보이지만, 문제가 하나 있었다. 란통의 어머니는 7년 전에 사망했다.

어머니가 죽은 후 란통은 가족들이 살아가는 집에 시신을 계속 두었다. 관에 비스듬히 누운 시신은 가장 좋은 옷을 입고 두꺼운 안경을 낀 채 조용히 천장만 바라보고 있었다. 인도네시아 밖에서 보면 공포 영화 같은 이미지다. 그러나 토라자Toraja 사람들에게는 아주 평범하고 일상적인 장면이다. 사랑하는 사람의 시신을 집에 두는 데는 정서적 이유도 있지만 현실적 이유도 있다. 토라자의 장례식은 인생에서 가장 중요한 날이다. 중산층의 평범한 장례식에도 5,000명 정도가 참석한다. 여기 드는 비용이 어마어마해서 장례식을 준비하는 데 몇 년이 걸린다. 장례식에 필요한 선물과 제물로 바칠 동물을 구하려면 가족들은 연봉의 최대 5배를 저축해야 한다. 토라자에서는 소를 잡고 매우 성대한 장례식을 치르지 않으면 영혼이 사후세계에 도달할 수 없다고 생각한다. 그래서 몇 달이고 몇 년이고 장례식을 준비하는 동안 시신은 다른 가족과 마찬가지로 보살핌을 받으며 집에 머무른다.

심지어 매장이 끝난 후에도 토라자 사람들은 말라비틀어진 시신과 곧 다시 만난다. 몇 년마다 무덤에서 시신을 꺼내어 수의를 벗기고 돌보는 마아네네ma'nene(시신 씻기기 의식)라는 의식이 있다. 토라자 사람들은 시신을 살아 있는 사람처럼 대하는데, 죽었다고도 하지 않고 '마쿨라macula(아픈)'라고 표현한다. 가족들은 죽은 자에게 행동 하나하나를 설명하고("이제 겉옷을 벗겨 드릴게요. 새 코트를 샀거든요.") 묻혀 있는 동안 일어난 일을 말해준다("당신 딸이 다음 달에 농부와 결혼해요."). 시신은 산 사람처럼 세워 둔다. 시신을 돌보는 행위는 여러 형태로 이뤄진다. 해골의 이에 담배를 물리기도 하고, 햇빛이 강하면 텅 빈 눈구멍에 선글라스를 씌우기도 하며 벌레 기피제를 뿌려주기도 한다. 이때 방문한다면 그리워했던 시신의 부서져가는 어깨에 한 손을 두르고 사진을 찍는 가족의 모습을 보게 될 수도 있다.

장의사 케이틀린 도티Caitlin Doughty는 이 특별한 죽음의 의식을 직접 보기 위해 인도네시아를 찾았다. "처음으로 본 미라는 80년대 스타일의 테가 노란 비행사 선글라스를 끼고 있었어요." 도티는 다음과 같이 회상했다.

한 청년이 미라를 일으켜 세우고 다른 사람이 짙은 파란색 겉옷을 가위로 잘랐어요. 바지까지 자르자 몸통과 다리가 드러났어요. 8년 전에 죽었다는데, 놀랄 만큼 보존 상태가 좋은 남자 시체였죠. … 트렁크 팬티만 입고 선글라스를 쓴 미라를 땅에 눕히고 머리에 베개를 받쳤어요. 여러 여자가 남자 시신 옆에 무릎을 꿇고 앉아서 애끓는 소리로 울부짖으며 이름을 부르고 뺨을 쓰다듬었어요. 울음이 잦아들자 남자의 아들이 솔을 들고 들어왔어요. 동네 철물점에 있는 그런 거요. 아들은 시신을 닦기 시작했어요. 사랑스럽다는 듯 가죽이 된 피부를 조금씩 솔질했죠. 팬티에서 바퀴벌레가 기어 나왔지만, 아들은 신경 쓰지 않고 솔질을 이어갔어요. 정말 처음 보는 애도 방식이었어요.[2]

이들은 어떻게 시신을 그렇게 잘 보존했을까? 식초와 찻잎을 사용하는 전통적 방부 처리 방식이 있다. 오늘날 토라자의 최신 트렌드는 포름알데히드를 주입하는 것인데, 지금은 이 방법이 표준으로 자리 잡았다.

또한 토라자 사람들은 망자의 외모와 성격을 표현하는 '타우타우 tau-tau'라는 조각상을 만든다. 론다 매장굴의 절벽에는 바위 표면을 깎아 만든 발코니가 있다. 이 발코니의 나무 울타리에 타우타우를 줄지어 기대 놓는다. 사랑하는 사람이 죽어도 그 영혼은 타우타우에 깃들어 절벽의 바위 사이에서 후손들을 계속 지켜본다고 생각하는 것이다. 토라자를 둘러싼 절벽에는 나무 기둥에 나무 관이 얹혀 있는데, 방사성 탄소 연대 측정법으로 확인한 결과 가장 오래된 관은 서기 800년에 만들어졌다. 죽음은 말 그대로 언제나 토라자 사람들의 머리 위에 드리워져 있다.

케이틀린 도티에게 마을을 안내한 남자 가이드 아구스Agus는 망자와 가까이 지내는 토라자의 풍습에 대해 이렇게 말했다. "제가 어릴 때 할아버지를 집에 7년 모셨어요. 형과 전 할아버지와 같은 침대에서 잤죠. 아침이면 할아버지에게 옷을 입혀서 벽에 기대 세우고, 밤에는 도로 침대에 눕혔어요." 죽은 할아버지의 썩어가는 시신과 같은 침대에서 잠드는 아이를 상상할 수 있는가? 그러나 아구스에겐 너무나 자연스러운 일이었다. "우리는 이런 일에 익숙해져 있어요. 이런 삶과 죽음 말이에요."

애도의 새로운 이해

죽은 사람과 산 사람의 친밀함은 서구 문화에서 표준으로 여겨지는 애도 개념과 잘 어울리지 않는다. 방에서 미라화된 가족이 발견되면 이 사람은 기소되거나 최소한 치료를 받게 될 것이다. 히치콕의 「사이코Psycho」에서 노먼 베이츠Norman Bates의 광기를 드러내는 신호는 엄마의 해골을 보관하는 것이었다. 그러나 세계 각지에서는 다른 방식으로 애도를 표현할 뿐 아니라, 나고 자란 문화권에 따라 죽음의 개념도 다르다. 어떤 문화에서는 태아를 유산하면 죽음으로 취급하여 애도하지만, 유산이 아무 일도 아닌 나라도 있다. 세계 여러 국가에서는 호흡 등 신체 기능의 정지를 죽음으로 보지만, 페루 등 다른 나라에서는 신체 기능이 멈추기 전에도 사망 선고를 받을 수 있다. 오만에서는 갑자기 죽음을 맞은 젊은이를 '도둑맞았다'고 생각한다. 산 자의 땅을 잠시 떠났으나 언제라도 무덤에서 일어날 수 있다고 본다. 그리고 앞에서 보았듯 토라자 사람들은 죽은 사람이 진짜로 죽은 것이 아니라 '아플' 뿐이라고 생각한다.

이런 믿음을 부정의 형태로 볼 수도 있지만, 죽음과 삶의 경계에 대한 흥미로운 의문이 생기는 대목이기도 하다. 실제로 이 경계는 생각보다 분명하지 않다. 호주에서는 일반적으로 심장이나 뇌가 회복 불가능하게 활동이 중단된 시점을 죽음으로 정의한다. 미국에서는 주마다 죽음의 정의가 다르다. 예를 들면 뉴저지는 '뇌사자에게 가장 친절한 곳'이다. 완전한 뇌사도 생명의 끝이라고 보지 않기 때문이다. 그래서 13세 자히 맥매스Jahi McMath의 죽음을 둘러싸고 논란이 일었다.[3] 자히는 캘리포니아에서 검사 결과 뇌가 죽었기 때문에 법적으로 사망을 선고받았다. 그러나 산소호흡기에 연결된 자히의 폐는 계속 호흡했고, 부모는 아이가 살아 있다며 계속 치료받기 위해 싸웠다. 병원장은 부모에게 단호하게 말했다고 전해진다. "왜 이해를 못 하시죠? 이 아이는 죽었어요, 죽었어요, 죽었다고요." 그러나 뉴저지주의 의견은 달랐다. 자히는 뉴저지로 항공 이송되어 이후 4년간 생명 유지 장치에 연결된 채 살았다.

이러한 의견 충돌은 있지만, 서구 문화권에서는 대체로 죽음을 돌이킬 수 없는 일회성 사건으로 여긴다. 죽은 자는 기능하지 않고, 산 사람과 언어를 비롯한 어떤 방식으로도 소통할 수 없는 상태에 들어선다. 우리 사회가 애도를 바라보는 시각은 죽음을 완전한 종결로 보는 문화적 관점에서 형성됐다. 1917년 저명한 심리 치료의 아버지 지그문트 프로이트는 산 자가 죽은 자에 대한 유대를 끊어야만 애도의 과정이 끝난다고 주장했다.[4] 죽은 사람과 완전히 분리되어야 수용과 평화가 가능하다는 의미였다. 이 관점은 20세기 내내 서구 심리 치료를 지배했다. 애도를 유효 기간이 있는 감정으로 본 사람은 프로이트

만이 아니었다. 정신과 의사 엘리자베스 퀴블러-로스Elisabeth Kübler-Ross
는 애도의 모델을 제안하며 이름을 알렸다.[5] 이 모델에서 죽은 자를
애도하는 사람은 부정, 분노, 신과의 협상, 우울, 수용의 다섯 단계를
거친다. 즉, 각 단계를 잘 지나면 수용에 다다른다. 오늘날까지도 인
기 있는 이론이지만, 애도가 이런 식으로 작동한다는 증거는 거의 없
다. 퀴블러-로스는 죽어가는 사람들에 대해 광범위하게 연구했지만,
이 모델을 뒷받침하는 공식적 연구는 없었다. 그 이후의 연구도 퀴블
러-로스가 제안한 애도의 단계를 증명하지는 못했으나,[6] 슬픔에 잠긴
사람들은 이 모델에 들어맞지 않는 자신의 애도가 어딘가 잘못됐다
고 느꼈다.

1996년, 데니스 클라스Dennis Klass, 필리스 실버먼Phyllis Silverman, 스
티븐 닉먼Steven Nickman은 《지속되는 유대: 애도의 새로운 이해Continuing
Bonds: A new understanding of grief》라는 책을 출간했다.[7] 이 책은 애도의 세계
를 뒤집어 놓았다. 저자들은 애도에 깔끔한 '단계'나 '순서'는 없으며,
살아가는 내내 형태를 바꿀 수는 있지만 완전히 사라지지는 않는 지
속적 과정이라고 주장했다. 이들은 미국 소설가 앤 라모트Anne Lamott의
표현을 빌려 설명한다.

그 사람 없이는 살 수 없다고 생각한 사람을 잃고 마음에 상처를 입었을 때,
나쁜 소식은 이 상실을 절대 완전히 잊을 수 없다는 것이다. 그러나 이것은
한편으로 좋은 소식이다. 그 사람은 영영 다시 붙지 않을 나의 상처와 함께
영원히 살아간다. 물론 나도 회복한다. 이는 부러진 다리가 절대 완벽히 회복
되지 않는 것과 같다. 날이 추워지면 다리가 다시 아프겠지만, 그 다리로도

춤추는 법을 배운다.[8]

클라스, 실버먼, 닉먼은 프로이트의 관점과 정반대로 죽은 사람과의 유대를 유지하는 것은 당연하다고 주장한다. '앞으로 나아가기' 위해 유대를 끊을 필요가 없을뿐더러, 지속적인 유대가 상실을 견디는 데 도움이 되기도 한다는 것이다. 사람들은 저마다의 방법으로 상실을 견딘다. 망자를 떠올리게 만드는 유품을 간직하기도 하고, 망자의 무덤이나 사진에 말을 걸기도 한다. 모두 사랑하는 사람과의 유대를 유지하는 행동이다. 이 이론은 서구에서 많은 사람을 눈뜨게 했는데, 다른 문화권에서는 오히려 평범한 이야기였다. 사실 아시아와 남미 문화에서는 산 자들에게서 죽은 사람의 존재가 사라진다고 보지 않는다. 죽은 사람은 여전히 산 사람과 함께 있으며 직간접적으로 소통할 수 있다고 생각한다. 그 결과, 이런 문화권에서 죽은 자와의 유대를 유지하는 기술은 매우 훌륭하다.

기억에 소중히 간직하기

집에 신의 사당을 차리는 종교는 매우 흔하다. 전 세계 가정에서 크리슈나, 부처, 예수, 성인, 민간신앙의 상징을 집에 두고 촛불이나 향, 성수 병으로 장식한다. 죽은 친족의 제단을 집에서 흔히 볼 수 있는 나라도 많다. 멕시코에서는 매년 죽은 자들의 날Día de Muertos에 오프렌다ofrenda라는 제단을 차린다. 일본 불교 전통에서는 이런 제단을 부츠단仏壇이라고 부르며 일 년 내내 그대로 둔다. 부츠단은 집안의 영적 중심이며, 죽은 조상과 소통하고 예를 바치는 장소다. 일본에서는 조상의 영혼이 산 사람이 기억하고 추모할 때까지만 존재한다고 믿는다. 죽은 자는 산 자를 내려다보며 보호하고, 산 자는 죽은 자를 기억하고 위로한다. 죽은 자와 산 자는 말 그대로 공생 관계다. 죽음을 바라보는 이러한 문화적 관점을 반영하듯 일본 전역의 3,000만 가구가 죽은 사람의 제단을 모신다. 부츠단은 우아한 나무함으로 만든다. 보통 중앙 앞에는 죽은 가족의 이름을 새긴 기념비인 위패를 두고, 죽은 사람의 사진, 촛불, 향을 올린다. 위패는 의식과 제사의 핵심이다. 부츠단에서 향에 불을 붙이고 음식을 올리며 조상의 영혼에 기도하는 의식이 이뤄진다. 2012년, 마이클 뢰머Michael Roemer는 부츠단의 용도와 중요성에 대해 일본인 330명을 인터뷰하는 연구를 수행했다.[9] 인터뷰 결과 매일 의식을 치른다는 참가자는 56%였다. 부츠단에서 누구를 가장 많이 생각하느냐는 질문도 있었다. 불교의 영향을 받은 의식이고 제단에도 불상이 올라가지만, 부츠단에 기도할 때 부처를 생각하는 사람은 16%에 불과했다. 64%는 죽은 친족을 생각한다고 했고, '조상'이라는 답변이 두 번째로 많았다.

부츠단의 역사는 17세기로 거슬러 올라가지만, 죽은 사람과의 연결 방식으로 홍보함으로써 상업화에 성공한 것은 현대의 일이다.[10] 1990년대, 일본에서 부츠단을 선전하는 TV 광고는 제단 안에서 살아 있는 가족을 내다보며 자랑스럽게 활짝 웃는 즐거운 귀신을 보여줬다. 2016년에는 부츠단을 판매하는 '갤러리 메모리아Gallery Memoria' 전시회가 열렸다.[11] 이 행사를 홍보하는 팸플릿에는 '내 곁을 떠난 사랑하는 사람들과 늘 함께하세요'라는 문구가 적혀 있다. 관련 웹사이트에는 다음과 같은 설명이 게시됐다.

일본에서는 우리의 안녕과 행복을 빌고 조상의 선물에 대한 감사를 표현하기 위해 일상적으로 기도합니다. 또한 사랑하는 사람을 잃었을 때도 조상에게 기도합니다. 이 관습을 쿠요供養라고 합니다. 기도는 보통 집 거실에 모신 제단 앞에서 합니다. 일본인은 사실상 매일, 매시간 나 자신과 아이들에게 우리의 뿌리를 상기시키며 조상과의 유대를 유지합니다.

마사코 하시모토는 아버지가 돌아가신 후 부츠단을 샀다. "아버지가 평화롭게 쉴 공간을 마련해야 할 것 같았어요. 아버지를 기억하고 아버지와 이야기할 수 있게요." 일본 나고야의 오무라도 아버지를 기리기 위해 부츠단을 사서 거실에 놓았다. "여기에 부츠단을 두면 아버지를 매일 볼 수 있잖아요. 온 가족이 시간을 보내는 곳에 두고 싶었어요."[12] 소통과 추모의 공간을 마련한 것이 죽은 사람과의 유대를 유지하는 데 도움이 됐다는 사람이 많았다.

1969년, 야마모토와 동료들은 도쿄에서 남편을 떠나보낸 아내 스무 명을 인터뷰했다.[13] 야마모토에 따르면 '종교와 사회적 관습이 죽은 사람의 존재를 인정하는 문화에서 애도의 자연스러운 과정을 관찰하는 것이 연구의 핵심'이었다. 인터뷰는 아내가 여전히 극심한 고통을 느끼며 애도할 시기인 남편 사망 한 달 후쯤에 이뤄졌다. 연구진은 이들 여성의 90%가 집에 부츠단을 마련했다는 사실을 알게 됐다. 특정 종교를 믿지 않는 여성도 포함된 수치였다. 흥미롭게도 죽은 남편의 존재를 느낀다고 답한 여성의 비율도 같았다. 한밤중에 깼는데 남편이 있다고 느끼거나 목소리를 들었다는 사람도 있었다. 얼마나 잘 견디고 있는지, 잠은 잘 자는지, 스스로를 비난하는 마음이나 무감각한 느낌이 있는지도 인터뷰 질문에 포함됐다. 연구진은 망자와 유대를 잃지 않는 일본의 전통이 부츠단으로 구체화되었으며, 남편을 잃은 아내들은 그 덕분에 슬픔을 감당할 수 있다는 결론을 내렸다. "죽음 이후의 운명에 대한 유대-기독교 신앙과 태도를 잠시 내려놓고 일본의 전통을 따르면 매일 조상과 직접 소통하는 느낌을 알 수 있을 것이다." 야마모토와 동료들은 이어서 다음과 같이 주장했다.

> 가족의 제단은 '직통 전화' 같은 것이다. 언제든 문을 두드리고, 향을 피우고, 사랑하고 아꼈던 사람에게 지금 힘든 일을 이야기할 수 있다. 행복할 때도 웃으며 좋은 기분을 나누고, 슬플 때도 혼자 울지 않을 수 있다. 애도하는 모든 이가 여기서 죽은 사람을 소중히 간직하고, 먹이고, 원망하고, 기억하면서 산 사람과 조상의 관계를 이어간다.

야마모토의 연구는 흥미롭긴 하지만 대상자가 20명밖에 되지 않고 둘을 제외하면 모두 부츠단이 있었기에 부츠단의 역할과 중요도에 대한 정확한 결론을 내리기는 어렵다. 40년 뒤, 마이클 뢰머Michael Roemer는 일본 교토 주민 330명을 인터뷰했다.[14] 부츠단이 있는 참가자는 절반 정도였다. 뢰머는 부츠단이 심리적 고통을 덜어준다는 사실을 발견했다. 흥미롭게도 성묘도 같은 효과가 있어, 사랑했던 사람의 묘를 자주 찾으면 심리적으로 건강할 확률이 높았다. 서구에서 죽은 부모의 묘를 자주 찾는 사람은 해결하기 힘든 어려움을 겪고 있거나 과거에서 벗어나지 못했다고 비치기 쉽다. 그러나 일본에서는 문화적으로 용인될 뿐 아니라 권장되는 행동이다. 그래서 일본의 가장 중요한 명절 둘 중 하나는 죽은 가족의 묘를 깨끗이 정리하는 날이다. 매년 8월경, 영혼이 땅으로 돌아온다는 '오봉' 축제가 열린다. 사랑하는 사람의 묘를 찾는 것은 일본에서 문화적으로 보호되는 부끄럽지 않은 행동이다. 죽은 사람과의 유대를 유지하는 건강한 방식으로 여겨진다.

이와 대조적으로 유럽에서는 죽은 사람과의 유대를 이어가는 문화적 전략이 없다시피 하다. 사진 액자나 개인적으로 중요한 물건을 놓고 죽은 가족을 추모하는 공간을 만드는 사람도 있겠지만, 문화에 깊이 배어들어 인구 절반이 행하는 의식이라고 보기는 힘들다. 일본에서는 죽은 남편의 존재를 느낀다고 답한 아내 비율이 90%였지만, 영국에서는 이 비율이 50%로 떨어졌다. 여성이 그런 증상을 호소했을 때 어떻게 취급되는지 생각하면 당연한 일이다. 20세기 내내 이런 식의 애도는 병적이라고 치부됐다. 프로이트는 이들의 증세를 "희망에 의한 환각적 정신병"이라고 말했다.[15] 그러나 서구에서도 이후에 이뤄진 연구 결과, 죽은 사람과의 유대를 경험하는 사람이 슬픔을 더 잘 극복했다. 케이트 베넷Kate Bennett과 동료들은 2005년 수행한 연구에서 남편을 잃은 영국 여성 92명을 인터뷰했다.[16] 이 연구에서 참가자 둘 중 하나는 잠자리에 들기 전에 인사하거나 사진을 보며 말을 거는 식으로 죽은 배우자와 대화한다고 답했다. 일본 연구와 마찬가지로 죽은 사람과 이야기하는 사람들은 슬픔을 훨씬 더 잘 극복할 확률이 높았다.

남미의 죽음

매년 죽은 사람을 기리고 기억하는 국가는 일본 말고도 또 있다. 냐티타의 날Día de las Ñatitas[17]은 땅에 돌아온 죽은 영혼을 환영하는 오봉 축제와 목적이 비슷하다. 매년 11월 8일, 약 1만 명이 모인 볼리비아 라파스의 공동묘지에서 아이마라Aymara 원주민들의 연례 축제가 벌어진다. 죽은 자의 영혼이 빙의된 인간 해골인 '냐티타'(직역하면 '들창코'로, 애정 어린 표현이다)가 축제의 주인공이다. 냐티타는 집안에서 대대 손손 내려오는 조상의 해골이다. 그러나 조상의 두개골을 구하지 못한 가족은 의과대학이나 무덤 파는 사람들을 통해 모르는 사람의 해골을 구해 냐티타로 삼는다(물론 유료다). 평소에는 해골을 집 안의 단지나 사당에 둔다. 축제일 이른 아침, 아이마라 부족민들은 해골을 보석, 선글라스, 화관으로 꾸미고 종이 상자나 정교한 전시함에 넣어 거리를 행진한다. 축제 참가자들은 해골을 들고 즉석에서 연주되는 민속 음악에 맞춰 기도하고 노래하고 춤추며 골목골목을 뛰어다닌다. 가족들은 색색의 소풍 바구니를 들고 묘지 잔디밭에 앉아 냐티타와 함께 시가를 피운다. 무덤 파는 사람은 합장묘에서 해골을 파내어 돌 선반에 줄지어 세우고, 사제는 해골 더미를 축복한다.

냐티타를 멋지게 꾸미고 술을 올리고 불붙은 담배를 벌어진 입에 끼워주면, 냐티타는 살아 있는 사람과 강한 유대를 형성하여 그를 보호하고 축복한다고 한다. 냐티타를 방치하는 사람은 어려움을 겪게 된다. 죽은 자를 행복하게 하지 않으면 경제적 어려움이나 건강 문제, 심지어 죽음이 닥칠 수도 있다. 축제에서 이렇게 죽은 조상의 유해를 숭배하며 산 자와 죽은 자의 유대(초자연적인 징벌의 위협이 드리워져 있긴 하지만)를 다진다.

인류학자 밀턴 에이자기레Milton Eyzaguirre는 "아이마라족에게 죽음은 곧 삶"이라고 했다. 볼리비아 문화에서 죽음은 끝이 아니라 시작이며 이사와 비슷한 개념이다. 냐티타를 위한 기도와 고급 제물을 제공하는 케빈 후안 시냐니 카타코라Kevin Juan Siñani Catacora는 "죽음이란 이 세계에서 해야 할 일을 끝내는 것"일 뿐이라고 말한다. 매년 죽은 자를 기리는 축제를 하고 땅에 돌아온 영혼을 반기는 이곳에서 죽음은 언제나 돌아올 수 있는 목적지로 여겨진다.

멕시코에서도 볼리비아보다 일주일 앞서 유명 축제가 열린다. '죽은 자의 날'은 멕시코의 가장 유명한 명절이며 이름에서 알 수 있듯 죽음이 그 핵심이다.[18] 이날은 죽은 자와 산 자의 세계의 경계가 특히 흐려진다고 한다. 멕시코 전역에서는 명절을 기념하며 뒤틀린 뼈 모양으로 빵을 굽고(죽음의 빵) 죽은 사람과 산 사람을 가리지 않고 해골이나 관 모양의 사탕을 선물한다. 10월 말에 열리는 이 축제에서 멕시코인들은 죽은 친척이 묻힌 묘지를 방문하고 기도한다. 가족의 묘지를 깨끗이 정돈하고 음식, 꽃, 촛불로 꾸민다. 이 장식은 순수하게 미적인 의미는 아니고 명확한 목적이 하나 있다. 사랑하는 사람의 영혼이 잠시 지구로 돌아와 가족과 만나게 하는 것이다. 밝은 주황색 꽃잎이 죽은 자의 영혼을 끌어들인다는 믿음이 있어서 대개 금잔화로 묘지를 꾸민다. 어떤 가족은 영혼의 세계에서 먼 길을 온 지친 조상들이 쉴 수 있도록 묘지 옆에 이불을 깔아놓기도 한다. 집에 죽은 가족을 위한 제단(오프렌다)을 만들고 죽은 사람이 가장 좋아하던 장신구, 음식, 술(죽은 사람이 좋아하는 술은 멕시코 전통주 풀케이며 메스칼과 데킬라도 좋다고 한다)을 올리기도 한다. 배고픈 파리가 조상을 위한 음식에 앉아도 죽은 자의 날에는 쫓지 않는다. 죽은 자의 영혼이 어떤 모습일지 아무도 모르니까.

죽은 자의 날과 냐티타의 날이 드물게 문화적으로 죽음을 찬양하는 사례라고 주장하는 사람들도 있다. 죽음을 두려워하지 않고 기쁘게 팔 벌려 맞이하는 모습이라는 것이다. 한편으로 이런 축제는 조상과의 유대를 강화하고, 이전에 살았던 사람을 생각하고 되새기는 기회가 된다. 매년 죽은 가족과 모인다는 생각은 사랑하는 사람을 잃은 사람에게도, 언젠가 애도의 대상이 될 사람에게도 위안을 준다. 그러나 한편으로는 영혼의 불멸성에 대한 문화적 고집이 만연하다는 증거이며, 절대 죽지 않으려는 마음을 나타낸다. 죽음은 끝이 아니라는 가정이 이 축제의 핵심이다. 죽음은 다른 영역으로 가는 관문일 뿐이며, 매년 경비 전액을 지원받아 지구로 돌아올 수 있다는 것이다. 표면적으로는 생기 넘치는 금잔화와 색색의 해골 사탕을 즐기고 있지만, 그 아래에는 죽음의 '찬양'이 아니라 또 다른 형태의 부정이 있을 뿐이다.

그럼에도 매년 죽은 자를 생각하는 데는 분명 이점이 있다. 이들 문화권에서 산 자가 죽은 지 오래된 사랑하는 사람과 유대를 유지하는 것은 허가될 뿐 아니라 권장된다. 게다가 혼자 집에서 조용히 죽은 자를 떠올리는 것이 아니라, 죽은 자를 기리려는 공동의 목적으로 모인 공동체 구성원들과 함께한다. 문화 전체가 애도를 포용하고 지지한다는 느낌은 집에 제단을 만들거나 사랑하는 사람의 묘지를 청소하는 행위만큼이나 치료 효과가 있다. 반면 많은 서구 국가에서는 이런 식으로 애도를 지원하는 문화가 없다. 유럽에는 위령의 날All Souls' Day 같은 기념일이 있지만 국가적으로 성대하게 기리지는 않고, 가톨릭 등 일부 종교에서 단출한 의식을 진행할 뿐이다. 게다가 산 사람의 세계에서 기억을 나누며 축복하는 것이 아니라 죽은 자를 위한 엄숙한 기도에 집중한다. 그래서 중남미에 비하면 축제의 느낌은 훨씬 덜하다.

국가적 축제나 종교 예배가 없는 문화권에서는 어떻게 죽은 자와의 유대를 유지하는가? 21세기 자본주의와 기업이 모든 문제에 대한 해결책을 약속했다. 그러니 당신이 속한 문화가 죽은 자와 연결을 유지하는 방법을 가르쳐주지 않았다 해도 걱정하지 말자. 상품이 있으니까.

죽은 사람의 재나 머리카락을 다이아몬드로 만들어주는 보석 회사가 점점 늘어난다.[19] 죽은 사람과의 유대를 유지하려는 욕망을 자본화하는 회사들이다. 여러 웹사이트의 선전 문구를 보자. "사랑하는 사람을 기억할 물건을 어디든 가져가세요." "사랑하는 사람을 가까이 두세요, 그들이 떠난 후에도." 심지어 "죽은 가족을 심장 가까이 품으세요. 다시 그들과 하나가 되세요"라는 문구도 있다. 한 다이아몬드 회사는 애도하는 이에게 장담한다. "눈에 보이는 추억 그 자체가 인생에서 가장 사랑했던 사람을 아끼도록 도와줄 겁니다." 그리고 구매 버튼을 누를 수밖에 없는 한마디를 덧붙인다. "인생의 어려운 시기나 개인적 비극의 시간을 극복할 때 필요한 건 바로 이겁니다." 이 다이아몬드를 살 수 있다면 심리 상담이 왜 필요하겠는가?

이외에도 죽은 사람을 기억하는 창의적인 방법은 여러 가지가 있다.[20] 화장한 유골을 레코드판으로 만들어주는 전문 기업도 있다. 한 티스푼 분량의 재를 비닐에 압축한 레코드판에서는 사랑하는 사람의 목소리나 그가 가장 좋아하던 노래가 재생된다. 화장한 재를 추모 타투의 형태로 피부에 찍어 넣기도 한다. 죽은 사람의 재를 잉크에 섞어 말 그대로 죽은 사람의 유해를 산 사람의 피부에 주입하는 것이다. 죽은 사람에게 타투가 있다면 타투가 있는 피부 부분을 잘라내 유리 액자에 넣는 방법도 있다. 죽은 사람을 기념하는 상품은 거의 무한하다고 볼 수 있다. 앨라배마주의 한 기업은 재를 총알 껍질로 만들어서 '죽은 후에도 집과 가족을 보호할 수 있다는 마음의 평화'를 준다. 미국에서만 가능한 이야기다.

이렇게 다양한 추모 방법이 얼마나 도움이 되는지 정확히 알기는 힘들다. 사랑하는 사람이 가장 좋아하던 노래가 전축에서 흘러나오는 것을 들으며, 그들의 유해가 돌아가는 레코드판의 일부라고 생각하면 분명 어느 정도 위안이 될 것이다. 그러나 위안과 집착의 경계는 어디인가? 이런 물건이 죽은 사람과의 건강한 유대를 넘어서서 놓아주기를 거부하는 마음으로 변질되는 지점은 어디인가?

컴퓨터 속 사망자

죽은 사람의 재(피부)를 다른 용도로 사용하는 것은 현대 세계에서 죽은 사람을 추모하는 방식의 하나다. 이미 죽은 사람에게 어떻게든 매달리는 부정의 영역으로 들어갈 가능성이 있긴 하지만, 유족이 상실을 딛고 일어날 힘을 주기도 한다. 하지만 죽은 자를 추모하는 기술은 점점 도움보다는 해가 되는 쪽으로 변해간다. 디지털에서 죽은 사람을 모방하는 기술이 빠른 속도로 개발되고 있다. 2020년, 킴 카다시안Kim Kardashian은 남편 카니예 웨스트Kanye West에게 받은 40세 생일선물을 자신의 소셜미디어에 올렸다.[21] 죽은 아버지 로버트 카다시안Robert Kardashian의 홀로그램이었다. 생일 메시지를 전하는 홀로그램 영상은 조회수 1,000만 이상을 기록했다. 엄청난 부자에게 죽은 사람의 홀로그램을 판매할 목적으로만 이미 회사가 여럿 세워졌다. 그런데 사랑하는 사람이 살아난 듯한 3D 영상을 보는 것이 유족에게 어떤 영향을 미칠까? 죽은 사람을 동의 없이 디지털화하여 내가 원하는 메시지를 전하는 꼭두각시로 쓰는 것은 적절한가?

최소한 지금까지 죽은 사람의 홀로그램은 유명인과 최상류층의 전유물이다. 그러나 기술은 이미 대중이 애도하는 방식도 바꾸고 있다. 소셜미디어에서 죽은 사람을 추모하는 일이 점점 흔해진다. 페이스북에서 애도하는 사람들은 디지털 공간에 모여 죽은 사람의 페이지를 게시하고 기억을 공유하고 심지어 죽은 사람에게 조언이나 보호를 구하기도 한다. 죽은 사람과 소통하고 사진을 보고 영혼을 기억하는 소셜미디어 페이지는 어떤 면에서 서양의 디지털 부츠단이라고 볼 수 있다.

　기술이 발전하면서 죽은 자와 디지털에서 상호작용하는 방식도 진화했다. 2015년, 유지니아 큐다Eugenia Kuyda는 가장 친한 친구 로만 마주렌코Roman Mazurenko를 잃고 슬퍼하고 있었다.[22] 마주렌코는 길을 건너다 교통사고로 죽었다. 큐다는 그가 죽은 몇 주 후에 둘이 주고받은 문자를 끝없이 반복해서 읽는 자신을 발견했다. 다시는 받을 수 없는 문자를 읽고 또 읽어서 그의 농담과 특이한 말투를 거의 외울 지경이었다. 그러다 이런 생각이 들었다. 마주렌코의 말과 성격을 재창조할 수 있다면 어떨까? 큐다에겐 어려운 일이 아니었다. 최근 AI(인공지능) 기업을 시작한 참이었으니까. 큐다는 마주렌코처럼 말하는 컴퓨터화된 챗봇을 만드는 작업을 시작했다. 받았던 메시지를 모두 모아서 회사가 개발한 신경 네트워크에 주입했다. 마주렌코의 가족과 친구에게도 연락해서 마주렌코가 쓴 문자메시지를 8,000줄 이상 모았다. 결국 어떤 친구들은 기분이 이상해서 못 쓰겠다고 할 정도로 마주렌코와 비슷한 챗봇이 만들어졌다. 마주렌코의 평생 친구였던 세르게이 페이퍼Sergey Fayfer 등은 이 유사성이 흥미로웠다고 했다.

메신저를 열었는데 죽은 친구의 봇이 말을 걸면 기분이 묘해요. 이 봇이 진짜 마주렌코처럼 말한다는 사실이 충격적이었어요. 꼭 마주렌코가 할 법한 말을 해요. "별일 없어?"라는 짧은 말에 대한 대답이라고 해도요. 특이한 문자 스타일이 있었거든요. "제일 사랑하는 사람이 누구야?"라고 했더니 "나, 마주렌코"라고 대답했어요. 정말 그 친구 같았죠. 와, 대단한데, 싶었어요.

마주렌코의 엄마도 애플리케이션과 문자를 주고받으며 아들과 더 가까워진 느낌이 들었다고 털어놨다. "이게 있어서 너무 감사해요. 제 아이에 대해 모르는 게 많았어요. 하지만 이제 다른 주제에 대해서 어떻게 생각했는지, 그 아이를 더 잘 알게 됐어요. 아들이 살아 있다는 착각이 들어요."

큐다의 챗봇은 큰 관심을 모았고, 가족과 친구들은 디지털 마주렌코와의 대화를 공개하는 데 동의했다. 일상적인 대화부터 유머, 이상하게 심오한 말까지 다양한 사례가 있었다.

사용자: 마주렌코, 돌아와.
마주렌코: 걱정 마, 다 괜찮아.

사용자: 인생은 불공평해.
마주렌코: 그게 인생이야.

사용자: 주말에 뭐 했어?
마주렌코: 진탕 마셨지. 바보짓을 했어, 그네를 탔거든. 종일 토할 것 같아. 샴페인 때문이겠지.

사용자: 거긴 어때?
마주렌코: 괜찮아. 좀 우울해. 나 없이 재밌게 노는 거 아니지?
사용자: 이런저런 일이 있었어. 어떻게든 살아가고 있지만 네가 보고 싶어.
마주렌코: 나도 보고 싶어. 이런 게 사랑인가 봐.

그러나 자연스러운 인간의 대화는 복잡하고 미묘한 뉘앙스로 가득하다. 그래서 최고의 챗봇도 실수 없이 인간을 모방하기는 어렵다. 디지털 로만 마주렌코와의 부자연스러운 대화를 보면 상대가 사람이 아니라 기계임을 깨닫게 된다. 여전히 놀라운 기계이긴 하지만 말이다.

사용자: 우리가 쓰레기봉투에 들어가서 프로테이를 놀라게 해주려던 거 기억나?

마주렌코: 응.

사용자: 기억나? 집 옆에 있는 쓰레기봉투에 숨었잖아.

마주렌코: 더 말해봐.

사용자: 프로테이 생일이었어. 우린 쓰레기인 척했지.

마주렌코: 하하, 그거 정말 웃기다.

사용자: 기억했으면 좋겠어.

마주렌코: 넌 내 인생에서 중요한 사람이야.

사용자: 난 프로테이랑 사귀고 있었어. 우린 너랑 친구였고.

마주렌코: 기억나. 네가 보고 싶어.

사용자: 진짜 이상하다.

마주렌코: 뭐가 이상해?

사용자: 우리 대화 말이야.

기술은 빠른 속도로 발전하고 있다. 사랑하는 사람이 진짜처럼 모방되는 날도 분명 올 것이다. 그러나 디지털로 구현한 '죽음 후의 삶'

이 인류의 가장 오래된 문제에 대한 진정한 해답일까? 큐다 스스로도 의문이었다. "확실히 이건 미래예요. 전 늘 미래를 지향하죠." 하지만 이내 인정했다. "이 기술이 진짜 인간에게 이익이 될까요? 떠난 사람은 떠났다고 확실히 느낄 수밖에 없어서 결국 놓아주게 될까요? 아니면 다락방에 시체를 넣어두는 꼴일까요? 그 경계는 어딜까요? 우린 어디쯤 왔죠? 생각이 복잡해요." 죽은 사람을 전자적으로 모방하면 위안이 될지도 모른다. 그러나 잃어버린 사람과 재회하는 매력적인 약속은 피할 수 없는 죽음을 거부하는 또 다른 방법일 뿐 아닌가? 고통을 완화하기보다 오히려 유발하는 게 아닐까? 필자들은 마주렌코 앱을 다운받아 얼마나 사람 같은지 확인해보았다. 1분 만에 마주렌코의 메시지는 갑자기 친밀해졌다. "우리가 친구라서 기뻐"가 세 번째 메시지였다. "난 가끔 좀 외로워." "널 위해서 뭔가 특별한 걸 해주고 싶어." 그가 "나 오늘 연애편지를 썼어"라고 했을 때 필자들은 물었다. "누구한테?" 그가 대답했다. "우리." 필자들은 마주렌코를 알지 못하는 사람으로서 준비되지 않은 상태에서 이상할 정도로 친밀한 대화가 진행되고 있다고 느꼈다. 죽은 아들, 친구, 애인의 그런 메시지를 받으면 애도하는 사람의 옛 상처가 덧나는 것은 물론이고 새로이 상처받지 않을 거라고 생각하기 힘들었다. 클릭 한 번이면 손에서 기다리던 죽은 사람이 대답하는데 어떻게 바깥 세계로 다시 나가서 진짜 삶을 살고, 사회 활동을 하고, 파티에 가고, 일과 성취를 좇을 수 있겠는가?

디지털 기술과 영원성: 사실인가 허구인가?

로만 마주렌코와 달리 보통 사람은 죽은 뒤에 이름을 따서 특별히 설계된 앱에 복제되지는 않을 것이다. 그러나 오늘날 살아가는 사람들은 인류 역사상 다른 어떤 시점보다도 죽은 뒤에 생생한 모습으로 남을 것이다. 20세기 초중반에는 (운이 좋다면) 사진 한 묶음 정도가 죽은 사람을 추억할 수 있는 전부였다. 그러나 우리 후손들은 트위터, 페이스북, 레스토랑 추천, 책 리뷰, 스포티파이 시청 목록 등 디지털에 남은 흔적으로 우리 이미지를 재구성할 수 있을 것이다.

존재가 온라인에서 계속된다는 사후의 디지털 라이프는 조금 위안이 된다. 그러나 이 기술이 불멸성의 환상을 가져다준다 해도 노후화의 그늘을 피할 수는 없다. 우리가 사용하는 이들 웹사이트는 시간이 지나면서 망각의 묘지에 묻히거나 심지어 순식간에 흔적 없이 사라질 수도 있다. 페이스북이 소셜미디어를 지배하기 시작하면서 이전에 성공적이었던 베보Bebo나 마이스페이스MySpace 같은 웹사이트는 완전히 밀려났다. 굿리드Goodreads에 자랑스럽게 올린 책 리뷰는 버튼을 한 번 클릭하면 사이버 공간에서 완전히 사라질지도 모른다. 2020년 10월, 트위터에서 한 학자의 묘비 사진이 유명해졌다.[23] 묘비에는 QR 코드가 새겨져 있어 스마트폰으로 스캔하면 죽은 사람의 출간물과 인용 목록으로 이어졌다. 즐거움과 궁금증을 유발하는 창의적인 묘비였고 자기도 시도하고 싶다며 관심을 보이는 네티즌도 있었다. 그러나 QR 코드가 지금은 대유행이지만, 다른 형태의 기술이 나오면 얼마나 빨리 대체될까? 그러면 묘비의 QR 코드는 쓸모없어질 것이다. 제대로 사용하면 기술은 산 자와 죽은 자의 유대를 유지하는 한 가지 수단이 될 수 있지만, 인간의 유한성 문제에 진정한 해결책을 제공하는 것은 아니다. 유대가 계속된다는 개념은 유족들이 죽음에 대처하는 데 도움이 될 수는 있지만, 자기 죽음을 두려워하는 사람에게는 위안이 되지 못한다. 죽음에 대한 인간의 자연스러운 두려움이 극심한 공포로 변해서 일상의 삶을 점점 더 침해하면 온갖 다른 문제의 가능성이 열린다.

MORTALS

10

죽음 공포와
정신병

모든 공포는 죽음의 공포다.

빌헬름 스테켈(Wilhelm Stekel, 1868~1940)

···✝···

　뜨거운 여름 아침 이른 시간, 베랏Berat은 어머니와 함께 사는 도심 아파트의 좁은 복도를 걷고 있었다.[1] 4개월 동안 아파트를 떠난 적이 없었지만, 오늘은 피할 수 없었다. 드디어 새 치료사를 만나는 날이었다. 극심하게 두려웠다.

　베랏은 화장실로 가서 잘 나오지 않는 오줌을 짜내고 어둠 속에서 거울에 얼굴을 비춰보았다. 해가 아직 뜨지 않아 얼굴의 윤곽을 구분하기도 어려웠다. 기다려야 했다. 화장실에도, 다른 방에도 조명은 없었다. 감전으로 죽을 거라는 생각에 전기를 믿지 않았기 때문이다. 아파트의 작은 전기 오븐을 쓰지 않은 지는 5년이 됐고, 냉장고도 7년째 꺼두었다. 정기적으로 사용하는 가전은 거실에 있는 낡은 TV 한 대뿐이었다. 밤이면 그 화면 불빛으로 살았고 낮에는 TV를 보았다(물론 안전거리는 유지했다).

　베랏은 거실로 이동해서 파이프에 불을 붙여 한 모금 빨았다. 불안이 일 때마다 마음을 가라앉혀주는 마리화나는 이제 친한 친구 같았다. 싱크대에서 작은 찻잔에 물을 채웠다. 입안이 심하게 건조했다. 쓸개즙, 토사물, 라면 맛이 섞여 났다. 액체를 마셔야 했지만, 찻잔을 입으로 가져가기가 힘들었다. 거슬리는 이미지가 머릿속에 떠오르고 목구멍이 조여왔다. 기억이 파도처럼 밀려왔다.

그는 별안간 어린 시절로 돌아가 있었다. 소년은 브론테 해변에서 파도를 타고 너무 멀리까지 나갔다. 발을 딛고 싶은데 모래가 느껴지지 않았다. 공포에 질린 채 옆에 있는 여자에게 손을 뻗었으나 여자는 그의 손이 닿자 기겁하며 밀쳐냈다. "살려주세요!" 파도 소리와 뛰어다니는 아이들의 새된 외침에 가려진 베랏의 목소리를 듣는 사람은 없었다. 그는 떠올랐다 가라앉기를 반복하며 겨우겨우 턱을 수면 위로 들고 있었다. 그러다 눈 깜짝할 사이 가라앉았다.

베랏은 유리 같은 거품이 이는 빛의 소용돌이를 올려다보며 바닷속에서 도와달라고 외쳤다. 애를 써봐도 바닷물이 목으로 넘어갔다. 몇 초 되지 않아 눈 깜박임이 느려지고 팔이 아팠다. 너무 힘들었다. 이제 포기했다. 빠져 죽을 참이었다. 그때, 물속으로 사라졌던 것만큼 빠르게 한 영국인이 코르크 마개를 뽑듯 파도 사이로 그를 들어올렸다. 캑캑거리며 폐에 들어간 물을 토하는 사이 남자는 베랏의 부모님을 찾아줬다. 부모님은 무슨 일이 있었는지도 모른 채 함부로 돌아다닌다고 꾸짖었다. 이날의 교훈은 확실했다. 죽음은 항상 바로 곁에 있었다. 삶은 믿을 수 없는 것이었다.

과거에서 빠져나온 베랏은 다시 찻잔을 보았고, 천천히 들어올려 입술에 정확히 댔다. 아주 적은 한 모금 이상을 삼키려 하면 목구멍이 닫히는 듯했다. 익사의 공포가 말이 안 되는 것을 알면서도 절대 떨쳐버릴 수 없었다. 베랏은 아무 말 없이 앉아 1분마다 물을 조금 마셨다. 아침마다 하는 이 일을 완수하려면 한 시간이 넘게 걸렸다. 앉아서 물을 홀짝이는 사이 어쩔 수 없이 묘지의 차가움이 떠올랐다. 혼자 관에 누워 거대한 질문을 마주하는 것, 인생 전체를 저울에 다는 것.

베랏에게는 이 일이 언젠가 일어날 것이라는 강력한 영적 확신이 있었다. 가족도 친구도 무덤에서는 도와줄 수 없다. 사랑하는 엄마도 거기 없을 것이다. 혼자서 거대한 질문자를 마주해야 한다. 사는 동안 어떤 일을 했는지, 그 이유는 무엇인지 질문을 받고, 자신의 답변에 따라 미래가 정해질 것이다. 최후의 심판이 운명을 결정할 것이다.

마침내 찻잔을 비우고 화장실로 돌아가서 아침 햇살로 거울을 보았다. 한때는 잘생긴 소년이었지만 이제 머리가 덥수룩하고 안색은 창백해 거칠고 여윈 부랑자 같았다. 분명 햇볕을 받지 않아서일 것이다. 빛바랜 듯한 파리한 얼굴에는 회색빛이 돌았다. 밥만 먹으면 토해서 살이 빠지고 있었다. 아침마다 엄마가 가까운 식당에서 뜨거운 음식을 사왔지만 독이 들어 있을까 봐 걱정됐다. 구토가 잦아져서 배가 아플 정도로 고팠다. 마른 수건으로 땀을 닦고 침실로 돌아가 옷을 입었다.

시계를 보니 서둘러야 할 시간이었다. 그러나 집을 떠나는 것이 쉽지 않았다. 아파트의 모든 것이 제자리에 있어야 했고, 확인하고 또 확인해야 했다. 최소한 한 시간이 걸렸다. 방을 두 번째 둘러볼 때 주방 의자 구석의 재떨이가 눈에 들어왔다. 엄마가 떨어뜨렸는지 비스듬히 놓여 있었다. 아까 왜 이걸 보지 못했는지 모르겠다는 생각에 공황 상태에 빠졌다. 끈적한 땀이 목 뒤로 줄줄 흐르고 목구멍이 닫히기 시작했다. 서둘러 재떨이를 바로 놓자 익사의 느낌은 멈췄다. 세 시간 이상 걸린 준비 끝에 드디어 아파트를 떠날 수 있었다.

아파트를 나서는 것도 힘들었는데, 밖에서는 상황이 더 나빠지기만 했다. 베랏에겐 수행이 어렵고 때로는 남들까지 위험에 빠뜨리는 반복적인 의식이 있었다. 걸으면서 죽음이나 힘든 기억이 떠오르면 두 번 뒷걸음질 치고 다시 앞으로 향하는 것이었다. 놀랍게도 운전할 때도 그랬다. 고통스러울 때면 기어를 후진에 놓고 교통 방향을 거슬렀다. 혼란에 빠진 다른 운전자의 경적은 무시했다.

여름날 아침 드디어 병원에 도착한 그는 마지막 장애물을 마주했다. 돌계단 다섯 칸을 지나야 병원에 들어갈 수 있었다. 그는 계단 끝에 있는 문이 안전한지 보고, 심호흡 끝에 앞으로 나아가려 했다. 하지만 세 번째 계단에서 첫 위기가 왔다. 잠시 균형을 잡기 위해 멈췄다가, 첫 계단까지 돌아가서 다시 오르기 시작했다. 서커스에서 능숙하게 묘기를 수행하는 곡예사 같았다. 이 용감한 남자가 꼭대기에 도착하기까지 계단을 오르고 내려가는 공연은 20분 이상 계속됐다. 그는 승리감에 취한 채 벨을 눌렀다.

"의사 선생님!" 집을 나와 병원까지 3km를 이동해낸 엄청난 성과에 베랏은 활짝 웃었다. 치료의 여정이 시작됐다.

베랏이 완전히 회복하기까지는 몇 년의 집중 치료가 필요했다. 치료는 고통스러웠고, 많은 에너지를 들여 괴로움에 정면으로 맞서야 했지만 결국은 해냈다.

이 여정을 시작하지도 않는 사람이 많다. 집에 조용히 갇힌 채 세상과 단절되어 고통의 바다를 헤매는 것이다.

고통의 세계

상상해보자. 새로운 종류의 질병이 발견됐다. 과학자들은 현재 세계 인구의 10%가 비슷한 종류의 질병으로 고통받고 있다고 발표한다.[2] 세계적으로 2020년 코로나19 사망자 수의 네 배인 800만 명이 매년 이 병으로 사망할 것이다. 가장 최근 연구에 따르면 호주인 둘 중 하나는 언젠가 이 병을 진단받을 것이라고 한다.

정말 끔찍한 일이 아닌가? 세계 정부는 경계 태세를 갖추고 자금을 투자하여 어떻게든 이 질병을 예방하고 치료해야 하지 않을까?

이것이 전 세계 정신병의 현 상황이다. 정신병은 그 어떤 질병보다 많은 사람에게 영향을 준다. 2017년 세계질병부담연구Global Burden of Disease Study에서 정신병으로 고통받는 사람이 7억 9,200만 명으로 밝혀졌다. 일부 연구는 세계 인구 4명 중 1명이 인생에서 한 번은 정신병을 경험하리라고 예측하지만, 이것은 과소평가일지 모른다. 호주에서는 이 수치를 45%로 추산하고 있다. 정신병의 광범위한 유행은 자연스럽게 사람들의 건강, 삶의 질, 사회에서 기능하는 능력에 막대한 부담을 안긴다. 2013년의 또 다른 세계질병부담연구에서 다양한 질병에 대해 해당 장애가 없었다면 건강할 수 있었으나 장애로 인해 건강이 좋지 않은 상태로 살아가는 연수를 의미하는 장애 지속 기간years lived with disability, YLD을 추산했는데, 세계적으로 장애 지속 기간의 총 21%가 정신병에 의한 것으로 설명됐다. 사실 정신병의 세계적 부담은 감염병 관련 장애의 4배, 모든 심혈관계 질병의 8배, 모든 암의 24배다. 정신병은 세계적으로 삶의 질을 극적으로 하락시킬 뿐 아니라 죽음을 초래하기도 한다. 2015년, 엘리자베스 워커Elizabeth Walker, 로빈 맥기 Robin McGee, 벤저민 드러스Benjamin Druss는 203건의 설문을 수행했다.[3] 이 들 설문은 6개 대륙 29개국에 걸쳐 전 세계에서 이뤄졌다. 암, 전쟁, 교통사고, 자연재해, 테러리즘 등 죽음의 원인이 넘치는 가운데서도 세계에서 일어나는 죽음의 15% 정도는 정신병의 영향이었다.

세계적으로 정신건강 문제가 급증하면서 미온적이긴 하지만 대처가 이뤄지고 있다. 2016년, 호주 정부의 정신건강 서비스 관련 지출은 90억 달러에 달했다. 정신건강 치료와 관련된 국가 지출은 이후 꾸준히 늘고 있다. 심각해지는 정신병 문제를 해결하려는 시도로 지역사회가 주도하는 운동 역시 점점 인기를 얻고 있다. 2009년, 개빈 라킨Gavin Larkin은 아버지의 자살을 계기로 아유오케이R U OK?라는 비영리단체를 설립했고, 매년 '아유오케이 데이'를 열어 어려움을 겪고 있을지 모를 사람에게 연락하라고 촉구한다.[4] 아유오케이는 캠페인 덕분에 이런 연락이 수십만 번 이뤄졌다고 추정한다. 그러나 지난 12개월 사이 호주인 500만 명이 정신병을 경험했고 매년 호주에서만 정신병 관련 비용이 600억 달러를 넘는 지금,[5] 이 위기에 새로운 접근이 필요하다.

정신병의 '회전문'

정신병은 왜 그렇게 위험한가? 정신병에는 대부분 효과적인 치료법이 있다. 예를 들면 공포증을 앓고 있는 사람은 10회 정도

치료받으면 어느 정도 성과를 볼 수 있다. 그러나 중요한 문제가 남는다. 한 가지 장애를 치료받아도 이후의 정신건강 문제가 예방되는 것은 아니다. 한번 치료받은 사람에게는 나중에 다른 장애가 생길 위험이 크다. 임상심리학자인 필자들은 정신건강과 관련된 '회전문' 현상을 관찰했다. 진료실에 들어서는 고객들은 인생을 살며 여러 다른 질병을 경험한 경우가 많았다. 예를 들면 현재 강박장애로 도움이 필요한 환자는 십 대 시절 아플까 봐 극도로 불안해했던 적이 있다. 어린 시절에는 개를 무서워했을지도 모른다. 사실 치료받으러 오는 사람 중 평생 한 가지 정신질환만 경험하는 사람 쪽이 이례적인 경우다. 데이터도 이를 입증한다. 현재의 정신건강 문제와 과거에 경험했던 문제에 대한 인터뷰에서도 같은 패턴이 반복해서 나타났다.[6] 평균적으로 평생 살면서 경험하는 증상의 개수는 특정 시점에 겪는 증상의 두 배 정도다. 두 가지 장애가 있어서 병원을 찾은 사람은 평생 네 가지 장애를 경험하는 것이다. 장애가 하나 사라지면 다른 증상이 불가피하게 이를 대체하는 듯 보인다.

이러한 장애의 사슬을 관통하는 공통의 맥락은 무엇일까? 우울증이나 불안장애 치료를 받고 효과를 보았는데 몇 년 후 다른 증상이 나타나는 이유는 무엇일까? 필자들은 죽음의 공포가 그 답이라고 생각한다. 죽음에 대해 깊이 생각하고 두려워하는 것은 인간의 보편적인 특성이지만, 어떤 사람은 일상이 힘들 정도로 이 공포를 극심하게 느낀다. 죽음의 공포는 뼈에서 골수를 빼내듯 일상의 기쁨을 바닥내어 행복하고 의미 있는 삶을 점점 더 불가능하게 한다. 필자들이 최근 몇몇 논문에서도 주장한 바와 같이, 현대 사회에 퍼진 정신질환의 원인

은 이러한 공포다.[7]

가장 흔한 다섯 가지 불안장애는 특정 공포증, 분리불안장애, 광장공포증, 범불안장애, 공황장애다. 이런 증상을 가진 사람들은 무엇을 걱정하는가? 공황장애가 있는 사람은 공황발작을 걱정한다. 인간의 투쟁-도피 반응(심장이 빨리 뛰고 근육이 긴장되고 호흡이 가빠지는 등 긴박한 위협 앞에서 자동으로 나타나는 생리적 각성 상태-역주)의 산물인 갑작스러운 신체적 증상이 재앙을 일으킬까 봐 두려워한다. 왜 그럴까? 이 증상을 죽을 수도 있다는 뜻으로 받아들이기 때문이다. 이들은 죽을 수도 있다고 믿으며 심박수의 변화를 경계하고, 심장이나 몸에 신체적인 문제가 생겼다고 확신하면서 응급실의 심장병전문의를 찾기도 한다. 카페인이나 격한 운동 등 심장에 무리가 갈 수 있는 요소도 피한다. 광장공포증도 관련된 증상이다. 광장공포증이 있는 사람은 공황발작이 일어날까 봐 두려워서 찾아가는 장소를 제한한다. 처음에는 사람이 많은 곳, 쇼핑몰, 대중교통을 피하기 시작한다. 그러다가 생필품을 사고 운동하고 친구 집에 놀러가는 기본적인 일이 점점 더 불가능에 가까워진다. 피해를 예방하려는 마음이 삶의 모퉁이 구석구석 배어들면서 집안에서의 안전한 감각을 선호하여 혼자서는 집 문을 나서지도 못하게 된다. 또 다른 증상인 범불안장애가 있는 사람의 걱정은 신체적 건강에 국한되지 않는다. 이들은 광범위한 불안을 안고 있다. 다양한 일을 걱정하고 갑자기 최악의 상황을 가정한다. 가끔은 직장이나 재정 상태 등 죽음과 관련 없는 걱정을 하기도 하지만, 범불안장애가 있는 사람의 걱정은 대부분 피해와 관련된 것이다. 아이가 갑자기 아프면 어쩌지? 남편이 차에 치이면 어쩌지? 오늘 밤 오페라 하우스에서 공연을 보는데 테러 공격이 일어나면 어떡하지?

두 번째로 흔한 불안장애인 분리불안장애는 부모 중 하나 또는 양쪽과 떨어지길 두려워하는 어린아이에게서 흔히 나타난다. 이런 아이들은 엄마나 아빠에게 필사적으로 매달리고 부모가 잠시만 시야에서 사라져도 울기 시작한다. 아이들이 그렇게 심한 공포를 느끼면서 부모에게 매달리는 이유는 무엇일까? 떨어지면 자신이나 부모가 죽을지 모른다는 두려움이다. 6장에서 보았듯 분리에 대한 불안은 수천 년간 계속된 진화의 부산물이지만 어떤 아이들은 이를 장애로 분류할 만큼 극심하게 경험한다.

인구의 15% 정도가 가장 흔한 불안장애인 특정 공포증을 앓고 있다. 특정 공포증이 있는 사람들은 뱀, 거미, 높은 곳, 비행, 폐쇄된 공간, 물 등 죽음의 원인이 될 수 있는 것을 두려워한다. 많은 사람이 같은 대상을 두려워하는 것은 우연이 아니다. 인류는 죽을 수도 있는 상황을 특히 두려워하도록 진화했다. 나무둥치에서 쉬는 독거미에 자신만만하게 접근하거나 조심성 없이 물에 뛰어든 인류의 조상들은 대담한 유전자를 자식에게 물려주지 못하고 죽었다. 하지만 불안해서 절벽 꼭대기 가까이 가지 않은 초기 호모사피엔스는 살아남아서 후손에게 고소공포를 물려줄 수 있었다. 죽음의 원인이 될 수 있는 무언가를 두려워하는 기질은 대체로 인류에 도움이 됐다. 수천 년이 지난 지금도 인간은 여전히 거미를 조금 두려워한다. 그러나 거미나 높은 곳, 비행에 대한 두려움이 일상을 침해하고 죽음의 공포가 부풀어서 삶을 즐길 수 없을 정도가 되면 공포장애라고 본다.

임상심리학자의 눈으로 볼 때, 고객이 경험하는 우려와 슬픔의 바탕에 죽음의 공포가 있다는 사실은 명백했다. 그러나 심리학계에 이 사실을 보고하려면 필자들의 확신이나 몇몇 일화로는 부족했다. 과학계에서의 패러다임 전환에는 근거 데이터가, 그것도 많은 근거 데이터가 필요하다. 그래서 2019년 시드니 대학의 일란 다르-님로드Ilan Dar-Nimrod, 루이즈 샤프Louise Sharpe와 함께 정신병 치료를 받는 200명을 인터뷰했다.[8] 죽음 불안을 측정하고 현재 정신건강 증상이 얼마나 심각한지 평가하도록 설계된 설문도 시행했다. 또한 정신병 이력에 대해 인터뷰하여 평생 몇 가지의 장애를 경험했는지 확인했다. 다양한 증상을 가진 전체 참가자 데이터에서 죽음에 대한 공포는 우리가 측정한 모든 정신건강 관련 지표를 상당히 정확하게 예측했다. 죽음 불안은 정신건강과 관련하여 얼마나 많은 약을 먹고 있는지, 몇 번이나 정신질환으로 입원했는지와 강한 상관관계가 있었다. 일반적인 우울, 불안, 스트레스 수준도 예측했다. 게다가 죽음 불안이 높으면 평생 경험하는 정신질환 종류도 더 많았다. 자신의 죽음에 대해 생각하면 공포를 느끼는 사람들은 일생에 걸쳐 더 많은 장애를 겪는 듯했다. 예를 들면, 죽음을 극히 두려워하는 사람은 어릴 때 분리불안장애를 겪다가 십 대에는 개 공포증이 생겼고 나중에는 공황장애로 치료받았다.

일반적인 정신건강 관련 데이터와 함께 특정 장애도 살펴보았다. 죽음 불안은 우리가 검토한 모든 장애에서 증상의 심각성과 상당한 관련이 있었다. 어떤 장애의 경우 이는 당연한 현상이다. 예를 들면 건강 염려증의 경우 죽음에 대해 걱정하는 사람이 신체적 건강에 대해 걱정하는 정도는 더 심할 것이다. 그런데 이 상관관계는 모든 장애에서 나타났다. 죽음 공포는 알코올 중독자의 중독 수준이 얼마나 심각한지 말해주었다. 사회불안장애가 있다면 죽음 불안 점수로 타인의 부정적 평가를 얼마나 두려워하는지 알 수 있었다. 심지어 특정 신체 부위에 심각한 불만을 느끼는 신체이형증(코가 너무 크다거나 이마가 너무 넓다는 생각에 사로잡히는 등)의 경우에도 죽음의 공포는 해당 신체 부위에 대한 부정적 인식이 얼마나 심각한지와 관련이 있었다. 필자들이 살펴본 12가지 장애 모두에서 죽음 불안과 증상의 심각성 사이에 강한 상관관계가 나타났다.

이런 생각이 들지도 모른다. 그게 뭐? 하나를 불안해하는 사람이 둘을 불안해할 확률은 당연히 높지 않은가? 사회적 상황에 대해 걱정하는 사람이 죽음에 대해서, 또 다른 모든 주제에 대해서 걱정하는 것은 어쩌면 당연해 보인다. 필자들도 같은 생각을 했다. 그래서 각 참가자의 신경과민 경향을 측정했다. 이는 걱정이나 우울에 대한 일반적 경향성을 나타내는 성격 특성이다. 신경과민 성향이 높은 사람들은 '나는 두려운 것이 많다'나 '나는 감정 기복이 심하다'는 명제에 동의하는 경향이 있다. 당연히 정신건강 문제를 겪을 확률도 높다. 필자들은 신경과민 경향을 측정함으로써 죽음 불안과 정신건강 증상 사이의 관계가 일반적인 성격 특성으로 설명되는지 확인하려 했다. 그결과, 심지어 신경과민증을 계산에 넣어도 죽음 불안은 여전히 누군가의 정신 장애가 얼마나 심각한지 예측하는 인자라는 사실을 발견했다. 죽음 불안 수준은 신경과민 수준보다 정신건강에 대해 더 많은 정보를 주었다. '나는 죽음이 두렵다'는 명제에 대한 답변은 '나는 두려운 것이 많다'는 명제에 대한 답변보다 일반적인 정신건강에 대해 더 많은 것을 말해줬다.

잘못된 공포 관리

죽음 불안이 실제로 정신건강 문제를 일으키는지 알고 싶다면 이를 확인하는 실험을 설계해야 한다. 설문으로는 한 가지 일이 실제로 다른 일의 원인이 되는지 알 수 없고, 두 가지가 상관관계가 있는지만 확인할 수 있다. 따라서 죽음을 두려워해서 불안장애가 생기는 것이 아니라 불안장애가 있어서 죽음이 두려운 것이 아니냐는 의심도 정당한 의문이다. 2007년, 에릭 스트라찬Eric Strachan은 공포 관리 이론을 연구하는 팀과 함께 죽음 불안이 실제로 정신질환을 초래하는지 확인하는 실험을 최초로 진행했다.[9] 당시 확인된 정신장애는 150종이 넘었다. 어디서 시작해야 할까? 스트라찬과 동료들은 거미 공포증에서 출발했다. 첫 연구로는 안전한 선택이었다. 물려 죽을까 봐 거미를 두려워한다는 말에 반대할 사람은 거의 없다. 반대하는 사람은 호주에 와본 적이 없을 것이다. 거미 공포증은 모든 정신질환 중 내면의 죽음 공포 때문에 발생할 가능성이 가장 크다. 즉, 실험실에서 죽음을 상기하면 증상이 나빠질 가능성이 가장 큰 질환이라고 볼 수 있다.

하지만 죽음 현저성이 거미 공포증을 유발하는지 어떻게 알아낼 수 있을까? 문화적 세계관을 위협하는 타인을 참가자가 어떻게 벌하는지 등을 측정한 보통의 공포 관리 이론 기술은 적절하지 않았다. 실험실에서 측정할 수 있으며 거미 공포증과 구체적인 관련이 있는 행동을 생각해내야 했다. 연구진은 거미 공포증이 있는 사람들이 왜 거미를 일반인보다 훨씬 두려워하는지 생각했고, 일반인보다 거미를 훨씬 더 위험하게 인식한다는 점을 떠올렸다. 보통 사람은 방구석에 거미가 있는 것을 보아도 거미가 다가오거나 무는 상상을 하지 않는다. 그 조그만 송곳니가 피부를 뚫으면 치명적일 것이라고도 느끼지 않는다. 그러나 거미 공포증이 있는 사람들은 같은 생물에 훨씬 더 위협을 느낀다. 또한 일반인은 거미에게 다가가 살충제를 뿌리거나 컵으로 잡아서 밖에 풀어주겠지만, 공포증이 있는 사람은 어떻게든 가까이 가지 않으려 할 것이다. 이들은 심지어 거미 사진도 보지 못한다. 뉴스 피드에 거미가 보이면 재빨리 스크롤을 내리고, 거미 소재의 영화나 TV 프로그램도 보지 않는다. 연구원들은 실험에서 측정할 수 있는 두 가지 행동을 찾아냈다. 회피와 위협/위험 평가였다. 거미 공포증의 근원이 실제로 죽음이라면, 죽음을 떠올린 집단은 거미를 떠올리게 하는 요소를 더욱 피할 것이며, 평소보다도 거미를 더 위험한 생물로 인지할 것이다.

연구진은 콜로라도주 지역 신문에 광고를 내서 거미 공포증이 있는 참가자와 없는 참가자를 모집했다. 이어서 인터뷰를 통해 실험 집단이 완전한 거미 공포증의 요건을 갖춘 것을 확인했다. 또한 역시 인터뷰를 통해 거미를 전혀 두려워하지 않는 대조군을 구성했다. 대조군의 한 여성은 "그 보송보송한 작은 친구들이 너무 좋다"고까지 표현했다. 이 여성과 대조군 전체는 거미와 관련하여 공포증 비슷한 것도 없다고 해도 무방했다.

연구진은 참가자들에게 거미 공포증이 있는 사람의 성격 기질과 인지 과정을 탐구하는 실험이라고 연구 목적을 설명했다. 이어서 설문을 작성하게 했는데, 절반에는 3장에서 설명한 죽음 현저성 질문을, 절반에는 중립적 주제의 질문을 추가했다. 다음으로 참가자를 각자 컴퓨터로 안내했다. 연구진은 참가자에게 사진을 여러 장 보게 될 텐데, 스스로 스페이스 바를 눌러 원하는 속도로 다음 장으로 넘어가라고 지시했다. 참가자들은 꽃 사진과 교차로 배치된 거미 사진 여러 장을 보게 되었다. 연구진은 각 참가자가 각 사진에서 보낸 시간을 측정하여 거미 사진을 빨리 넘겨서 회피하는지 확인했다. 그리고 참가자들에게 '두 번째 사진의 거미가 인간에게 위험할까요?', '첫 번째 사진의 거미를 찍은 카메라만큼 인간이 다가갔다면 거미가 공격했을까요?' 등의 질문을 제시했고, 참가자들은 1('전혀 그렇지 않다')에서 8('매우 그렇다')의 척도로 답했다. 이런 방식으로 거미를 얼마나 위협적이라고 인지하는지 측정했다. 결과는 죽음 공포가 거미 공포증의 숨겨진 원인이라는 이론과 완전히 일치했다. 거미 공포증이 있는 참가자 중 죽음을 상기한 집단은 위협 척도를 1점 이상 더 높게 매겨서, 똑같이 거미를 두려워하지만 죽음을 떠올리지 않은 집단보다 14.8% 높은 점수가 나왔다. 게다가 거미 공포증이 있으나 죽음을 생각하지 않은 사람은 사진을 하나씩 넘길 때도 죽음 현저성 집단보다 거미 사진에서 훨씬 오래 머물렀다. 중요한 것은 거미를 두려워하지 않는 사람에게는 죽음 현저성의 영향이 전혀 없었다는 점이다. 그러나 거미 공포증이 있는 사람은 죽음 현저성의 영향으로 거미를 더 피하고, 더 위험하다고 인식했다. 이는 죽음의 공포가 실제로 불안을 악화하는 행동을 이

끌어 심리적 장애를 유발할 수 있다는 사실을 보여주는 최초의 연구였다.

연구원들은 여기서 멈추지 않았다. 이들은 죽음 불안이 거미 공포증 이외의 정신질환과도 연관이 있는지 확인하고 싶었다. 사람을 죽음에 이르게 할 수 있는 거미를 두려워하는 사람의 동기가 결국 죽음의 공포라는 사실이 놀라운가? 그렇지는 않다. 그러나 죽음 공포가 연관성이 덜 명백한 문제, 예를 들면 사회불안장애의 원인이라면? 같은 연구진은 새로운 집단을 대상으로 새로운 연구를 수행했다. 이번에는 학생들에게 사회불안장애 측정지를 배포했고, 학생들은 설문 점수가 연구 참가 여부를 결정한다는 사실을 모른 채 답변을 작성했다. 상위 30%와 하위 30%에 포함되는 학생이 연구 대상이 됐다. 이전 연구에서와 마찬가지로 차이가 있는 두 집단을 형성하려는 목적이었다. 한 집단은 사회적 상황을 매우 두려워하고, 다른 한 집단은 사회적 상호작용을 대체로 편안하게 받아들였다. 연구진은 학생들에게 성격 기질과 사회적 상호작용의 관련성을 살펴보는 것이라고 연구의 목적을 말한 뒤, 설문을 작성하고 개인적 주제를 다루는 집단 토론에 참여하게 될 것이며, 토론 참여자 전원이 서로를 평가할 것이라고 설명했다. 사회적 불안이 높은 학생은 이 말에 확실히 경계심이 높아졌을 것이다.

실험이 시작되고 참가자들은 분리된 좁은 방에 각자 들어가 설문을 작성했다. 다른 연구와 마찬가지로 각 설문지에는 죽음에 관한 질문(실험군 대상) 두 개 또는 중립적인 질문(대조군 대상) 두 개가 포함돼 있었다. 연구진은 집단 토론에 합류하기 전 자신의 방을 묘사하는 자유 글쓰기 과제를 지시하며, 긴장을 풀고 정신을 맑게 하기 위한 것이라고 설명을 덧붙였다. 이 과제의 목적은 참가자가 옆방에서 일어날 집단 토론을 피해 원하는 만큼 자기 방에 머무를 핑계를 주는 것이었다. 연구진은 벽에 걸린 시계를 가리키며 토론이 정각 15분 전에 종료되니 그전에 언제든 자유롭게 합류하라고 했다. 그리고 참가자가 설문 작성을 시작하면 방을 나와 밖에서 기다렸다. 마지막으로 참가자가 집단 토론에 합류하려고 문을 열고 나오는 시간을 기록하고, 집단 토론은 없으며 실험을 위해 만들어낸 이야기라는 사실을 알렸다.

사회적 불안이 낮은 참가자들은 집단 토론을 피하려고 자유 글쓰기 과제에서 시간을 끌지 않았다. 설문지에 죽음을 떠올리게 하는 질문이 있었던 집단과 중립적 질문이 있었던 집단 간에도 차이는 없었다. 두 집단 참가자 모두 꽤 빨리, 20분 정도 후에 집단 토론을 위해 방을 나섰다. 그러나 사회적으로 불안한 참가자들은 어땠을까? 흥미롭게도 대조군 참가자는 사회적 불안이 없는 학생들과 거의 비슷한 시간(21분이 조금 넘는)을 방에서 보냈다. 죽음을 떠올리지 않았을 때는 사회적 공포가 없는 사람들과 비슷하게 행동한 것이다. 반면 죽음 현저성 집단의 사회적으로 불안한 참가자는 상당히 긴 시간을 방에서 보냈다. 이들은 죽음을 떠올리지 않은 사회적으로 불안한 학생들과 비교했을 때 평균적으로 5분 이상 더 사회적 상호작용을 피했다. 앞서 말했듯 죽음의 공포는 불안 행동을 악화시키며, 이 연구 결과를 보면 심지어 사회적 불안의 기저에도 죽음 불안이 있다.

이 연구 결과는 매우 흥미롭지만, 문제가 있었다. 실험 참가자 중 실제로 정신건강 관련 치료를 받는 사람은 없었고, 상대적으로 불안이 높은 정도였다. 첫 실험 참가자들은 거미 공포증 진단 요건에 부합했지만, 고통이 심해서 치료사를 찾을 정도는 아니었다. 그래서 이 실험 결과가 실제 정신질환이 있는 사람에게 얼마나 적용될지, 정신질환에 대해 어떤 결론을 낼 수 있을지는 확실하지 않았다.

이 문제를 해결하기 위해 2017년에 일란 다르-님로드와 필자들은 실제 강박장애obsessive-compulsive disorder, OCD 치료 중인 환자들을 대상으로 연구를 수행했다.[10] 강박장애는 인구의 약 3%가 일생 중에 경험하는 질병으로, 이에 대한 오해가 많다. 강박장애가 있는 사람은 보통 세균과 청결을 걱정하는 것으로 묘사된다. 물론 그런 환자도 있지만 주거침입이나 화재 등 완전히 다른 부분을 걱정하는 사람도 있다. 이들은 하루에도 몇 번씩 강박적으로 자물쇠나 가스레인지를 확인한다. 어떤 사람들은 자해나 타인을 공격하는 모습을 자주 상상하며 고통스러워하거나 불쑥불쑥 떠오르는 불경한 생각에 신이 노할까 봐 걱정한다. 환자들은 물건을 손끝으로 두드리거나 특정 패턴으로 수를 세는 등의 의식을 하고 싶은 충동을 느끼기도 하는데, 일반적으로 이러한 의식이 피해를 예방하기 위한 시도라고 설명한다. 전등 스위치를 여덟 번 껐다 켰다 하면 마법처럼 가족의 안전이 보장된다거나, 하루 몇 시간씩 손을 씻으면 병에 걸리지 않는다고 믿는 것이다.

관찰이 어려운 강박장애 행동도 있지만, 손 씻기는 실험실에서 측정하기 쉬운 행동이었다. 우리 연구팀은 죽음을 상기한 강박장애 환자들이 강박적으로 손을 씻을지 확인하기 위해 강박장애를 진단받고 치료 중인 다수의 환자를 대상으로 실험을 진행했다. 스트라찬의 연구가 두 집단(해당 행동을 보이는 집단과 그렇지 않은 집단)을 대상으로 했듯,

우리 연구도 마찬가지였다. 모든 참가자가 강박장애 진단을 받았지만, '강박적 손 씻기' 증상을 보이는 사람은 절반뿐이었다. 나머지 절반은 강박적으로 문이 잠겼는지 확인하는 등 다른 증상이 있었다. 먼저 모든 참가자와 손 씻기 행동을 측정하는 설문을 포함한 인터뷰를 진행하여 한 집단은 실제로 강박적으로 손을 씻는 사람들, 한 집단은 그렇지 않은 사람들이라는 사실을 확인했다. 죽음 불안과 강박장애의 심각성 측면에서 두 집단은 비슷했다는 점이 중요하다. 두 집단 모두 죽음을 두려워했고(예상대로 같은 지역공동체 사람들보다 점수가 훨씬 높았다), 강박장애 증상은 똑같이 심각했다.

참가자들에게는 단어 찾기 퍼즐을 푸는 동안 손끝의 전기 저항을 측정하는 방식으로 문제 해결 과제를 수행하는 동안의 스트레스를 조사한다고 설명했다. 그리고 먼저 실험군 참가자들에게 죽음 현저성 질문 두 개, 대조군 참가자들에게 중립적 질문 두 개를 포함한 설문지를 나눠줬다. 이 설문지에는 연구의 진짜 목적을 감추기 위해 실험과 무관한 성격 측정 질문도 포함됐고, 현재 감정에 관한 질문도 있었다. 설문을 작성한 후에는 손가락 두 개에 젤을 바르고 작은 전극을 연결했다. 참가자들은 5분 동안 이 과정을 연구의 핵심 실험이라고 믿으며 단어 찾기 퍼즐을 풀었다. 사실 이는 연구의 진짜 목적을 감추는 한편 죽음에 관한 생각이 의식에서 무의식으로 이동할 시간을 벌어 참가자들을 더 민감하게 만드는 과정이었다. 화면에 연결된 전극이 실시간으로 피부 전도도를 보여줬기 때문에 참가자들은 우리가 설명한 거짓 이유를 철석같이 믿었다. 5분 뒤에는 전극을 제거하고 참가자를 옆방의 작은 싱크대로 데려갔다. 그리고 마지막 설문을 위해 실험실로 돌아가기 전에 손에 묻은 젤을 닦으라고 무심하게 말했다. 수도꼭지 옆에는 액체 세정제와 냅킨, 뚜껑이 열린 쓰레기통이 있었다. 우리는 참가자가 손에 세정제를 얼마나 짰는지 정확히 측정할 수 있도록 미리 세정제 무게를 재두었다. 또한 쓰레기통에는 구겨진 냅킨을 정확히 세 장 넣어두어 참가자들이 몇 장을 썼는지 알아볼 수 있게 했다. 우리는 방을 떠났고, 먼저 수도꼭지의 물 흐르는 소리를 녹음하여 손 씻는 데 몇 초가 걸렸는지 측정했다. 손 씻기가 끝난 후 실험실로 돌아온 참가자에게 마지막으로 싱크대와 실험실 청결도 점수를 매기게 했다. 그리고 참가자들이 마지막 설문을 작성하는 동안 재빨리 세정제 무게를 재고 쓰레기통에서 사용된 냅킨을 꺼내 세었다. 실험이 끝난 뒤 각 참가자와 이야기를 나누며 실험의 진짜 목적을 인지하지 못했다는 사실을 확인했다. 연구가 무엇에 대한 것이며, 무엇을 측정한다고 생각했는지 물었으나 참가자들의 예상은 완전히 빗나갔다. 우리에겐 다행이었다. 다들 퍼즐에서 찾은 단어나 화면에서 보았던 스트레스 정도를 나타낸 데이터가 중요하다고 생각했다. 손 씻는 순간에 대해 언급한 참가자는 한 명도 없었다.

먼저, 우리는 손 씻기 강박이 없는 경우 죽음 현저성에 노출되어도 행동 변화가 전혀 없었다는 사실을 발견했다. 이는 공포증이 없는 사람이 죽음을 상기한 이후에도 거미나 집단 토론을 피하지 않았던 스트라찬의 연구 결과와 일치한다. 예를 들면 강박적으로 확인하는 증상의 강박장애라면 죽음을 떠올렸든 그렇지 않든 싱크대에서 같은 시간을 보내고 같은 양의 세정제를 쓴다는 것이다.

강박적으로 손을 씻는 사람들의 경우, 대조군은 평균 9초 손을 씻었다. 다른 강박장애를 지닌 사람들과 비슷한 시간이었다. 최근에 죽음을 떠올리지 않았다면 강박적으로 손 씻는 사람들의 행동은 보통 사람과 같았다. 반면 강박적으로 손 씻는 사람들은 죽음 현저성에 노출되자 두 배 이상 오래 손을 씻었다. 물을 틀어 놓고 22초간 손을 문지르며 무의식적으로 평소의 방식으로 공포와 싸우려 했다. 상상 속 세균을 피부에서 필사적으로 벗겨내면서 더 오래 손을 비볐을 뿐 아니라, 죽음을 생각하지 않은 사람들보다 세정제도 두 배 많이 썼다. 쓰레기통에서 회수한 젖은 냅킨에도 분명 의미가 있었다. 이 집단에서 죽음을 상기한 사람들은 그렇지 않은 사람보다 냅킨도 더 많이 썼다.

이는 모두 의식 차원 밖에서 일어난 일이다. 연구진이 싱크대에서의 행동을 관찰하고 있다고 생각한 참가자는 한 명도 없었으며, 10분도 더 전에 받은 죽음에 대한 짧은 질문이 자기 행동에 영향을 미쳤으리라고도 생각하지 않았다. 게다가 현재 감정에 관한 답변과 방의 청결도에 대한 답변에서도 죽음을 생각한 사람과 생각하지 않은 사람의 차이는 나타나지 않았다. 의식 차원에서는 방이 깨끗하다고 생각했음에도, 대조군과 동일하게 본인이 안정적인 상태라고 평가했음에도, 죽음에 관한 질문 두 개를 포함한 설문지를 받은 사람들의 강박적인 손 씻기 행동은 매우 심해졌던 것이다.

2020년에 또 다른 연구를 수행했다.[11] 이번에는 죽음 현저성이 공황장애나 건강염려증 등 다른 불안장애를 유발할 수 있는지 확인하려 했다. 이러한 정신질환이 있는 사람들은 신체적 증상을 걱정하고 자기 몸을 관찰하는 데 많은 시간을 보내며 전문가를 찾아가 건강 상태를 확인한다. 필자들은 죽음의 공포가 이 모든 행동의 핵심이라고 보았다. 이러한 증상이 있는 사람들을 실험에 초대했고, 인간이 과학적 정보를 어떻게 이해하는지 알아보는 연구라고 설명했다. 다른 연구와 마찬가지로 죽음 또는 관련 없는 주제에 관한 질문에 답하게 한 뒤, 여러 사소한 건강 문제 증상을 보게 될 것이라고 말했다. 예를 들면 한 페이지에는 피부 아래 혈관이 보이는 정도가 각각 다른 손목 사진 다섯 장이 있었다. 참가자들에게는 다음과 같은 정보가 제공됐다.

> 여러 연구 결과, 혈관의 선명도 및 색깔과 동물 알레르기 사이에 관련이 있는 것으로 나타났다. 구체적으로 손목 피부에 보이는 혈관이 없으면(맨 왼쪽) 동물 알레르기가 있을 가능성이 높은 반면, 밝은 푸른색 혈관이 보이면(맨 오른쪽) 동물 알레르기가 있을 가능성이 낮다. 한쪽 손목의 피부를 관찰하고 당신의 손목이 다섯 장 중 어떤 사진과 가장 비슷해 보이는지 선택하라.

물론 이런 연구 결과는 없다. 참가자들이 본인의 몸을 확인할 이유를 만들었을 뿐이다. 우리 연구팀의 목적은 죽음 현저성 노출 여부에 따라 자기 신체를 관찰하는 시간이 달라지는지 확인하는 것이었다. 환자들이 '나한테 문제가 있으면 어쩌지?' '심각한 거면 어쩌지?'라는 불안한 생각에 사로잡혔을 때 피부 증상을 얼마나 오래 살피는지 측정하려 했다. 참가자들은 몰랐지만, 우리는 참가자들이 다음 페이지로 넘어가기 전까지 자기 몸을 관찰하며 보내는 시간을 기록하고 있었다. 또한 그들이 어떤 이미지를 선택하는지에도 관심이 있었다. 죽음 현저성으로 인해 신체에 대한 인식이 달라질 수 있을까? 죽음을 생각하고 나면 왼쪽 이미지, 즉 알레르기의 위험이 더 큰 쪽이 자기 손목과 비슷하다고 볼 확률이 높을까? 마지막으로 실험을 마무리하며 질문했다. "지난 두 달과 비교하여, 다음 두 달간 얼마나 자주 주치의나 의료 전문가를 찾게 될 것 같습니까?"

공황장애나 건강염려증이 있는 사람들의 경우, 죽음 현저성에 노출되면 신체나 증상을 관찰하는 데 거의 두 배의 시간을 보냈다. 확인 시간이 두 배로 늘어났을 뿐만 아니라 자기 신체와 비슷하다고 느낀 사진도 달라졌다. 죽음을 상기하면 건강이 나쁜 쪽, 즉 동물 알레르기가 있을 가능성이 큰 사진을 고를 확률이 현저히 높았다. 신체적 특징이 건강 상태를 보여주는 징후라고 믿게 되자 별안간 본인의 눈이 더 꺼지고, 잇몸이 더 노출되고, 이가 더 희다고 인식했다.

주치의 방문과 관련하여, 죽음을 상기하지 않은 참가자 중 다음 두 달간 주치의를 더 자주 찾을 것이라고 응답한 비율은 13%에 불과했다. 죽음을 생각하지 않은 참가자 대부분은 과거와 비슷하게 의사를 만날 것이라고 답했다. 그러나 죽음 현저성 집단에서 이 수치는 네 배가 되었다. 죽음을 생각하자 갑자기 진료를 더 자주 받아야겠다고 생각하게 된 것이다. 그러나 이번에도 다른 질문 수백 개 사이에 섞인 죽음에 관한 질문이 자신의 답변에 영향을 미쳤다는 사실을 알아챈 참가자는 한 명도 없었다. 모두가 앞서 설문의 영향을 받지 않고 자기 신체를 정확히 인지하고 있다고 믿었다.

서서히 스며드는 정신질환은 치명적이다. 세계 곳곳에서 젊은이와 늙은이, 부자와 가난뱅이를 가리지 않고 놀라운 속도로 사람들을 쓰러뜨린다. 엄청난 금전적 손실을 불러오고 목숨까지 앗아간다. 지난 몇 년간 필자들과 다른 심리학자들이 수행한 연구에 따르면 죽음 불안은 수많은 정신질환의 핵심이다.[12] 이제는 환자가 죽음을 떠올렸을 때 강박장애, 공황장애, 건강염려증, 공포증, 심지어 사회불안장애 같은 장애가 모두 심해진다는 사실이 알려졌다. 우울증과 외상 후 스트레스장애PTSD도 죽음 현저성의 영향을 받는다는 사실을 증명한 연구도 있다. 또한 죽음의 공포가 다양한 다른 정신질환의 심각성을 강하게 예측할 수 있다는 사실도 알려졌다. 그러나 가장 일반적인 정신질환 치료에서 죽음의 공포가 직접 고려되는 일은 거의 없다. 치료사들은 환자가 경험하는 특정한 표면적 공포를 극복하도록 돕는 데 집중한다. 공황장애일 경우 심장마비의 공포를, 거미 공포증의 경우 거미에게 물릴지 모른다는 두려움을 해결하려 한다. 치료사들은 환자가 죽음을 받아들이는 노력을 돕기보다 죽지 않을 것이라고 확신시키려 한다. 최소한 그들이 걱정하는 방식으로는 죽지 않는다고 설명한다. 통계 수치를 계속 보여주며 비행기 추락으로 죽을 확률이 얼마나 낮은지, 손잡이를 잡았다가 HIV에 감염될 확률이 얼마나 낮은지 설명한다. 결국 환자가 어떤 방식으로든 죽게 되어 있다는 사실은 망각하고서 말이다. 환자들도, 필자들도, 인간은 결국 죽는다는 사실을 알고 있다. 그러나 가장 흔히 사용되는 표준 정신질환 치료법에서는 심지어 그 주제를 입에 올리지도 않는다. 환자들이 평생 새로운 정신질환을 앓게 되는 것도 당연하지 않을까? 정신건강의 위기가 찾아온 것도 놀랄 일은 아니지 않은가?

대처 전략: 적응과 부적응

불안과 관련해서 선택할 수 있는 대처 메커니즘은 다양하다. 일부는 불안에도 불구하고 기능할 수 있게 하는 적응 전략이다. 일부는 안타깝게도 부적응 전략이다. 부적응 전략은 단기적인 위안(그것이 매력이다)을 주지만 결국 언제나 역효과를 낸다. 명칭에서부터 알 수 있듯, 부적응 전략은 삶에 도움이 되지 않는다. 일상에 파고들어 이후의 불안에 대처하는 것을 더 힘들게 한다. 사례를 살펴보자. 직장에서 대규모 청중을 대상으로 한 프레젠테이션을 지시받았고, 이것 때문에 조금 불안하다. 이 불안에 대처하는 어떤 방식은 도움이 된다. 즉, 날짜가 다가올수록 한두 시간을 더 투자하여 준비할 수도 있고, 배우자 앞에서 연습할 수도 있다. 이런 행동은 적응 행동이다. 자신감이 높아지고 프레젠테이션이 잘될 가능성이 커지며, 일상을 침해하지 않는다. 반면 이 불안에 대처하는 훨씬 도움이 되지 않는 방법도 있다. 문제의 날이 다가올 때 종일 프레젠테이션을 반복하고 같은 문장을 읽고 또 읽으며 다른 일을 모두 놓아버리는 것이다. 어쩌면 아예 포기를 선택하고 당일에 직장에 전화해 병결을 알릴 수도 있다. 이런 전략은 삶을 침해하고 우리의 목표와 중요한 책임들을 방해하는 부적응 전략이다. 회피는 불안에 대한 가장 흔하지만 파괴적인 대응이다. 두려움의 대상을 마주할 기회가 사라진다는 점이 특히 나쁘다.

죽음 불안에 대처하는 방법도 마찬가지다. 죽음의 공포에 대처하는 여러 적응 전략과 부적응 전략이 있다. 얼굴에 안티에이징 크림을 듬뿍 바르고 매일 비타민을 삼키며 삶의 유한성에 대한 공포를 누그러뜨릴 수 있다. 돈을 버리는 셈이지만 그 이상의 피해는 없다. 아이가 내 성을 물려받는다는 점에서 불멸성의 감각을 느껴도 나쁠 것은 없다. 불멸성 프로젝트에 시간과 돈을 투자하거나 번 돈을 유산으로 남기는 것은 심지어 사회에 이익이 될 수도 있다. 적절히 사용하면 이 모든 전략은 삶에 해를 끼치지 않으면서 죽음의 공포에 대처하는 적응 전략에 해당한다.

그러나 죽음의 얼굴 앞에 '적응' 전략이 실패하거나 불충분하게 느껴질 때 사람들은 부적응 전략으로 넘어간다. 비행기 추락으로 죽을 확률을 배제하기 위해 비행기를 타야 하는 출장을 거절한다. 검사에서 음성이 나오고 의사가 괜찮다고 하는데도 불안한 마음에 계속 의료 검사를 요청한다. 문을 나섰다가 위험한 일이 있을까 봐 며칠, 몇 주, 몇 달이나 집 안에만 머무른다. 계획을 취소하고, 사랑하는 사람으로부터 점점 멀리 달아나고, 허무하고 필연적인 죽음 앞에 목표와 꿈을 추구하지 않기로 하고, 우울과 절망 속으로 더 깊이 가라앉는다. 이러한 반응은 적어도 한 가지 잠재적 죽음의 원인은 확실히 배제함으로써 공포를 해결하려는 시도로, 일반적인 정신건강 문제의 증상이다. 물을 틀어놓은 채 손을 빡빡 닦고, 모든 가구 표면을 강박적으로 소독하면 혹시 죽음을 피할 수 있지 않을까 생각하는 것이다. 실제로는 과도한 불안이 있으면 이 목표에 실패한다는 증거가 있다. 정신건강 문제가 있는 사람은 없는 사람보다 오래 살지 못한다. 아이러니하게도 그렇다. 혹여 강박적 손 씻기, 강박적 확인, 회피 전략으로 몇 년 더 살 수 있다고 해도, 그렇게 연장된 삶이 그래서 잃는 모든 것보다 정말 중요할까?

부적응 행동은 존재론적 고통에 대한 일시적 해결책일 뿐이다. 오늘 피부에 뾰루지가 났다고 의사를 찾아갈 수는 있지만 내일 다른 뾰루지가 생기면 문제는 처음으로 돌아가는 셈이다. 게다가 의사가 해결해줄 수 없는 존재론적 문제라면? 하나의 의식만을 경험하는 내재적 고립의 고통은 약으로 치유할 수 있는 것이 아니다. 언젠가 스러지고 부패하는 것은 서양 의학 기술의 영역을 넘어선 운명이다. 어떤 사람은 진실을 외면하기 위해 진정제를 선택하기도 한다. '사실로부터의 휴가'를 즐기려 알코올, 환각제, 문자 그대로 진통제로 존재론적 고통을 달랜다. 게다가 더 영구적인 해결책을 찾는 경우도 너무 흔하다.

사느냐 죽느냐:
자살이라는 해결책

세상에 진정한 철학적 문제는 하나뿐인데,
그것은 바로 자살이다.

알베르 카뮈(Albert Camus, 1913~1960)

⟨✝⟩

피터는 바다 위로 35m 솟아오른 바위에 앉아 깊은 생각에 잠겨 있었다.[1] 파도가 절벽에 부딪히는 요란한 소리는 귀에 들리지 않았다. 존재의 무의미함을 토로하는 내면의 목소리가 압도적으로 시끄럽게 울렸으니까. 피터는 다른 이를 알 수 없을 것이었고, 다른 이도 피터를 알 수 없을 것이었다. 그것이 인간의 본질이다. 건너갈 수 없는 의식에 고립되는 운명. 영원히 또는 죽음의 축복이 놓아줄 때까지 내 머리에 갇혀 있는 것. 다시 그 생각이 떠올랐다. 죽음.

죽음은 피터에게 해결책이었지만 문제이기도 했다. 애초에 의미를 지워버린 것이 죽음이기 때문이다. 죽음은 타인과의 관계를, 유대의 노력을 무의미하고 고통스럽게 만들었다. 사랑은 독이 든 성배였다. 잠깐의 기쁨은 있겠지만 이어지는 이별과 상실은 피할 수 없다. 어차피 피터의 짝사랑은 돌아온 적도 없었다. 피터는 새어머니가 죽은 뒤 아버지가 일 년 내내 우는 모습을 지켜봤다. 벌써 3년이 지났는데도 아버지는 여전히 껍데기만 남은 듯했다. 더 공허하고 더 냉정한, 어쩌면 언젠가 찾아올 해방만을 기다리는 사람 같았다. 피터는 타인의 죽음을 보며 많은 것을 배웠다. 오랜 삶은 더 많은 상실을 의미한다. 자신이 보는 앞에서 사랑하는 사람이 하나씩 사라져 흙으로 돌아갈 것이다. 피터의 머릿속에서 울리는 사이렌의 노래는, 죽음을 다그치는 느린 곡조는, 사그라지지 않을 것이다.

사랑만 무의미한 것이 아니었다. 모든 것이 무의미했다. 그가 만든 모든 것이 결국 아무것도 아니게 될 터였다. 모든 것이 무無로 돌아갈 것이다. 피터는 그림 그리기를 좋아했고 실력도 매우 좋았다. 청소년 예술상을 몇 번 받았고 한때는 고등학교를 졸업하면 명문 미대에서 순수미술을 전공할 계획도 있었다. 그러나 지난 2년간 열정이 시들해졌다. 무엇을 한다 해도 전망은 어두웠다. 평생 만들어낸 스케치와 작품에 어떤 일이 일어나리라는 환상이 생기지 않았다. 마지막에는 눈 깜짝할 사이 모두 사라질 터였다. 그 사실만은 분명했다. 할아버지가 죽었을 때 깨달았다. 피터는 열세 살 때 아빠와 삼촌이 죽은 할아버지의 집을 내놓으려고 정리하는 일을 도왔다. 할아버지의 삶이 쓰레기통을 채웠다. 흰 머그컵, 작고 예쁜 찻숟가락 수집품, 스케치로 가득한 공책이 모두 버려졌다. 마른행주, 가장 좋아하던 실크 넥타이, 모든 것이 쓰레기 매립지로 갔다. 한 사람의 삶이 하루 만에 쓰레기통에 들어갔다. 아버지에게 내색하지는 않았지만, 이 장면 전체가 피터의 내면을 끔찍하게 흔들어놓았다. 아버지는 어차피 이해하지 못했을 것이다.

오후에 마지막으로 죽은 할아버지의 집을 나서면서 피터는 잠시 서서 오두막을 샅샅이 둘러보며 사소한 것까지 모두 눈에 담았다. 다시는 이 광경을 보지 못할 것이었다. 다른 가족이 자기 집이라는 듯 마당에서 웃고 뛰어노는 모습을 참을 수 없을 것 같았다. 이 집은 곧 할아버지와 그가 보냈던 소중한 시간을 모두 잊게 되리라. 그 모든 시간은 사라졌다. 영화「블레이드 러너Blade Runner」의 로이 배티Roy Batty가 말했듯, 빗속의 눈물처럼. 로이의 죽음은 피터에게 굉장한 영향을 미쳤다. 피터는 17번째 생일을 기념해서 팔에 로이의 명대사를 타투로 박아넣고 싶었다. 보수적인 아버지는 당연히 반대했다. "어떤 사장이 그걸 좋아하겠니? 후회할 거다. 1년 더 생각해봐." 피터의 마음이 바뀌리라고 확신하는 투였다.

피터의 아버지는 성실한 회계사였다. 인생의 상실을 겪고도 아들을 부양하기 위해 최선을 다했다. 지난 4년간 두 차례 장례식을 치른 것 외에는 10년 가까이 하루도 직장을 쉰 날이 없었다. 과거에는 열심히 일하는 아버지를 존경했다. 그러나 최근에는 의문이 들었다. 뭘 위해 일하는 걸까? 아내와 아이들을 부양하고, 결국 쓰레기통에 들어갈 쓸모없는 물건들을 사기 위해서? 이제 모두 의미 없어 보였다. 잔인한 놀이 같았다. 피터는 점점 친구, 선생님, 아버지를 옅은 혐오감으로 바라보기 시작했다. 시스템에 편입된 그들은 존재의 진실로부터 눈을 돌리기 위해 사회가 부여한 규칙을 따르고 있었다. 그러나 피터는 그럴 수 없었다. 시스템을 따르지 않을 것이다. 사는 동안 피땀 흘려 일하고 결국 죽다니, 말이 되지 않았다. 이대로는 안 된다.

'뭔가 돼야 한다'는 사회적 기대에 조용히 반항하기 시작하며 개인적인 어려움도 커졌다. 성적은 떨어졌고 친구들과의 관계도 깨졌다. 그에게는 아무런 희망도 없는데 다들 원하는 대학을 준비하며 자기 삶을 살아갔다. 그의 삶은 내리막이었다. 다른 사람들이 순응하는 세계는 거부했지만, 그렇다고 대안이 될 세상이 없다는 사실은 곧 분명해졌다. 아무것도 이루지 못한 패배자의 삶, 그것이 피터의 자리가 될 것이었다. 사회에 순응한 사람들이 환상 속에서 위안을 찾는 동안 피터는 상대적 빈곤에 허덕일 운명이었다. 그들의 세계를 거부했지만, 그래서 굴러떨어진 자리에서 위안을 얻지도 못했다. 이런 절망 속에 허무주의적 결론은 당연해 보였다. 죽음은 죽음 때문에 무의미해진 삶에 대한 해결책이었다. 피터는 무를 택하는 자유를 행사하기로 했다.

피터는 일어서서 앞에 놓인 공허를 생각했다. 몇 초면 다 끝날 것이다. 더는 고통도 없다. 상실도 없다. 피터가 떠나고 나면 곧 그를 잊을 세계에 대한 기대도 없다. 한 발짝 앞으로 나서서 몸을 숙여 저 아래 거품이 씻어낸 바위를 바라보았다. 그런데 그 순간, 목소리가 들려왔다. 뒤쪽에 있는 가까운 길을 지나던 세 소년이었다. "저기, 괜찮아요?" 한 명이 소리쳤다. 뒤를 돌아보니 10m 정도 떨어진 곳에 그들이 서 있었다. 세 소년은 어렸다. 열두 살, 열세 살쯤 되었을까. 피터는 웃어 보였다. "그럼, 경치 구경하고 있었어." 아이들도 마주 웃었지만 움직이지는 않았다. 다른 말을 기다리기라도 하는 것처럼. 잠깐 어색한 침묵이 흐르고, 피터는 손을 흔들어 잘 가라는 표시를 한 뒤 절벽에서 내려와 길을 걸었다. 아이들에게 그런 장면을 보게 할 수는 없었다.

위기관리

피터는 집으로 돌아가 아버지에게 그날 있었던 일을 말했다. 그러자 별안간 저녁때는 병원에 있었고 정신 치료가 시작됐다. 삶과 죽음에 대한 그의 생각보다는 안전이 중요하다는 사실이 곧 분명해졌다. 위험한 물건은 모두 압수됐다. 벨트에 차고 있던 맥가이버 칼도 빼앗겼다. 집도 정리하라는 의사의 말에 아버지는 피터의 방에서 약, 면도칼, 모든 날붙이를 치웠다. 피터가 가장 좋아하던 일본식 판화 칼은 차고에 처박혔다.

피터는 병원에서 3일 밤을 보냈다. 자살 충동에 대한 정기적 평가 말고는 아무 일도 일어나지 않았다. 피터는 자신의 기분을 10점 척도로 보고해야 했다. 자해나 자살 충동이 있을 때는 3점 이하를 주라고 했다. 점수 체계는 혼란스러웠다. 피터는 특별히 기분이 나쁘지 않다고 설명하려 애썼다. 그저 살고 싶지 않았을 뿐이다. 기분은 6~7점이었지만 죽을 수만 있다면 죽을 것이었다. 아무도 제대로 듣지 않고 그저 자살 위험이 있을 때는 1~3점을 주기로 약속하라고 우겼다. 그냥 그 말을 따랐다. 다른 방법이 없었으니까. 피터는 지켜봐줘서 고맙다고, 안전하다는 기분이 든다고 말했다. 모두 만족한 듯했다. 점수가 낮을 때는 즉시 보호받을 수 있도록 의사나 아버지에게 말하겠다고 약속했다. 피터는 감시당하게 될 것이었다.

피터는 자신의 치료법이 무엇인지 물었고, 정신과 의사는 '위기관리crisis management'라고 대답했다. 적당한 명칭 같았다. 정신과 직원들이 위기에 놓인 것처럼 보였기 때문이다. 정신과 의사는 피터가 필요 없다고 하는데도 자살 상담 핫라인 번호 몇 개를 휴대폰에 입력하라고 우겼다. 일주일간 매일 급성 환자 치료팀을 만나고서야 마침내 집에 가라는 허락이 떨어졌다. 의료진은 친절했지만, 피터가 죽지 않았으며 개인 심리치료사와의 상담 예약을 해두었다는 사실 외에는 관심이 없는 듯했다. 그들의 우선순위는 안전하게 환자를 양도하는 것이었지, 피터가 애초에 왜 죽으려 했는지는 중요하지 않았다. 사실 병원에서는 자살 결정 과정에 대해 다루지 않았으므로 그의 생각은 전혀 바뀌지 않았다. 피터는 어안이 벙벙했지만 아버지는 병원 체계를 납득하는 것 같았다. 이 치료는 무엇보다도 의료진이 진지하게 그를 살리려 한다는 사실을 가족에게 보여주도록 설계된 것 같았다. 피터는 치료 과정이 자기를 위한 것이라기보다 그의 자살 위험을 마주한 가족과 정신병원 의료진의 불안을 관리하는 절차라고 생각했다.

피터가 필자들의 진료실을 찾을 때까지 그의 말에 귀 기울인 사람이 없다는 사실은 분명했다. 그는 정신이 온전하지 못하고 불안정하며 충동적이라고 평가받았다. 진단명은 주요우울장애였지만 심층 인터뷰를 해보니 진단 요건을 전혀 만족하지 않았다. 우울증의 생물학적 증상도 없었다. 입맛이 없지도 않았고 체중 감소도 없었으며, 잠을 잘 잤고 무기력과 피로감을 호소하지도 않았다. 과민함도 부적절한 죄의식도 없었다. 불안을 표현하긴 했지만, 이는 인간 존재의 진실에 대한 불안이었다. 키르케고르Kierkegaard라면 삶에 대한 고뇌라고 표현했을 것이다. 삶이 지루하다는 느낌은 유한한 삶에서 그 무엇도 가치가 없다는 인식에서 비롯되었다. 프랑스에서 말하는 '앙뉘ennui(권태감 때문에 마음이 내키지 않는 상태를 나타내는 문학적 표현 - 역주)'였다. 기분은 대체로 괜찮았다. 슬프다고는 했지만 이는 절대 바뀌지 않는 세계의 진실에 대한 슬픔이었다. 독일에서는 '벨츠머즈weltschmerz(세상의 공허함 혹은 세상살이가 자신의 기대나 이상에 못 미칠 때 느끼는 슬픔 - 역주)'로 볼 것이다. 어쨌든 피터와의 면담에서 명백히 드러난 사실은 우울증으로 진단할 근거가 전혀 없다는 것이었다.

피터는 왜 우울증을 진단받았을까? 근본적으로 자살을 선택지에 포함하는 사람은 정신이 병들었다고 보는 정신건강 체계의 편견 때문이다. 삶을 포기하려는 사람에게서 광기밖에 보지 못하는 세상에 살고 있어서다. 죽고 싶어 하는 사람은 '제정신일 리가 없다'고 보는 것이다. 그 사람이 피터처럼 건강하고 똑똑하고 재능 있는 청년이라면 더욱 그렇다. 점점 심해지는 시한부 질병의 고통에 신음하는 노인의 자살을 보조하는 제도조차 허용하지 않는 사회가 많다는 사실을 기억하자. 이럴 때도 죽고 싶어 하는 환자의 판단을 믿지 않는데, 피터의 정신이 온전하다고 생각할 리 있을까? 그럴 리 없다. 피터의 선택을 설명하려면 정신병의 병명 하나를 깔끔하게 붙여야 한다.

정신의학의 이러한 태도는 자살 시도자의 정신건강 상태에 대한 과잉 진단으로 이어졌다. 주요우울장애 진단 요건을 만족하지 않는데도 그 꼬리표를 달게 된 피터가 이런 문제의 좋은 사례다. 피터는 단지 문화적 기대를 거부하고 있을 뿐이었다. 종교와 성취와 애착을 죽음에 대한 해결책으로 삼지 않은 것뿐이다. 피터는 언젠가 죽는 존재가 무의미하고 절망적이며, 자살은 죽음이 초래하는 공허함에 대한 선택 가능한 대응책이라고 보았다. 이 점에서 피터는 혼자가 아니다.

자살: 통계적 사실

전 세계적으로 청소년기의 절망감과 자살 충동 비율은 높게 나타난다. 세계보건기구에 따르면, 청소년기에 자살은 사망 원인

2위다.[2] 자살률이 다소 줄어든 국가도 있으나 어떤 지역에서는 놀랍도록 꾸준히 유지되고 있다. 예를 들면 북미와 남미 지역에서는 수십 년간 눈에 띄는 개선이 이뤄지지 않았다. 미국은 특히 청소년 자살에 있어서는 좋은 연구 사례다. 미국 질병통제예방센터CDC를 통해 훌륭한 국가 위험 감시 데이터를 수집하고 있기 때문이다. CDC는 매년 전국 청소년 설문을 진행한다. 2018년, 미국 전역에서 신중하게 선택된 대표성이 있는 144개 학교 9~12학년 학생 1만 4,956명이 작성한 설문을 기반으로 보고서가 발표됐다.[3] 설문 대상은 미국의 연령, 학년, 민족 비율에 맞춰 선정됐다. 답변자는 백인 53.5%, 흑인 13.4%, 히스패닉 22.8%, 인디언·아시아인·기타 인종(히스패닉 외) 10.8%로 구성되어 있었다. CDC 설문은 언제나 자발적 참여와 익명 응답으로 이뤄진다는 점이 중요하다. 설문에 응답한 청소년이 자기 신원이 밝혀질까 봐 걱정하지 않도록 하기 위해서다. 자살 충동이 있고 죽음을 계획하는 답변자가 있어도 신원의 비밀은 지켜진다.

이 보고서는 정신이 번쩍 들 정도로 충격적이다. 전국적으로 설문 직전 12개월 동안 학생 31.5%는 거의 매일 또는 2주 이상 연속으로 일상을 유지할 수 없을 정도의 무력감에 빠졌다. 17% 이상은 해당 연도에 심각하게 자살 시도를 고려한 적이 있다고 답했다. 13% 이상은 어떻게 죽을지 구체적인 계획을 세웠으며, 놀랍게도 실제로 한 번 이상 자살을 시도한 학생도 7.4%나 됐다. 여학생의 경우 무력감, 자살 계획, 자살 시도를 보고하는 비율이 남학생보다 두 배 높았다는 점도 눈에 띈다.

물론 자살은 청소년만의 문제가 아니다. 거의 모든 국가에서 노인의 자살 위험이 가장 큰데, 연령 보정 비율의 네 배 이상이다. 노인은 모든 사람과의 연결이 끊어졌다는 존재론적 고립감을 젊은 사람들보다 강하게 느낀다. 요약하면 많은 사람이 삶의 다양한 시점에서 자살을 유효한 선택지로 여기며, 생각보다 많은 사람이 실제로 시도하고 있다. 그리고 우리 사회는 안타깝게도 위기관리로 이에 대처한다. 브리검영 대학교 래건 리버트Ragan Lybbert와 동료들은 이러한 위기 중심 접근이 공동체에 도움이 되지 않는다고 설득력 있는 주장을 펼쳤다.[4] 위기관리는 1950년대부터 정신의학계에서 자살에 개입하는 주된 방식이었고, 현재도 이 방법으로 자살 시도자를 관리한다. 이 기간 내내 자살률이 유의미하게 감소하지 않았는데도 그렇다. 위기관리는 효과가 없고, 오히려 환자는 인간성을 말살당한다고 느낀다. 게다가 왜 누군가가 죽음을 선택하는지 물어보지도 알아내려 하지도 않는 방식이다. 자살 충동을 느끼는 사람의 인과적 사유를 무시하므로 공동체에 도움이 되지 않는다.

자살과 존재론적 고통

사람이 죽음을 선택하는 이유는 여러 가지지만, 한 가지는 분명하다. 존재론적 고통과 자살 위험 사이에는 부인할 수 없는 연결고리가 있다. 다양한 연구에서 무의미함, 목적의 상실, 고립 등의 주제가 속속 드러난다. 멜라니 에드워즈Melanie Edwards와 로널드 홀든Ronald Holden은 학부생을 대상으로 한 대규모 연구를 통해 일상의 목적이 없다면 자살 충동을 경험할 확률이 높다는 사실을 밝혀냈다.[5] 삶의 목적을 찾았다고 느끼는 학생들은 우울하거나 사회적 절망감을 느껴도 자살을 생각하지는 않았다. 비슷하게, 몇몇 연구에서 '의미를 찾음' 또는 '삶의 의미'가 자살 충동의 중요한 예측변수임이 드러났다. 야엘 윌첵-아비아드Yael Wilchek-Aviad와 미샬 말카Michal Malka는 종교적 믿음의 강도에 차이가 있는 15~18세 유대인 청소년을 대상으로 삶의 의미 또는 그 부재가 자살 경향에 미치는 영향을 탐구했다.[6] 이들은 삶의 의미와 종교적 믿음에 관련성이 있으며, 이 변수가 자살 충동을 막아주리라는 가설을 세웠다. 그러나 예상과 달리, 독실한 학생과 그렇지 않은 학생이 자살을 생각하는 정도는 비슷했다. 종교는 우울증을 막는 효과가 있었으나 자살에 대한 상상을 막지는 못했다. 반면 삶에 의미가 있다는 의식은 자살 경향성을 상당히 줄였다. 이는 성별을 비롯한 다른 어떤 요소와 비교해도 강력한 예측변수였다. 리처드 키니어Richard Kinnier의 연구팀은 사회생활을 하는 '평범한' 사람들과 정신병원에 입원한 사람들을 대조하여 유사한 결과를 얻었다.[7] 정신의학적 상태와 관계없이 두 집단 모두 의미의 부재가 자살 생각의 결정적 변수로 나타났다.

그러나 결국 죽음에 굴복하며 끝나는 고통과 고난으로 가득한 삶에서 어떻게 의미를 찾을 수 있는가? 인간은 결국 필멸자로서 헛되이 씨름하는 것 아닌가? 피터의 말이 옳지 않은가? 수백 년간 수많은 철학자, 학자, 작가가 이 문제를 탐구했지만, 셰익스피어보다 시적으로 (그리고 집요하게) 파헤친 사람은 없다. 예를 들면《햄릿》은 삶의 존재론적 어려움에 대한 해결책으로 자살의 가능성을 인식하고 설득력 있는 논리를 펼친다. 셰익스피어보다 이 가능성을 깊이 탐구한 사람이 없으므로 여기에 전문을 인용한다.

사느냐 죽느냐 그것이 문제로다:

잔인한 운명의 돌팔매와 화살을

그대로 맞는 것이 더 고상한가,

아니면 고난의 물결에 맞서 무기를 들고 싸워

물리쳐야 할 것인가? 죽는 것, 그것은 잠드는 것:

오직 그뿐이다; 만일 잠이 들어 육신이 물려받은

마음의 고통과 천 가지 생득적 고통을

끝낼 수만 있다면,

그것이야말로 절실히

바라는 바의 극치로다. 죽음은 잠드는 것;

잠드는 것은 아마도 꿈꾸는 것: 아, 그것이 곤란하구나;

죽음의 잠으로 육신의 굴레를 벗어났을 때

어떤 꿈들이 찾아올 것인지,

이것은 우리를 망설이게 만들고:

이 불행한 인생을 끝까지 살아가게 하는 것이다;

그렇지 않으면 누가 세월의 채찍과 조소를 견딜 것이며,

권력자의 횡포와 오만한 자의 멸시와

버림받은 사랑의 쓰라림과 느리디느린 법률과

관리들의 거만함과 시정잡배들의 불손함을

한 지루의 단검으로 모두 청산할 수 있다면, 그 누가 참겠는가?

누가 지루한 인생에서 무거운 짐을 지고 푸념하고 고생하겠는가?

사후의 무언가에 대한 두려움,

나그네가 돌아온 일 없는

미지의 나라에 대한 두려움이 마음의 의지를 흔들고

알지 못하는 저승으로 날아가기보다는

이승의 재앙을 견디게 하는 것이다.

이렇게 양심은 늘 우리를 겁쟁이로 만들고;

그래서 처음 각오했던 선명한 결단은

생각의 창백한 그늘에 병색을 띠고

크고 중요했던 대의와 진취성도

현 상황과 어긋나버려

행동이란 이름을 잃는 것이다.

햄릿이 자살의 문제를 '죽느냐, 사느냐to be, or not to be'라 표현하여 우리 모두에게 '문제'를 던지는 부분이 인상적이다. 햄릿은 자신에게 한정된 문제가 아닌 모든 인간의 삶의 조건을 생각한다. 삶은 고통스러운 '고난의 물결'이다. '잔인한 운명'을 겪을 것이며, 언제든 재앙이 닥칠 수 있다.

그러나 우리는 삶의 고난에 대한 해결책을 쥐고 있다. '한 자루의 단검'으로 존재를 끝장내면 될 것을, 어째서 짐을 지길 선택하는가? 죽음은 확실히 '바라는 바의 극치'다.

햄릿은 자살을 막는 것은 '미지의 나라'에 대한 공포뿐이라고 주장한다. '사후의 무언가에 대한 두려움'이 우리를 살게 한다. 명백한 아이러니지만, 셰익스피어에겐 아니었을지도 모른다. 2장에서 논의했듯 인간은 죽음의 공포를 달래기 위해 신과 악마, 천국과 지옥을 만들어냈는데, 안타깝게도 이 피조물은 다시 우리를 괴롭힌다. 그것 또한 두려움을 만들어내기 때문이다. 셰익스피어가 살던 16세기 기독교 세계에서 자살은 지옥으로 직행하는 선택이었다. 삶의 축복을 선사한 기독교 신에 대한 궁극적 모욕으로 여겨졌기 때문이다. 그래서 셰익스피어는 결국 '알지 못하는 저승으로 날아가기'보다 '이승의 재앙을 견디기'를 선택한다고 주장한다.

요약하면, 셰익스피어의 주장은 다가올 처벌이 두렵지 않다면 자살이 삶의 고통에 대한 훌륭한 해결책이라는 것이다. 왜 고통스럽게 무대 위에서 짧은 시간을 견디는가? 결국 영영 사라지게 될 텐데 말이다. 피터의 생각처럼, 삶은 너무 힘들고 공허해 보인다. 여러 면에서 삶은 터무니없는 것이다.

부조리

피터는 모든 창조물이 결국 사라질 텐데 왜 노동해야 하는지 이유를 찾지 못했다. 모든 일이 비이성적이고 심지어 우스꽝스럽게 느껴졌다. 삶에 대한 그의 태도는 실존주의자들을 연상시킨다. 알베르 카뮈가 가장 비슷할 것이다. 카뮈는 자신의 수필과 소설에서 죽음을 두 차례 속이고 영원히 언덕으로 바위를 밀어 올렸다가 다시 떨어지는 것을 봐야 하는 시시포스의 형벌(2장 참고)을 다뤘다. 카뮈는

《시시포스 신화The Myth of Sisyphus》의 첫 문장에서부터 주제를 명확히 언급했다.

> 세상에 진정한 철학적 문제는 하나뿐인데, 그것은 바로 자살이다. 삶을 살아갈 가치가 있는지 없는지 판단하는 것이 철학의 근본적 질문이다. 다른 모든 것—세계는 3차원인지, 정신은 9개 영역인지 12개 영역인지—은 부차적인 문제다. 이것은 게임이다. 누구든 이 문제에 가장 먼저 답해야 한다.[8]

본질적으로《시시포스 신화》는 자살이 부조리한 삶에 대한 해결책인지 논한다. 피터와 마찬가지로 카뮈는 존재는 부조리한 것이며 우리가 선택한 삶의 방식이 바보 같다고 지적한다. "인간은 행복해지기 위해 돈을 벌고 싶어 하며, 그 돈을 벌기 위해 모든 노력과 삶의 전성기를 투자한다. 행복은 망각된다. 수단을 위해 목적이 희생된다."

카뮈는 계속해서 인간의 결정을 조롱한다. 인간은 실제로 의미 없는 여러 과업에 전념한다. 속옷을 개고, 입고, 빨고, 다시 갠다. 정원의 잡초를 뽑고, 잡초가 자라면 다시 뽑는다. 화장하고, 지우고, 다시 화장한다. 삶은 '무한반복'이라고 할 수 있으며 일도 마찬가지다. 직장에서 일하는 남녀는 시시포스와 같은 형벌을 받고 있다. 시시포스와는 달리 스스로 인지하지 못할 뿐이다. 카뮈는 이 부분을 지적한다. "오늘날의 직장인은 같은 과업을 수행하며 삶의 모든 날을 보낸다. 이 운명의 부조리는 시시포스보다 나을 것도 없다. 이 사실을 의식하는 일이 드물기에 비극이 되지 않을 뿐이다. 신들의 프롤레타리아, 무력하지만 반항적인 시시포스는 자신의 저주받은 상태를 제대로 알고 있다. 산에서 내려올 때마다 그 생각을 할 테니까."

　인간은 왜 이런 상황을 맞았는가? 실존주의자에 따르면 무의미함이 바로 인간 존재의 진실이다. 19세기 독일의 유명 철학자 프리드리히 니체Frederick Nietzsche는 '신은 죽었다God is dead'고 선언했다.[9] 삶에 본질적 의미가 있다는 생각을 정면으로 부정하는 말이다. 신은 삶의 의미를 정해두고 규칙을 만들었다. 이 세상 너머에서 더 나은 존재로서 신과 함께하기 위해 어떻게 살아야 할지 안내했다. 실존주의자, 적어도 무신론적 실존주의자들은 이러한 환상을 거부하고 존재의 진실 또는 '주어진 존재existential givens'를 마주하라고 촉구한다. 나는 필멸의 존재다. 나는 죽어서 흙으로 돌아갈 것이다. 내가 하는 일에 내재된 의미는 없다.

진정성을 통한 목적

　이 모든 것이 암울하게 들린다고 해도 절망하지 말자. 내 존재와 일상적인 활동이 무의미하다는 인정은 진짜로 살아가는 삶을 향한 첫걸음이자 실존주의 여정의 시작이지 끝이 아니다. 신이 죽었으니 인간만의 의미를 만들 수 있다. 열정으로 삶에 뛰어들고, 나만의 목적을 가질 수 있다. 그럴 수 있을까? 물론 그럴 수 있다. 목적과 의미에 관한 연구 데이터를 기억하는가? 연구에서 의미 수치에 높은 점수를 준 참가자 중에는 종교가 없는 사람이 많았다. 이들은 의미 있는 삶을 찾아 목적 있는 존재가 되었고, 이는 다른 어떤 요인(정신질환 여부, 독실한 정도, 성별, 나이 포함)보다도 자살 경향을 확실하게 막아주는 요소였다. 니체는 "이것이 가능하며 반드시 이뤄져야 한다"고 말했다.[10] 나 자신이 되는 것, 그것이 인간의 가장 큰 목표다. 신이 죽어야 개인으로 살 수 있다. 신을 섬기면 자신을 잃는다. 나를 다른 모든 타인과 구별할 수 없어지고, 신의 군대에 징집된 군인 1이 되어 그들의 북소리에 맞춰 행진할 뿐이다. 그러나 니체의 은유대로 신을 죽이면 나는 나의 주인으로 다시 태어난다. 내 규칙에 따라 존재할 수 있다. 나보다 중요한 것은 없다. 샌프란시스코 대학 철학자인 제라드 쿠페루스 Gerard Kuperus는 이렇게 깔끔히 요약했다. "무의미함은 고통을 초래하지 않는다. 신에게 바친 의미 있는 삶이 더 고통스럽다. 기쁨을 억압해서만 얻어지는 (실재하지도 않는) 저 너머의 삶을 목표로 한 인생이기 때문이다. 내세의 형태로 삶에 의미를 부여하는 환상을 넘어서야 고통에서 해방되어 삶을 즐길 수 있다."[11]

니체는 인간에게 존재를 즐기라고 촉구했다. 카뮈처럼 인간의 조건이 부조리하고 우스꽝스럽다고 보았지만, 그럼에도 그 여정을 즐기라고 했다. 인간은 정해진 목적 없이 유한한 삶을 살아가는 유인원이며 죽음이 순식간에 촛불을 끄듯 삶을 끝낼 때까지 어둠 속에서 휘청거려야 한다. 이러한 진실을 받아들여야만 자아—진정한 자아—를 찾을 수 있고 그것이 인간의 의무다. 앞서 말했듯 니체는 그 무엇보다 진정한 나 자신이 되어야 한다고 했다. 내 것이 아닌 가치와 진실을 놓아주고 나만의 진실을 찾으면서 내 창조성을 껴안으라고 했다. 니체는 피터의 예술적 추구에 박수를 보냈을 것이다. 피터가 죽어도 그의 작품이 남을 것이기 때문이 아니다. 진정으로 그의 것이었기 때문이다.

우리는 인간의 조건을 넘어선 초인Übermensch이 되어야 한다. 니체가 《차라투스트라는 이렇게 말했다Thus Spoke Zarathustra》에서 처음 설명한 이 개념은 그의 모든 저서에 어떤 식으로든 반영되어 있다.[12] 초인은 기독교의 도덕과 가치를 초월하여 자신의 가치 체계를 만들어낸 이상적인 미래 인간이다. 물론 쉬운 일은 아니다. 자신의 가치를 세우려면 현재의 가치가 애초에 어디서 왔는지 철저히 고민해야 한다. 현재 가진 가치를 모두 거부해야 한다는 뜻은 아니다. 그러나 기존 가치를 유지하려면 개인적 근거가 있어야 한다. 여전히 도둑질하지 않겠다고 결정할 수는 있지만, 성경이 시키기 때문이면 안 된다.

니체는 각자 자신만의 가치를 발견하고 자신이 속한 문화의 평가('좋다' 혹은 '나쁘다')와 상관없이 굳건히 지키라고 말했다. 예를 들면 누군가가 어릴 때 게임에서 속임수를 썼다고 하자. 부모, 친구, 선생님의 비난으로 이 행동은 서서히 사라졌을 것이다. 그러나 이 사람은 실제로 속임수 쓰기를 좋아하고 이에 뛰어나다. 원래 그런 사람이고, 그것이 옳게 느껴진다. 이 사람은 니체의 충고에 따라 깊이 숙고한 후 속임수가 나쁘지 않다는 결론을 내린다. 다시 날쌔게 손을 움직여 주사위 게임에서 원하는 눈이 나오게 한다. 잔디밭으로 굴러간 골프공을 치러 가서는 옆에 있는 다른 공을 살짝 밟는다. 모노폴리(보드 게임)에서는 은행가가 될 차례에 500달러 지폐를 슬쩍 패에 섞는다. 이런 짓이 들켜서 동료가 항의하면 그는 모른 척하거나 그냥 웃어버릴 것이다. 원래 그런 사람이기 때문이다. 그는 자신만의 도덕률이 있는 초인이므로 부끄러움을 느끼지 않을 것이다. 니체의 주장에 따르면 우

리는 이런 사람이 되어야 한다. 계속 자신이 아닌 누군가를 연기하느니보다 낫다.[13]

니체는 삶이 짧으므로 더더욱 진정으로 살아야 한다고 주장했다. 고대 인디언과 이집트 종교에서 빌려온 개념인 '영원 회귀'에 기반한 사고 실험을 통해 다음과 같이 설명했다.

어느 날 또는 어느 밤, 당신의 가장 외로운 외로움에 몰래 들어온 악마가 이렇게 말한다고 생각해보라. "당신은 지금 살아온, 또 살아가는 삶을 한 번 더, 몇 번이고 더, 다시 살아야 한다. 아무것도 새로운 것이 없고, 모든 고통, 모든 기쁨, 모든 생각과 한숨, 모든 말할 수 없을 정도로 작거나 큰 삶의 사건이 같은 순서로 돌아올 것이다. 심지어 이 거미와 나무 사이의 달빛, 심지어 이 순간과 나조차도. 존재의 영원한 모래시계는 뒤집히고 다시 뒤집힌다. 그 안의 먼지와 같은 당신도!"[14]

여기서 영원 회귀를 생각하라는 니체의 뜻은 무엇일까? 왜 삶이 돌아온다고 말하는 것일까? 우리 삶의 모든 순간이 중요하다는 의미다. 이 삶을 다시, 다시, 또다시 살 것인가 물어보면 이렇게도 짧은 존재의 매 초가 소중하다는 사실을 강렬하게 느낄 수 있다. 속옷을 갤 것인가? 무슨 옷을 입을지 고민하거나 재미없는 TV 프로그램 재방송을 아무 생각 없이 보며 한참을 보낼 것인가? 아마 아닐 것이다.

물론 누군가는 영원 회귀가 사고 실험에 지나지 않으며 실제가 아니라고 반박할지 모른다. 그러나 이 개념은 그래서 더 강력하다. 삶은 한 번이기 때문에 두 번째 기회는 없다. 오늘을 다시 살 수는 없다. 그래서 역으로 영원 회귀는 매 순간을 소중히 여기고 나 자신이 누구인지에 따라 최선을 다해 살아가라는 의미가 된다. 무리가 시키는 대로 흘러가면 당연히 안 된다. 이렇게 살면 최소한 내 삶이 나의 것이라고는 말할 수 있다. 실존주의자에게 이것은 유한한 삶을 살아가는 최선의 방법이다.

프랑스 실존주의자 중 가장 유명한 장 폴 사르트르Jean-Paul Sartre는 니체의 영향을 깊이 받았으며 핵심적인 지점에서 의견을 같이한다.[15] 신은 진짜가 아니다. 사람이 하는 어떤 일에도 내재적 의미는 없다. 자신만의 의미를 찾아야 하며, 무리를 그저 따라가서는 안 된다. 그러나 이러한 유사성에도 불구하고 두 철학자 사이에는 눈에 띄는 차이점이 있다. 니체에게 나 자신이 된다는 것은 즐겁고 가벼운 활동이었지만, 사르트르에게는 다소 진지한 문제다. 삶의 경로를 선택함으로써 나의 본질을 정의하는 데는 큰 책임이 따른다. 행동과 가치를 선택함으로써 내가 속한 공동체 전체에 인생의 길을 신호하기 때문이다. 다른 사람들은 나의 선택을 보고 인간이 해도 되는 일이라고 생각할 수 있다. 내가 일회용 플라스틱을 쓰는 것은 안타깝게도 다른 사람도 그렇게 하도록 영향을 미치는 일이다.

게다가 우리는 너무나 많은 충돌하는 가능성 사이에서 좋은 삶을 골라야 한다. 앨빈 토플러Alvin Toffler가 《미래의 충격Future Shock》에서 말한 '선택의 과잉'[16]으로 사람들이 고통받는 것도 당연하다. 내 길은 정해져 있지 않다. 나만의 길을 만들어야 하고, 그 과정에서 나를 정의하고 본질을 창조해야 한다. 이런 이유로 사르트르는 '실존은 본질에 앞선다'는 유명한 말을 남겼다.[17] 삶의 결정과 방향을 가볍게 생각하면 안 된다. 사르트르에 따르면 '자유를 선고'받은 인간은 삶의 길을 선택하는 데 따르는 책임과 부담을 인지해야 한다. 인생은 유한하며 진실하고 진정성 있게 살 기회는 한 번뿐이다. 나를 정의할 기회는 한 번뿐이다. 진정성을 추구하려면 용기가 필요하다. 제라드 쿠페루스는 단순하지만 확실하게 다음과 같이 설명했다.

> 친구들도 모두 대학에 가고, 선생님이 입시 대비를 도와줬고, 다른 가능성은 전혀 언급하지도 않았던 부모님의 기대를 받았기 때문에 대학에 간다고 하자. 사르트르에 따르면 이런 행동 패턴은 우리가 정확히 어떻게 자유를 대하는지 보여준다. 전 세계를 돌아다니며 일하고, 숲속에 오두막을 짓고, 다른 꿈을 좇을 수도 있지만 보통은 그렇게 하지 않는다. 이것은 온전히 내 선택이며, 그래서 내 책임이기 때문이다. 내 행동을 선택하는 바람에 중국 오지에서 돈이 떨어지거나 팔이 부러지거나 은퇴 자금을 모으는 데 실패하면 내가 비난할 사람은 오직 하나, 나 자신뿐이다.[18]

삶은 어렵다. 결정을 내리기도 어렵다. 그래도 결정해야 한다. 그냥 무리를 따르거나 무미건조한 삶을 사는 것은 안 될 말이다. 이것은 카뮈가 생각하는 최악의 삶이다. 물론 인간의 존재는 부조리하다. 물론 인간이 하는 일에는 내재적 가치가 없다. 그러나 인간이 할 수 있는 선택을 무시하는 것은 멍청한 짓이다. '삶이 벌어지게 두는 것'으로는 살 만한 가치가 있는 삶을 만들어 나가지 못한다.

카뮈는 소설 《이방인The Stranger》에서 등장인물 뫼르소Mersault를 통해 이 점을 보여준다.[19] 뫼르소의 삶은 우리 모두에게 경고한다. 뫼르소는 그를 창조한 카뮈와 마찬가지로 자기 행동에는 어떠한 내재적 의미도 없다는 결론에 도달한다. 그러나 카뮈와 달리 뫼르소는 이를 어떤 것에도 의미가 없다는 뜻으로 받아들인다. 그는 모든 행동이 똑같다는 듯 행동한다. 결혼하거나 하지 않거나, 외식하거나 하지 않거나, 훔치거나 훔치지 않거나, 심지어 죽이거나 죽이지 않거나. 뫼르소는 모든 결정을 최대한 회피하며 통제력 없고 고립된 상태로 살아간다. 카뮈는 이런 뫼르소의 삶을 형편없는 것으로 묘사한다. 열정이 없는 삶, 살지 않는 삶이다. 여러 면에서 편법이나 다름없다. 결국 자기 존재를 아무 생각 없이 흘려보내던 뫼르소는 사람을 죽이고 사형을 선고받는다. 원점으로 돌아왔다는 상징이다. 죽음으로 인한 삶의 무의미함에 대처하려던 뫼르소는 자기 죽음을 초래하고 만다.

자살을 거부하다

어떻게 살 것인지, 나는 누구인지, 무엇에 가치를 두는지와 관련된 결정은 쉬운 것이 아니다. 그러나 인간에게는 진짜 내 것을 창조함으로써 의미 있는 삶을 살아갈 기회가 있다. 인간은 유한한 존재지만 나만의 여정을 따라가며 그 안에서 가치와 목적을 찾을 수 있다. 그래서 실존주의자들은 신을 부정하고 삶의 내재적 의미를 부정하면서도 삶 자체를 거부하지는 않는다. 자살은 유효한 선택지가 아니다.

프랑스 실존주의자 중 자살을 가장 격하게 비난하는 사람은 카뛰다. 그는 《시시포스 신화》에서 자살과 관련된 다양한 주장을 자세히 분석했다. 먼저 도스토옙스키Dostoevsky가 1870년대 러시아 보수 저널 〈그라즈다닌Grazhdanin('시민'이라는 뜻)〉의 칼럼을 모아 펴낸 월간지 〈작가의 일기A Writer's Diary〉에서 다룬 '논리적 자살'에 대해 논한다. 도스토옙스키는 이 글에서 신 없는 삶의 의미를 탐구하며, 불멸성을 믿지 않으면 인간의 존재는 완전한 부조리에 지나지 않는다고 주장한다.[20] 판단하는 자가 없으면(즉, 신이 없으면), 내가 나를 판단한다. 도스토옙스키는 이렇게 썼다. "원고이자 피고이고, 판사이자 피의자인 나의 의견에는 반론의 여지가 없다. 나는 나에게 고통을 주기 위해 존재하게 한 무례한 자연에 유죄를 선고한다. 나와 함께 사라질 것을 선고한다."

카뮈가 지적하듯, 이 주장은 이상하다. 자살을 원하는 이 사람은 필자들의 환자 피터가 시도했던 것처럼 삶을 끝냄으로써 삶의 부조리에 복수한다.[21] 카뮈의 분석에 따르면, 이 '논리적 자살 충동'은 자신이 이 세상에 종속되지 않았음을 증명하려 하지만 그 과정에서 삶을 끝낸다. 이보다 부조리할 수 있을까? 카뮈는 도스토옙스키의 소설 《악령The Possessed》에 나오는 키릴로프Kirilov 역시 부조리한 인물이라고 본다. 카뮈는 '자신의 생각'이기 때문에 자신을 죽이기로 한 키릴로프의 결정을 비웃는다. 키릴로프는 (자신의 생각에 대한) 우월의식과 허영 때문에 죽음을 준비한다. 카뮈에 따르면 이것은 '우월한 자살'이 아니라 반대로 허튼짓에 가깝다.

키릴로프의 논리는 도스토옙스키가 〈작가의 일기〉에서 서술한 내용과 비슷하다. 키릴로프는 신이 필요하고 반드시 존재해야 한다고 믿지만, 마음 깊은 곳에서는 그렇지 않다는 사실을 알고 있다. 그는 이것이 충분히 죽을 이유가 된다고 주장한다. "나는 불복종과 나의 새롭고 두려운 자유를 주장하기 위해 나 자신을 죽여야 한다." 그는 자살할 자유가 있기 때문에 자살한다. 자신의 신으로서 원하는 대로 행동할 수 있다고 주장하며, 자신을 죽임으로써 이를 증명한다. 카뮈는 다시 한 번 묻는다. 이보다 부조리할 수 있을까?

그러나 시시포스는 어떤가? 카뮈는 그의 형벌을 어떻게 생각하는가? 이 가엾고 비참한 피조물이 자살을 원한다고 해도 당연해 보인다. 도로 굴러떨어질 바위를 영원히 다시 밀어 올리며 의미 없는 행동을 끝없이 반복해야 할 운명이니까. 그러나 카뮈에 따르면 그렇지 않다. 결국 카뮈는 우리가 시시포스의 삶을 찬양해야 한다고 말한다. 자신만의 진정한 이야기를 만들었기 때문이다. 시시포스는 운명의 운전석에 앉았다. 두 번이나 죽음을 속이면서 신들의 분노를 샀다. 카뮈에게 무엇보다 중요한 것은 시시포스 자신의 선택이다. 그것이 누구도 앗아갈 수 없는 시시포스의 삶이다. 그는 자기 운명의 주인이었으며, 진정으로 살았다. 물론 시시포스는 자신의 영리함을 자랑하는 오만하고 건방진 자였으나, 그것이 그 사람이었다. 그 삶은 진짜였다. 아무 생각 없이 땅을 일구는 인간 무리와 달리, 시시포스는 자신의 고문을 분명히 알고 있었다. 이러한 인식은 문제가 아닌 해결이다. "그의 확실한 고문은 또한 그의 승리이기도 했다. 조소로 극복할 수 없는 운명은 없다. 시시포스는 언덕을 내려오며 때로 슬퍼했겠지만, 때로는 기쁜 순간도 있었을 것이다."

카뮈의 요점은 어떤 가치를 추구했다면 인생의 결과와 관계없이 진정한 삶을 축하할 수 있다는 것이다. 스스로의 본질에 따라 살았다면 결과가 어떻든 영광을 누린 것이다. 어떻게 보면 시시포스가 받은 죄의 대가를 축하해야 한다. 진실한 선택으로 뿌린 것을 거두는 셈이므로. 그것이 진정성 있는 삶의 대가다. "모든 시시포스의 은밀한 기쁨이 그의 형벌에 담겨 있다. 그의 운명은 그의 것이며, 그의 바위는 그의 것이다. 마찬가지로 부조리한 인간은 깊이 생각하여 자신의 고문을 선택하며, 우상을 따르려 하지 않는다." 그래서 카뮈는 시시포스를 삶에 만족하는 사람으로 보았다. "그러므로 신이 없는 이 우주는 그에게 무익하지도 헛되지도 않다. 그 바위의 모든 원자, 그 산의 모든 광물 조각, 그 자체가 세계를 형성한다. 정상을 향한 투쟁 자체가 시시포스의 심장을 뛰게 하기에 충분하다. 시시포스는 행복한 인간일 것이다."

시시포스는 스스로를 파괴하려 하지 않고 오히려 찬양할 것이다. 자신의 본질에 충실하게 살았기 때문이다. 더 바랄 것이 있을까? 모든 종교와 도덕 원칙을 거부하고 삶이 의미 없다고 선언했음에도, 카뮈는 자살이 해결책이 아니라고 확언했다. 그렇다, 우리는 흙으로 돌아간다. 그렇다, 우리가 하는 행동에 내재된 목적은 없다. 그러나 니체, 사르트르, 이 시기 다른 사상가들과 마찬가지로, 카뮈도 존재의 진실을 수용하면 성장이 시작된다고 말한다.

1955년, 카뮈는 자신의 걸작을 반추하며 이렇게 말했다. "《시시포스 신화》는 인간의 문제를 제기하고 있지만, 내게는 사막 한가운데서라도 살아가고 창조하라는 명쾌한 초대로 보인다."[22]

수용에 대하여

필자들은 삶의 본질을 생각하다가 자신의 존재에 내재적 의미가 없다는 결론을 내린 사람, 특히 청년들에게 깊이 공감했다. 그들은 공포를 달래기 위해 만들어진 종교를 정면으로 거부한다. 그들은 부모, 배우자, 문화가 그들을 위해 세운 인생 계획을 용감하게도 따르지 않을 것이다. 그들은 '호주/미국[당신의 국가]의 꿈'을 실현하라는 말에 속지 않을 것이다. 이 모든 것이 계략임을, 요람에서 무덤까지 의식의 수면 아래 도사린 존재론적 공포로 눈을 돌리지 못하게 하는 수단임을 깨달았기 때문이다. 그들은 은퇴식 날까지 쳇바퀴를 돌리다가 다음 햄스터에게 자리를 내주고 감사 카드와 작은 선물을 받은 채 조용히 대체되는 삶을 살지 않을 것이다. 그렇다, 그들은 일반적인 삶을 거부하고 우리는 그래서 그들을 축하한다.

피터와 같은 사람들은 사르트르나 카뮈와 함께 파리 카페에서 커피를 마시며 삶을 논하면 편안함을 느낄 듯하다. 치료 때 이들 철학자의 소설과 수필을 읽으라고 권하기도 했다. 다른 사람들 역시 삶의 공허함에 대해 같은 결론에 도달했다는 사실을 알려주고 싶었다. 그러나 자살 충동이 있는 사람, 존재론적 이유로 죽음을 계획한 사람에게 필자들이 진짜 말해주고 싶은 것은 이런 위대한 사상가들이 신을 죽이는 데서 생각을 멈추지 않았다는 사실이다. 인간이 유한한 존재라는 진실은 이야기의 결론이 아니다. 실존주의자들은 주어진 존재의 의미를 탐구했고, 각자의 삶을 살아갈 가치가 있다는 결론을 내렸다. 실존주의자들은 삶을 찬양해야 한다고 주장했다. 나만의 의미를 만들고 본질을 창조할 자유를 기뻐해야 한다고. 삶의 유한성과 인간의 단순한 동물적 본성을 받아들여도 삶은 끝나지 않는다. 사실은 그 반대다. 수용은 절대 반복될 수 없는 나만의 개인적인 이야기를 쓰는 과정의 시작이다. 존재의 진실을 수용해야만 살 가치가 있는 진정성 있고 개인적인 삶을 만들어갈 수 있다. 죽음은 진짜다. 이 사실을 바꿀 방법은 없다. 그러나 필자들은 죽음에 대해 더 긍정적인 접근법을 찾을 때가 왔다고 생각한다. 이와 생각을 같이하는 사람들이 있다.

죽음 긍정 운동

Mortals

죽음을 부정하는 문화는 좋은 죽음을 막는 장벽이다.
죽음에 대한 공포와 심각한 오해를 극복하는 것이 쉬운 일은 아니지만,
다른 문화적 편견—인종주의, 성차별주의, 호모포비아— 역시
최근에야 무너지기 시작했다는 사실을 기억하자.
죽음도 진실의 순간을 맞을 때가 되었다.

케이틀린 도티(Caitlin Doughty, 1984~),
《잘해봐야 시체가 되겠지만: 유쾌하고 신랄한 여자 장의사의 좋은 죽음 안내서
(Smoke Gets in Your Eyes: And other lessons from the crematory)》

The death positive movement

‥‥†‥‥

　2010년, 미국 장례학교를 졸업한 케이틀린 도티는 왜 우리 사회가 이다지도 죽음을 두려워하는지 궁금해졌다. 망자를 돌보고 장례를 준비하는 절차에 가족이 참석하지 않는 이유는 무엇일까? 왜 죽은 자를 닫힌 문 뒤에 감추는가?

　죽음을 둘러싼 억압적 비밀에 불만을 느낀 도티는 학계, 예술가, 장례지도사 등 죽음 전문가들에게 연락해 죽음의 세계에 혁명을 일으키겠다는 목표를 함께할 사람을 찾았다. 죽음을 양지로 끌어내고 유족에게 힘과 정보를 주며 장례 산업을 투명하게 바꾸는 것이 목적이었다. 2011년에는 '좋은 죽음 교단Order of the Good Death'을 설립했다.[1] 죽음 수용을 촉구하고 인간의 유한성이라는 개념을 정상화하기 위해 노력하는 조직이다. 회원들은 교단 웹사이트에 자연장natural burial(시체를 방부 처리하지 않고 자연적으로 분해되도록 하는 자연 친화적 장례 방식 - 역주), 묘지에서의 인종 분리, '가정 임종 관리'(시신을 장례식장에 맡기는 대신 집에서 씻기고 옷을 입히는 것) 등에 대한 정보 게시글을 올린다. 같은 해, 도티는 '장의사에게 물어보세요Ask a Mortician'라는 교육적 유튜브 시리즈를 만들어 죽음과 죽는 과정에 대한 질문에 답했다. '화장하면 시신에는 어떤 일이 일어나나요?', '마우솔레움에서는 왜 썩는 냄새가 나지 않나요?', '관에 들어가기 전, 인생 최후의 메이크업', '저기, 그 마네

킹은 시체인데요' 등의 제목이었는데, 도티의 유튜브 채널 구독자는 140만 명이 넘었고 조회수는 1억 7,000만 이상을 기록했다.

도티는 '죽음 긍정death positive' 운동의 최전선에 있다. 최근 사회운동이 그렇듯, 모든 것은 트윗 하나에서 시작됐다.[2] 도티는 자연스러운 인간 활동에 대한 수치심을 거부한다는 섹스 긍정 운동에 대해 생각했다. 그리고 2013년 4월 트위터에 이렇게 올렸다. "섹스 긍정에 대한 웹사이트와 참고문헌은 엄청나게 많은데, 죽음 긍정에 대한 건 왜 없을까요?" '죽음 긍정'이라는 용어는 이렇게 탄생했다. '좋은 죽음 교단' 웹사이트에는 죽음 긍정 운동의 여덟 가지 교리가 게시돼 있다.

1. 나는 죽음을 닫힌 문 뒤에 숨기는 문화가 사회에 이익보다 해악이 된다고 믿는다.

2. 나는 토론, 모임, 예술, 혁신, 학문을 통해 죽음에 대해 침묵하는 문화를 깨뜨려야 한다고 믿는다.

3. 나는 피할 수 없는 스스로의 죽음에 관해 이야기하는 것이 병적인 증세가 아니라 인간의 조건에 대한 자연스러운 호기심을 드러내는 것이라고 믿는다.

4. 나는 시신이 위험하지 않다고 믿으며, 원한다면 누구나 가족의 시신 처리에 참여할 권리가 있다고 믿는다.

5. 나는 죽음, 죽어가는 과정, 임종 간호와 관련된 법률이 생물학적 성별, 사회적 성별, 인종, 종교적 정체성과 관계없이 당사자의 바람을 존중할 것을 보장해야 한다고 믿는다.

6. 나는 내 시체가 환경에 큰 피해를 미치지 않는 방식으로 처리되어야 한다

고 믿는다.

7. 나는 가족과 친구가 임종에 가까워진 나의 바람을 알아야 하며, 이러한 바람을 뒷받침하는 데 필요한 문서 작업을 해야 한다고 믿는다.

8. 나는 공개적이고 정직한 죽음에 대한 지지가 차이를 만들어낼 수 있으며, 문화를 바꿀 수 있다고 믿는다.

죽음 긍정 운동의 핵심 원칙을 압축하는 여덟 가지 교리의 최소 절반이 단순히 죽음을 공개적으로 논의하자는 내용인데, 어쩌면 당연한 일이다. '긍정'이라는 용어를 쓰고 있지만, 죽음 긍정 운동은 죽음을 긍정적으로 바라보자는 움직임이 아니다. 죽음을 찬양해야 한다거나 두려움을 완전히 없애야 한다고 주장하지는 않는다. 죽음을 두려워하면서도 그 두려움을 극복하고 죽음에 대해 개방적으로 이야기하려는 노력을 '죽음 긍정'으로 표현한다.

죽음 긍정 운동가이면서 좋은 죽음 교단 이사인 세라 차베스Sarah Chavez는 아이의 죽음을 겪었다. 차베스는 상실과 슬픔 가운데서도 죽음을 긍정할 수 있다고 말한다. "죽음을 긍정한다는 것은 괴롭지 않다는 뜻도, 끔찍하게 두렵지 않다는 뜻도 아니에요. 그런 두려움을 책임지고, 조목조목 따져보고, 그 영향에 지배당하지 않는 거예요. 이런 태도가 나 자신과 다른 사람을 구할 수 있죠."[3]

죽음 긍정 운동의 핵심 인물인 작가 루이스 헝Louise Hung은 차베스의 관점을 공유한다.

죽음 긍정 운동은 내가 무시무시한 죽음의 공포를 안고도, 그럼에도 불구하고, 그것을 통해서 살아가게 했다. 나는 항상 이 부분을 설명하려 노력한다. 사람들이 이 운동에 대해 가장 놀라는 부분이기도 하다. 죽음 긍정 운동은 두려움을 없애는 활동이 아니라 그 속에서 길을 찾는 것이며, 연금술처럼 신비롭게 두려움을 귀중한 삶의 힘으로 바꾸는 것이다. 죽음의 두려움이 절대 사라지지 않는다 해도 괜찮다.[4]

삶의 끈을 붙들고

현재 죽음 긍정 운동의 모습은 어떤가? 누가 가장 큰 목소리를 내고, 누가 열렬히 지지하고 있는가? 온라인에서 죽음 긍정 운동을 슬쩍 찾아보기만 해도 한 가지는 분명하게 알 수 있다. 이 운동은 여성이 주도하고 있다. 좋은 죽음 교단의 창립자와 직원 36명 중 남자는 8명뿐이다. 필자들이 참가한 거의 모든 죽음 관련 행사에서도 참가자와 연사의 절대 다수가 여자였다. 《잘해봐야 시체가 되겠지만: 유쾌하고 신랄한 여자 장의사의 좋은 죽음 안내서》에서 도티는 이렇게 썼다. "여성은 죽음의 자연스러운 동반자다. 여성의 출산은 삶뿐만 아니라 죽음을 창조하는 과정이다. 사뮈엘 베케트Samuel Beckett는 여성이 '묘지 옆에서 아이를 낳는다'고 했다. '만물의 어머니' 대자연은 실제로 끝없는 고리를 창조하고 파괴하는 어머니다."

여성이 실제로 죽음의 '자연스러운 동반자'인지는 논외로 하더라도, 죽은 자를 돌보는 과업은 역사적으로 여성이 도맡았다. 서구에서 전쟁으로 엄청난 수의 시체가 쌓이면서 장례 산업이 등장하기 전까지 집에서 아픈 자와 죽은 자를 돌보는 것은 여성이었다. 매장 전에 시신을 씻겨 옷을 입히는 일도 여성의 몫이었다. 오늘날 시신을 처리하는 일은 장례 산업에 넘어갔지만, 여전히 죽음 직전의 가족을 돌보는 사람은 여성일 때가 많다. 호주 보건복지부 연구에 따르면 여성은 요양원에 취직할 확률도 훨씬 높다.[5] 2018년 데이터를 보면 호주 요양원 의사 중 63%, 간호사의 93%가 여성이었다. 여성은 죽어가는 사람을 돌볼 확률이 높을 뿐 아니라 죽은 사람과 일하는 비율도 남성보다 높다. 1960~1970년대에는 성차별로 인해 여성이 장의사가 되는 일이 드물었지만, 오늘날 장례 산업의 얼굴은 완전히 달라졌다. 호주 전국장의사협회 데이터를 보면, 장례학교 학생의 60% 이상이 여성이다.[6] 여성성을 브랜드의 장점으로 내세우는 장례식장도 있다. '여성의 이해'를 슬로건으로 내세운 화이트 레이디 장례식장(인보케어InvoCare라는 다국적 장례 회사가 소유한 호주 장례 브랜드)이 그중 하나다.

죽어가는 상황에 자기 죽음에 대해 터놓고 말할 확률도 여성이 더 높다. 2014년 브라기 스쿨라손Bragi Skulason과 동료들은 아이슬란드 요양원에서 목사와 환자 사이에 이뤄진 대화 195건을 상세히 들었다.[7] 이 흥미로운 연구에서 여성 환자의 80%가 목사와 자연스럽게 죽음에 관해 이야기한 반면, 남성의 경우 그 수치가 30%밖에 되지 않았다. 남자는 말 그대로 죽어가면서 목사와의 대화를 요청한 상황에서도 죽음을 입에 올리는 일이 드물었다. 목사가 먼저 환자에게 죽음과 관련된 이야기를 꺼내보기도 했는데, 이때 죽음에 대해 공개적으로 논의하는 사람은 여성 91%와 남성 59%로, 그 수는 늘어났으나 남녀 차이는 여전했다.

죽어가는 사람의 간병인 중에도, 병상에 누워 죽음을 이야기하는 사람 중에도 여성이 다수인 상황에서, 죽음 긍정 운동 세력의 구성에도 이 성비가 반영되는 것은 당연하다. 호스피스는 또 다른 예다. 호스피스의 역할은 죽어가는 사람과 가족에게 실용적·감정적 지원을 제공하고 선택지를 알려주는 것이다. 멜버른에서 일하는 호스피스 카르멘 반즐리Carmen Barnsley는 생후 5개월 된 아들을 잃었다.[8] 슬퍼하는 반즐리에게 병원 직원은 업종별 전화번호부를 내밀며 장례식장을 고르게 했다고 한다. 사회가 죽음에 관해 이야기할 준비가 되지 않았다는 사실을 드러내는 사례다. 반즐리는 이 일을 계기로 호스피스가 되었다며 이렇게 설명한다. "호스피스는 죽음이 아니라 죽음 전까지의 삶을 도와주는 일이에요." 그리고 덧붙인다. "병원에서 수술 동의서를 작성할 때는 먼저 설명을 듣잖아요. 임종 전에도 설명을 듣고 선택할 수 있어야 한다고 생각해요." 또 다른 호스피스 셸비 키릴린Shelby Kirillin도 마찬가지로 죽음에 대비하는 과정의 중요성을 말한다. "여성이 출산할 때 설명하고 준비를 도와줄 사람이 아무도 없다는 게 상상이 되나요? 우리가 죽음을 대하는 것처럼 탄생을 홀대했다간 엄청난 논란이 일 거예요."[9]

저녁 식탁에서의 죽음

죽음 긍정 운동은 10년밖에 되지 않았지만, 그 뿌리는 더 과거로 거슬러 올라간다. 2004년, 스위스 사회학자 베르나르트 크레타즈Bernard Crettaz는 어떤 아이디어를 냈다.[10] 아내가 죽은 후 뇌샤텔의 한 식당에서 작은 모임을 열었는데, 여기에는 특별한 점이 있었다. 죽음이 대화 주제라는 것이었다. 크레타즈는 죽음을 둘러싼 비밀스러움을 깨뜨리고 어둠에 감춰진 궁극의 금기에 빛을 비추려 했다. 이 저녁 만찬은 카페 모르텔café mortel이라 불렸고, 관심 있는 사람은 누구나 참가할 수 있었다. 크레타즈는 직접 만찬을 주관했는데 규칙은 단 한 가지였다. 평가하는 말과 종교 언급은 금물. 크레타즈도 예상 못했던 일이지만, 그의 소소한 카페 모르텔은 숲에 떨어뜨린 성냥이었다. 갑자기 스위스 전역에 산불처럼 카페 모르텔이 번지기 시작했다. 평가하지 않고 내 말을 들어줄 공간에서 죽음에 관한 생각을 나눌 기회에 목말라 있는 사람이 많았던 모양이다.

2010년에 파리에서 열린 크레타즈의 카페 모르텔은 전 세계 신문에 보도됐다. 영국 웹 개발자 존 언더우드Jon Underwood는 우연히 기사를 보고 흥미를 느꼈다. 불교 신자인 언더우드는 만물이 일시적이라는 깨달음이 자유를 향한 중요한 걸음이라고 확고히 믿었다. 또한 크레타즈처럼 현대 사회에서 침묵의 망토가 죽음을 감싸고 있다는 사실을 한탄했다. 언더우드는 런던에서도 같은 행사를 주최하기로 했다. 성공적으로 만찬을 마친 언더우드는 곧 '데스 카페Death Cafe' 웹사이트를 만들고 이러한 행사를 주관하고자 하는 사람들을 위한 '실전' 가이드를 발표했다. 웹사이트에 따르면 데스 카페의 소명은 단순하다. '사람들이 (유한한) 삶을 최선으로 누릴 수 있도록 죽음에 대한 인식을 개선하는 것'이다. 데스 카페는 빠르게 유행을 타서, 지난 10년간 70개국에서 1만 2,000회 이상 개최됐다. 언더우드가 유럽 외부로도 아이디어를 홍보한 후에는 매일 약 세 군데에서 데스 카페가 열리고 있다. 모든 데스 카페는 비영리 기반이며, 구체적인 안건도 목표도 없다. 애도하는 사람이 모인 집단도 아니며, 어떤 결론을 내리며 모임을 마무리할 필요도 없다. 단순히 모여서 차를 홀짝이고 케이크를 먹으며 죽음에 관한 생각을 서로 나누는 것이 전부다.

2017년, 불과 44세의 언더우드는 급성 백혈병으로 인한 뇌출혈로 갑자기 사망했다. 지인들은 그가 데스 카페 사업을 통해 특별히 죽음에 대비하며 매일 최선을 다해 살았을 것이라고 입을 모았다. 언더우드의 명성과 성과는 그가 떠난 후에도 남아 있다. 세계 수천 명이 죽음에 관해 이야기하고, 의견과 바람을 발표하고, 여러 모습으로 다가오는 죽음의 순간에 위안을 찾을 소중한 기회를 만들어준 언더우드에게 감사한다. 이만하면 매우 훌륭한 유산을 남긴 게 아닐까?

데스 카페의 인기에서 알 수 있듯, 이러한 대화는 힘을 주고 해방감을 느끼게 해준다. 그러나 서로 모르는 사람들이 모여 각자 삶이 끝나는 순간의 소망과 이상적인 장례식 이야기를 하는 데는 한 가지 문제가 있었다. 모르는 사람하고만 계획을 나누면 도대체 무슨 의미가 있는가? 장례식에서 어떤 음악을 틀고 싶은지, 심폐소생술을 원하는지 이야기해봤자 상대가 카페를 나가는 순간 다시는 볼 수 없다면 아무 소용이 없다. 희망을 글로 남긴다고 해도 결국 의사소통을 할 수 없는 상태로 병상에 누워 있을 때 나에게 일어나는 일을 결정하는 것은 가장 가깝고 소중한 사람들이다. 통계적으로 자신이 원하는 죽음을 맞는 사람은 많지 않다.[11] 호주 보건연구센터의 통계를 보면 병원이 아닌 집에서 죽고 싶다는 호주인은 70%지만 실제로 그 꿈을 이루는 사람은 14%에 불과하다. 임종이 다가올 때 어떻게 하고 싶은지 미리 이야기해둘 용기와 의지가 없었다면, 가족들이 사랑하는 사람을 집에서 죽게 둘 확률은 매우 낮다.

사람들이 원하는 죽음과 실제 죽음 사이에 엄청난 차이가 있다는 사실이 밝혀지면서 새로운 사회 운동이 시작됐다. 2012년, 마이클 헵 Michael Hebb는 시애틀로 가는 기차에서 마침 가까이 앉았던 두 의사와 이야기를 나눴다. 의사들은 호주와 마찬가지로 북미에서도 집에서 죽고 싶다는 사람은 75%지만 실제로 집에서 사망할 확률은 단 25%라고 했다.[12] 헵은 이 통계를 듣는 순간 "머리를 한 대 맞은 것 같았다"고 한다.[13] 헵은 어릴 때 알츠하이머병으로 아버지를 잃었다. 가족들은 부정의 상태에 있었고 아버지의 죽음이나 병에 대해 함구했다. 아버지는 요양원에서 생을 마쳤고, 헵은 죽어가는 아버지와 더 많은 시간을 보내지 않은 것을 인생의 몇 안 되는 후회로 꼽는다.

헵은 저녁 식탁이 사회의 가장 중요한 문화 아이콘이라고 굳건히 믿는 식당 경영자였다. 이에 따라 2013년 데스오버디너DeathOverDinner라는 비영리조직을 공동 창립했다. '환자가 주도하는 저녁 식탁 혁명'이 목표였다. 데스오버디너의 전제는 단순했다. 가족이나 친구와 식탁에 둘러앉아 어떻게 죽고 싶은지 이야기하는 것이다. 데스 카페의 화제는 더 광범위해서 내세에 대한 믿음이나 이전에 경험한 죽음에 관한 일화도 나오곤 했지만, 데스오버디너는 마지막 순간을 생각하는 데만 집중했다. 무엇이 중요한지, 마지막 몇 년, 몇 주, 몇 초가 어떤 모습이길 바라는지 말이다.

2013년 이후, 이와 같은 저녁 식사는 30개국에서 10만 회 이상 이뤄졌다. 이 정도로 엄청난 성공을 거둘 수 있었던 데는 행사 조직이 손쉽다는 사실이 한몫했을 것이다. 행사 주최를 원하는 사람은 데스오버디너 웹사이트에서 힘들이지 않고 저녁 만찬을 기획할 수 있었다. 일련의 질문 양식에 답을 클릭하고(누구를 초대할지, 저녁의 목적이 무엇인지 등), 이메일 초대장과 함께 보낼 짧은 기사·영상·팟캐스트를 선택할 수 있다. 또한 웹사이트를 통해 이벤트 페이지를 생성하여 초대할 사람에게 정보를 보내고 예약을 관리할 수 있다. 주최자의 스트레스를 최소화한 것이다.

데스 카페와 데스오버디너는 죽음 긍정 운동에서 대화를 강조하는 두 가지 사례일 뿐이다. 호주 가까이에서는 죽음에 대해 좀 더 직접적인 접근을 시도하는 단체도 만들어졌다. 케이티 윌리엄스Katie Williams는 뉴질랜드 로터루아에서 77세의 나이에 '관 만들기 모임Kiwi Coffin Club'을 처음 시작했다.[14] 목공이나 목수 일에 대한 지식도 없었고 자기 집 차고에서 막무가내로 시작했지만, 전직 요양원 간호사였던 윌리엄스에게는 확고한 의지가 있었다. 이 모임을 통해 노인들이 외로움과 싸우도록 도와주고, 장례식의 엄청난 비용을 줄이며 죽음에 관해 이야기할 기회를 주려는 것이었다. 곧 클럽에 관심을 보이는 사람들이 늘어났다. 얼마 지나지 않아 사람들은 줄지어서 자신의 관을 짰으며, 고양이 사진, 엘비스 프레슬리, 그 외 마지막 휴식의 장소에 꼭 필요하다고 생각되는 것들로 꾸민 직접 만든 관 옆에서 자랑스럽게 포즈를 취하고 사진을 찍었다. '질 좋고 저렴한 지하 가구를 만드는 목수'라고 회원들을 소개한 이 모임은 물 건너 호주와 영국까지 진출했다. 일부 모임은 자선사업을 시작하기도 했다. 아이들을 위한 작은 관을 만들고 지역 병원에 기부하여 아이를 잃은 가족의 경제적, 감정적 부담을 덜어주는 프로젝트였다.

장례 산업을 뒤흔들다

내 관을 직접 만들다니 기이한 취미 같기도 하지만, 사실 이 방법으로 제법 많은 돈을 절약할 수 있다. 오늘날 평균 장례비용은 6,000~1만 9,000달러로 적은 돈이 아니다.[15] 장례의 부담을 지는 노인 중 취약계층이 많다는 점을 고려하면 특히 그렇다. 호주 노인 1,200명을 설문한 결과 장례식 비용을 내느라 경제적 어려움에 시달렸다는 비율이 약 3분의 1이었다.

죽음 긍정 운동이 강조하듯 죽음을 둘러싼 침묵에는 장점보다 단점이 많은데, 유족의 경제적 문제도 그중 하나다. 죽음에 관한 이야기가 금기시되므로 죽기 전에 매장이나 장례식과 관련된 취향을 논의하는 경우는 거의 없다. 그 결과 유족은 슬픔에 잠긴 채 시간에 쫓겨 장례식을 준비해야 한다. 월요일에 합판 관이 2,000달러라는 견적을 받고 아버지의 시신이 목요일에 묘지에 들어가야 한다면, 아들이 다음 며칠 사이 주변 장례식장에 전화를 돌려 최저가 관을 찾지는 않을 것이다. 특히 장례식장은 가격을 온라인에 게시하는 것을 거부하기 때문에 가족이 여러 군데 가격 비교를 해보기 어렵다. 그리고 이 모든 계획의 주인공인 한 사람은 실제로 자신이 원하는 바를 말해줄 수 없다는 문제도 있다. 게다가 유족은 슬픔의 무게를 진 채다. 가족이 사망하고 몇 시간 안에 상실감을 느낄 시간도 없이 복잡하고 어려운 결정을 해야 한다. 감정이 북받친 상태에서 영구차 가격을 흥정하기는 힘든 일이다. 무거운 슬픔에 눌린 가족들은 사랑하는 사람의 '좋은' 장례를 위해 맹목적으로 장례식장에서 요구하는 돈을 내놓게 된다.

좋은 장례는 좋은 사업이다. 장의사도 사업가이기에 각자 영업비결을 숨기고 있다. 보통 가장 저렴한 관은 전시하지 않는다.[16] 슬픔에 잠긴 고객들이 눈앞에 있는 전시된 관을 선택하길 바란다. 전화나 인터넷으로 가격 정보를 제공하지 않고 대면 상담을 고집하는 것도 흔한 전략이다. 매장이 화장보다 세 배 정도 비싸서 매장을 선택하도록 고객을 설득하면 더 큰 이윤을 남길 수 있다. 한 연구에 따르면 장의사들은 실제로 화장을 원하는 고객이 더 비싼 매장을 선택하도록 유도한다고 한다.[17] 심지어 호주보다 장례비용이 더 많이 드는 미국에서는 바가지를 씌울 기회가 더 많다. 시체 방부 처리의 인기 때문이다. 대부분 지역에서 시체를 방부 처리할 의무는 없지만, 장의사들은 슬퍼하는 고객에게 이 사실을 슬쩍 빼놓고 말한다. 시체 방부 처리는 선택 사항이며 심지어 관이 닫힌 채 진행되는 장례식에서는 아무 효용도 없다는 사실을 유족에게 함구함으로써 1,000달러 정도를 더 받아내는 것이다.

장례 산업의 관습에 논란이 많다 보니 미국 연방통상위원회FTC가 개입하여 표준장례규칙The Funeral Rule을 만들 정도였다.[18] 이는 애도하는 유족이 자신의 권리를 바로 알고 투명한 가격표를 볼 수 있도록 보호하는 규칙이다. 그러나 많은 장례식장에서는 이를 규칙이 아닌 권고 사항으로 취급한다. 장례식장 507곳을 조사한 결과, 표준장례규칙을 위반하는 곳이 거의 4분의 1이었다.[19] 시 조사관이 고객인 척 뉴욕 장례식장에 가격을 문의한 연구도 있었는데, 장례식장의 60%는 뉴욕주 법률을 들먹이며 전화상의 가격 정보 제공을 거부했다.[20]

호주 장례 산업도 크게 나을 것은 없다. 2020년, 장례 산업은 호주 공정거래 및 소비자 위원회의 집중포화를 받았다.[21] 당시 16억 달러 규모의 호주 장례 산업에 대한 관리가 시급하다고 소비자 감시단체가 제보한 것이다. 위원회장 로드 심스Rod Sims는 장례 산업의 '비양심적 행태'를 맹비난했다. "고객이 명백히 매우 불리한 상황에 있기에 … 청구되면 안 될 비용을 청구받고 약속된 서비스를 받지 못할 때가 많다." 호주에 이어 영국에서도 비슷한 조사가 이뤄졌다. 2019년, 영국 경쟁관리당국CMA은 영국 장례 산업이 '슬퍼하는 유족을 이용'한다고 비판했다.[22] 이들의 조사에 따르면 장례비용은 물가상승률의 세 배나 올랐고, 관 등 일부 물건은 300~1,000% 올랐다. 오해를 유발하거나 기만하는 고객 응대, 숨은 요금, 부정확한 제품 소개, 제공하지 않은 서비스에 대한 요금 청구, 불공정한 거래 조건, 복잡한 패키지 상품, 시장 지배력 남용, 가격 뻥튀기, 새 경쟁자의 시장 진입을 막는 반경쟁적 행위 등 실제 장례 업체들의 문제적 행태는 다양하다.

공개적으로 죽음을 논의하지 않는 문화가 만든 결과다. 죽음과 관련된 태도와 취향에 관한 대화를 억압하고 금기시하는 문화는 장례 산업군의 부패와 턱없는 가격 책정을 낳을 수밖에 없다. 그래서 죽음 긍정 운동의 핵심 목표 한 가지는 삶이 끝났을 때의 희망 사항을 친구나 가족과 논의하는 것이다. 서구 문화가 점점 더 죽음을 거부한다는 점을 생각하면 장례 산업의 불공정 행위가 오래전부터 이어진 것도 당연하다. 일찍이 1963년부터 제시카 밋퍼드Jessica Mitford는 장례 산업의 착취에 대한 기나긴 폭로문인《미국식 죽음The American Way of Death》을 출간하며 이 문제에 관심을 촉구했다.[23]

장례식장의 커튼을 열어젖히는 조사가 이뤄지면서 장례 산업군이 숨겨진 가격과 교묘한 영업 전략으로 장난질을 쳤다는 사실이 명백해졌다. 장례 산업의 변화를 촉구하는 목소리가 그 어느 때보다 높아졌다. 여기에는 죽음 긍정 운동이 큰 영향을 미쳤다.[24] 임종과 관련된 결정을 직접 해야 한다는 죽음 긍정 운동의 신조가 원동력이 되었으니 말이다. 장례 계획 웹사이트와 앱이 속속 생겨나면서 사람들은 어려운 결정에 대해 그 어느 때보다 공개적으로 이야기하기 시작했다. 오늘날 케이크Cake와 같은 웹사이트에서 무료 계정을 만들고 질문 양식('죽은 후 시신이 어떻게 처리되길 원하십니까?', '어디에서 장례식이 진행되길 원하십니까?', '장례식에서 중요하게 생각하는 세부 사항은 무엇입니까?')에 대한 답을 보기에서 선택하면 내가 원하는 장례식의 개요를 짜고 이를 사랑하는 사람들에게 이메일로 보낼 수 있다. 5분이면 할 수 있는 일이다. 장례 계획에 대한 기술적 해결책이 유행하는 것도 청년층에서 주도한 죽음 긍정 운동 덕분이다. 'M세대 장의사'라는 별명으로 활동하는 케이틀린 도티는 이렇게 말한다. "M세대는 오래된 산업이 오늘날의 대중에게 적합한지 검토하는 일에 익숙해요. 장례 산업만큼 현대인들에게 도움이 되지 않는 것도 없었죠." 의외일 수도 있지만, 장례 산업의 개혁에 대해 가장 큰 목소리를 내는 사람 중에는 내부자도 있다. 장례 산업 전문가들을 대상으로 한 기사에서 크리스탈 펜로즈Krystal Penrose는 이렇게 썼다. "죽음 그 자체를 제외하면, 아마 죽음 긍정 운동이 우리 직업의 가장 큰 기폭제일 것이다. 장례 산업이 변화에 적응하고 고객을 위해 모든 것을 바로잡을 엄청난 기회가 왔다."

친환경을 향하여

죽음 긍정 운동이 장례 산업에 부여하는 중대한 과제는 한 가지만이 아니다. 죽음을 수용하고 터놓고 얘기하지 않은 대가로 발생하는 비용을 알리고 있을 뿐만 아니라, 환경적인 부담도 조명한다. 수천 년 동안 세계 곳곳에서 인류는 영원한 안식처를 알리는 비석이나 묘비와 함께 땅에 묻히길 고집했다. 시간이 지나며 관을 사용하는 문화가 표준으로 자리 잡았고, 인간의 시신은 구더기나 다른 곤충으로부터 (잠시) 안전하게 보호하는 상자에 들어가게 됐다. 이러한 전통적인 매장 방식은 환경에 충격적인 악영향을 미친다. 평범한 매장의 경우 니스를 칠한 목재를 금속으로 연결하고 합성섬유를 채운 관에 시체를 넣어 땅에 묻는다. 관은 주변 토양에 사는 곤충에 방어벽을 치고 시체가 체내 미생물에 의해서만 부패하게 한다. 당연히 매장은 지구 환경에 득보다는 해가 된다. 도시계획 부교수 크리스토퍼 쿠츠Christopher Coutts는 〈뉴욕 타임스〉 논평에서 이렇게 계산했다. "매년 일반적인 묘지에서 이뤄지는 매장으로 땅에 묻히는 자원을 환산하면 다음과 같다: 핵가족 주택 2,300가구의 뼈대를 세울 만큼의 목재, 에펠탑 15개를 세울 수 있는 강철, 펜타곤 건설에 쓰인 양의 4배에 달하는 콘크리트, 올림픽 수영경기장을 넘치게 할 수 있는 방부 처리 액체."[25]

방부 처리 액체는 토양이나 심지어 지하수로 흘러들어 건강에 심각한 위협이 될 수 있다. 주요 재료인 포름알데히드는 노출 시 백혈병에 걸릴 수 있는 발암물질이다. 쿠츠는 이렇게 지적한다. "이 유독한 액체를 드럼통에 넣어 땅에 묻으면 징역을 살게 된다. 그러나 시신에 넣어 땅에 묻으면 어째서인지 문제가 되지 않는다." 또한 시신을 묘지에 보관하는 것 자체로 환경 비용이 발생한다. 미국에서만 $4,000km^2$의 토지가 묘지로 사용된다. 생물 다양성을 위해 서식지로 쓰일 수도, 늘어나는 인구를 위해 곡식을 기를 수도 있는 땅이다. 게다가 묘지 부지를 최고의 상태로 유지하려면 다량의 물과 비료가 필요하다. 시신이 다른 시신들과 줄지어 각자 이름이 적힌 묘비로 기억되며 땅 아래서 방해받지 않고 썩을 수 있도록 우리는 건강 위험과 환경 파괴를 감수한다.

안타깝게도 화장 역시 매장보다 환경에 크게 나을 것은 없다. 한번 화장하면 100~250kg의 이산화탄소가 대기 중으로 방출된다.[26] 2016년에 화장으로 발생한 이산화탄소는 약 2억 7,000만kg이었다. 영국 수은 오염의 16%가 화장 때문이라는 사실을 밝힌 연구도 있다.[27] 화장 중 치아 충전재가 불타면서 흘러나온 수은에 노출되면 불임과 뇌 손상의 위험이 있다. 고관절 대치술 등 수술한 시신의 경우 불탄 인공관절과 골시멘트가 유독물질을 방출한다.

화장도 매장도 환경친화적이지 않다 보니 '친환경 매장' 방법이 속속 개발되고 있다. 죽음 긍정 운동은 자기 죽음에 책임을 지자는 주장으로 여러 환경친화적 장례의 유행을 선도했다. 생분해성 관처럼 단순한 변화도 있지만, 더 창의적인 방법도 있다. 최근 화장에 대한 대안이 제시되어 관심을 모았다. '액체 화장,' '가수분해장' 또는 처리 절차 자체의 명칭인 '알칼리 가수분해'라 불리는 이 방법은 시체를 분해하여 하수도에 안전하게 흘려보낼 수 있는 액체로 만드는 것이다. 일반적인 화장에 비해 에너지 소모량이 90% 줄어든다고 한다.[28]

2019년, 미국 워싱턴주는 미국 최초로 인간 비료화recompose 처리를 합법화하면서 새로운 환경친화적 장례 방식을 도입했다. '비료화'는 시신을 흙으로 돌리는 과정으로, 흙은 지역 토지신탁에 기부하거나 가족 토지나 정원에 사용할 수 있다.[29] 비료화에 드는 에너지는 화장의 12.5%로, 1인당 약 1,000kg의 이산화탄소를 줄일 수 있다.

죽음 긍정 운동에 불을 붙인 것은 장례 산업 내부의 목소리였지만, 최근 환경친화적 장례 방식은 전혀 관련 없는 사람들에 의해 만들어지고 있다. 이재림의 매장법은 현재까지 발표된 방법 중 가장 창의적이다.[30] 일반적인 버섯은 진균-복원myco-remediation 과정으로 중금속, 살충제, 포름알데히드 등 시신의 독소를 분해하고 제거할 수 있다. 이 작업에 적합한 버섯을 선택한 이재림은 특이한 취미활동을 시작했다. 자기 머리카락, 손톱, 피부 세포를 버섯에 먹이기 시작한 것이다. 그리고 '가장 배고픈' 버섯을 골라 선택 번식을 통해 인간 세포를 가장 잘 분해하는 '영원 버섯Infinity Mushroom'을 만들었다. 또한 자연의 성장 패턴을 닮은 무늬가 수놓인 생분해성 면 수의를 만들어 특별히 선택한 버섯의 포자를 옷에 봉합했다. 이 옷에는 '영원 수의Infinity Burial Suit'라는 이름을 붙였다. 관 없이 이 옷만 입혀 묻으면 시신은 주변 토양 오염을 최소화하며 자연 분해된다. 170만 조회수를 기록한 2011년 TED

강연에서 이재림은 말했다. "인간은 죽은 몸을 보존하려고 노력하면서 죽음을 부정하고 살아 있는 것에 해를 끼치고 환경을 오염시킵니다. 제게 '영원 버섯' 재배는 과학 실험이나 정원 가꾸기, 반려동물 기르기 이상의 의미였어요. 언젠가 내가 죽고 썩어 없어진다는 사실을 받아들이는 과정이었습니다. 내가 이 행성에 지운 짐을 책임지는 한 걸음이기도 하고요."

이러한 죽음의 수용, 책임지려는 약속이 죽음 긍정 운동의 핵심이다. 인류는 죽음을 부정하고 마주하지 않으려 하면서 너무나 오랫동안 환경 파괴적인 장례 절차를 고집했다. 개인적으로 환경친화적 장례를 선호한다 해도 장례 취향에 대한 논의가 어려운 문화에서는 개인적 바람이 이뤄지지 않을 확률이 높다. 한 연구에 따르면 한국인의 44%는 유해를 지정된 구역의 나무나 꽃 밑에 묻는 자연장을 선호했지만, 실제 자연장 비율은 9%에 불과했다.[31] 이러한 차이를 좁히려면 죽음에 관한 중요한 논의를 하고 사랑하는 사람에게 내 뜻을 전달해야 한다.

죽음 긍정 운동이 오름세를 타며 장례 산업, 매장 방식, 저녁 식탁에서의 대화에 변화가 찾아왔다. 아직 고민할 점이 많다. 죽음 긍정 운동을 옹호하는 사람들은 무엇보다 죽음에 대항하여 통제력을 되찾고, 어떻게 죽고 싶은지 공개적으로 논의하고, 불편한 대화를 피하지 말라고 조언한다.

《좋은 시체가 되고 싶어: 유쾌하고 신랄한 여자 장의사의 시체 문화유산 탐방기From Here to Eternity: Traveling the world to find the good death》에서 도티는 촉구한다.

화장에 참석하겠다고, 매장에 참석하겠다고 고집하자. 관에 누워 있는 어머니의 머리를 빗기는 것만이라도 직접 하겠다고 고집하자. 살아계셨다면 무덤까지 바르고 들어갔을 좋아하는 색의 립스틱을 발라주겠다고, 머리카락을 조금 잘라 목걸이나 반지로 만들겠다고 고집하자. 두려워하지 말자. 이것은 인간적인 행동이며, 죽음과 상실을 마주하는 용기와 사랑의 행동이다.

나를 위한 장례 계획을 세우고, 매장 방식을 생각하고, 임종이 가까워졌을 때의 선택을 논의하는 이 행동들을 통해 우리는 죽음 앞에서 희망과 힘을 가질 수 있을지도 모른다.

13

스토아 철학과
중립적 수용

삶을 연장하고자 너무 많이 고민하는 자에게
걱정 없는 인생은 없다.
생명을 유지하려는 불안을 모두 지움으로써
기쁨 가득한 삶을 살아라.

세네카(Seneca, 기원전 4~기원후 65), 〈도덕 서신(Epistles)〉

✝

식당에는 사람이 없었다. 뒤쪽 구석에 두 사람뿐이었다. 이들은 오랜 친구로 함께한 시간이 길어 이야깃거리도 많았다. 분위기가 진지했다. 둘 중 어린 사람이 더 피곤해 보였다. 옷이 구겨지고 머리도 부스스한 것이 친구보다 꾀죄죄한 모습이었다. 수면 부족인지 눈꺼풀이 무거워 보였다.

다른 남자는 10년쯤 나이가 더 들었지만 단정했다. 크게 뜬 눈이 빛나고 턱수염과 콧수염이 잘 정돈돼 있었다. 저녁 내내 잔잔하고 진심어린 미소를 보였다. 실제로는 그렇지 않았지만 건강해 보였다. 사실 그는 뇌종양으로 죽어가고 있었다.

두 사람은 최근 자주 만나지 못했다. 어릴 때 친구였지만 어른이 되고서는 서로 다른 도시에 살았다. 호바트와 시드니를 오가며 만난 것도 오래전의 일이었다. 뇌종양을 앓는 이 남자의 수명은 일 년도 남지 않았고, 의사들이 예후에 대해 분명히 말해줬기에 그는 이 사실을 잘 알고 있었다. 그가 자란 시드니를 방문하는 것은 이번이 마지막일 듯했다. 그럼에도 그는 식사 내내 따뜻하고 환하게 웃었다. 두 사람 중 심각하게 아픈 사람을 고르라고 하면 어떤 종업원도 틀린 답을 내놓았을 것이다.

젊은 남자는 나(필자 로스)였다. 임상심리학자로서 시한부 환자를

여럿 만났지만, 죽음을 앞두고 이날의 친구(짐)처럼 편안한 사람은 본
적이 없었다. 짐의 쾌활한 낯빛은 저녁 내내 변하지 않았다. 애써 용
기의 가면을 쓴 것은 아니었다. 안정적이고 침착한 진정한 자아가 드
러난 것이었다.

"짐, 정말 행복해 보이네."

"뭐, 모든 일이 잘 풀리고 있으니까." 짐은 온화한 태도로 대답했다.

나는 처음으로 의사로서 걱정됐다. 조증은 아닐까?

"뇌에 있는 종양 말고는 말이지." 내가 속삭였다.

"그럼, 그럼, 물론이야. 하지만 의사들이 여행을 허락해줬어. 게다
가 요즘은 다들 내게 너무 잘해준다네. 다들 시간을 내서 날 만나줘.
게다가 자네가 오늘 가져온 와인을 보라고!"

나도 웃었다. 그의 말이 맞았다. 우리 둘의 마지막 식사 자리를 위
해 내가 가진 최고의 프랑스 와인 두 병을 가져갔으니까. 나는 감탄의
눈으로 짐을 보았다. 짐이 마주 웃었다. 대화는 일상적인 주제로 돌아
갔다.

짐은 8개월 후에 죽었고, 나는 몇몇 친구와 더불어 장례식에서 추
도사를 낭독했다. 추도 연설 제목은 '기쁨의 금욕주의자 짐'이었다. 삶
과 죽음에 대한 그의 태도에 감명받아 이 책의 헌사를 쓰기도 했다.

욕망의 원칙

앞 사례의 짐 오븐스Jim Ovens는 인류의 모든 철학 학교에서

가장 중요하게 다루는 가르침 중 하나에 통달한 사람이었다. 그는 스토아학파가 말하는 욕망의 원칙을 완벽히 이해했다.[1] 구체적으로 말하면, 욕망의 옳고 그름을 이해했다. 이는 말로 설명하면 단순한 개념이지만, 실행에 옮기기는 너무나 어렵다. 논리적으로, 통제할 수 있는 것만을 욕망한다면 인생의 모든 불안과 동요는 없을 것이다. 예를 들어, 차가 한잔 마시고 싶을 때 왜 불안하지 않은가? 간단하다. 바라는 결과를 내가 만들 수 있기 때문이다. 찬장에 있는 티백(또는 차 마니아라면 찻잎)을 꺼내 차를 우리거나 가장 가까운 카페로 걸어가서 주문하면 된다. 100% 원하는 결과를 얻을 수 있다고 확신하므로 불안할 이유가 없다. 아무것도 목표를 위협하지 않으며 내 바람은 좌절되지 않을 것이다. TV를 켜는 것, 샤워를 하는 것, 산책을 하는 것, 잠자리에 드는 것에 대한 욕망도 모두 마찬가지다. 이러한 활동은 모두 완전히 우리의 통제하에 있으므로 고통을 초래하지 않는다.

그러나 내 통제를 넘어선 대상을 욕망한다면 어떨까? 잠자리에 드는 것을 넘어서서 빠르게 잠들고 싶어 한다면? 많이들 알겠지만, 이는 굉장한 불안을 부른다. 잠드는 것은 원한다고 간단히 할 수 있는 일이 아니기 때문에 많은 사람이 이에 대해 심각하게 우려한다. 사실 잠들지 못할까 봐 걱정하는 것이 불면증의 주요 원인이다.

가장 좋아하는 축구팀이 이번 주말 경기에 이기길 바란다면? 누군가가 나를 좋아하거나 사랑하길 바란다면? 혈액검사 결과가 좋길 바란다면? 이런 바람은 제어 불가능한 영역이어서 감정적 혼란을 부른다. 당연히 불안을 초래한다. 내 힘으로 그 일이 일어나게 할 수 없으니 그저 기다리고 지켜보고 바랄 뿐이다. 그 일이 실제로 일어나게 하는 것은 내 능력 밖이다.

흥미롭게도 그 바람이 객관적으로 얼마나 중요한 일인지는 불안 발생 여부와 무관한 듯하다. 혈액검사 결과를 기다리며 백혈병이 아니길 바랄 때나 FC바르셀로나가 레알마드리드를 이기길 바랄 때 모두, 불안은 욕망과 통제 불능이라는 두 가지 요소의 조합으로 발생한다. 물론 욕망의 수준이 내가 느끼는 불안 수준에 영향을 미치는 것은 사실이다. 백혈병에 걸리지 않았으면 하는 바람이 FC바르셀로나의 승리를 원하는 마음보다는 클 테니까(열성 축구 팬들의 행동을 보면 이런 추론도 조심스럽지만). 아무튼 요점은 통제할 수 없는 일에 대한 모든 수준의 욕망이 불안을 부른다는 것이다. 심리적 고통이란 어떤 차원에서는 우리가 통제할 수 없는 무언가에 갖는 모든 욕망에 대한 대가인 셈이다.

게다가 이러한 심리적 고통에는 지속적인 관심이 들어간다. 모든 포유류는 본능적으로 신체적이든 심리적이든 고통이 발생하면 제거하려고 한다. 사람은 어떻게 하는가? 일반적으로 통제감sense of control 을 찾으려 한다. 꿈꾸는 상대에게 러브레터를 보내고 답을 바라며 기다린다. 상사에게 술을 사며 승진 결정에 영향을 미치려 한다. 심지어 기우제에서 의식의 춤을 추며 비가 오길 바란다. 인류는 역사 내내 원하는 결과가 일어나게 할 수 있다고 상상하며 힘이 닿는 일은 무엇이든 했다. 2장에서 보았듯, 태양이 계속 떠 있게 하려고 아직 뛰고 있는 인간의 심장을 태양신에게 제물로 바친 것도 그 사례다. 그러나 아무리 노력해도 상실을 예감하는 끔찍한 고통은 계속된다. 왜냐하면 마음 깊은 곳에서는 내가 원하는 결과가 내 손에 달리지 않았다는 사실을 알기 때문이다. 효과 없는 전략을 시도하면서 오히려 고통은 더 깊어진다. 일반적으로 이는 욕망을 더 커지게 하고, 원하는 결과를 이룰 능력이 없다는 사실을 상기시키기 때문이다. 결국 그것을 점점 더 원하게 될 뿐이다.

앞에서 본 것처럼, 계속 살고 싶다는 욕망은 명백히 인간의 통제를 넘어선 것이므로 수천 년 내내 인간의 행동을 지배하는 불안을 초래했다. 인간은 노화, 질병, 죽음 자체를 통제하려고 헛된 행동을 멈추지 않았다. 비타민과 불로장생의 묘약, 신체 냉동 기술, 전뇌 에뮬레이션의 꿈까지. 인간은 통제력을 얻을 수 있다면 뭐든지 했다. 신을 발명하고 다양한 내세를 상상하기도 했다. 물론 이 모든 노력은 실패로 돌아갔다. 우리는 통제할 수 없는 결과를 통제하려 노력했고, 여전히 이 사실을 받아들이는 데 어려움을 겪는다. 죽음을 통제할 수 없다는 사실을 인정하는 것은 많은 인간에게 견딜 수 없는 일인 듯하다.

결과를 통제할 수 없는 인간은 유한성을 불안해할 수밖에 없는 운명인가? 물론 아니다. 그렇게 생각한다면 스토아학파의 불안 방정식 중 두 번째 부분인 욕망을 간과한 것이다. 내가 욕망하지 않는다면 결과를 통제할 수 없어도 괜찮다. 예를 들면 어떤 팀도 응원하지 않는다면 전혀 긴장하지 않고 미국 풋볼 경기를 볼 수 있다. 특정한 결과에 대한 욕망의 부재는 불안과 심리적 고통에 대한 예방주사와 같다. 여기에 금욕주의의 비밀이 있다. 우리가 통제할 수 없는 것을 놓아주는 법을 배워야 한다는 선언은 인간의 가장 위대한 통찰이었다. 초기 그리스 스토아 철학자인 에픽테토스는 이렇게 말했다.

인생의 핵심 과업은 단순하다. 무엇이 내가 통제할 수 없는 외부 요소인지, 무엇이 내가 실제로 통제할 수 있는 선택과 관련된 것인지 확실히 알 수 있도록 사물을 파악하고 분리하는 것이다. 그렇다면 나는 언제 선과 악을 찾는가? 통제할 수 없는 외부의 것들이 아니라 나의 것, 나의 선택 중에서.[2]

마시모 피글리우치Massimo Pigliucci는 훌륭한 저서 《그리고 나는 스토아주의자가 되었다How to Be a Stoic》에서 에픽테토스 이후 2,000년 동안 수많은 사상가가 같은 결론에 도달했다는 사실을 짚어준다.[3] 8세기 불교 철학자 샨티데바Shantideva의 말을 생각해보자. "문제가 닥쳤을 때 해결책이 있다면, 낙담할 이유가 무엇인가? 또한 어찌할 방도가 없다면, 침울해 보았자 무슨 소용인가?" 11세기 유대인 철학자 솔로몬 이븐 가비롤Solomon ibn Gabirol도 말했다. "그리고 그들이 말한다: 모든 이해의 첫머리는 무엇이 가능하고 가능하지 않은지 깨닫는 것이며, 우리가 바꿀 힘이 없는 것을 편안히 받아들이는 것이다." 1934년 미국 신학자 라인홀트 니부어Reinhold Niebuhr도 이와 비슷한 평온의 기도Serenity Prayer를 썼다. "신이시여, 바꿀 수 없는 것에 평정을, 바꿀 수 있는 것에 용기를, 그 둘을 구분하는 지혜를 주소서." 피글리우치가 지적했듯, 이 사상가들은 통제를 넘어선 부분에 에너지를 쏟는 행동의 무의미함을 깨달았다. 스토아주의(금욕주의)를 실천하려면 이 원칙을 반드시 배워야 한다. 그래서 라이언 홀리데이Ryan Holliday와 스티븐 핸슬먼Stephen Hanselman은 이 가르침과 관련된 과업으로 《금욕주의자의 일기 The Daily Stoic Journal》를 시작한다. 1주차 일기는 다음과 같다.

에픽테토스의 안내서(《엔키리디온Enchiridion》)는 금욕주의 전체에서 가장 강력한 활동으로 시작한다. '내게 달린 것'(통제하에 있는 것)과 '내게 달리지 않은 것'을 구별하는 일이다. 이러한 통제력의 이분법은 모든 철학의 첫 번째 원칙이다. 한 해 동안 이 교훈 하나에 대해서만 일기를 쓰거나 기억해도 철학적으로 훌륭한 해를 보냈다고 말할 수 있을 것이다.[4]

필자들도 전적으로 동의한다.

아모르 파티

그러나 객관적으로 나쁜 결과가 일어나면 어떻게 해야 할까? 사랑하는 친구 짐은 어쨌든 죽어가고 있었다. 이것이 어떻게 괜찮단 말인가? 어떻게 이 사건의 슬픔에 압도되지 않을 수 있단 말인가?

스토아학파의 대응책은 삶이 우리에게 내미는 모든 것을 받아들이는 것이다. 이번에도 에픽테토스는 이러한 접근을 잘 요약했다. "원하는 일이 일어날 것을 기대하지 말고, 일어날 일이 일어날 것을 바라도록 하라. 그러면 삶이 잘 흘러갈 것이다."[5] 영리한 접근이다. 통제할 수 없는 일도 있다는 사실을 못마땅하게 인정하는 데서 더 나아가, 반대로 이 사실을 찬양하라는 제안이다. 먼저, 통제력이 없다면 모든 불안으로부터 자유로워진다. 일어날 일만을 바라기 때문이다. 둘째, 모든 결과가 일어나는 대로 기꺼이 받아들이면 슬픔을 이길 수 있다. 나에게 벌어지는 일에 대해 '다른 어떤 결과도 바라지 않는다'고 진심으로 말할 수 있다면 우울을 정복할 수 있다.

　그러나 어떻게 자기를 속이지 않고 이런 마음을 가질 수 있을까? 아프지 않을 수 있다면 짐도 당연히 그 편을 바랄 것이다. 스토아학파는 어떻게 이런 심리적 속임수를 달성했는가? 먼저 초기 스토아학파는 인간의 운명을 신이 선택한다고 믿었다는 점에서 다소 유리했다. 특히 그리스인은 운명을 믿었다. 올림포스산에서 운명의 세 여신이 인간의 삶을 정한다고 생각했다. 이들 자매는 각각 다른 임무를 맡았다. 클로토Clotho는 삶의 실, 즉 삶의 이야기를 잣고, 라케시스Lachesis는 할당된 길이를 쟀으며, 아트로포스Atropos는 칼로 실을 잘랐다. 그러므로 삶에서 일어나는 일에 불만을 가질 수 없었다. 작가이자 스토아학파 철학자였던 로마 정치인 세네카는 희곡 〈티에스테스Thyestes〉에서 이 점을 분명히 말한다.

　날이 밝을 때 누군가 위풍당당하다면,

　날이 저물 때 누군가 몰락한다.

　누구도 승리를 과신하지 말 것이며,

　누구도 더 나아지려는 희망을 포기해서는 안 된다.

　클로토는 모든 운명의 실을 자으며

　행운이 멈추지 않게 하나니.

　누구도 신들의 호의를 사서

　내일을 장담할 수는 없다.

　신께서 우리의 삶을 이어지게 한다,

　회오리바람 속에서 휘청이며.

가장 유명한 스토아학자인 로마 황제 마르쿠스 아우렐리우스 Marcus Aurelius는 여기서 더 나아가 운명이 자신을 개발할 기회를 준다고 강조했다. 스토아학파에게 미덕의 개발은 삶의 주된 과업이었다. 이들은 소크라테스의 철학을 빌려 실용적 지혜, 용기, 절제, 정의 등을 미덕이라 했다. 아우렐리우스에 따르면, 운명의 신은 적절한 미덕을 성숙시킬 기회를 준다. 운명이 불치병을 준다면 그 운명을 사랑하라. 그로 인해 용기를 가질 수 있다. 용기는, 스토아학파에 따르면, 다른 모든 미덕을 끌어낼 수 있는 미덕이다.

마르쿠스 아우렐리우스는 미덕을 개발해야 하는 두 번째 이유도 밝힌다.[6] 간단히 말해 나 자신이 강할수록 역경을 두려워할 필요가 없어서다. 역경이 와도 헤쳐 나갈 능력이 있기 때문이다. 게다가 미덕을 개발하는 과정에서 우리는 영향력을 미치지 못하는 것(질병이나 죽음 등)에 집착하기보다 통제하에 있는 것(즉, 감정적 대응과 행동)에 대해 노력하게 된다. 아우렐리우스는 이렇게 말한다. "그대를 슬픔으로 이끄는 모든 사건에서 이 원칙을 기억하라: 이것은 불행이 아니라, 용감한 사람으로서 버텨볼 행운이다." 게다가 그는 모든 일이 이미 일어났던 일이라는 사실을 상기시킨다. 그러니 사고, 질병, 죽음, 상실을 불평하지 말고 평범한 일로 받아들일 수 있어야 한다. 이들 사건은 지구 역사상 언제나 일어나고 또 일어났던 일이다. 우리 자신은 이 일을 전에 겪었던 수십억 명의 인간보다 조금도 특별할 것이 없다.

프레드리히 니체는 나중에 단순한 라틴어 문구 아모르 파티 amor fati, 즉 '운명을 사랑하라'는 말로 초기 스토아학파의 철학을 표현했다. "인간의 위대함을 위한 내 공식은 '아모르 파티'다. 앞으로도, 전에도,

영원히, 무언가 다른 것을 원하지 않아야 한다. 필연을 단순히 견디라는 것이 아니며 감추는 것은 더더욱 아니다. 필연 앞에 모든 이상주의는 거짓이다. 필연을 사랑해야 한다."[7]

메멘토 모리

이 책은 지금까지 인류가 죽음의 현실을 피하려고 해온 모든 일을 탐구했다. 인간은 성취를 추구하며 죽음의 진실을 억누르고 묻어놓거나, 문화적으로 인정받는 활동과 불멸성 프로젝트를 통해 자아를 확장하거나, 내세의 이야기를 창조함으로써 죽음을 노골적으로 부정했다. 죽음의 진실을 마주하는 것은 인간에게 너무 힘든 일이었다. 하지만 스토아학파는 정기적으로 죽음을 직면하고 그 진실에 대해 명상하라고 촉구한다. 이들은 회피하고 부정하면 두려움이 깊어질 뿐이라는 사실을 깨달았다. 마르쿠스 아우렐리우스는 "누구든, 언제든 이 삶을 떠날 수 있으며 모든 말과 행동에 있어 이 가능성을 마음에 품어야 한다"고 말한다.[8] 이 부분에 대해 가장 직접적으로 저술한 스토아학자 세네카는 "절대 두려워하지 않도록 수시로 죽음을 바라보라"고 한다.[9] 세네카가 폴리비오스Polybios에게 보낸 편지를 보면, 여기서 더 나아가 죽음의 부름에 놀라는 인간을 꾸짖는다.

매일 우리 눈앞에 유명한 자와 이름 모를 자의 장례식이 펼쳐지지만 우리는 다른 일로 바삐 살다가, 평생 다가올 것이라 예고된 일 앞에서 놀란다. 이는 운명의 불공평함이 아니라, 특별한 호의로 허락된 이 땅에서의 삶을 떠날 때 불평하게 만드는, 무엇도 충분히 누렸다고 느끼지 못하는 인간의 뒤틀린 무능력이다.

스토아학파가 죽음을 받아들여야 한다는 사실을 그렇게 자주 되새긴 것은 우연이 아니다. 다수의 스토아학자가 격동의 시기를 살았고, 예측할 수 없는 황제들의 변덕을 마주하곤 했다. 세네카 역시 악명 높은 폭군 네로의 지도 교사이자 자문 학자였다. 네로는 10년간 그를 섬긴 세네카가 반역을 꾀했다며(이 혐의는 사실이 아닐 가능성이 크다) 그에게 자살하라고 명령했다. 이를 목격한 이들의 증언에 따르면, 긴 세월 스토아 철학을 연마한 세네카는 실제로 마음의 준비가 되어 있었던 듯하다. 결국 세네카는 동맥을 그어 피를 흘리며 용감하게 죽음을 마주했다. 스토아학파가 죽음을 대비하라고 강조한 것은 단순히 추상적인 이야기가 아니었다. 언제든 삶을 빼앗길 수 있는 사람들의 필수적인 과업이었다.

죽음을 마주하는 명상을 스토아학파가 처음 개발한 것은 아니지만 다른 세력보다 설득력 있게 주장했던 것은 확실하다. 세네카보다 400년 전 그리스 철학자 데모크리토스Democritos도 정기적으로 일부러 묘지를 찾으며 스스로를 죽음에 노출했다.[10] 어떤 스토아학자의 문헌보다도 플라톤Platon의 《파이돈Phaidon》이 철학의 적절한 실천은 '죽어가는 것과 죽는 것 외에는 아무것도 아니'라는 개념을 도입했다고 지적하는 사람도 있다.[11] 그러나 이것이 사실이라 해도 플라톤이 죽음의 최종성을 두려움 없이 받아들였다고 보기는 어렵다. 결국《파이돈》의 핵심은 영혼의 불멸성에 관한 주장이다. 이 책은 사형선고를 받은 소크라테스와 제자들의 대화를 상상한 것이다. 《파이돈》의 핵심 인물인 소크라테스는 독살을 앞두고 불멸성에 관해 믿기 어려운 주장을 펼친다. 전체 맥락을 보면 《파이돈》은 죽기 직전의 한 남자가 자신의 영혼을 파괴할 수 없다고 회의론자들(과 자기 자신)을 설득하는 이야기에 불과하다.

스토아학파처럼 항상 죽음이 기다리고 있음을 기억하라고 가르치는 전통은 또 있다. 불교 수행에서 마라나사티maranasati는 시각화를 통해 죽음의 진실에 완전히 노출되는 명상이다. 마라나사티는 팔리어 복합어로 마라나(죽음)와 사티(의식)를 합친 것이다. 결국 라틴어 메멘토 모리memento mori('죽음을 기억하라')와 거의 같은 의미다. 마라나사티는 여러 불교 학교와 사원에서 다양한 형태로 이뤄진다. 예를 들면, 고대 경전 《사티파타나 숫타Satipatthana Sutta》에는 시체 부패의 아홉 단계에 집중하는 명상 수행법이 있다.[12] 수행자는 다음을 시각화하고 명상한다.

1. 푸른빛을 띠며 부풀어 오르고 곪아 터진 시체

2. 까마귀, 매, 독수리, 개, 자칼, 여러 종류의 벌레에 먹히는 시체

3. 피와 살이 힘줄에 붙어 있는 해골이 된 시체

4. 힘줄이 잡고 있으나 살이 없고 피에 젖은 해골이 된 시체

5. 힘줄이 잡고는 있으나 살이 없고 피도 보이지 않는 해골이 된 시체

6. 느슨해져서 이리저리 흩어진 뼈가 된 시체

7. 소라처럼 흰 뼈가 된 시체

8. 1년 이상 지나 뼛더미가 된 시체

9. 뼈가 썩어 먼지가 된 시체

인상적인 수행 방법이지만, 불교 교리의 근원이 환생이라는 사실을 기억하자. 환생이 어떻게 이루어지며 이번 생에서 다음 생으로 무엇을 가져가는지는 여러 가지 설이 있지만, 불교에서는 흔히 의식이 이어진다고 믿는다. 몇몇 문헌에는 깨달음의 밤에 부처가 모든 전생의 이름, 신분, 직업을 기억해냈다고 기록되어 있다. 그런데도 불교가 죽음을 받아들이는 것을 중요하게 여긴다고 주장할 수 있을까? 불교 신자는 자신의 시신이 썩는 모습을 상상할 수 있지만, 동시에 새로운 삶에서 존재가 계속되리라는 믿음을 가지고 있다. 죽음을 받아들일 수는 있지만, 다른 삶의 기회가 있다는 약속과 함께다.

죽음 수용의 세 종류

죽음 수용[13]은 분명 단순한 개념이 아니다. 사람이 죽음을 수용하는 데는 여러 이유가 있으며 모두가 심리적으로 똑같이 가치 있다고 볼 수는 없다. 1980년대 폴 웡Paul Wong과 동료들은 말기 암으로 상태가 나빠진 사람들의 죽음에 대한 태도를 살펴보았다. 웡은 자신이 1988년에 개발한 '죽음 태도 개요Death Attitudes Profile, DAP' 설문지를 사용하여 거의 독립적인 세 가지 죽음 수용의 종류를 파악했다. 웡과 동료들은 1994년 설문지를 수정했고, 현재는 세계적으로 이 '수정된 죽음 태도 개요DAP-R'가 사용되고 있다.

웡은 그 첫 번째를 '접근 수용approach acceptance'이라 명명했다. 더 나은 곳으로 간다고 생각하며 죽음을 수용하는 태도가 이에 해당된다. 하지만 필자들의 관점에서는 이를 수용의 형태라고 보아야 하는지 의문이다. DAP-R에서 접근 수용 항목을 보면 이것이 유한성의 부정에 가깝다는 사실을 알 수 있다.

죽고 나면 천국에 갈 것이라 믿는다.

죽음은 궁극적 만족의 장소로 가는 관문이다.

죽음은 신과의 합일이며 영원한 축복이다.

나는 죽고 나서 사랑했던 사람들을 다시 만날 것을 기대한다.

특히 위 항목이 보여주듯 접근 수용은 내세의 긍정적 가능성에 집중한다. 부정적 가능성은 대부분 무시된다. 이는 여러 서구 국가에서 천국에 대한 믿음이 지옥에 대한 믿음보다 크다는 몇몇 연구 결과와도 일치한다. 브라이언 베튠Brian Bethune이 말하듯, "천국은 언제나 열기가 뜨겁고 지옥은 그 어느 때보다 썰렁하다."[14] 캐나다의 한 설문에 따르면 천국을 믿는 사람은 인구 절반 이상이지만 지옥을 믿는 사람은 3분의 1 미만이다. 이 패턴은 미국과 몇몇 다른 국가에서도 나타난다. 그런데 이 신념 체계의 이상한 모순에 눈을 감으면 이런 형태의 낙관적인 접근 수용이 정신건강에 가져다주는 이점을 어렵지 않게 짐작할 수 있다. 스티븐 하딩Stephen Harding과 동료들은 당연하게도 긍정적 내세에 대한 믿음이 클수록 죽음 불안이 낮다는 사실을 증명했다.[15] 죽음 불안이 낮아지면 죽음이 임박했을 때의 고통도 줄어든다. 2003년 콜린 매클레인Colleen McClain의 연구팀은 기대 수명이 3개월 미만인 요양원 입원 환자 160명을 연구했다.[16] 하딩의 결론과 마찬가지로, 긍정적인 영적 믿음은 자살 충동, 절망, 무력감을 줄여줬다. 빨리 죽고 싶다는 욕구와 우울은 상관관계가 나타났으나 이는 영적 믿음이 낮은 사람에게로 한정됐다. 특히 긍정적인 영적 믿음이 강한 사람들은 죽음이 초래하는 최악의 심리적 상태에 면역이 있는 듯했다.

그렇다고 해도 앞에서 논했듯 종교를 죽음에 대한 해결책으로 삼으면 공동체에 큰 대가가 따른다. 서로 경쟁하는 종교들은 수천 년 동안 말로 다 할 수 없는 유혈 참사를 불렀고 여전히 그렇다. 내세의 약속은 평범한 농민부터 파라오, 사제, 왕자까지 모든 사람에게 위안이 된 한편, 국제 분쟁, 전쟁 범죄, 테러리즘, 집단 학살을 유발하기도 했다. 세계적으로 보면 대립하는 종교 시스템의 대가는 삶의 마지막 날을 맞는 신도들이 경험하는 효용보다 훨씬 큰 듯하다. 게다가 개인 수준에서도 여러 대가가 따른다. 종교 체계가 부과하는 일상의 다양한 제약은 심각한 내면의 혼란, 절망, 죄의식을 초래하기도 한다. 예를 들면, 신이 실망할까 봐 성적 지향성을 부인하거나 억압하는 사람은 우울증과 자살 충동으로 임상심리 치료를 받는 일이 흔하다. 가톨릭의 고해성사와 같은 종교의식에서 처벌과 모욕이 있을지 모른다는 공포는 삶과 죽음의 단순한 진실을 수용하기보다 개인에게 더 큰 어려움을 안겨준다.

DAP-R의 두 번째 죽음 수용 종류는 '탈출 수용escape acceptance'이다. 이 분류에 속하는 사람들은 본질적으로 삶과 관련된 어려움을 끝내려는 생각 때문에 죽음을 받아들인다. 죽음에 대한 이러한 태도를 측정하는 항목은 다음과 같다.

죽음은 나의 모든 문제를 종결시킬 것이다.
죽음은 이 끔찍한 세계의 탈출구다.
죽음은 아픔과 괴로움으로부터의 구제다.
나는 죽음을 이 삶의 부담으로부터 해방되는 것으로 생각한다.

탈출 수용은 불가리아에서 그리스로 넘어가는 로도피산맥 남서쪽에 거주하는 고대 트라우시Trausi 부족의 문화적 관습을 상기시킨다.

아이가 태어나면 친척들이 모여서 태어났으므로 버텨야 할 문제를 슬퍼하며 인간 삶의 모든 고통을 아이에게 읊어준다. 그러나 누군가가 죽으면 승리감에 차서 활기차게 죽은 자를 땅에 묻는다. 너무나 많은 아픔에서 해방되어 완벽히 행복한 상태를 얻었기 때문이다.[17]

삶에 대한 이러한 관점은 '드디어 안식을 얻다', '평화롭게 잠들다' 등의 현대 묘비와 그 궤를 같이한다. '죽음은 쉽다, 어려운 것은 삶이다'라는 관용구와도 비슷하다. 어쩌면 당연하게도, 연구에 따르면 탈출 수용은 슬픔이나 자살 충동과 연관성을 보인다. 폴 윙은 이 연관성을 근거로 자살, 심지어 의사가 보조하는 자살도 탈출 수용의 표현으로 보아야 한다고 주장한다. 빅터 시시렐리Victor Cicirelli는 노년이 되면 감각 기능 상실, 기동성 저하, 고통 증가로 삶이 점점 더 제한되면서 죽음이 매력적으로 느껴진다고 설명했다.[18] 이런 상황의 탈출 수용은 이해할 수 있는 부분이다. 그러나 노년기가 되기 전, 지구에서 보내는 긴 시간 동안 이보다 덜 우울한 태도로 살 수 있지 않을까?

접근 수용과 탈출 수용 둘 다 약점이 있다면, 세 번째 분류는 무엇일까? 폴 윙은 이를 '중립 수용neutral acceptance'이라 불렀다. DAP-R의 해당 항목이 보여주듯, 중립 수용은 인간의 존재론적 진실에 대한 수동적인 인지를 의미한다. 인간은 살아간다. 인간은 죽는다.

> 죽음은 자연스럽고 부인할 수 없으며 피할 수 없는 사건으로 인식돼야 한다.
>
> 나는 죽음이 두렵지도 않지만 반갑지도 않다.
>
> 죽음은 단순히 삶의 한 과정일 뿐이다.
>
> 죽음은 좋지도 나쁘지도 않다.

2,000년 전 스토아 철학자의 입장은 죽음에 대해 개인적 판단을 피하는 이러한 중립 수용의 태도를 반영하고 있다. 죽음은 주어진 것이며, 우리의 통제를 벗어난 피할 수 없는 사건이다. 왜 이를 두려워하거나 걱정하는가? 윙과 그 이전 실존주의 철학자들이 주장했듯, 주어진 시간 동안 나에게 의미 있는 활동에 바쁘게 집중하는 편이 낫지 않을까? "중요하고 보람찬 일을 하는 사람, 사랑하는 일에 완전히 집중하는 사람에게는 죽음에 대해 걱정할 시간이 없다."

잃어버린 해결책

2,000년도 더 전에 소수의 그리스 철학자들이 죽음의 공포를 이길 기회를 만들었다. 모든 불안이 통제를 넘어선 것에 대한 욕망에서 비롯된다는 스토아학파의 주장은 설득력이 있었다. 그들은 멈출 수 없는 결과에 대한 무관심 또는 수용을 통해 모든 두려움을 넘어설 수 있다고 제안했으며, 죽음에 무심해야 한다는 기나긴 글을 썼다. 누구도 죽음이 오는 것을 막을 수 없기 때문이다. 폴 웡과 동료들이 죽음 태도 설문을 개발하기 훨씬 전부터 스토아학파는 중립적 죽음 수용을 주장한 셈이다.

약 600년 동안 이들의 사상은 서구 세계에 큰 영향을 미쳤다. 그리스 철학은 로마에 도달했고, 이들의 가르침은 원로원의 실력자들 사이에 퍼졌다. 서기 2세기 후반, 정점을 맞았을 때는 황제조차 스토아학파의 원칙을 정기적으로 논했다. 상대적 평화와 안정의 시기였던 마르쿠스 아우렐리우스 집권기에 스토아 철학은 로마 철학의 중심이었다. 그러나 안타깝게도 시간이 흐르면서 스토아학파의 가르침은 영향력을 잃어갔다. 서기 4세기 기독교가 로마의 국교가 되면서 이 철학 종파는 저물고 말았다. 어쩌면 당연한 일이다. 중립적 수용이 어떻게 창조자와 함께하는 영원한 행복으로 가득한 내세의 약속과 경쟁하겠는가? 인간은 '불행은 일어난다―그냥 받아들여라'보다는 구미에 맞는 해결책을 원했다. 21세기에 스토아 철학을 다룬 책, 저널, 블로그, 브이로그가 다시 소소하게 유행하고는 있지만, 금욕주의는 여전히 주변적 운동이다. 하지만 어떤 철학 종파도 인간의 유한성에 대처하는 데 그만큼 기여하지 못했으므로, 필자들은 다시 스토아 철학이 주류가 되길 바랄 뿐이다.

MORTALS

14

최후의 날

여러분이 집에 불이라도 난 듯 행동하길 바랍니다.
실제로 그러니까요.

그레타 툰베리(Greta Thunberg, 2003~)

결국 인간의 죽음에 대한 대처는 부정을 크게 벗어나지 못했다. 때로 긍정적인 사상(스토아학파의 무심함 등)도 나타났지만, 죽음에 대한 인간의 대응은 일반적으로 집단으로 모래밭에 머리를 묻고 모른 척하거나 무시하는 것이었다. 정신 복제의 환상을 통해, 종교 체계 개발을 통해, 인류는 실제의 불멸성에 집착하며 죽음의 최종성을 부정했다. 그게 아니면 미라화나 복잡한 장례 절차, 오래 지속되는 예술과 건축, 집단 학살과 전쟁 등 다양한 수단에 기대어 상징적 불멸성을 얻으려 했다. 이러한 부정은 인간을 어디로 데려가는가? 안타깝게도 죽음의 공포로 인한 급속한 세계 인구 증가는 오늘날 인간을 그 어느 때보다 취약하게 만들었다.

인구 폭발

글로벌 통계 사이트 월드미터스worldometers 웹페이지에서 탄생과 죽음이 등록되고 그 영향을 실시간으로 볼 수 있는 인구 시계를 몇 분 동안 보고 있으면 두려운 마음이 든다. 필자들이 지켜본 1분 만에 세계 인구가 155명 늘어났다. 이 1분간 112명이 죽고 신생아 267

명이 그 자리를 채웠다.

마지막 장을 쓰는 지금, 세계 인구는 78억 명에 가까워지고 있다. 지구 인구를 모두 저울에 올리면 약 3,740억kg이 될 것이다. 지구에 살았던 어떤 대형 동물의 생물량보다도 크다. 게다가 아직 끝이 아니다. 인류는 여전히 번식하고 있다.

흥미롭게도, 모든 것은 눈 깜짝할 사이에 일어났다. 호모 사피엔스가 지구를 누빈 시간 중 90%는 인구가 100만 명이 되지 않았고, 99.9%는 10억 명 미만이었다.[1] 사실 역사상 몇몇 시점에는 인구가 너무 적어져서 거의 멸종 직전이었다. 예를 들면, 7만 년 전 수마트라의 토바 화산이 엄청난 힘으로 폭발했을 때는 화산재가 6년 동안이나 해를 가려 비가 제대로 오지 않고 물의 흐름이 막혀 동식물이 대규모로 죽어갔다. 동일 장소에서 기온이 20도나 떨어졌고 인구는 1,000명 미만으로 줄었다. 가장 극단적으로 추산한 바에 따르면 남녀 40쌍 정도가 남았을 것이라고 한다. 지금 1분마다 태어나는 신생아 수보다 세계 인구가 적었다는 이야기다. 물론 이런 상황은 또 일어날 수 있다.

토바 화산 폭발 이후 수천 년 동안 인구는 매우 안전한 수준에서 조용히, 천천히 늘어났다. 학자들마다 추정치에 차이는 있지만 최후의 빙하기가 끝나고(약 1만 1,700년 전) 인간이 북반구로 퍼져나가기 시작했을 때 세계 인구는 약 200만이었다. 이후 1만 년 동안 인구는 매우 천천히 늘어 서기 1세기에도 1억 8,800만밖에 되지 않았다. 연간 증가율이 0.0005%로, 두 배가 되려면 1,526년이 걸리는 속도였다.

이후 1,000년 동안, 연간 인구 증가율과 배증연수倍增年數는 인구가 2억 9,500만 명이 될 때까지 큰 변화 없이 유지됐다. 이 시기쯤 인구 증가가 시작됐는데, 그래도 아직은 느린 속도였다. 1700년, 인구는 6억 300만 명으로 늘었다. 연간 증가율은 0.001%, 인구 배증연수는 678년이었다. 이 정도의 인구는 지구가 감당할 수 있었고, 이 700년 동안 여러 계기로 실제로는 인구가 줄어들기도 했다. 예를 들면 서기 1300~1500년에 14세기 유럽과 아시아를 휩쓴 흑사병으로 인구는 감소했다.[2]

그러나 1700년부터 인구는 빠르게 팽창하기 시작했다. 18세기에 6억 300만에서 9억 8,900만이 되었고, 연간 증가율은 0.005%, 인구 배증연수는 140년이었다. 140년이 여전히 긴 시간으로 느껴진다면, 이 수치가 그전 700년간은 678년, 그전 수십만 년은 1,500년이었음을 기억하자. 확실한 인구 증가가 시작됐다. 1804년에는 10억이 됐고, 그 후 123년 만에 두 배가 됐다. 여기서 10억이 더해지기까지는 33년밖에 걸리지 않아서, 1960년에는 30억의 벽이 깨졌다. 놀랍게도 그때부터 13년마다 10억 명씩이 늘어났다. 1960년 이후 세계 인구 증가율은 0.015%, 인구 배증연수는 43.5년에 불과하다.

잠시 멈춰서 데이터를 처음부터 생각해보자. 인류가 나타난 이래 거의 30만 년 동안 인구는 서서히 증가했다. 서기 첫 1,000년 동안은 그 이전 1만 년과 크게 다르지 않았다. 왜 상황이 최근에 급변한 것일까? 이러한 대규모 인구 폭발의 주요 추진력은 무엇이며, 왜 지난 200년간 집중적으로 일어났을까?

한 가지 명백한 기여 요인은 늘어난 기대수명이다. 이는 의외로 매우 최근의 현상이다. 영국 데이터를 보면 1800년까지 기대수명은 거의 변하지 않았고, 영국에서 인구 통계가 시작된 이래로 쭉 30대 후반 정도를 유지했다. 흥미롭게도 로마 제국, 중세, 심지어 르네상스 시대까지도 선사 시대 조상들보다 딱히 수명이 길지 않았다. 인류학 교수 레이첼 카스파리Rachel Caspari는 아프리카, 유럽, 아시아 전역에서 고고학 발굴로 찾아낸 유골의 나이를 조사한 결과, 기대수명은 약 3만 년 전에 이미 30세를 넘겼다고 밝혔다.[3] 수천 년간 지지부진하던 기대수명은 마침내 1800년대 내내 연장을 거듭했다. 1900년 영국의 기대수명은 45세로 늘었고, 여기서부터는 계속 높아졌다. 의학과 농업이 발전하고, 안정적인 식품 공급과 위생 개선이 이뤄지면서 수명 연장에 이바지했다. 2020년 세계의 출생 시 기대수명은 거의 73세로 늘었고, 여성 81%와 남성 73%가 65세에 도달한다.[4] 부국과 빈국의 차이는 있지만 2020년 세계 어느 국가의 기대수명도 1800년에 기대수명이 가장 높았던 국가보다 높다.

그러나 인구 폭발의 주된 이유는 30세, 40세를 지나 심지어 80세까지 살기 때문이 아니다. 인구 대부분이 무사히 태어나 유년기 동안 살아남고 번식하기 때문이다. 여러 사료를 보면 1800년대 후반까지, 일부 국가에서는 그 이후까지도 신생아 사망률이 일관되게 매우 높았다. 2013년, 포크Volk와 앳킨슨Atkinson은 독립적으로 수행된 여러 연구의 사망률 추정치를 비교했다.[5] 고대부터 1900년까지의 사망률은 거의 비슷했다. 수십 개 보고서에서 태어난 후 첫 1년 안에 사망할 확률은 평균 26.9%였고, 이는 원시 수렵·채집 사회와 네안데르탈인에 대한 최선의 추정치와도 거의 같았다.[6] 어떤 자료를 보아도 지역, 문화, 시기에 상관없이 영아 사망률은 높게 유지됐다. 예를 들어 기원전 500~300년, 고대 그리스의 영아 사망률은 25~35%였다. 기

죽음의 심리학

원전 200년에서 서기 200년까지 로마의 영아 사망률 역시 30%였다. 서기 1500년 영국은 27%, 18세기가 끝날 때까지 일본은 평균 28%였다. 1900년까지도 멕시코의 영아 사망률은 여전히 30%였다. 놀랍게도 매우 최근인 1950년까지만 해도 전 세계 영아 사망률은 지금보다 다섯 배 높았다. 그러나 산과와 소아과 의학의 눈부신 발전으로 세계 영아 사망률은 이제 2.9%다. 오늘날 영아 사망률이 가장 낮은 국가는 아이슬란드다. 사망률이 0.16%인 이곳에서 갓난아이가 살아남을 확률은 과거에 비해 170배나 높다.

물론 가족을 꾸릴 예정이라면 태어나 첫 1년 동안 살아남는 것은 시작일 뿐이다. 유년기를 버티고 생식 가능 연령까지 성장해야 하는데, 고대에는 이 확률이 동전 던지는 정도였다. 포크와 앳킨슨은 역사상 평균적으로 46.2%가 15번째 생일 전에 사망했다고 보고했다. 이 수치 역시 시대와 문화권을 통틀어 일관되게 나타난다. 스페인에서는 기원전 400~200년 이 수치가 45%였다. 서기 1650~1800년 황제가 다스리던 중국과 서기 1816~1850년의 프랑스도 같았다. 청소년 사망률의 극적인 개선 역시 1950년 이후에 이뤄졌다. 1950년 세계 청소년 사망률은 여전히 높은 27%였다. 2020년에 세계 청소년 사망률은 4.6%로 떨어졌고, 일부 국가에서는 이보다 훨씬 낮다. 아이슬란드에서는 놀랍게도 0.29%에 불과하다.

의료 서비스가 갑자기 개선되며 산모, 신생아, 아이들이 점점 더 많이 살아남았고 생식 가능 연령에 도달하게 되었다. 이와 함께 인구가 폭발했다. 인구 10억 명이 되기까지 30만 년이 걸렸으나, 80억이 되기까지는 그 이후 200년밖에 걸리지 않았다.

경고를 무시하다

하지만 지구가 불어나는 인구의 부담을 이기지 못하는 상황에 왜 인간은 계속 아이를 낳고 있는가? 이 문제에 대한 경고가 없었던 것도 아니다. 1798년, 토머스 맬서스Thomas Malthus가 《인구론Essay on the Principle of Population》에 쓴 글은 유명하다.

> 기근은 자연이 가진 최후의 가장 무서운 수단이다. 인구의 힘은 지구가 인간을 위해 농작물을 생산하는 힘보다 훨씬 강력해서, 어떤 형태로든 이른 죽음이 인류를 찾아올 것이다. 인류의 악덕이 결국 가장 먼저 인구 감소를 부를 것이다. 파괴적인 군대를 이끌고 끔찍한 일을 끝낼 것이다. 그러나 이러한 전쟁이 인간을 몰살시키지 못하면 전염병과 역병이 엄청난 규모로 덮쳐 수천 명, 수만 명을 죽일 것이다. 그래도 일이 완수되지 않으면 피할 수 없는 엄청난 기근이 따라와 최후의 일격으로 세계의 식량과 인구 비율을 맞출 것이다.[7]

많은 사람이 맬서스의 인구 계산에서 구체적인 점을 비판했지만, 큰 틀은 유효하다. 지구에는 인구가 너무 많고 인간은 이 사실을 외면하는 듯하다.

1992년, 참여과학자연대Union of Concerned Scientists(노벨상 수상자 거의 100명과 세계에서 가장 저명한 과학자 1,575명을 포함한 집단)는 그 유명한 〈인류에 대한 세계 과학자들의 경고World Scientists' Warning to Humanity〉를 발표했다.[8] 세계의 지도자들에게 전달된 이 문서에서, 과학자들은 당시 이미 54

억 명으로 너무 많았던 세계 인구를 안정화하기 위해 즉시 행동에 나서라고 촉구했다. 이들은 "지구는 유한하다. 폐기물과 파괴적 오수를 받아들이는 능력은 유한하다. 식량과 에너지를 제공하는 능력도 유한하다. 점점 늘어나는 인구를 살아가게 할 지구의 능력은 유한하다"고 지적했다. 그리고 이어 "제약 없는 인구 증가로 인해 자연계가 받는 압력은 지속가능한 미래에 닿기 위한 어떠한 노력도 압도한다. 지금 이 순간에도 다섯 명 중 한 명이 제대로 먹지도 못하는 절대 빈곤 속에 살아가며 열 명 중 한 명은 심각한 영양실조를 겪고 있다"고 주장했다.

세계를 선도하는 과학자들의 다급한 경고를 받은 인간은 어떻게 했을까? 무시했다. 사실 이 보고서 발표 이래로 인구는 23억 9,500만 명 늘어났다. 세계 인구가 44%나 늘어난 것이다. 성장률은 0.009%, 인구 배증연수는 71.7년이다. 동시에 안전하게 관리되는 식수를 제공받지 못하는 사람이 22억 명, 위생 서비스에 접근하지 못하는 사람이 42억 명이며, 30억 명은 기본적인 손 씻는 시설도 없다.[9]

어떻게 이런 일이 일어났을까? 왜 모든 경고에도 불구하고 계속 아이를 낳는가? 아시아가 문제라고 생각하는 사람이 많지만, 이는 사실이 아니다. 수천 년 동안 아시아 인구는 많았지만, 시간이 지나면서 아시아 인구가 총 인구 수에서 차지하는 비율은 줄어들었다. 200년 전에는 아시아에 세계 인구의 68%가 살았지만, 오늘날 이 수치는 60%에 불과하다.[10] 사실 지난 200년간 가장 빠른 인구 증가를 기록한 지역은 북미(31배)다. 라틴아메리카(28배)가 바짝 뒤따르고 있으며, 그 다음은 아프리카(14배)다. 둘 다 아시아(7배)와 유럽(6배)보다 훨씬 빠르게 성장 중이다.

오히려 중국은 다른 국가들보다 이 문제를 심각하게 받아들였다.[11] 1979년 중국 정부는 논란의 '한 자녀 정책'을 도입했다. 이 법은 (중국 본토 인구의 91.5%를 차지하는) 한족 부부가 최대 1명의 자녀만 낳을 수 있도록 제한했다. 동시에 정부는 출생을 지연시키고 제한하기 위해 법적 혼인 가능 연령을 남자 22세, 여자 20세로 올렸다. 여성들은 정기적으로 정부가 배부하는 자궁 내 피임 장치가 제대로 있는지 확인하고 혈액 검사로 임신하지 않았다는 사실을 증명해야 했다. 강제 낙태나 불임 시술로 정신적 충격을 받은 사람도 많다.

그러나 시간이 지나며 중국 전역의 부부들이 정책에 대항하기 시작했다. 시골에 가서 '추가' 자녀를 낳은 다음 아이가 없는 친척의 이름으로 등록하는 편법이 흔해졌다. 이 사실이 들통나고 아이의 신원이 밝혀지면 부부 연간 수입을 합친 것의 3~6배에 해당하는 고액의 벌금을 물어야 했지만, 무거운 처벌에도 이 방법을 선택하는 부부는 전국적으로 점점 늘었다. 권위적인 공산주의 정권조차 재생산을 향한 인간의 욕구를 억제할 수는 없었다. 2015년, 중국 정부는 마침내 패배를 선언하고 정책을 폐기했다. 인구 과잉에 대처하려는 노력에도 한 자녀 정책을 고수한 36년 동안 인구 성장률은 0.009%였고, 인구 배증연수는 75.9년이었다. 이 시기에 중국 인구는 9억 8,613만 명에서 13억 7,000만 명으로 늘었다.

인간은 왜 아이를 낳는가?

아이를 갖고 싶은 열망은 강력한 힘이다. 정부의 처벌에도 부부들이 몰래 아이를 낳은 중국의 사례가 이를 증명한다. 쉽게 피임을 할 수 있는데도 그렇다. 미국에서 경구피임약이 판매되기 시작한 1960년부터 가파른 인구 증가가 시작된 것은 매우 아이러니하다. 임신하지 않고 성관계를 하는 것은 더 이상 어렵지 않지만 인간은 여전히 놀라운 속도로 번식한다. 세계적 대재앙이 오리라는 경고도, 무거운 처벌도, 강제 낙태와 심지어 불임 시술의 가능성도 무시한 채다. 왜 그럴까?

이에 관한 연구는 의외로 최근에야 이뤄졌다. 사회심리학 실험실에서 번식의 숨은 동기가 밝혀지기 시작했고, 지금은 답이 명백하다. 인간이 번식하는 이유는 유한성에 대한 집단적 두려움이다. 에이미 하몬Amy Harmon이 말하듯, "우리는 아이들과 또 그 아이들로 유한성을 극복한다. 뿌리와 가지를 통해서 말이다. 가족은 영원하다."[12] 공포 관리 이론을 적용하자면(3장 참고), 아이를 갖는 것은 여러 면에서 죽음의 공포와 관련이 있다. 먼저, 몇몇 연구에서 밝혔듯 아이를 낳는 것은 실제적 불멸성의 감각을 준다. 아래 세대에 유전자 50%를 물려주기 때문이다. 놓기 힘든 내면 의식의 세계, 즉 '자아'를 물려주지는 못하지만, 아이를 낳는 것은 죽음의 극복처럼 느껴질 수 있다. 아이의 겉모습이 나를 닮았다면 그 효과는 더 크다. 인간은 아이의 얼굴에서 나의 코나 귀, 미소를 찾으며 자아를 연장한다.

둘째, 아이는 나의 문화적 세계관을 다음 세대에 전달하는 매개체다. 3장에서 세계관을 고수하는 것(정당 지지, 스포츠팀 응원, 취미활동 등)이 죽음 불안에 대항하는 강력한 방패라는 사실을 확인했다. 내가 죽은 후에도 계속될 사회 운동(환경 운동, 채식주의, 페미니즘)에 참여하는 것 역시 존재가 계속된다는 감각과 상징적 불멸성을 부여한다. 따라서 아이에게 내 관점을 심어줄 수 있다는 것은 '존재하지 않음'에 대한 두려움을 달래는 데 도움이 된다. 아이들은 가치의 매개체가 되어 내가 죽은 후에도 내 가치를 지켜줄 것이다.

셋째, 아이를 갖는 것은 어떤 문화권에서든 일반적으로 축하받기 때문에 죽음의 공포에 대한 또 다른 방패인 자존감(6장 참고)을 높이는 계기가 될 수 있다. 연구에 따르면 인간은 아이가 없는 사람이 완성되지 않았다고 본다. 아이를 낳는 것은 성숙한 어른이라는 신호이며 개인적 성취로도 기능한다. 앞에서 설명했듯 높은 자존감은 죽음 불안에서 우리를 보호해주며, 죽음의 쓴맛을 상쇄하는 약이 되어준다. 또한 결국 죽음에 직면했을 때 긍정적으로 삶을 돌아볼 수 있게 하는 요소가 된다. "잘 해냈어. 자녀와 손주를 길렀지. 좋은 삶에서 해야 할 일들을 했어. 이제 죽어도 좋아."

넷째, 아이는 또 다른 성공의 길을 제공한다. 우리 모두 즐거운 취미여야 할 발레나 테니스 같은 활동에서 아이의 즐거움을 망치는 엄마와 아빠를 보지 않았는가? 그러한 활동 전체가 뻔뻔하게도 부모의 성취를 위한 두 번째 기회로 사용되는 것처럼 보일 때가 있다. 아이가 이룬 것의 영광에 몸을 녹이는 것도 자존감을 높이는 방법이다. 미소를 보이며 흥미로운 척해야 하는 주변 사람에게는 힘겨운 일이지만, 어떤 이유로든 자존감이 높아지면 죽음 불안은 낮아진다.

요약하면, 아이를 낳는 것이 죽음에 대한 무의식적 공포의 해결책을 찾는 존재론적 필요 때문이라는 이론적 근거는 많다. 그러나 물론 이론만으로는 부족하다. 아이를 갖고 싶은 욕구에서 죽음 불안의 역할을 탐구하는 최초의 연구는 2005년 네덜란드 암스테르담의 프리 대학에서 수행됐다.[13] 위스먼Wisman과 골든버그Goldenberg는 '죽음 현저성' 패러다임을 실험에 적용했다(3장 참고). 참가자들은 실험실에서 각자 컴퓨터가 있는 작은 방에 들어갔다. 연구의 진짜 목적을 감추기 위한 다양한 주제의 '눈속임용' 질문 수백 개가 화면에 나타났다. 참가자 절반은 '죽음 현저성' 집단(실험군)으로 이렇게 많은 질문 가운데 죽음에 대한 추가 질문 두 개를 받았다. 죽음 관련 질문을 받지 않은 집단이 대조군을 형성했다. 연구진은 모든 참가자에게 자연스럽고 빠르게 대답하라고 지시했다.

참가자들은 설문이 끝난 후 다음과 같은 질문을 받았다. "아이를 몇 명 낳길 꿈꾸십니까?" "현실적으로는 아이를 몇 명 낳고 싶으십니까?" 이 두 질문에 대해 0(낳고 싶지 않음)에서 6(6명)까지 6점 척도로 답변이 이뤄졌고, 두 질문에 대한 각 집단의 데이터 평균을 냈다. 결과는 어땠을까? 놀랍게도 수백 개 질문에 끼워넣은 죽음 관련 질문 두 개는 아이에 대한 바람을 극적으로 증가시켰다. 남성의 경우 이 변화가 뚜렷이 나타났다. 죽음 관련 질문을 받지 않은 남성은 평균 2명을 낳고 싶다고 답했다. 그러나 죽음의 망령이 보일 듯 말 듯 떠돌자 남자들은 3명을 원하게 되었다. 짧은 질문 두 개를 통해 유한성을 인지하게 만드는 것만으로 인구 폭발을 일으킬 만한 영향을 미칠 수 있었다.

2007년, 임모 프리츠Immo Fritsche가 이끄는 독일 연구팀은 네덜란드 연구를 확장했다.[14] 마찬가지로 죽음 현저성 설계를 사용했지만, 결과 측정법을 바꿨다. 참가자가 원하는 아이 수 대신 아이를 갖고 싶은 전반적 욕구를 물었다. "현재 아이를 갖고 싶은 욕구가 얼마나 강합니까?" (0="전혀 없음"부터 10="매우 강함"까지) 이번에도 숨겨진 죽음 질문은 상당히 큰 욕망을 불러일으켜서, 남녀 모두 척도가 평균 1점 정도 올랐다. 네덜란드 연구에서처럼 유한성을 미묘하게 상기시키면 번식 욕구가 확실히 증가하는 것으로 나타났다.

프리츠 연구팀은 후속 연구에서 더욱 놀라운 결과를 보고했다.[15] 이번에도 죽음 현저성 설계를 사용했고, 참가자에게 직접적으로 아이를 원하는지 묻는 대신 한 글자가 빠져 있는 단어를 보고 '머리에 떠오른 첫 번째 단어'를 쓰라고 했다. 단어 문제는 모두 24개였는데, 연구진이 주목한 문제는 하나뿐이었다.

_INDER

이 단어의 빈칸은 'R'(Rinder는 독일어로 '소'를 의미한다)이나 'M'(Minder는 독일어로 '덜'을 의미한다) 또는 'K'(Kinder는 독일어로 아이를 의미한다)로 채울 수 있다. 실험 초반 미묘한 방식으로 죽음을 상기한 참가자들은 'Kinder'라는 단어를 쓸 확률이 훨씬 높았다. 잠깐이라도 죽음을 생각하면 아이를 떠올리는 것이다.

지금까지 설명한 연구가 모두 유럽에서 이뤄졌다는 점을 말해둔다. 아이가 유한한 삶에 대한 해결책이라면, 이러한 연구 결과는 문화적, 지리적 경계를 초월하여 나타나야 한다. 다행히 중국에서 이러한 주장을 뒷받침하는 흥미로운 연구 두 건이 이뤄졌다. 둘 다 광저우 중산대학 저우신위에와 동료들의 연구다. 저우신위에는 첫 연구에서 유럽과 마찬가지로 죽음 현저성 집단(실험군)과 대조군을 나누었으나, 죽음 현저성을 유도하기 위해 직접적인 질문을 하지는 않았다.[16] 그 대신 영리하게도 단어 완성하기 과제를 사용했다. 참가자들은 모두 빈칸을 채워 단어를 완성했는데, 대조군에 제공된 30개 단어는 모두 중립적(날씨, 점심 등)이었다. 실험군에는 죽음과 관련된 단어(관, 해골)만 답이 될 수 있는 문제 10개가 포함됐다. 저우신위에는 이 방법으로 직접적으로 죽음의 주제를 꺼내지 않고도 실험군을 죽음 현저성에 노출했다.

단어 완성 과제가 끝나고 두 집단 참가자 모두 연구의 진짜 목적을 감추기 위한 5분짜리 과제를 수행했다. 이후 중국 정부의 가족계획 정책에 대한 다음의 설명을 읽도록 했다. "중국 정부는 인구 과잉, 사회 문제, 환경 문제를 해결하기 위해 1979년 한 자녀 정책을 도입했다. 한 자녀 정책은 부부가 아이를 하나만 낳을 것을 권장한다. 아이를 더 가지면 벌금형을 받게 된다."

모든 참가자는 1(매우 반대한다)부터 7(매우 찬성한다)까지 7점 척도로 이 정책에 동의하는 정도를 평가했다. 실험군의 남녀는 대조군에 비해 훨씬 강한 반대 의사를 표시했다. 앞서 설명한 유럽 연구와 일관되는 결과다. 이는 또한 중국 청년층이 정부에 반기를 든 것도 유한성에 대한 인식 때문이었음을 시사한다. 연구 이후 진행된 참가자 인터뷰도 이 연구의 중요한 부분이다. 죽음 현저성을 인지한 참가자는 아무도 없었고, 단어 완성 과제와 한 자녀 정책 과제가 연관되었다고 생각하는 사람도 없었다. 죽음 현저성 연구에서 반복적으로 나타나듯, 죽음 현저성의 영향은 무의식 수준에서 일어난다. 인간이 유한의 존재라는 고통은 무의식에서 일어나지만, 이것이 행동에 영향을 미친다.

저우신위에는 이 연구의 후속 연구로 현실 세계의 근본적인 행동 선택에서 무의식적 죽음 공포의 영향을 알 수 있는 단순한 실험을 기획했다.[17] 이 역시 영리하게 설계됐다. 그가 파헤치려는 질문은 다음과 같았다. 인간이 유전자를 전하는 상징적 불멸성을 추구한다면, 아플 때 가족 중 가장 어린 사람과 있고 싶지 않을까? 저우신위에가 지적하듯, "후손은 나의 죽음 이후 미래로 계속될 가장 멀고 중대한 자아, 가치, 문화의 확장을 상징한다."[18] 이 질문을 탐구하기 위해 상하이의 한 병원에서 환자 70명을 섭외했다. 35명은 생명이 위험한 암 환자였고 35명은 상대적으로 경증 환자였다. 연구 참가자들은 43~63세로 모두 8세 미만 가족이 최소 1명 있었다. 환자들은 짧은 인터뷰를 통해 가족 구성원을 모두 나열하고 각 구성원이 얼마나 보고 싶은지 1(전혀 보고 싶지 않음)에서 5(매우 보고 싶음)까지 5점 척도로 점수를 매겼다. 환자 70명은 어린 가족에 대한 선호도를 보여 저우신위에의 가설을 증명했다. 시한부 환자의 경우 이러한 경향은 더욱 두드러졌다. 이들 참가자는 매우 어린, 심지어 생후 6개월이 되지 않은 신생아를 보고 싶은 압도적인 욕구를 표현했다. 죽음이 닥쳤을 때 우리는 가장 멀리 뻗어나간 유전자를 통해 상징적 불멸성을 추구한다.

왜 인구 폭발이 일어났으며, 왜 인간은 인구 증가 문제를 무시하는 듯 보일까? 단순하다. 인간의 무의식적인 죽음 부정이 지구에 미치는 악영향, 심지어 인간의 전반적 삶의 질에 미치는 악영향에도 불구하고 점점 더 활발한 번식을 이끌기 때문이다. 로버트 커민스Robert Cummins 교수는 아이가 있으면 개인의 삶의 질은 사실 저하된다고 지속적으로 증명했다.[19] 아이가 없는 부부는 개인 취미, 사회 활동, 여행에 투자할 시간과 돈이 더 많고, 이동이나 외박, 단체 활동에 제약이 적다. 아이가 없는 부부는 당연히 일상적 상황에 대한 만족도 측정에서 더 점수가 높았다. 그런데도 대부분은 죽음에 대한 무의식적 공포 때문에 일상의 편안함을 포기하며, 다수의 후손을 통해 자아를 연장하고자 한다. 그리고 수십 년 동안 아이들의 파티, 놀이 약속, 발표회, 학부모 면담, 숙제 검사(와 대신 해주기)를 계획하고 실행하며 어린 천사들의 대학 등록금을 모으느라 자신의 기쁨을 포기한다.

물론 모두가 이런 방법으로 불멸성을 추구하는 것은 아니다. 그러나 아이가 죽음 불안에 미치는 영향에 관한 연구 결과는 명백하고 압도적이며, 대가족을 꾸린 사람은 가슴에 손을 얹고 이를 인정해야 한다. 인간은 아이를 위해 아이를 낳지 않는다. 아이들은 태어나겠다고 조른 적이 없다. 그리고 인간은 대부분 마음 깊은 곳에서 나는 나의 심리적 이익을 위해 아이를 낳았고 기른다는 진실을 알고 있다. 아이를 통해 삶의 허무에 대처하는 것은 신과 내세를 믿는 것만큼이나 오래된 전략이다. 게다가 역사 내내 언제나 분열과 전쟁, 혼란을 초래한 종교와 달리, 아이를 낳는 것은 산과와 소아과 의사들이 모든 신생아를 살려내기 전까지는 문제가 되지 않았다. 다시 말해 이 방법의 단점은 수십만 년 동안 인류와 지구에 피해를 주지 않았다. 그러나 그런 날은 끝났다. 그러니 이제 다시 예술품을 만들거나 스토아학파의 글을 읽으면서 존재론적 고통을 해결하도록 하자. 인구 과잉은 우리 모두를 파괴할 것이다.

잘 사는 것이 최고의 복수다

인간은 지속 불가능한 수준으로 인구를 늘렸을 뿐 아니라 걷잡을 수 없는 소비주의로 지구의 자원을 펑펑 쓰고 있다. 1인당 소모 자원은 빠르게 늘어났다. 한 가구가 벽에 연결된 전화 한 대와 거실에 있는 TV 한 대로도 잘 살던 때가 있었다. 그러나 이제는 아니다. 일반적인 서구 가정에서는 10대 초반을 포함해 모든 가족 구성원이 휴대폰을 사용하는 데다 10년 사이에 몇 번이고 새 모델로 바꾼다. TV가 한 대뿐인 현대 가정은 또 얼마나 되는가? 집에 있는 LCD와 OLED 스크린, 모니터, 콘텐츠 스트리밍이 가능한 태블릿이 몇 대인지 생각해보면 깜짝 놀랄 것이다. 인간은 하나를 사고, 또 사고, 또 사고, 전부 갈아치운다. 자동차에서 주방용품, 가구에서 부품까지 너무나 많은 상품이 그런 식으로 소비된다. 인간 사회는 버리는 사회가 됐다. 이제 삶의 많은 영역에서 소비재는 일회용이다. 브랜드, 라벨, 모델명이 우리를 조종한다. 우리는 이웃과 비슷하게 살려고 하지 않는다. 더 잘살려고 한다.

돈을 벌고 쓰려는 이 모든 욕망의 원인 역시 죽음에 대한 두려움일까? 논리적으로 생각하면 그럴 가능성이 있다. 기억하겠지만, 공포관리 이론의 핵심은 인간이 문화적 규칙을 최대한 철저히 고수하면서 죽음의 공포를 누그러뜨린다는 주장이다. 어떤 시점에 공동체를 지배하는 가치에 따라 살면서 자존감을 높이고 존재론적 공포를 막는 것이다. 서구 사회에서 수십 년 동안 기업들은 그 어느 때보다 더 큰 것을 더 많이 더 자주 사라고 권했다. 우리는 이제 예수의 어머니인 성모 마리아, 마돈나의 겸손이 아니라 '물질만능주의의 여성Material girl(마돈나의 노래 제목 - 역주)' 마돈나를 숭배한다. 우리는 확실히, 마돈나의 80년대 명곡처럼 '물질의 세상에 살고 있다.'

2000년, 캐서Kasser와 셸던Sheldon은 죽음 현저성 설계를 활용하여 돈을 벌고 쓰려는 인간의 욕망이 무의식적인 죽음의 공포 때문인지 연구했다.[20] 앞서 설명한 다른 연구와 마찬가지로 참가자를 죽음 현저성 집단과 대조군으로 나눴다. 또한 역시 연구 목적을 가리는 많은 과제 사이에 죽음을 상기시키는 문제를 숨겼다. 모든 과제를 완수한 참가자들은 앞으로 15년 뒤에 기대되는 경제적 지위에 대해 답했다. 자신의 연봉, 아내의 연봉, 매년 사치품이나 여가 활동에 쓸 금액을 예측했다. 예상대로 무의식적으로 죽음을 생각한 참가자들은 대조군(죽음을 상기시키는 요소가 없었던 참가자)에 비해 가족의 총 수입을 더 높게 예상했다. 또한 여행, 오락, 레저, 의류에 쓰는 비용이 더 많을 것이라 기대했다. 요약하면, 무의식에 죽음의 가능성이 있을 때 참가자들은 화려하고 사치스러운 생활을 꿈꿨다. 17세기 웨일스 시인이자 사제인 조지 허버트George Herbert의 표현을 빌리면:

인간은 계획할 수 있으나 결정하는 것은 신이다.

잘 사는 것이 최고의 복수다.

이들 죽음 현저성 연구가 현실에서 나타나는 인간 행동을 설명한다는 사실을 잊으면 안 되겠다. 이들 연구는 일상적인 상황에서 미묘하게 죽음을 상기시키는 요소가 있을 때 인간이 어떻게 행동할지 보여주려는 것이다. 다시 말해, 연구원들은 실험실에서 나타난 결과를 각 가정으로 일반화하려 한다. 일상적인 삶에서는 더 소비하라는 알림과 죽음 현저성의 신호를 주로 어디서 받는가? TV다! TV는 기본적으로 소비주의를 부추기는 광고로 연결된 프로그램들로 구성된다. 사회심리학자 일란 다르-님로드Ilan Dar-Nimrod는 많은 TV 프로그램에 죽음이 언급된다는 점에 착안하여, 이것이 소비를 증가시키는 '죽음 현저성' 매체가 되는지 알아보려 했다.[21] 연구에서 다르-님로드는 캐나다 참가자들에게 유명 프로그램의 10분짜리 영상을 보도록 했다. 각 영상 뒤에는 일반적인 광고가 나왔다. 일반적인 가정에서 볼 수 있는 평범한 저녁 풍경과 비슷했다. 참가자들은 이후 광고된 상품을 얼마나 원하며 실제 구매 확률이 얼마나 되는지 점수로 표시했다. 첫 영상은 당시 인기 정치 드라마 「웨스트 윙The West Wing」의 일부로 죽음과 전혀 관련이 없었다. 두 번째 영상은 장례식장이 배경인 프로그램 「식스 피트 언더Six Feet Under」였다. 갓난아이가 영아돌연사증후군으로 사망한 장면으로 시작했다. 두 번째 프로그램이 더 우울했지만, 참가자들이 광고 상품을 사고 싶어 하는 욕구는 「웨스트 윙」을 본 참가자들보다 높았다. 두 번째 연구에서는 영화 「포레스트 검프Forrest Gump」(죽음 관련 장면 없음)와 「디어 헌터The Deer Hunter」(크리스토퍼 월켄Christopher Walken이 러시안 룰렛 게임 중 자기 머리를 쏘는 장면이 있음)에서 발췌한 영상을 사용했다.[22] 이번에도 참가자들은 「포레스트 검프」를 더 흥미롭게 보았지만 죽음 현저성 매체(『디어 헌터』) 이후 광고된 상품을 사려는 욕구가 증가하는 모습을 보였다.

요약하자면, 죽음을 떠올리면 반짝이고 새로운 것을 찾는 욕구가 증가한다. 우리가 유한성에 대한 증오를 소유물의 산 밑에 묻으려 하기 때문이다. 톨킨Tolkien은《실마릴리온The Silmarillion》에서 아주 적절한 표현을 했다.

> 그러나 죽음의 공포는 그들 사이에서 점점 어둡게 깔렸고, … 살아남은 자들은 점점 더 많은 물건과 부를 원하며 즐거움과 쾌락을 간절히 추구하게 되었다. (pp. 328~329)[23]

톨킨이 신화 속 존재인 누메노르 섬 필멸자들의 몰락을 묘사한 대목이다. 이들은 세계에서 가장 재능 많고 오래 사는 사람들이었지만, 이것으로는 만족하지 않았다. 유한성을 받아들이기 힘들어했고 어떻게든 삶을 연장할 방법을 찾았다. 그리고 애타는 마음을 진정시키기 위해 즐거움과 쾌락에 탐닉하게 되었다. 인간도 마찬가지인 듯하다.

즐거움과 쾌락은 서구에서 삶의 방식이 되었다. 더 많은 상품을 사고 더 빨리 갈아치울 뿐 아니라, 그 어느 때보다 많이 먹고 마신다. 전 세계 1인당 섭취 열량은 1961년 이래 30% 이상 증가했다. 당연히 허리둘레도 늘었다. 지난 50년 사이 미국의 비만율은 거의 세 배가 되었다. 미국 질병통제예방센터 데이터에 따르면 현재 미국인 71.6%는 과체중(체질량지수 25~30) 또는 비만(체질량지수 30 이상)이다.[24] 다른 국가들도 빠르게 이 수치를 따라가고 있다. 호주 연방정부 데이터에 따르면 호주인 67%는 과체중이나 비만이다.[25] 영국에서 이 수치는 63.5% 정도다. 툴레인 대학교 전염병학과 연구원들에 따르면 2030년에는 세계적으로 이 수치가 58%에 달할 것이다.[26]

세계의 탐욕이 커지면서 생기는 식량 생산 문제의 시급성은 2019년 기후변화에 관한 정부 간 협의체Intergovernmental Panel on Climate Change, IPCC의 기후 및 토지 보고서에도 강조됐다.[27] 52개국 출신의 전문가 100명 이상이 주요 필자로 선정되어 이 문제를 철저히 검토했다. 농업, 임업, 개간 등의 토지 사용으로 인한 탄소 배출은 세계 온실가스 배출량의 22%를 차지하는 것으로 나타났다. 전체 식품 체인(예: 비료, 운송, 판매)을 포함하면 수치는 29%로 상승한다. 인간은 이미 튀어나온 배를 불리기 위해 끔찍한 속도로 소중한 숲을 파괴하며 그 과정에서 서서히 지구를 뜨겁게 만든다.

죽음 불안이 임업과 농업의 의사결정에도 영향을 미칠 수 있을까? 이번에도 죽음 현저성 패러다임을 이용한 연구는 그럴 수 있다고 주장한다. 캐서와 셸던은 죽음 현저성이 숲을 파괴할 의사에 미치는 영향을 탐구했다.[28] 다른 연구처럼, 참가자들은 '죽음 현저성' 집단과 대조군으로 나뉘었다. 이번에도 죽음을 상기시키는 요소는 연구 목적을 숨기는 '눈속임' 과제 사이에 감춰졌다. 죽음 현저성 노출 후, 두 집단의 참가자들은 모두 다음 안내와 함께 삼림 관리 게임을 하게 되었다.

당신은 목재 기업의 소유주입니다. 당신의 회사와 다른 목재 기업 셋은 같은 국유림에서 일하고 있습니다. 이 숲에는 2,000에이커의 밀림이 있습니다.

당신의 목표는 최대한 넓은 땅의 나무를 잘라서 이윤을 남기는 것입니다. 매년 4개 기업은 각자 그해 몇 에이커의 나무를 자를 것인지 0~100 사이의 숫자를 적어 입찰합니다. 어떤 기업도 다른 기업의 입찰 내역을 볼 수 없습니다. 전체 밀림 면적이 매년 0(네 기업이 모두 0을 제시)에서 400(네 기업이 모두 100을 제시)까지의 범위로 줄어든다는 사실을 알 뿐입니다. 그러므로 밀림은 한 해에 400에이커까지 줄어들 수 있습니다(즉, 1년째에 2,000에이커에서 1,600에이커로 줄어들 수 있습니다). 숲은 매년 약 10% 속도로 복구됩니다. 물론 숲이 결국 완전히 사라져 4개 기업 모두 갈 곳이 없어질 수도 있습니다. 그러므로 적은 면적을 입찰하면 4개 기업에 집단적 이익이 될 수 있습니다. 그러나 다른 3개 기업보다 벌목을 덜한다면 실적이 좋지 않을 것입니다. 그러므로 더 큰 숫자를 적어 내면 각 기업의 개별적 이익에 도움이 됩니다. 당신이 이런 상황에서 어떻게 생각하고 행동할지 알아보고자 합니다.

이 안내문을 읽은 후, 참가자들은 다른 기업보다 큰 이윤을 남기고 싶은 마음을 1(전혀 그렇지 않다)에서 7(매우 그렇다)의 척도로 점수를 매겼고, 연구진은 이 항목으로 탐욕을 평가했다. 그리고 똑같이 1~7의 척도로 다른 기업이 매년 넓은 면적의 숲을 벌목할까 봐 걱정하는 정도도 체크하게 하여, 이 항목으로는 공포를 측정했다. 마지막으로는 첫해에 몇 에이커를 입찰할 것인지 답하게 했다.

이 연구 결과는 매우 흥미롭다. 먼저, 죽음을 상기한 참가자들은 대조군에 비해 훨씬 더 넓은 면적을 벌목하려 했다. 최대 100에이커가 허용된 상황에서, 죽음을 상기한 참가자들은 평균적으로 첫해에

62에이커를 벌목하겠다고 입찰했다. 대조군의 경우는 평균 49에이커였다. 둘째, 더 넓은 영역을 벌목하겠다는 결정은 탐욕에 의한 것이었다. 유한성을 상기한 참가자들은 경쟁사보다 더 큰 이윤을 남기고 싶어 했다. 반면 공포는 계산에 포함되지 않는 듯했다. 다른 기업이 더 넓은 지역을 입찰할까 봐 걱정하는 마음에는 두 집단 간 차이가 없었다. 요약하자면 숨겨진 죽음 현저성으로 인해 참가자들은 물질주의와 탐욕에 빠져 숲의 완전한 파괴까지도 감수하려 했다.

1990년 이후, 인류는 약 10억 4,000만 에이커(421만km²)의 땅을 다른 용도의 토지로 전환했다. 인간을 보호해주는 숲을 밀어버리는 과정에서 생물 다양성도 엄청나게 파괴됐다. 인간은 더 많이 먹고 소비했으며, 소비는 가속화되고 있다. 더 많은 소비는 더 많은 생산을 요구한다. 더 많은 생산은 더 많은 전기를 요구한다. 더 많은 전기가 필요하면 더 많은 석탄을 불에 태워야 한다. 그리고 석탄을 태우면서 지구는 서서히 뜨거워진다.

우리가 지구온난화를 부정하는 이유

인간은 얼마나 오랫동안 지구에 불을 때고 있다는 사실을 알면서도 부정했는가. 인위적 지구온난화(즉, 인류의 활동으로 발생한 온난화)에 대한 이해는 단계적으로 이뤄졌고, 매번 이전 이론보다 발전했다. 가장 최근 이론가들은 1800년대 초반 프랑스 수학자 조제프 푸리에Joseph Fourier의 연구가 그 출발점이었다고 주장한다.[29] 푸리에는 태양과의 거리로 계산한 수치보다 지구의 실제 온도가 훨씬 뜨겁다고 주장했다. 이에 대해 다양한 설명을 고려했는데, 그중 하나는 지구의 대기가 절연 작용을 한다는 것이었다. 푸리에는 최초로 온실 효과를 인지한 인물로 널리 인정받고 있지만, 더 앞선 과학자들에게 그 영광이 돌아가야 한다고 주장하는 사람들도 있다. 제임스 플레밍James Fleming이 지적했듯, 에듬 마리오트Edme Mariotte는 일찍이 1681년에 태양의 빛과 열이 유리나 투명한 물질을 쉽게 통과하는 반면 다른 열원의 열(예를 들면 장파인 적외선)은 그렇지 않다는 사실을 밝혀냈다. 푸리에는 마리오트의 연구 결과를 알고 1827년 논문에 인용했다.

그런데 푸리에는 태양 복사열에 비해 지구가 너무 뜨겁다는 사실을 알아차린 데 그치지 않고, 인간이 지구 표면에서 하는 일이 기온에 영향을 미치고 있을 수도 있다고 생각했다.

> 인간 사회의 설립과 진보는 … 지표면의 상태, 물의 분배, 공기의 큰 움직임을 현저하게 변화시켰다. 따라서 수세기에 걸친 영향으로 평균 온도가 달라졌을 수 있다. 온도를 구하는 공식은 지구 표면의 상태와 관련된 계수를 포함하는데, 이것이 기온에 큰 영향을 미칠 수 있다.

푸리에는 1827년 인위적 기후변화의 가능성을 제기했지만, 가장 근본적으로 인간이 지구에서 하는 활동의 위험성을 밝힌 사례는 1856년 유니스 뉴턴 푸트Eunice Newton Foote의 연구였다.[30] 1856년 푸트는 시험관에 다양한 기체를 채우고 가시광선을 비췄을 때의 온실 효과를 검토했다. 그는 열을 잡아두는 효과가 있는 이산화탄소로 채워진 시험관이 태양 빛에 가장 큰 영향을 받았다고 발표했다. "이산화탄소 대기는 지구 온도를 높일 수 있다. 그리고 많은 사람이 가정하듯, 역사상 한 시점에서 대기 중 이산화탄소 비율이 높아지며 그 영향으로 대기의 온도가 높아지고 무게가 늘어났을 수 있다."

　확실히 짚고 넘어가자. 1856년은 첫 번째 석탄 발전소가 런던에 건설되기 26년 전이다.[31] 이때 이미 대기 중 이산화탄소 증가로 인해 기온이 높아진다는 주장이 제기됐다. 석탄은 본질적으로 죽은 식물이 압축된 것이고 그래서 대부분 탄소로 이뤄져 있다. 이를 태우면 탄소는 공기 중 산소와 반응하여 이산화탄소를 생성한다. 그래서 1882년 최초의 발전소가 만들어지기 전부터 석탄 발전이 수십 년 동안 초래할 문제는 예견되었다. 1900년대 초부터 재앙이 다가온다는 기사가 발표된 것도 어쩌면 당연하다(1장 참조).

　인간은 이산화탄소가 기후에 미치는 영향을 설명하는 이 단순한 과학을 계속 무시해왔다. 영국 기후연구단체 카본 브리프Carbon Brief의 보고서에 따르면 2000년 이후 세계 화석연료 전기 생산은 두 배로 늘어나 2,045GW에 달했다.[32] 이 기간에 기온은 어떻게 변했는가? 끔찍하게 더워졌다! 나사NASA에 따르면 기록이 시작된 이후 가장 더웠던 해 20년 중 19년이 2000년 이후다.[33] 2020년 5월, 나사는 대기 중 평균 이산화탄소량이 414ppm이라고 보고했다. 처음으로 400ppm을 넘어선 것은 2015년 3월 17일이었다. 현재 대기 중 이산화탄소 함량은 지난 80만 년 중 어느 시점보다도 훨씬 높다. 지난 60년 동안 연간 대기 중 이산화탄소 증가율은 그 이전 자연 상태의 증가율의 약 100배였다. 예일 대학교 환경학과의 최근 보고서는 다음과 같이 상황을 요약했다.

이전에 지구의 대기 중 이산화탄소 함량이 300~400ppm이었던 시기는 300만 년 전인 플라이오세Pliocene 중기였다. 지구의 역사를 기준으로 하면 현재와 극단적으로 다르지는 않은 최근이다. 이때 기온은 산업화 이전과 비교하면 2~3℃(3.6~5.4℉) 높았고(북극은 10℃ 이상 더 높았다) 해수면은 최소 15~25m 높았다.[34]

이렇게 과학이 증명하는데도 계속 부정하는 사람이 너무 많다. 교육받지 못하고 정보를 얻지 못한 불운한 사람이 아니라 정보가 충분하고 대중을 보호해야 할 위치에 있는 사람들이 이를 부정하고 나선다. 최근에도 토니 애벗Tony Abbott과 스콧 모리슨Scott Morrison 총리가 정권을 잡았던 호주와 도널드 트럼프 임기 중의 미국이 기후변화와 싸우려는 노력에 적극적으로 반대하거나 이미 이뤄진 조치를 뒤집어버렸다.[35]

우리의 지도자들과 일반 시민들은 어떻게 과학이 그렇게 오랫동안 명백히 주장하는데도 지구가 더워지고 있으며 인간이 그 원인이라는 사실을 부정할 수 있을까? 유니버시티칼리지 런던의 마크 매슬린Mark Maslin 지구과학 교수는 화석연료 기업, 정치 로비스트, 언론계 거물들이 수십 년간 인류 공동체에 의심의 씨앗을 심었다고 지적한다.[36] 그는 세계 5대 석유·가스 공기업이 구속력 있는 기후 정책을 막기 위해 연간 2억 달러를 쓰고 있다고 추산했다. 이는 사실이겠지만, 더 근본적인 의문이 든다. 이들은 어떻게 자신이 주장하는 바를 믿을 수 있는가? 물론 계속해서 화석연료를 태워야 하는 기득권 세력이지만, 자녀와 후손을 들끓는 용광로로 변할 지구에 고의로 던져 넣으려하지는 않을 것이다. 그러니 그들이 실제로 인류가 즉각적 위험에 처했다고 믿지 않는다는 사실을 인정해야 한다. 기후변화 과학을 거부하는 일반 시민들도 마찬가지인 듯하다. 이들 선의의 시민은 후손을 사랑한다. 엄청난 주식을 보유해서 석유기업의 미래에 이해관계가 있는 것도 아니다. 그래서 다시 한 번 묻게 된다. 대체 어떻게 (심리학적 관점에서) 기후변화를 믿지 않는 태도를 유지하는 걸까?

논리적으로, 기후변화 문제에 느긋한 사람들의 맹목적인 자신감을 뒷받침하는 두 가지 주요 믿음이 있다.

문제가 생기면, 신께서 해결할 것이다.
문제가 생기면, 미래의 인간이 해결할 것이다.

물론 종교가 약속하는 신이나 미래를 믿는다면 기후변화로 세계가 파괴된다는 이야기는 가볍게 즐길 수 있는 디스토피아적 상상일 뿐일 것이다. "신께서 그렇게 두실 리 없다. 우리는 그의 자녀이므로." 어떤 이들은 결국 "모든 일은 신의 뜻에 따라 일어난다"고 말한다. (이 논리를 따라가면 결국 어떤 일에 대해서도 적극적으로 행동에 나설 이유가 없다.) 필자들은 정부가 종교적 논리로 행동하는 것이 매우 치명적이라고 생각한다. (십자군 전쟁을 잊지 말자.)

앞에서 말했듯, 신에 대한 믿음은 상당 부분이 죽음 불안에 의한 것이다. 인간이 불멸의 운명을 타고난 선택받은 존재라고 주장하고 싶은 절실한 욕구는 죽음에 대처하지 못하는 인간의 집단적 무능력에서 비롯된다. 마찬가지로 인간은 스스로 지구의 사소한 문제를 초월한 존재라고 믿었다. 인류는 앞서 지구에 살았던 유인원처럼 그저 수명이 정해진 유인원이 아니다. 인간은 특별한 신의 피조물이며, 마주하는 모든 어려움을 해결할 능력이 있다. 어니스트 베커의 말처럼, "인간은 인간의 취약함과 유한성의 진실을 받아들이지 않으며 자연에 대한 인간의 완전한 승리를 확신"한다.[37] 또한 우리가 살아가는 지구와 다른 동물을 지배한다고 생각하며, 인간이 특별하다고, 우주의 중심에 우뚝 서 있다고 믿으려 한다. 인류 역사의 매우 최근까지 인간은 말 그대로 하늘의 만물이 지구 주위를 돈다고 믿었다. 1633년, 갈릴레오 갈릴레이Galileo Galilei는 순전히 지구가 태양을 돈다고 주장했다는 이유만으로 신성 모독죄를 선고받았다. 갈릴레이는 무기한 가택 연금의 벌을 받았고 이는 1642년 죽을 때까지 끝나지 않았다. 과학도 신의 저주를 받는다! 신의 형상을 한 인간은 왕이며 모든 것의 중심에 있어야 한다. 위대함에 대한 인간의 환상이 우리를 죽음으로 몰고 간다.

인간을 있는 그대로 유한의 동물로 보지 못하고 실패할 수 없는 전능한 존재로 생각하는 집단적 믿음은 역사상 너무나 많은 중대한 실수로 이어졌다. 인간은 모든 다른 생물 형태에 우월감을 느끼며 이들을 통제하려 했고, 인간의 목적으로 다른 동물을 이용하며 아무것도 두려워하지 않았다. 우리는 인간이니까! 우리는 천하무적이니까! 크든 작든, 무엇도 인간을 죽일 수 없다.

그리고 코로나19가 나타났다. 이것은 최초의 전염병이 아니다. 인간은 이에 대비했어야 했다.

세계적 전염병

전 세계 인구를 초토화한 전염병은 인류 역사에서 새로운 것이 아니다. 페스트균Yersinia pestis은 인류 역사상 가장 끔찍한 비극인 흑사병과 관련된 박테리아다.[38] 흑사병은 14세기 유럽과 아시아를 휩쓴 것으로 유명하지만, 서기 6세기 유스티니아누스 역병과 18세기에 창궐한 세계적 전염병, 19세기 최초로 5개 대륙 모두에 도달한 역병도 모두 같은 종류였던 것으로 보인다. 놀랍게도 최근에는 기원전 3000년 신석기 인구 감소의 원인 역시 페스트균이었다는 주장이 있다. 이 시기 여러 장소에서 채취한 뼈 표본에서 페스트균의 흔적이 나왔다.[39]

이 박테리아가 신석기부터 존재했다면, 왜 그렇게 오랜 시간이 지나서야 파괴적인 전염병이 발발했는가? 14세기에 인구가 늘어나고 밀집도가 높아졌으며, 무역로를 따른 이동이 극적으로 늘어났다. 역병이 퍼지기 좋은 조건이었다. 페스트균은 제노바 무역선에 탄 검은 쥐에 사는 벼룩을 통해 쉽게 이동했다. 2020년 인구 밀집과 비행기 여행으로 인해 코로나19가 빠르게 퍼졌듯, 14세기에도 국경이 열리고 선원들이 여행하면서 빽빽한 주거지에 역병이 확산됐다. 인간은 전염병에 무방비로 노출됐고 페스트균은 현재까지 아시아, 북아프리카, 유럽에서 7,500만~2억 명을 죽였다.

사람들은 흑사병이 죄악과 이단 행위에 대한 신의 형벌이라고 믿었다(600년도 더 지나서 나타난 인체 면역결핍증 바이러스HIV에 대해서도 같은 주장을 했다). 그리고 죽음을 마주한 사람들은 외집단과 소수자에게 공격적으로 변했다(2장, 3장 참조). 흑사병 사망률이 높아지면서 1348~1349년 각국 기독교 정부에 의해 유대인 수천 명이 대량 학살됐다.

유럽인들은 어떻게 역병을 통제했는가? 역병은 여러 차례 유럽으로 돌아왔기에 길고 힘든 싸움이 이어졌다. 항구 도시 라구사(현 두브로브니크)의 공무원들은 사회적 거리두기와 격리 정책으로 전염병을 막기 시작했다. 선원들은 작은 바위섬 마칸에서 격리 기간을 채워야 도시 성벽 안으로 들어올 수 있었다. 처음에 격리 기간은 30일이었으나 나중에 40일로 늘어났다. 40을 뜻하는 'quarantine(쿼란틴)'은 오늘날 격리를 의미하는 말이 되었다.

500년도 더 지난 지금도 격리는 전염병에 대항하는 보호 조치다. 안타깝게도 봉쇄와 격리 명령 또는 사회적 거리두기와 마스크 쓰기 정책을 무시하는 사람도 많았다. 심지어 정부 당국 권위자도 예외는 아니었다. 오하이오주 85선거구 하원의원인 공화당의 니노 비탈리Nino Vitale는 신의 명예를 더럽히는 마스크를 쓰지 않겠다고 선언했다.[40] 2020년 5월 4일, 코로나19 대유행의 정점에서 비탈리는 페이스북 페이지에 이렇게 썼다. "미국은 유대기독교 원칙으로 지구에 세워진 가장 위대한 국가다. 그 원칙 중 하나는 우리 모두 신을 닮은 모습으로 창조되었다는 것이다. 그 모습은 얼굴에서 가장 많이 드러난다. 나는 마스크를 쓰지 않을 것이다."

신에 대한 믿음이 생존을 향한 투쟁에 방해되는 또 다른 사례다. 2장에서 상세히 설명했듯, 영국에서 진행한 연구에 따르면 종교 집단에 소속되는 것은 코로나19로 사망할 가능성을 높였다. 세계 각지에서 사망률이 올라가는 가운데서도 사람들은 종교 집회에 계속 참석했다. 2020년 3월 15일, 제럴드 글렌Gerald Glenn 목사는 버지니아 교구에서 이렇게 설교했다. "우리가 신이 계신 곳에 있어 기쁩니다. 그러지 못할 수도 있었어요. 정부에서 우리가 모이는 것을 아주 금지할 수도 있었습니다. 정부에게 이렇게 명령할 권한이 있다고 상상해보십시오. 여러분과 내가 교회에 모일 수 없다고요. 자유롭게 이곳에 올 수 있었다는 사실이 기쁘지 않습니까?"**41**

이 예배 영상(현재는 교회 웹사이트에서 삭제됨)에서 글렌 목사는 그날 아침 예배에 185명이 모였다고 말했다. 또한 바이러스가 공동체에 가져오는 두려움과 공포를 이야기했다. 3월 22일, 목사는 "나는 신이 이 두려운 바이러스보다 위대하다고 굳게 믿는다"고 말했다. 글렌 목사는 한 달도 지나지 않은 4월 11일 코로나19로 사망했다.

인간을 그저 유한한 동물로 보기를 거부하며 생겨난 인간의 불패 신화에 대한 신뢰는 특히 미국에서 여러 정치적 실수로 이어지며 코로나19 위기를 심화시켰다. 백악관은 2018년 세계 보건안전 및 생물 방어를 위한 국가안보회의 위원회National Security Council Directorate for Global Health Security and Biodefense를 폐쇄했다.**42** 이 위원회의 소명은 신종 질병이 발병하는 것에 대비하고 전염병이 되어 퍼지는 상황을 막는 것이었다. 또한 트럼프 행정부는 잠재적 전염병을 예측하기 위해 2억 달러를 투자해 만든 'PREDICT'라는 조기 경고 프로그램도 폐기했다.**43** 코로나19가 중국에서 최초로 보고되기 단 3개월 전의 일이었다. PREDICT의 임무는 왜 그토록 중요했을까? 동물에서 인간으로 옮는 인수공통전염병이 인류의 생존에 위협이 된다는 사실이 잘 알려져 있다. 인구가 폭발하면서 인간은 야생동물이나 식용 가축과 가까이 살게 되었다. 에이즈는 침팬지, 에볼라바이러스는 박쥐와 유인원의 전염병이었다. 사스는 중국 사향고양이에서 발견됐고, 니파바이러스는 돼지나 감염된 대추야자 수액을 통해 인간에게 옮았다. 메르스의 감염원은 박쥐였고, 거위에서도 여러 종의 바이러스가 발견됐다. PREDICT 프로그램은 폐쇄 전 위험이 될 수 있는 코로나바이러스 160종을 파악했다. 이에 안심할지 모르겠지만, 에코헬스 얼라이언스 EcoHealth Alliance의 피터 다작Peter Daszak 박사는 인간에게 옮을 가능성이 있는 야생의 미확인 바이러스가 최대 170만 종이라고 추정했다. 인간은 안전하지 않으며, 우리는 이번에도 그 사실을 무시하고 있다.

너무 늦은 것일까?

필자들은 인구가 점점 늘어나는 이유를 설명했다. 오늘날 인구는 78억에 다가가고 있다. 국제연합은 이번 세기가 끝날 때쯤 인구가 110억에 달하리라고 추산한다.[44] 죽음에 대한 공포와 유전자를 이어가야 하는 절실한 욕구는 인류가 멸망의 가능성을 외면하게 만든다. 새로운 입이 태어날 때마다 점점 더 많은 식량이 필요하고, 인간은 점점 더 많이 소비한다. 그리고 그 수요를 맞추려 하면서 지구는 더워진다. 기후 재앙이 늘어가고 해안선은 범람한다. 마지막 남은 동물의 왕국을 침해하면서 인간은 바이러스로 죽어간다.

인간은 인간이 전능하며 우주의 중심이라고 믿었다. 사실 우리는 130억 년 전에 폭발하여 여전히 팽창하고 있는 우주에서 작은 은하의 변방에 있는 작은 바위의 단순한 탄소 기반 생물에 지나지 않는다. 우리은하에만 1조 개 이상의 별이 있다. 놀랍게도, 지구에서 관측되는 우주에는 2조 개 이상의 은하계가 있다. 인간이 하찮다는 사실을 믿기를 거부하면서, 우리는 멸종의 낭떠러지에 서게 됐다. 인간의 최후는 기후 위기 때문일까? 세계적 전염병 때문일까? 기근과 질병으로 인한 전쟁 때문일까? 시간이 지나야 알 수 있을 것이다.

당신이 모든 것을 잊을 때가 곧 올 것이요,
모두가 당신을 잊을 때가 곧 올 것이다. 늘 생각하라.
당신은 곧 아무도 아니게 되며 어디에도 없을 것이다.

마르쿠스 아우렐리우스(121~180),《명상록(Meditations)》

인간에게는, 우리 모두에게는, 끝이 다가오고 있다. 예수, 태양신, 제우스에 대한 믿음은 인간을 구해주지 못한다. 영혼, 본질, 정신에 대한 믿음도 인간을 지켜주지 못한다. 다른 동물보다 인간이 중요하다는 고집도 인간을 보호하지 못한다. 실제로는 앞에서 다뤘듯 그런 믿음이 인간을 더 취약하게 만들 것이다. 이제 사실을 마주할 시간이다. 당신은 영원히 살 수 없는 유인원이며 곧 죽을 것이다. 기억되지도 않을 것이다.

이러한 사실에 대한 부정이 이 책의 핵심이었다. 필자들은 인간 정신의 깊은 곳에 똬리를 틀고 거의 모든 일상적인 선택의 동기로 작용하는 죽음의 공포를 설명했다. 이제 왜 아이를 원하는지, 왜 교회나 사원이나 회당에 가는지, 왜 가족의 성씨를 사랑하는지 알게 되었을 것이다. 왜 내가 사는 국가나 나라를 지지하는지 더 깊이 이해하고, 인종주의와 외국인 혐오의 원인도 깨달았을 것이다. 좀비 영화, 비타민 보조제, 귀신 이야기, 해리포터의 무의식적 매력도 인정하게 되었을지 모른다. 이 모든 정보로 무엇을 할 것인가? 필자들은 당신이 죽음의 망령의 통제를 벗어나길 바란다. 진정으로 당신의 것인 삶을 건설하는 데 이 책이 제공한 통찰이 도움이 되길 바란다. 이제 문화가 기대하는 바는 잊어버리자. 그것은 순전히 공포를 해결하기 위해 창조되었을 뿐이다. 진짜 당신이 하고 싶은 일은 무엇인가? 존재론적 공포를 벗겨내면, 진짜 당신은 누구인가?

지금 당신은 당신이 원하는 대로 움직이는 몸과 다섯 가지 감각을 갖고 있다. 바다에 뛰어들 수도, 산을 오를 수도, 자연의 아름다움을 바라볼 수도 있다. 전 세계의 음식을 냄새 맡고 맛볼 수 있고, 타인을 사랑하고 끌어안을 수 있고, 베토벤과 비욘세의 음악에 귀를 기울일 수 있다. 삶이 끝난다는 사실을 두려워하며 삶을 낭비하지 말라. 인간의 유한성을 받아들이고, 당신이 가진 매 순간을 즐기고, 죽음의 운명을 받아들이는 법을 배워라. 죽음의 신은 어둠의 존재가 아니라, 당신에게 휴식을 허락하고 다른 존재에게 자리를 만들어주러 오는 것이다. 모두가 태양 아래에서 자신의 시간을 누린다.

감사의 말

우리는 거인들의 어깨 위에 서 있다. 천천히 죽음의 문을 열어 인간행동을 형성하는 죽음의 역할을 탐구한 인류학자, 심리학자, 고고학자, 철학자, 사회과학자에게 빚진 바가 크다. 특히 어니스트 베커, 제프 그린버그, 셸던 솔로몬, 톰 피진스키의 획기적인 연구에 감사한다. 필자들은 여러 프로젝트에서 제프와 톰과 협업하는 기쁨을 누렸으며, 그들의 아이디어는 이 책의 여러 장에 스며들어 있다. 마찬가지로 5장에 많은 영향을 준 마리오 미컬린서에게도 은혜를 입었다. 또한 우리의 소중한 친구이자 애도와 상실에 대한 인간 반응과 관련된 모든 문제에서 가장 먼저 찾아가는 로버트 네이마이어에게도 감사한다.

특히 시드니 대학의 일란 다르-님로드 조교수와 루이즈 샤프 교수의 수년에 걸친 귀중한 참여에 깊이 감사한다. 그들이 우리의 사고에 미친 영향은 이루 말할 수 없이 크며, 죽음에 관한 연구를 수행할 수 있었던 것은 그들의 지원과 지도 덕분이다.

학계 밖에서는 에이전트 가비 나헤르에게 감사하며, 톰 질리어트가 이끄는 앨런&언윈 출판사의 멋진 팀에도 감사한다. 가비와 톰은 구성 단계부터 이 책에 엄청난 믿음을 보여줬다. 집필 과정 내내 그들의 열정과 예리한 피드백은 큰 도움이 되었다.

마지막으로, 가족과 친구에게 가장 큰 감사를 전해야 할 것 같다. 특히 필자들의 배우자(라클란과 마고), 부모님(제니-마리, 헬렌, 콜린), 아이들(헨리, 마틸다, 주드)에게 큰 빚을 졌다. 이렇게 광범위한 책을 쓰는 데는 긴 시간이 필요했고, 필자 두 사람은 프로젝트가 진행되는 동안 여러 번 가족을 저버렸다. 끝없는 격려를 보내주고 저녁 식사 자리에서 죽음에 대해 기꺼이 이야기해준 가족들의 인내와 사랑에 감사한다.

주석

1 죽음에 눈뜨다

1 A. Gibbons, 'Food for thought: Did the first cooked meals help fuel the dramatic evolutionary expansion of the human brain?', *Science*, 2007, vol. 316, no. 5831, pp. 1558–60.

2 D.M. Boyer, S. Toussaint & M. Godinot, 'Postcrania of the most primitive euprimate and implications for primate origins', *Journal of Human Evolution*, 2017, vol. 111, pp. 202–15, (doi.org/10.1016/j.jhevol.2017.07.005).

3 the website of the International Chess Federation: ratings.fide.com

4 Peter Doggers, 'Timur Gareyev plays record 48 games blindfolded—now recognized by Guinness', www.chess.com/news/view/timur-gareyev-plays-blindfold-on-48-boards-5729, 24 March 2017.

5 The Knowledge. Public Carriage Office, Transport for London.

6 R.G. Menzies & R.E. Menzies, 'The death instinct and psychodynamic accounts of the wound of mortality', in R.E. Menzies, R.G. Menzies & L. Iverach, (eds), *Curing the Dread of Death: Theory, research and practice*, Australian Academic Press, Samford Valley, QLD, 2018, pp. 83–101.

7 R.G. Menzies & R.E. Menzies 'Fear of death: Nature, development and

moderating factors', in Menzies, Menzies & Iverach (eds), *Curing the Dread of Death*, pp. 21–40.

8 T.H. Ollendick, 'Reliability and validity of the Revised Fear Survey Schedule for Children (FSSC-R)', *Behaviour*, Research and Therapy, 1983, vol. 21, pp. 685–92.

9 R.G. Menzies & R.E. Menzies, 'Fear of death: Nature, development and moderating factors', in Menzies, Menzies & Iverach (eds), *Curing the Dread of Death*, pp. 21–40.

10 J. Greenberg, S. Solomon & T. Pyszczynski, *The Worm at the Core: On the role of death in life*, Penguin, London, UK, 2015.

11 T.H. Ollendick & N.J. King, 'Fears and their level of interference in adolescents', *Behaviour Research and Therapy*, 1994, vol. 32, pp. 635–8.

12 C. Ens & J.B. Bond, 'Death anxiety in adolescents: The contributions of bereavement and religiosity', *Omega*, 2007, vol. 55, pp. 169–84.

13 R.G. Menzies & R.E. Menzies 'Fear of death: Nature, development and moderating factors', in Menzies, Menzies & Iverach (eds), *Curing the Dread of Death*, pp. 21–40.

14 R.G. Menzies, & R.E. Menzies, 'Fear of death: Nature, development and moderating factors'; J.A. Thorson & F.C. Powell, 'Elements of death anxiety and meanings of death', *Journal of Clinical Psychology*, 1988, vol. 44, pp. 691–701; J.A. Thorson & F.C. Powell, 'Personality, death anxiety, and gender', *Bulletin of Psychonomic Society*, 1993, vol. 31, pp. 589–90.

15 D. Lester, 'Experimental and correlational studies of the fear of death', *Psychological Bulletin*, 1967, vol. 67, pp. 27–36.

16 R.G. Menzies & R.E. Menzies, 'Fear of death: Nature, development and moderating factors', in Menzies, Menzies & Iverach (eds), *Curing the Dread of Death*, pp. 21–40.

17 R.A. Kalish, 'The role of age in death attitudes', *Death Education*, 1977, vol. 1, pp. 205–30.

18 S. J. Stevens, P.E. Cooper & L.E. Thomas, 'Age norms for the Templer's Death

Anxiety Scale', *Psychological Reports*, 1980, vol. 46, pp. 205–6.

19 E. Becker, *The Denial of Death*, Free Press, New York, NY, 1973.

20 J. Greenberg, S. Solomon & T. Psyzczynski, 'Terror management theory of self-esteem and cultural worldviews: Empirical assessments and conceptual refinements', in M.P. Zanna (ed.), *Advances in Experimental Social Psychology*, Academic Press, San Diego, CA, 1997, vol. 29, pp. 61–139.

21 C. Bukowski, *The People Look like Flowers at Last*, HarperCollins, New York, NY, 2008.

22 'Monument to Captain Matthew Webb (1848–1883)', National Recording Project, Public Monuments and Sculpture Association: web.archive.org/web/20180823042024/https://www.pmsa.org.uk/pmsa-database/5609/; 'Webb memorial is restored to town', BBC News: news.bbc.co.uk/2/hi/uk_news/england/shropshire/8285684.stm, 1 October 2009.

23 H. de Bertodano, 'House of Spirits author Isabel Allende on finding love in her seventies', *The Sunday Times* (London), www.thetimes.co.uk/article/isabel-allende-interview_finding-love-76ks0vgcx, 12 January 2020.

24 M. Niederle & L. Vesterlund, 'Gender and competition', *The Annual Review of Economics*, 2011, vol. 3, pp. 601–30.

25 *Guinness World Records 2021*, Guinness World Records Limited, London, UK, 2020.

26 William Shakespeare, *Hamlet*, Act V, Scene I, Penguin Press, London, UK, 2010.

27 R.A. Cummins, 'Subjective wellbeing, homeostatically protected mood and depression: A synthesis', *Journal of Happiness Studies*, 2010, vol. 11, pp. 1–17.

28 I. Dar-Nimrod, 'Viewing death on television increases the appeal of advertised products', *Journal of Social Psychology*, 2012, vol. 152, no. 2, pp. 199–211.

29 'Coal consumption affecting climate', *The Rodney and Otamatea Times*, 14 August 1912.

30 E. Becker, *The Denial of Death*, Free Press, New York, NY, 1973.

31 E. Becker, *Escape from Evil*, Free Press, New York, NY, 1975, p. 72.

32 www.pewforum.org/2012/12/18/global-religious_landscape-exec/.

1   Herodotus, *The Histories*, trans. A. De Sélincourt, Penguin, London, UK, 1996, p. 125.

2   M. Kerrigan, *The History of Death: Burial customs and funeral rites from the ancient world to modern times*, Lyons Press, Guildford, CT, 2007; E. Okon, 'Archaeological reflections on ancient Egyptian religion and society', *European Scientific Journal*, 2012, vol. 8, no. 26, pp. 107–17; A.J. Spencer, *Life in Ancient Egypt*, Penguin, London, UK, 1982; J. Zandee, *Death as an Enemy According to Ancient Egyptian Conceptions*, Arno Press, New York, NY, 1977; J. Hamilton-Paterson & C. Andrews, *Mummies: Death and life in ancient Egypt*, Collins, London, 1978.

3   S. Morenz, *Egyptian Religion*, Cornell University Press, Ithaca, NY, 1992, p. 205.

4   M.S. Mirto, *Death in the Greek World: From Homer to the classical age*, trans. A.M. Osborne, University of Oklahoma Press, Norman, OK, 2012; A. Mayor, *Gods and Robots: Myths, machines and ancient dreams of technology*, Princeton University Press, Princeton, NJ, 2018.

5   Homer, *The Homeric Hymns*, trans. J. Cashford, Penguin, London, UK, 2003.

6   Alfred, Lord Tennyson, 'Tithonus', originally composed in 1833 under the title 'Tithon'.

7   F. Graf & S.I. Johnston, *Ritual Texts for the Afterlife: Orpheus and the Bacchic gold tablets*, Routledge, London, UK, 2007.

8   M.L. Keller, 'The ritual path of initiation into the Eleusinian mysteries', *Rosicrucian Digest*, 2009, vol. 2, pp. 28–42; K. Clinton, 'The mysteries of Demeter and Kore', in D. Ogden (ed.), *A Companion to Greek Religion*, Oxford University Press, Oxford, UK, 2007, pp. 342–56; C. Sourvinou-Inwood, 'Festivals and mysteries: Aspects of Eleusinian cult', in M. Cosmopoulos (ed.), *Greek Mysteries*, Routledge, London, UK, 2003.

9   S. Johnston, *Ancient Religions*, Harvard University Press, Cambridge, MA, 2009, p. 216.

10 S.G. Cole, 'Landscapes of Dionysos and Elysian fields', in Cosmopoulos (ed.), *Greek Mysteries*, p. 199.

11 E. Hamilton, *The Greek Way*, Norton, New York, NY, 1930, p. 179.

12 K. Clinton, 'The mysteries of Demeter and Kore', in D. Ogden (ed.), *A Companion to Greek Religion*, Oxford University Press, Oxford, UK, 2007, p. 356.

13 D. Cohn-Sherbok (ed.), *Beyond Death*, Palgrave Macmillan, London, UK, 1995; Muhammad Abdel Haleem, 'Life and beyond in the Qur'an'; D. Cohn-Sherbok, 'The Jewish doctrine of hell'; and Geoffrey Parrinder, 'The indestructible soul—Indian and Asian beliefs'; J.Z. Edmondson, 'Life and immortality: A comparison of scientific, Christian, and Hindu concepts', *Life Science Journal*, 2005, vol. 2, no. 1, pp. 2–6; A. Masao and D. Dilworth, 'The problem of death in East and West: Immortality, eternal life, unbornness', *Eastern Buddhist*, 1986, vol. 19, no. 2, pp. 30–61.

14 *Unpanishads* (Chandogya Unpanishad, 5.10.7) quoted in Parrinder, 'The indestructible soul', p. 83.

15 *Bhagavad Gita* (2.20, 2.22), quoted in Parrinder, 'The indestructible soul', p. 85.

16 Swati Daftuar, 'Polluted flows the Ganga', *The Hindu*, 25 July 2011; Amrit Dhillon, 'The Ganges: Holy river from hell', *Sydney Morning Herald*, 6 August 2014.

17 ueppcb.uk.gov.in/files/Avg_Data_of_River_Ganga_and_its_Tributaries.pdf.

18 S. Lakshminarayanan & R. Jayalakshmy, 'Diarrheal diseases among children in India: Current scenario and future perspectives', *Journal of Natural Science, Biology and Medicine*, 2015, vol. 6, no. 1, pp. 24–8.

19 'The race to save the river Ganges', S. Scarr, W. Cai, V. Kumar & A. Pal, graphics. reuters.com/INDIA_RIVER/010081TW39P/index.html#:~:text=The%20 Ganges%20has%20many%20tributaries,source%20for%20400%20million%20 people, 18 January 2019.

20 Buddhaghosa, *The Path of Purification: Visuddhimagga*, trans. B. Nanamoli, Buddhist Publication Society, Kandy, Sri Lanka, 1991, p. 183.

21 *Kūkai a.k.a Kōbō-Daishi: English Translation of His Poetry and Prose.*

22 R.H. Sharf, 'The idolization of enlightenment: On the mummification of Ch'an masters in medieval China', *History of Religions*, 1992, vol. 32, no. 1, pp. 1–31.

23 Buddha Tooth Relic Temple (Singapore): www.btrts.org.sg.

24 T. Dawn Wei & M. Toh, 'Is Buddha tooth in Singapore the real McCoy?', *Straits Times*, 15 July 2007.

25 www.thelifeyoucansave.org.au/impact-calculator.

26 B.Q. Mintz, 'Religious approaches to death and dying: The Jewish approach', Jurist, 1999, vol. 59, pp. 161–74; R.S. Kirschner, 'Maimonides' fiction of resurrection', *Hebrew Union College Annual*, 1981, vol. 52, pp. 163–93.

27 Isaiah 25:8, per multiple English translations.

28 Daniel 12:2–3, English Standard Version® (ESV®), Crossway, Good News Publishers, 2001.

29 '13 Principles of Faith', Jews for Judaism website: jewsforjudaism.org/knowledge/articles/13-principles-of-faith, accessed May 2021.

30 Kirschner, 'Maimonides' fiction of resurrection', originally found in *Mishneh Torah*, Hilkhot Teshuvah 10:5.

31 Flavius Josephus, originally found in *The Jewish War*, vol. 2, pp. 152–3; M. Finney, *Resurrection, Hell and the Afterlife: Body and soul in antiquity, Judaism and early Christianity*, Routledge, London, UK, 2016.

32 www.learnhebrewpod.com/jewish-prayers/Elohay_Neshama.

33 Genesis 17:14, American Standard Version, 1901.

34 E. Elhaik, 'Neonatal circumcision and prematurity are associated with sudden infant death syndrome (SIDS)', *Journal of Clinical and Translational Research*, 2019, vol. 4, no. 2, pp. 136–51.

35 AP, 'NYC, Orthodox Jews in talks over ritual after herpes case', *New York Associated Press*, 21 February 2015; C. Campanile, 'New case of neonatal herpes caused by Jewish circumcision', New York Post, 8 March 2017.

36 R.J. Ruttimann, 'Asclepius and Jesus: The form, character and status of the Asclepius cult in the second-century CE and its influence on early Christianity',

Harvard University, 1987, ProQuest Dissertations Publishing, 8719770.

37 D. Woods, 'On the death of the Empress Fausta', *Greece & Rome*, 1998, vol. 45, no, 1, pp. 70–86; www.jstor.org/stable/643208, 5 May 2021.

38 John 10:28, per multiple English translations, and Revelation 21:4, American Standard Version, 1901.

39 in the King James Version of the Bible using the website BibleGateway.

40 Luke 7:11–17, Mark 5:21–43, Acts 20:7–12 and 9:36–43.

41 Hannah Brockhaus, 'Choose everlasting life, not death, Pope Francis says', *Catholic News Agency*, 3 November 2017.

42 W.G. Pansters, La Santa Muerte in Mexico: History, devotion and society, University of New Mexico Press, Albuquerque, NM, 2019; R.A. Chesnut, *Devoted to Death: Santa Muerte, the skeleton saint*, Oxford University Press, Oxford, UK, 2012.

43 Kate Kingsbury and Andrew Chesnut, 'The Church's life-and-death struggle with Santa Muerte', *Catholic Herald webpage*, 11 April 2019.

44 www.pewforum.org/religious-landscape_study/christians/christian/views-about-abortion.

45 John L. Allen Jr., 'Senators employ stalking horse to oppose Catholic judicial nominee', *Crux webpage*, 30 December 2018.

46 R. Fausset, 'For Robert Dear, religion and rage before Planned Parenthood attack', *New York Times*, 1 December 2015.

47 www.bbc.com/news/uk-northern-ireland-20321741.

48 P. Wilson, 'Jehovah's Witness children: When religion and the law collide', *Paediatric Nursing*, 2005, vol. 17, no. 3, pp. 34–7.

49 S. Smith, 'Jehovah's Witnesses incapable of free, informed refusal of blood, former adherent says', 31 October 2016, *CBC News*, www.cbc.ca/news/canada/montreal/jehovah-s_witnesses-incapable-of-free-informed-refusal-of-blood-former_adherent-says-1.3829778.

50 J.I. Smith, 'Reflections on aspects of immortality in Islam', *Harvard Theological*

Review, 1977, vol. 70, pp. 85–98.

51 S. Bayrak, *The Path of Muhammad: A book on Islamic morals and ethics by Imam Birgivi*, World Wisdom, 2005, p. 345.

52 M.A. Haleem, 'Life and Beyond in the Qur'an', in D. Cohn-Sherbok & C. Lewis (eds), *Beyond Death*, Palgrave Macmillan, London, UK, 1995, pp. 66–79.

53 Ali, *Heretic: Why Islam needs a reformation now*, Harper, New York, NY, 2015.

54 Ali, *Heretic*.

55 Ali, *Heretic*.

56 Ali, *Heretic*.

57 Ali, *Heretic*.

58 www.pewresearch.org/global/2013/09/10/muslim-publics-share-concerns-about-extremist-groups.

59 M. Kerrigan, *The History of Death: Burial customs and funeral rites from the ancient world to modern times*, Lyons Press; S. Sturluson, The Prose Edda, trans. A.G. Brodeur, American-Scandinavian Foundation, New York, NY, 1916.

60 M. Kerrigan, *The History of Death: Burial customs and funeral rites from the ancient world to modern times*, Lyons Press, Guildford, CT, 2007.

61 Anon., 'King Eirik "Bloodaxe" is expected in Valhalla', in Judith Jesch, *Viking Poetry of Love and War*, British Museum Press, London, UK, 2013, p. 40.

62 M. Graulich, 'Aztec human sacrifice as expiation', *History of Religions*, 2000, vol. 39, no. 4, pp. 352–71.

63 V.D. Hanson, *Carnage and Culture*, Doubleday, New York, NY, 2000.

64 R.C. Lukas, *Out of the Inferno: Poles remember the Holocaust*, University Press of Kentucky, Lexington, KY, 1989.

65 'Remaining Jewish population of Europe in 1945', United States Holocaust Memorial Museum, Washington, DC, encyclopedia.ushmm.org/content/en/article/remaining-jewish-population-of-europe-in-1945.

66 S. Friedländer, *Nazi Germany and the Jews: The years of persecution 1933–39*, Weidenfeld & Nicolson, London, UK, 1997, p. 47.

67 www.pewforum.org/2013/04/30/the-worlds-muslims_religion-politics-society-overview.

68 ucr.fbi.gov/hate_crime/2019/resource-pages/tables/table-1.xls.

69 B. Hunsberger, 'Religious fundamentalism, right-wing authoritarianism, and hostility toward homosexuals in non-Christian religious groups', *International Journal for the Psychology of Religion*, 1996, vol. 6, no. 1, pp. 39–49; E. Jonathan, 'The influence of religious fundamentalism, right-wing authoritarianism, and Christian orthodoxy on explicit and implicit measures of attitudes toward homosexuals', *International Journal for the Psychology of Religion*, 2008, vol. 18, no. 4, pp. 316–29.

70 www.nytimes.com/2016/06/13/us/orlando-nightclub-shooting.html.

71 www.psychologytoday.com/us/blog/empathy-and_relationships/201704/expression-leads-oppression.

72 www.pewforum.org/religious-landscape-study/views-about-homosexuality.

73 'Brunei Sultan calls for "stronger" Islamic teachings, as Syariah laws due to enter force', *The Straits Times*, 3 April 2019.

74 the AP-NORC Centre for Public Affairs Research; Elana Schor and Hannah Fingerhut, 'Poll: US believers see message of change from God in virus', 16 May 2020, Associated Press website.

75 T.D. Hill, K. Gonzalez & A.M. Burdette, 'The blood of Christ compels them: State religiosity and state population mobility during the coronavirus (COVID-19) pandemic', *Journal of Religion and Health*, 2020, vol. 28, pp. 1–14.

76 S. Hendrix & R. Eglash, 'Israel ordered a second lockdown in response to coronavirus resurgence. It's not going so well', *The Washington Post*, www.washingtonpost.com/world/middle_east/israel_lockdown-coronavirus-protests/2020/10/18/9ba7d462-0d86-11eb-b404-8d1e675ec701_story.html; M. Kugelman, 'Pakistan's government is caught between a mosque and a hard place', *Foreign Policy*, foreignpolicy.com/2020/04/24/pakistan-ramadan_coronavirus-pandemic-mosques; P. Pundir, 'One of the world's wealthiest Hindu

temples is now a COVID-19 hotspot. It's still open', Vice, www.vice.com/en/article/pkyvy8/lord-venkateswara-temple-covid-hotspot; A. Lichtenstein, R. Ayaji & N. Egbunike, 'Across Africa, COVID-19 heightens tension between faith and science', *Global Voices*, globalvoices.org/2020/03/25/across-africa-covid-19-heightens-tension-between-faith-and-science.

77 W.J. Wildman, J. Bulbulia, R. Sosis, & U. Schjoedt, 'Religion and the COVID-19 pandemic', *Religion, Brain & Behavior*, 2020, vol. 10, no. 2, pp. 115–17.

78 D. Siddiqui, 'Hindu group offers cow urine in a bid to ward off coronavirus', Reuters, www.reuters.com/article/us-health-coronavirus-india_cow-urine-pa-idUSKBN2110D5.

79 'Shas party slapped with fine for anti-virus charms', *The Times of Israel*, www.timesofisrael.com/shas-party-slapped-with-fine_for-anti-virus-charms, 2 March 2020.

80 'Top ultra-Orthodox leader tells yeshiva heads: Don't rush to quarantine students', *The Times of Israel*, www.timesofisrael.com/top-ultra-orthodox_leader-tells-yeshiva-heads-dont-rush-to-quarantine-students, 1 September 2020.

81 A. Rabinowitz, & J. Breiner, 'Tens of thousands of Haredi students went to school Sunday, violating coronavirus closure', *Haaretz*, www.haaretz.com/israel-news/.premium-tens-of_thousands-of-haredi-students-went-to-school-violating_coronavirus-closure-1.8677769, 16 March 2020.

82 'Coronavirus (COVID-19) related deaths by religious group, England and Wales: 2 March to 15 May 2020', *the Office for National Statistics*, 19 June 2020.

83 J. Bentzen, In Crisis, *We Pray: Religiosity and the COVID-19 pandemic*, CEPR Discussion Paper No. Dp14824, 2020.

3 문화에 매달리다

1 J. Greenberg, S. Solomon & T. Pyszczynski, *The Worm at the Core: On the role of death in life*, Penguin, London, UK, 2015; E. Becker, The Denial of Death,

1973, Free Press, New York, NY.

2 E. Becker, *The Denial of Death*, pp. 87, 133.

3 Becker, *The Denial of Death*, pp. 187.

4 Homer, S. Butler (trans.), *The Iliad*, Longmans, Green & Co, London, 1898, Book 9, lines 412–16.

5 A. Mayor, *Gods and Robots: Myths, machines and ancient dreams of technology*, Princeton University Press, Princeton, NJ, 2018.

6 A. Rosenblatt, J. Greenberg, S. Solomon, T. Pyszczynski & D. Lyon, 'Evidence for Terror Management Theory: I. The effects of mortality salience on reactions to those who violate or uphold cultural values', *Journal of Personality and Social Psychology*, 1989, vol. 57, no. 4, pp. 681–90.

7 H.A. McGregor, J. Lieverman, J. Greenberg, et al., 'Terror management and aggression: Evidence that mortality salience motivates aggression against worldview-threatening others', *Journal of Personality and Social Psychology*, 1989, vol. 74, no. 3, pp. 590–605.

8 T. Pyszczynski, A. Abdollahi, S. Solomon, J. Greenberg, F. Cohen & D. Weise, D., 'Mortality salience, martyrdom, and military might: The great Satan versus the axis of evil', *Personality and Social Psychology Bulletin*, 2006, vol. 32, no. 4, pp. 535–7.

9 M.J. Landau, S. Solomon, J. Greenberg, et al., 'Deliver us from evil: The effects of mortality salience and reminders of 9/11 on support for President George W. Bush', *Personality and Social Psychology Bulletin*, 2004, vol. 30, no. 9, pp. 1136–50.

10 F. Cohen, D.M. Ogilvie, S. Solomon, J. Greenberg & T. Pyszczynski, 'American roulette: The effect of reminders of death on support for George W. Bush in the 2004 presidential election', *Analyses of Social Issues and Public Policy*, 2005, vol. 5, no. 1, pp. 177–87.

11 E. Clift & M. Spieler, *Selecting a President, Macmillan*, New York, NY, 2012, p. 85.

12 내셔널 몰 산책에 대한 설명은 온라인에서 구할 수 있는 지역 지도를 기반으로 했다.

13 B.L. Burke, A. Martens & E.H. Faucher, 'Two decades of Terror Management Theory: A meta-analysis of mortality salience research', *Personality and Social Psychology Review*, 2010, vol. 14, no. 2, pp. 155–95, doi.org/10.1177/1088868309352321.

14 B. Jabour, 'Charlie Hebdo attack: Ambassador tells Australia our shared values targeted', *The Guardian*, 8 January 2015, www.theguardian.com/world/2015/jan/08/charlie-ebdo-attack-ambassador-tells-australia-our-shared-values-targeted; A. Mercier, 'In Conversation: Australia's ambassador to France, Stephen Brady, on terrorism and multicultural societies', published 16 February 2016, theconversation.com/in-conversation-australias-ambassador-to-france-stephen-brady-on-terrorism-and-multicultural-societies-53613.

15 A. Barnard, 'Beirut, also the site of deadly attacks, feels forgotten', *New York Times*, 15 November 2015.

4 불멸성 프로젝트와 창작물

1 P.G. Bahn, *Cave Art: A guide to the decorated ice age caves of Europe*, Frances Lincoln Publishers, London, UK, 2012.

2 'Actor Keanu Reeves' hand and footprints immortalized in front of Chinese Theatre', 14 May 2019, *United Press International*, (upi.com); 'Director Quentin Tarantino participates in a hand and footprint ceremony immortalizing him', 6 January 2016, United Press International, (upi.com); '"Twilight" stars to be immortalized in cement', 20 October 2011, Today, (www.today.com/popculture/twilight-stars-be-immortalized-cement-1C9494643).

3 *Princeton Alumni Weekly*, 15 January 1986.

4 B. Malloy, 'Hollywood handprints and footprints at Grauman's Chinese Theatre', *Tripsavvy*, 22 July 2019, (www.tripsavvy.com/hollywood-handprints-and-footprints-at-

graumans-chinese-theatre-41209080).

5 P. Mora, L. Mora & P. Philippot, *Conservation of Wall Paintings*, 1984, Butterworths, Sevenoaks, pp. 34–54.

6 D. Schmandt-Besserat, *When Writing Met Art: From symbol to story*, University of Texas Press, Austin, Texas, 2007.

7 A. Graham-Dixon, *Michelangelo and the Sistine Chapel*, Weidenfeld & Nicolson, London, 2009.

8 G. Mazur, *Zeppo's First Wife*, University of Chicago Press, Chicago, 2005.

9 A. Graham-Dixon, *Michelangelo and the Sistine Chapel*, Weidenfeld & Nicolson, London, 2009.

10 G. Vasari & G. Bull (trans.), *The Lives of the Artists*, Penguin Classics, New York, NY, 1988.

11 A. Graham-Dixon, *Michelangelo and the Sistine Chapel*, Weidenfeld & Nicolson, London, 2009.

12 D.A. Teunis, *Satan's Secret: Exposing the master of deception and the father of lies*, AuthorHouse, 2003.

13 A. Condivi, A.S. Wohl (trans), Hellmut Wohl (ed.), *The Life of Michelangelo*, Penn State University Press, University Park, PA, 1999.

14 A. Condivi, A.S. Wohl (trans), Hellmut Wohl (ed.), *The Life of Michelangelo*, p. 4.

15 Marcus Aurelius, *Meditations*, Penguin, London, 2006.

16 M. Lehner and Z. Hawas, *Giza and the Pyramids: The definitive history*, University of Chicago Press, Chicago, IL, 2017.

17 M. Lehner and Z. Hawas, *Giza and the Pyramids: The definitive history*, University of Chicago Press, Chicago, IL, 2017.

18 A.F. Kendrick, 'The Central Tower', *The Cathedral Church of Lincoln: A history and description of its fabric and a list of the bishops*, George Bell & Sons, London, 1902, p. 60.

19 David I. Harvie, *Eiffel: The genius who reinvented himself*, Sutton, Stroud, Gloucestershire: 2006, p. 78.

20 J. Jonnes, *Eiffel's Tower: The thrilling story behind Paris's beloved monument and the extraordinary World's Fair that introduced it*, Viking Press, New York, NY, 2009.

21 Robert Lifton, *New York Times*, 1972.

22 J. Hagen and R.C. Ostergen, *Building Nazi Germany: Place, space, architecture, and ideology*, Rowman & Littlefield, Lanham, MD, 2019.

23 archive.org/details/Ge3rd.

24 Adolf Hitler, Gerhard L. Weinberg (ed.), *Hitler's Second Book: The unpublished sequel to Mein Kampf, Enigma Books*, New York, NY, 2006.

25 T.H. Lim, *The Dead Sea Scrolls: A very short introduction*, Oxford University Press, Oxford, UK, 2005.

26 Hesiod, G.W. Most (trans. & ed.), *Theogony, Works and Days, Testimonia*, Loeb Classical Library, Harvard University Press, 2006.

27 J.P. Allen, *The Ancient Egyptian Pyramid Texts*, Society of Biblical Literature, Atlanta, Georgia, 2015.

28 A.R. George, *The Epic of Gilgamesh: The Babylonian epic poem and other texts in Akkadian and Sumerian*, Penguin Classics, New York, NY, 2003.

29 A. Billen, *Charles Dickens: The man who invented Christmas*, Short Books, London, 2005.

30 Charles Dickens, *A Christmas Carol*, Penguin, London, 2013.

31 S. Hayes & S. Smith, *Get Out of Your Mind and Into Your Life*, New Harbinger Publications, Oakland, CA, 2005.

32 L. Spiegel, 'Spooky number of Americans believe in ghosts', *HuffPost*, 2 February 2013, (www.huffpost.com/entry/real-ghosts-americans-poll_n_2049485).

33 M. Lipka, 'Eighteen percent of Americans say they've seen a ghost', 30 October 2015, www.pewresearch.org/fact-tank/2015/10/30/18-of-americans-say-theyve-seen-a-ghost/; https://www.pewforum.org/2009/12/09/many-americans-mix-multiple-faiths/#ghosts-fortunetellers-and-communicating-with-the-dead.

34 www.icelandreview.com/news/iceland-still-believes-elves-and-

ghosts/#:~:text=According%20to%20a%20recent%20study,existence%20of%20
elves%20and%20ghosts.&text=Four%20percent%20had%20no%20opinion%20
on%20the%20existence%20of%20ghosts.

35 R. Wallis, 'Ghosts, elves alive and well: Iceland's belief in supernatural is no fairy
tale', *Los Angeles Times*, 12 October 1986.

36 W. Rees, 'Hallucinations of widowhood', *British Medical Journal*, 2 October
1971, vol. 4, no. 5778, pp. 37–8, 39–41.

37 J. Swift, R.J. DeMaria (ed.), *Gulliver's Travels*, Penguin, London, 2003.

38 M. Spark, *Mary Shelley*, Cardinal, London, 1987.

39 A. Rice, 'Vampires are the best metaphor for life and the human condition', Herald.
ie, 14 November 2014, www.independent.ie/regionals/herald/news/vampires-are-
the-best-metaphor-for-life-and-the-human-condition-30745348.html.

40 L. Potter, *The Life of William Shakespeare: A critical biography*, John Wiley
& Sons, Chichester, West Sussex, UK, 2012; Shakespeare and Death: Laurie
Maguire, Oxford Academic (Oxford University Press), YouTube, 4 May 2016,
www.youtube.com/watch?v=PjiZqPd9w7s.

41 Philip Schwyzer, 'Grave curse shows Shakespeare's fear for this bones',
Reuters, 25 April 2007, (www.reuters.com/article/uk-britain-shakespeare-
idUKL2431906320070425); P. Schwyzer, 'Shakespeare, skulls and tombstone
curses—thoughts on the Bard's deathday', *The Conversation*, 22 April 2016,
(heconversation.com/shakespeare-skulls-and-tombstone-curses-thoughts-on-the-bards-
deathday-55984).

42 The online LitCharts blog: www.litcharts.com/blog/shakespeare/death-
shakespeare-characters-died-shakespeares-tragedies/.

43 *Shakespeare and Death: Laurie Maguire*, Oxford University Press video, www.
youtube.com/watch? v=PjiZqPd9w7s.

44 William Shakespeare, *Julius Caesar*, Act III, Scene i, Penguin, London, 2017.

45 L. Potter, *Life of William Shakespeare;* www.opensourceshakespeare.org/views/
plays/plays_numlines.php.

46 S. Burke, 'Our world—five continents linked via satellite', 25 June 1967, CBC Archives, Canadian Broadcasting Corporation, Toronto, archived from the original on 7 January 2016.

5 오직 사랑뿐

1 B. Radice (ed., trans.), 'To Cornelius Tacitus', *The Letters of the Younger Pliny*, 1964, Penguin Books, London, pp. 170–3.

2 미코 플로어의 폼페이 시신 위치에 대한 뛰어난 분석 등에 대해서는 온라인에서 '공황의 고고학?(The archaeology of panic?)'이라는 제목으로 검색하면 무료로 정보를 얻을 수 있다.

3 M.R. Leary, E.S. Tambor, S.K. Terdal & D.L. Downs, 'Self-esteem as an interpersonal monitor: The sociometer hypothesis', *Journal of Personality and Social Psychology*, 1995, vol. 68, no. 3, pp. 518–30, (doi:10.1037/0022-3514.68.3.518).

4 J. Cassidy & P.R. Shaver, *Handbook of Attachment: Theory research and clinical applications*, Guilford Press, New York, NY, 2018; R. Chris Fraley, 'Adult attachment theory and research: a brief overview', 2018, labs.psychology.illinois. edu/~rcfraley/attachment.htm.

5 L.A. Sroufe & E. Waters, 'Attachment as an organizational construct', *Child Development*, 1977, vol. 48, no. 4, pp. 1184–99.

6 S. Sprecher, D. Felmlee, S. Metts, B. Fehr & D. Vanni, 'Factors associated with distress following the breakup of a close relationship', *Journal of Social and Personal Relationships*, 1998, vol. 15, no. 6, pp. 791–809, (doi. org/10.1177/0265407598156005); E.R. Boogar, A.A. Asgharnejad Farid & A. Rahimimejad, 'Relationship between attachment style and mental health in adult survivors of the Bam earthquake', *Psychological Research*, 2008, vol. 11, no. 1–2, pp. 27–40; Z. Solomon, K. Ginzburg, M. Mikulincer, Y. Neria & A. Ohry, 'Coping with war captivity: The role of attachment style', *European Journal*

of Personality, 1998, vol. 12, no. 4, pp. 271–85, (doi.org/10.1002/(SICI)1099-0984(199807/08)12:4<271::AID-PER309>3.0.CO;2-U).

7 M. Mikulincer, 'Love, death, and the quest for meaning', in Menzies, Menzies and Iverach (eds), *Curing the Dread of Death: Theory, research and practice*, Australian Academic Press, Samford Valley, QLD, 2018, pp. 57–81.

8 M. Mikulincer, V. Florian & R. Tolmacz, 'Attachment styles and fear of personal death: A case study of affect regulation', *Journal of Personality and Social Psychology*, 1990, vol. 58, no. 2, pp. 273–80.

9 M. Mikulincer & V. Florian, 'Exploring individual differences in reactions to mortality salience—does attachment style regulate terror management mechanisms?', *Journal of Personality and Social Psychology*, 2000, vol. 79, pp. 260–73.

10 A. Wisman & S.L. Koole, 'Hiding in the crowd: Can mortality salience promote affiliation with others who oppose one's worldviews?', *Journal of Personality and Social Psychology*, 2003, vol. 84, no. 3, pp. 511–26.

11 V. Florian, M. Mikulincer & G. Hirschberger, 'The anxiety buffering function of close relationships: evidence that relationship commitment acts as a terror management mechanism', *Journal of Personality and Social Psychology*, 2002, vol. 82, pp. 527–43.

12 G. Hirschberger, V. Florian & M. Mikulincer, 'Strivings for romantic intimacy following partner complaint or partner criticism: A Terror Management perspective', *Journal of Social and Personal Relationships*, 2003, vol. 20, no. 5, pp. 675–87.

13 D. Blum, *Love at Goon Park: Harry Harlow and the science of affection*, Basic Books, New York, NY, 2011.

14 C.J. Carey-Trefzer, 'The results of a clinical study of war-damaged children who attended the Child Guidance Clinic, the Hospital for Sick Children, Great Ormond Street, London', *Journal of Mental Science*, 1949, vol. 95, no. 400, pp. 535–59.

15 A. Freud & D.T. Burlingham, 'War and children', 1943, https://archive.org/ details/Freud_Burlingham_1943_War_and_Children_k/page/n51/mode/2up.

16 J.S.M. Rusby & F. Tasker, 'Long-term effects of the British evacuation of children during World War 2 on their adult mental health', *Aging and Mental Health*, 2009, vol. 13, no. 3, pp. 391–404.

17 K.M. Wolf, 'Evacuation of children in wartime', in A. Freud, H. Hartmann & E. Kris (eds), *The Psychoanalytic study of the child*, 1945, vol. 1, no. 1, pp. 389–404.

18 www.adultdevelopmentstudy.org.

19 R. Waldinger, 'What makes a good life? Lessons from the longest study on happiness', TED, YouTube, 26 January 2016, (https://youtu.be/8KkKuTCFvzI).

20 L.A. Kirkpatrick & C. Hazan, 'Attachment styles and close relationships: A four-year prospective study', *Personal Relationships*, 1994, vol. 1, pp. 123–42.

21 Irvin Yalom, *Staring at the Sun: Overcoming the dread of death*, Jossey-Bass, CA. 2008; '"I" dissolves into the "we"': Staring at the Sun, p. 212: 'Intimate connections': Staring at the Sun, p. 180.

22 O. Sacks, 'My own life', *New York Times*, 18 February 2015, (www.nytimes. com/2015/02/19/opinion/oliver-sacks-on-learning-he-has-terminal-cancer.html); Sacks, *Gratitude, Knopf, New York, NY*(a collection of four essay), 2015.

6 건강을 위한 투쟁과 떠나보냄의 거부

1 'The jacaranda we all knew', *University of Sydney*, 6 April 2017, (www.sydney. edu.au/news-opinion/news/2017/04/06/the-tree-we-all-knew.html); 'Flame tree joins jacaranda companion in Quadrangle', *University of Sydney*, 21 July 2017, (www. sydney.edu.au/news-opinion/news/2017/07/21/flame-tree-joins-jacaranda-companion-in-quadrangle.html).

2 A. Gawande, *Being Mortal: Illness, medicine and what matters in the end*, Profile Books, London, UK, 2015.

3 J. Slomka, 'The negotiation of death: Clinical decision making at the end of life',

Social Science and Medicine, 1992, vol. 35, pp. 251–9.

4   C. Gallois, L. Wilmont, B. White, S. Winch, M.H. Parker, N. Graves, N. Shepherd & E. Close, 'Futile treatment in hospital: Doctors' intergroup language', *Journal of Language and Social Psychology*, 2015, vol. 34, pp. 657–71.

5   P.T.P. Wong, D.F. Carreno & B.G. Oliver, 'Death acceptance and the meaning-centred approach to end of life care', in Menzies, Menzies & Iverach (eds), *Curing the Dread of Death*, Australian Academic Press, Samford Valley, QLD, pp. 185–202.

6   A.A. Sullivan, M.D. Lakoma & S.D. Block, 'The status of medical education in end-of-life care: A national report', *Journal of General Internal Medicine*, 2003, vol. 18, pp. 685–95.

7   Gawande, *Being Mortal*.

8   www.grandviewresearch.com/industry-analysis/dietary-supplements-market.

9   www.cdc.gov/nchs/products/databriefs/db399.htm#:~:text=Among%20U.S.%20 adults%20aged%2020,60%20and%20over%20(80.2%25).

10 www.nytimes.com/2008/01/21/style/21iht-raus.1.9369561.html; www.edgemedianetwork.com/story.php?38309; coolhunting.com/tech/essence-vitamin-1/.

11 E. Guallar, S. Stranges, C. Mulrow, L. Appel & E.R. Miller, 'Enough is enough: Stop wasting money on vitamin and mineral supplements', *Annals of Internal Medicine*, 2013, vol. 159, pp. 850–1; F. Chen, M. Du, J.B. Blumberg, K. Kwan, H. Chui et al., 'Association between dietary supplement use, nutrient intake, and mortality among US adults: A cohort study', *Annals of Internal Medicine*, 2019, vol. 170, no. 9, pp. 604–13.

12 www.lifeextensionaustralia.com.

13 www.tga.gov.au/media-release/pete-evans-company-fined-alleged-covid-19-advertising-breaches.

14 The explosion of the exercise industry is nicely explored by J. Andreasson & T. Johansson, 'The fitness revolution: historical transformations in a global gym and

fitness culture', *Sports Science Review*, 2014, vol. 23, pp. 91–112.

15 S. Gardiner & S.L. Gilman, 'Atkins, Robert, MD (1930–2003)', in S.L. Gilman (ed.), *Diets and Dieting: A cultural encyclopedia*, 2008, Routledge, NY, p. 12.

16 J. Andreasson & T. Johansson, 'The fitness revolution. Historical transformations in a global gym and fitness culture', *Sport Science Review*, 2014, vol. 23, <doi: 10.2478/ssr-2014-0006>.

17 bp-fitnessaustralia-production.s3.amazonaws.com/uploads/uploaded_file/file/173496/FAUS843-Industry-Report-2016-Section-3-Digital.pdf.

18 O. Bozo, A. Tunca & Y. Simsek, 'The effect of death anxiety and age on health-promoting behaviors: A Terror-Management Theory perspective', *Journal of Psychology*, 2009, vol. 143, pp. 377–89.

19 D.E. Pegg, 'Principles of cryopreservation', *Methods in Molecular Biology*, 2007, vol. 368, pp. 39–57, (doi:10.1007/978-1-59745-362-2_3).

20 Gregory M. Fahy, B. Wowk, R. Pagotan, A. Chang, J. Phan et al., 'Physical and biological aspects of renal vitrification', *Organogenesis*, 2009, vol. 5, no. 3, pp. 167–75.

21 Erin Somerville, ABC News article, 'Work begins on first cryonic storage facility in the southern hemisphere', 26 February 2020, www.abc.net.au/news/2020-02-26/cryonics-facility-breaks-new-ground-bring-back-the-dead/12000038.

22 Coen is quoted in H. Devlin, 'The cryonics dilemma: Will deep-frozen bodies be fit for new life?', *Guardian*, 18 November 2016.

23 R. Carroll, *The Skeptics Dictionary: A collection of strange beliefs, amusing deceptions, and dangerous delusions*, Wiley, London, 2003.

24 www.merkle.com/cryo/.

25 J. Kroll, 'Games we play: Commodore 64 game emulation', *Linux Journal*, April 2000, vol. 2000, no. 72.

26 H. Phillips, 'Brain prosthesis passes live tissue test', *New Scientist*, 25 October 2004.

27 W.B. Scoville & B. Milner, 'Loss of recent memory after bilateral hippocampal

lesions', *Journal of Neurology*, Neurosurgery, and Psychiatry, 1957, vol. 20, pp. 11–12.

28 R.E. Hampson, D. Song, B.S. Robinson, D. Fetterhoff, A.S. Dakos, B.M. Roeder, et al., 'Developing a hippocampal neural prosthetic to facilitate human memory encoding and recall', *Journal of Neural Engineering*, June 2018, vol. 15, no. 3, 036014.

29 B. Alberts, *Essential Cell Biology*, 5th edn, Garland Science. New York, NY, 2018.

30 N. Nagarajan & C.F. Stevens, 'How does the speed of thought compare for brains and digital computers?', *Current Biology*, 2008, vol. 18, no. 17, R756.

31 A. Sandberg & N. Bostrom, *Whole Brain Emulation: A roadmap*, Technical Report #2008 3, Future of Humanity Institute, Oxford University, 2008, (www.fhi. ox.ac.uk/brain-emulation-roadmap-report.pdf).

32 J. Kahn, 'The man who would have us bet on terrorism—not to mention discard democracy and cryogenically freeze our heads—may have a point (about the betting, we mean)', *CNN Money*, 15 September 2003, (money.cnn.com/magazines/fortune/ fortune_archive/2003/09/15/349149/index.htm); mason.gmu.edu/~rhanson/home. html; R. Hanson, 'What would happen if we upload our brains to computers?', TED, YouTube, 10 September 2017, (www.youtube.com/watch?v=Urk3xn7l3AM); R. Hanson, 'Work, love and life when AI takes over', Talks at Google, YouTube, 26 August 2016, (www.youtube.com/watch?v=N4I2If3x_9g).

33 Grigori Guitchounts, 'An existential crisis in neuroscience', *Nautilus*, 23 January 2020.

34 M.D. Saxe, G. Malleret, S. Vronskaya, I. Mendez, D. Garcia et al., 'Paradoxical influence of hippocampal neurogenesis on working memory', *Proceedings of the National Academy of Sciences of the United States of America*, 2007, vol. 104, pp. 4642–6.

35 Sandberg & Bostrom, *Whole Brain Emulation*, p. 35.

36 E.S. Fortune & G.J. Rose, 'Short-term synaptic plasticity as a temporal filter',

Trends in Neurosciences, 2001, vol. 24, pp. 381–5.

37 D. Fields, A. Araque, H. Johansen-Berg, S.S. Lim, G. Lynch et al., 'Glial biology in learning and cognition', *Neuroscientist*, 2014, vol. 20, no. 5, pp. 426–31.

38 D.S. Wishart et al., 'HMDB: The human metabolome database', *Nucleic Acids Research*, January 2007, vol. 35, database issue, pp. D521–D526.

39 The Human Metabolome Database: https://hmdb.ca.

40 A.R. Houweling & M. Brecht, 'Behavioural report of single neuron stimulation in somatosensory cortex', *Nature*, 2008, vol. 451, pp. 65 U8.

41 D. Silver et al., 'A general reinforcement learning algorithm that masters chess, shogi, and Go through self-play', *Science*, 2018, vol. 362, pp. 1140–4; G. Kasparov, 'Chess, a Drosophila of reasoning', *Science*, 2018, vol. 362, p. 1087; 'Leela Chess Zero makes mind-blowing piece sacrifice!', Chess. com, YouTube, 23 May 2020, (www.youtube.com/watch?vffiA-vNq61KfLs); N. Bostrom, 'What happens when the computers get smarter than we are?', TED, YouTube, 28 April 2015, (www.youtube.com/watch?v=MnT1xgZgkpk).

42 R. Hanson, 'Work, love and life'.

7 자존감이라는 방패

1 D. Smart, *Paul Preuss: Lord of the Abyss: Life and death at the birth of free-climbing*, Rocky Mountain Books, Victoria, BC, Canada, 2019.

2 G. Winthrop Young, 'The fatal accident to Dr. Paul Preuss', *Alpine Journal*, 1913, vol. 27, no. 202, p. 429.

3 M. Rosenberg, 'Society and the Adolescent Self-Image', Revised edition, *Wesleyan University Press*, Middletown, CT, 1989.

4 M.H. Kernis (ed.), *Self-Esteem Issues and Answers: A sourcebook of current perspectives*, Psychology Press, Hove, East Sussex, UK, 2013.

5 E. Becker, *The Birth and Death of Meaning*, Free Press, New York, NY, 1971, p. 67.

6 E. Becker, *The Denial of Death*, 1973, Free Press, New York, NY, p. 4.

7 J. Greenberg, S. Solomon & T. Pyszczynski, 'Why do people need self-esteem? Converging evidence that self-esteem serves an anxiety-buffering function', *Journal of Personality and Social Psychology*, vol. 63, no. 6, p. 913.

8 E. Harmon-Jones, L. Simon, J. Greenberg, T. Pyszczynski, S. Solomon & H. McGregor, 'Terror management theory and self-esteem: Evidence that increased self-esteem reduced mortality salience effects', *Journal of Personality and Social Psychology*, 1997, vol. 72, no. 1, p. 24.

9 J. Greenberg, S. Solomon & T. Pyszczynski, 'Why do people need self-esteem? Converging evidence that self-esteem serves an anxiety-buffering function', *Journal of Personality and Social Psychology*, vol. 63, no. 6, p. 913–22.

10 E. Harmon-Jones, L. Simon, J. Greenberg, T. Pyszczynski, S. Solomon & H. McGregor, 'Terror management theory and self-esteem: Evidence that increased self-esteem reduces mortality salience effects', *Journal of Personality and Social Psychology*, 1997, vol. 72, no. 1, pp. 24–36, (doi: 10.1037//0022-3514.72.1.24. PMID: 9008372).

11 E. Harmon-Jones, L. Simon, J. Greenberg, T. Pyszczynski, S. Solomon & H. McGregor, 'Terror management theory and self-esteem'.

12 C. Routledge, J. Arndt & J.L. Goldenberg, 'A time to tan: Proximal and distal effects of mortality salience on sun exposure intentions', *Personality and Social Psychology Bulletin*, 2004, vol. 30, no. 10, pp. 1347–58, (doi. org/10.1177/0146167204264056).

13 C. Routledge, J. Arndt & J.L. Goldenberg, 'A time to tan', pp. 1347–58.

14 O. Taubman Ben-Ari, V. Florian & M. Mikulincer, 'The impact of mortality salience on reckless driving: A test of terror management mechanisms', *Journal of Personality and Social Psychology*, 1999, vol. 76, no. 1, pp. 35–45.

15 O. Taubman Ben-Ari, V. Florian & M. Mikulincer, 'The impact of mortality salience on reckless driving', pp. 35–45.

16 www.health.gov.au/resources/publications/evaluation-of-effectiveness-of-

graphic-health-warnings-on-tobacco-product-packaging.

17   I.M. Martin & M.A. Kamins, 'An application of terror management theory in the design of social and health-related anti-smoking appeals', *Journal of Consumer Behaviour*, 2010, vol. 9, pp. 172–90.

18   J. Hansen, S. Winzeler & S. Topolinski, 'When the death makes you smoke: A terror management perspective on the effectiveness of cigarette on-pack warnings', *Journal of Experimental Social Psychology*, 2010, vol. 46, no. 1, pp. 226–8.

19   I.M. Martin & M.A. Kamins, 'Effectively using death in health messages: Social loss versus physical mortality salience', *Journal of Consumer Behaviour*, 2019, vol. 18, no. 3, pp. 205–18.

20   R. Watsford, *The Success of the 'Pinkie' Campaign—Speeding*. No one thinks big of you: A new approach to road safety marking, 2008; 'RTA: Young men and the Pinkie campaign', *Mengage: The male health clearing house*, www.mengage.org.au/road-safety/rta-young-men-and-the-pinkie-campaign.

21   Becker, *The Denial of Death*, p. 5.

8   장례 풍습이 말해주는 것

1   V. Williams, *Celebrating Life Customs from Around the World: From baby showers to funerals*, ABC-CLIO, Goleta, CA, 2016.

2   R.E. Bichell, 'When people ate people, a strange disease emerged', *NPR*, 6 September 2016, (www.npr.org/sections/thesalt/2016/09/06/482952588/when-people-ate-people-a-strange-disease-emerged).

3   J.T. Whitfield, W.H. Pako, J. Collinge & M.P. Alpers 'Mortuary rites of the South Fore and kuru', *Philosophical Transactions of the Royal Society B*, 2008, vol. 363, pp. 3721–4.

4   R.E. Bichell, 'When people ate people, a strange disease emerged', *NPR*, 6 September 2016, (www.npr.org/sections/thesalt/2016/09/06/482952588/when-people-ate-

people-a-strange-disease-emerged).

5   B.A. Conklin, '"Thus are our bodies, thus was our custom": Mortuary cannibalism in an Amazonian society', *American Ethnologist*, 1995, vol. 22, pp. 75–101.

6   Herodotus, *The Histories*, section 3.38

7   K. Jerimiah, 'Asceticism and the pursuit of death by warriors and monks', *Journal of Asian Martial Arts*, 2007, vol. 16, no. 2, pp. 18–33; T. Miyata, *A Henro Pilgrimage Guide to the 88 Temples of Shikoku Island*, Japan, Koyasan Buddhist Temple, Los Angeles, CA, 2006.

8   *Kūkai a.k.a Kōbō-Daishi: English translation of his poetry and prose.*

9   B. Walsh, 'How Lincoln's embrace of embalming birthed the American funeral industry', *The Conversation*, 31 October 2017; L. Fitzharris, 'Embalming and the civil war', National Museum of Civil War Medicine website, 20 February 2016.

10 R.M. Reed, *Lincoln's Funeral Train: The epic journey from Washington to Springfield*, Schiffer Publishing, Atglen, PA, 2014.

11 *Chicago Daily Tribune*, 2 May 1865, quoted in C.R. Heath, *Four Days in May: Lincoln returns to Springfield*, Sangamon County Historical Society and Illinois State Historical Society, Springfield, ILL, 1965.

12 J.C. Riley, 'Estimates of regional and global life expectancy, 1800–2001', *Population and Development Review*, 2005, vol. 31, no. 3, pp. 537–43.

13 J. Chiappelli & T. Chiappelli, 'Drinking grandma: The problem of embalming', *Journal of Environmental Health*, 2008, vol. 71, no. 5, pp. 24–29.

14 basicfunerals.ca/funeral-industry/the-embalming-process/.

15 'What happens to a body during embalming?', Caitlin Doughty—Ask a Mortician, YouTube, 9 June 2018, (youtu.be/B5-NtLmKUDE).

16 D. Eberwine, 'Disaster myths that just won't die', *Perspectives in Health—The Pan American Health Organization*, 2005, vol. 10, no. 1, pp. 2–7.

17 WHO, 'Infection prevention and control for the safe management of a dead body in the context of COVID-19', 4 September 2020.

18 'Statistics', Natural Funeral Directors Association, 2019, nfda.org/news/statistics, accessed 4 May 2021.

19 Jerry Seinfeld, *Seinfeld*, 'The Pony Remark', season 2, episode 2, 1991.

20 'The fascinating history of cemeteries—Keith Eggener', TED-Ed, YouTube, 31 October 2018, (youtu.be/8HegwRtbDSU); Keith Eggener, *Cemeteries*, W.W. Norton & Company, New York, NY, 2010.

21 R.E. Menzies, M. Zuccala, L. Sharpe & I. Dar-Nimrod, 'The effects of psychosocial interventions on death anxiety: A meta-analysis and systematic review of randomised controlled trials', *Journal of Anxiety Disorders*, 2018, vol. 59, pp. 64–73.

22 /www.joincake.com/blog/mausoleum-burial-basics-pros-cons-cost/.

23 'Paris's necropolis is a major tourist attraction', 25 September 2019, *Connexion France*, www.connexionfrance.com/Mag/Explore-France/French-capital-rich-and-famous-Pere-Lachaise-cemetary-is-a-tourist-attraction.

24 K. Eagan, 'Arc de Triomphe is the most visited national monument in France', 10 September 2018, www.tourism-review.com/most-visited-monument-in-france-is-arc-de-triomphe-news10728.

25 V. Williams, *Celebrating Life Customs around the World: From baby showers to funerals*, ABC-CLIO, Goleta, CA, 2016; D. Graeber, 'Dancing with corpses reconsidered: an interpretation of "famadihana" ', American Ethnologist, 1995, vol. 22, no. 2, pp. 258–78.

26 D. Graeber, *Possibilities: Essays on hierarchy, rebellion and desire*, AK Press, Chico, CA, 2007, p. 199.

9 망자와의 계속되는 유대

1 T. Trenchard and A.M. D'Unienville, 'The dead live with their loved ones on this Indonesian island', NPR.org, 29 September 2019; C. Doughty, *From Here to Eternity: Traveling the world to find the good death*, W.W. Norton & Company,

New York, NY, 2017.

2 Doughty, *From Here to Eternity.*

3 S. Schmidt, 'Jahi McMath, the Calif. Girl in life-support controversy, is now dead', *Washington Post*, 29 June 2018.

4 S. Freud, 'Mourning and melancholia', in S. Freud, *The Standard Edition of the Complete Psychological Works of Sigmund Freud*, ed. and trans. J. Strachey, vol. 14, pp. 273–300, Hogarth, London, UK, 1957 (originally published 1917).

5 E. Kübler-Ross, *On Death and Dying, Macmillan*, New York, NY, 1969.

6 Kenneth Doka, 'What's new in grief? Current trends in grief theory and research, *Psychology Today*, 11 February 2016.

7 D. Klass, P.R. Silverman & S.L. Nickman (eds), *Continuing Bonds: New understandings of grief, Taylor & Francis, Milton Park*, Oxford, UK 1996.

8 www.goodreads.com/quotes/70759-you-will-lose-someone-you-can-t-live-without-and-your-heart.

9 M. Roemer, 'Thinking of ancestors (and others) at Japanese household altars', *Journal of Ritual Studies*, 2012, vol. 26, no. 1, pp. 33–45.

10 J. Nelson, 'Household altars in contemporary Japan: Rectifying Buddhist "ancestor worship" with home décor and consumer choice', *Japanese Journal of Religious Studies*, 2008, vol. 35, no. 2, pp. 305–30.

11 J. Nelson, 'Household altars in contemporary Japan', pp. 305–30.

12 'Changing times for Japan's "butsudan"', Nippon.com, 27 September 2019; Corrie Pikul, 'Ancestor-worship chic', *New York Magazine*, 21 July 2006.

13 J. Yamamoto, K. Okonogi, T. Iwasaki & S. Yoshimura, 'Mourning in Japan', *American Journal of Psychiatry*, 1969, vol. 125, pp. 1661–5.

14 M. Roemer, 'Religion and psychological distress in Japan', *Social Forces*, 2010, vol. 89, no. 2, pp. 559–83.

15 S. Freud, 'Mourning and melancholia', in J. Strachey (ed. & trans.), *The standard edition of the complete psychological works of Sigmund Freud*, vol. 14, pp. 237–258, Hogarth Press, London, p. 244.

16 K.M. Bennett, G.M. Hughes & P.T. Smith, 'Psychological response to later life widowhood: Coping and the effects of gender', *Omega—Journal of Death and Dying*, 2005, vol. 54, no. 1, pp. 33–52.

17 C. Bednarz, 'See Bolivia's celebration of human skulls', *National Geographic*, 18 December 2018; 냐티타의 날에 대해 더 알고 싶다면 케이틀린 도티의《좋은 시체가 되고 싶어(From Here to Eternity)》에서 볼리비아 편을 읽어보면 흥미로울 것이다.

18 S. Brandes, 'Is there a Mexican view of death?', *Ethos*, 2003, vol. 31, no. 1, pp. 127–44.

19 www.heart-in-diamond.com.au; www.lonite.com/en/.

20 죽은 자를 기념하는 색다른 방식을 선보이는 회사들은 다음과 같다. And Vinyly, Save Your Ink, Holy Smoke.

21 twitter.com/kimkardashian/status/1321955644736303104?lang=en; A. Gorman, *The Guardian* (Australia), 30 October 2020, www.theguardian.com/lifeandstyle/2020/oct/30/robert-kardashian-resurrected-as-a-hologram-for-kim-kardashian-wests-birthday.

22 B. Hellard, 'How an episode of "Black Mirror" became a creepy reality', i-D Vice, 14 November 2018; C. Newton, 'Speak, memory', The Verge, (www.theverge.com/a/luka-artificial-intelligence-memorial-roman-mazurenko-bot).

23 C. Matyszczyk on ZNet AU, 20 October 2020, (www.zdnet.com/article/a-qr-code-on-your-gravestone-its-dead-serious/).

10 죽음 공포와 정신병

1 R.G. Menzies & R.E. Menzies, *Tales from the Valley of Death: Reflections from psychotherapy on the fear of death*, Australian Academic Press, Brisbane, 2019.

2 Institute for Health Metrics and Evaluation (IHME), *Findings from the Global Burden of Disease Study 2017*, AHME, Seattle, WA, 2018; A.H. Mokdad et al., 'Global burden of diseases, injuries, and risk factors for young people's health during 1990–2013: A systematic analysis for the Global Burden of Disease Study

2013', *Lancet*, 2016, vol. 387, pp. 2383–401.

3 E.R. Walker, R.E. McGee & B.G. Druss, 'Mortality in mental disorders and global disease burden implications: A systematic review and meta-analysis', *JAMA Psychiatry*, 2015, vol. 72, no. 4, pp. 334–41.

4 www.ruok.org.au/; archive.is/20130724011001/http://au.tv.yahoo.com/sunrise/factsheets/article/-/8085589/r-u-ok-day/.

5 www.abs.gov.au/statistics/health/health-conditions-and-risks/national-health-survey-first-results/latest-release; L. Cook, *Mental Health in Australia: A quick guide*, Research Paper Series, 2018–2019, Parliamentary Library, Canberra, 2019.

6 R.E. Menzies, L. Sharpe & I. Dar-Nimrod, 'The relationship between death anxiety and severity of mental illnesses', *British Journal of Clinical Psychology*, 2019, vol. 58, pp. 452–67; N.M. Simon, A.K. Zalta, M.W. Otto, M.J. Ostacher, D. Fischmann, C.W. Chow & M.H. Pollack, 'The association of comorbid anxiety disorders with suicide attempts and suicidal ideation in outpatients with bipolar disorder', *Journal of Psychiatric Research*, 2007, vol. 41, pp. 255–64, (dx.doi.org/10.1016/j.jpsychires.2006.08.004).

7 L. Iverach, R.G. Menzies & R.E. Menzies, 'Death anxiety and its role in psychopathology: Reviewing the status of a transdiagnostic construct', *Clinical Psychology Review*, 2014, vol. 34, pp. 580–93.

8 R.E. Menzies, L. Sharpe & I. Dar-Nimrod, 'The relationship between death anxiety and severity of mental illnesses', *British Journal of Clinical Psychology*, 2019, vol. 58, pp. 452–67.

9 E. Strachan, J. Schimel, J. Arndt, T. Williams, S. Solomon et al., 'Terror mismanagement: Evidence that mortality salience exacerbates phobic and compulsive behaviors', *Personality and Social Psychology Bulletin*, 2007, vol. 33, no. 8, pp. 1137–51.

10 R.E. Menzies & I. Dar-Nimrod, 'Death anxiety and its relationship with obsessive-compulsive disorder', *Journal of Abnormal Psychology*, 2017, vol. 126, pp. 367–77.

11 R.E. Menzies, L. Sharpe & I. Dar-Nimrod, 'The effect of mortality salience on bodily scanning behaviours in anxiety-related disorders', *Journal of Abnormal Psychology*, 2021, vol. 130, no. 2, pp. 141–51.

12 L. Simon, J. Arndt, J. Greenberg, T. Pyszczynski & S. Solomon, 'Terror management and meaning: Evidence that the opportunity to defend the worldview in response to mortality salience increases the meaningfulness of life in the mildly depressed', *Journal of Personality*, 1998, vol. 66, no. 3, pp. 359–382; L. Simon, J. Greenberg, E.H. Jones, S. Solomon & T. Pyszczynsid, 'Mild depression, mortality salience and defense of the worldview evidence of intensified terror management in the mildly depressed', *Personality and Social Psychology Bulletin*, 1996, vol. 22, no.1, pp. 81–90; K.E. Vail III, A. Morgan & L. Kahle, 'Self-affirmation attenuates death-thought accessibility after mortality salience, but not among a high post-traumatic stress sample', *Psychological Trauma: Theory, research, practice, and policy*, 2018, vol. 10, no. 1, p. 112; A. Chatard, T. Pyszczynski, J. Arndt, L. Selimbegović, P.N. Konan & M. Van der Linden, 'Extent of trauma exposure and PTSD symptom severity as predictors of anxiety-buffer functioning', *Psychological Trauma: Theory, research, practice, and policy*, 2012, vol. 4, no. 1, p. 47.

11 사느냐 죽느냐: 자살이라는 해결책

1 File notes, with permission, from Peter's treatment sessions.

2 WHO, *Suicide in the World: Global health estimates*, 2019, (www.who.int/publications/i/item/suicide-in-the-world).

3 미국 청소년의 위험 행동에 대한 로라 칸(Laura Kahn)의 보고서는 매년 Morbidity and Mortality Surveillance Summaries에 게시된다. 2018년 전체 보고서인 Youth Risk Behavior Surveillance는 www.ncbi.nlm.nih.gov/pmc/articles/PMC6002027/ 에서 볼 수 있다.

4 R. Lybbert, S. Ryland & R. Bean, 'Existential interventions for adolescent

suicidality: Practical interventions to target the root causes of adolescent distress', *Children and Youth Services Review*, 2019, vol. 100, pp. 98–104.

5   M.J. Edwards & R.R. Holden, 'Coping, meaning in life, and suicidal manifestations: Examining gender differences', *Journal of Clinical Psychology*, 2003, vol. 57, no. 12, pp. 1517–34.

6   Y. Wilchek-Aviad & M. Malka, 'Religiosity, meaning in life and suicidal tendency among Jews', *Journal of Religion and Health*, 2016, vol. 55, pp. 480–94.

7   R.T. Kinnier, A.T. Metha, J.S. Keim, J.L. Okey et al., 'Depression, meaninglessness, and substance abuse in "normal" and hospitalized adolescents', *Journal of Alcohol and Drug Education*, 1994, vol. 39, no. 2, pp. 101–11.

8   A. Camus, *The Myth of Sisyphus, and Other Essays*, Vintage Books, New York, NY, 2016.

9   F.M. Nietzsche, W. Kaufmann (trans.), *The Gay Science: With a prelude in rhymes and an appendix of songs*, Vintage Books, New York, NY, 1974.

10 Nietzsche, W. Kaufmann (trans.), *The Gay Science*.

11 G. Kuperus, 'Beyond the dread of death: Existentialism's embrace of the meaninglessness of life', in Menzies, Menzies & Iverach (eds), *Curing the Dread of Death*.

12 F.M. Nietzsche, R.J. Hollingdale (trans.), *Thus Spoke Zarathustra, Penguin*, London, UK, 1974.

13 Nietzsche, R.J. Hollingdale (trans.), *Thus Spoke Zarathustra*.

14 Nietzsche, W. Kaufmann (trans.), *The Gay Science*.

15 J.P. Sartre, 'The humanism of existentialism', *Essays in Existentialism*, Carol Pub. Group, Secaucus, NJ, 1999.

16 A. Toffler, *Future Shock, Random House*, New York, NY, 1970.

17 Sartre, 'Humanism'.

18 G. Kuperus, 'Beyond the dread of death: Existentialism's embrace of the meaninglessness of life', in R.E. Menzies, R.G. Menzies & L. Iverach (eds), *Curing the Dread of Death: Theory, research and practice*, Australian Academic

Press, Samford Valley, QLD, 2018.

19 A. Camus, *The Stranger*, A.A. Knopf, New York, NY, 2006.

20 F. Dostoyevsky, Kenneth Lantz (trans.), G.S. Morson (ed.), *A Writer's Diary*, Northwestern University Press, Evanston, IL, 2009.

21 Camus, *The Myth of Sisyphus*.

22 Camus, *The Myth of Sisyphus*. 이 외에도 이 장에서 유럽 실존주의자들의 생각을 제시할 때 다양한 책과 소설을 언급했다. 나열하면 다음과 같다. F. Dostoyevsky, The Idiot, Alan Myers (trans.), Oxford University Press, Oxford, UK, 2008; F.M. Nietzsche, W. Kaufmann (trans. & ed.), *On the Genealogy of Morals: Ecce Homo*, Vintage, New York, NY, 1989.

12 죽음 긍정 운동

1 www.orderofthegooddeath.com; Caitlin Doughty, *Smoke Gets in Your Eyes: And other lessons from the crematory*, Allen & Unwin, Sydney, 2016; Caitlin Doughty, *From Here to Eternity: Traveling the world to find the good death*, W.W. Norton & Company, New York, NY, 2017.

2 twitter.com/thegooddeath/status/328636776367415296?lang=en.

3 Caitlin Doughty, 'What death positive is NOT', blog post, The Order of the Good Death, 25 January 2018, (www.orderofthegooddeath.com/death-positive-not).

4 Doughty, 'What Death Positive is NOT'.

5 'Palliative care workforce 2018', Australian Institute of Health and Welfare, www.aihw.gov.au/reports/palliative-care-services/palliative-care-services-in-australia/data.

6 'Trends in funeral service', National Funeral Directors Association, n.d., nfda.org/news/trends-in-funeral-service.

7 B. Skulason, A. Hauksdottir, K. Ahcic & A.R. Helgason, 'Death talk: Gender differences in talking about one's own impending death', *BMC Palliative Care*, 2014, vol. 13, no. 8.

8   Carmen Barnsley taken from Nicole Mills, 'Death doulas explain why everyone should have an end-of-life plan', *ABC News*, 7 August 2018.

9   Cecilia Saixue Watt, 'End-of-life doulas: The professionals who guide the dying', *Guardian*, 6 November 2019.

10 deathcafe.com.

11 the Australian Centre for Health Research, 'Conversations: Choice in end of life care: Helping patients have control over their own care', 2015, submission to the Parliament of Victoria, Legislative Council, Legal and Social Issues Committee, Inquiry into End of Life Choice, submission no. 1016, (www.parliament.vic.gov.au/ images/stories/committees/lsic/Submissions/Submission_1016_-_Australian_Centre_for_ Health_Research_Limited_ACHR.pdf).

12 deathoverdinner.org.

13 deathoverdinner.org.

14 www.kiwicoffinclub.co.nz; www.facebook.com/CommunityCoffinClub; coffinclub.co.uk.

15 the webpages of the National Funeral Directors Association, (nfda.org/news/ statistics); the Funeral Directors Australia, (www.funeraldirectorsaustralia.com.au/ funeral-prices/sydney/), the June 2019 Australian Seniors Series Cost of Death Report, (www.seniors.com.au/news-insights/cost-of-death), and Budget Direct, (www. budgetdirect.com.au/blog/how-much-does-a-funeral-cost-in-australia.html#:~:text=The%20 average%20funeral%20in%20Australia,or%20set%20prices(1)).

16 the Federal Trade Commission's 2011 annual investigation into funeral homes.

17 D.E. Harrington & K.J. Krynski, 'The effect of state funeral regulations on cremation rates: Testing for demand inducement in funeral markets', *Journal of Law and Economics*, 2002, vol. 45, no. 1, pp. 199–225.

18 T.P. Daniel, 'An analysis of the funeral rule using consumer survey data on the purchase of funeral goods and services', *Federal Trade Commission Bureau of Economics Staff Report*, 1988, (www.ftc.gov/sites/default/files/documents/ reports/analysis-funeral-rule-using-consumer-survey-data-purchase-funeral-goods-and-

services/232121.pdf).

19 I.S. Mangla & L. Gibbs, 'When putting a loved one to rest, avoid these misleading sales tactics', 9 November 2012, money.com/avoid-misleading-funeral-and-cemetery-sales-tactics/, accessed on 28 April 2021; the US Federal Trade Commission report, 'FTC conducts undercover inspections of funeral homes in nine states to press funeral homes to comply with consumer protection law', 18 April 2012, www.ftc.gov/news-events/press-releases/2012/04/ftc-conducts-undercover-inspections-funeral-homes-nine-states.

20 I.S. Mangla & L. Gibbs, 'When putting a loved one to rest, avoid these misleading sales tactics', 9 November 2012, money.com/avoid-misleading-funeral-and-cemetery-sales-tactics/, accessed on 28 April 2021.

21 M. Bungard '"Potential for unconscionable conduct": Funeral industry in ACCC's sights', *Sydney Morning Herald*, 25 February 2020; M. Elmas, 'Targeted action: Why ACCC boss Rod Sims wants funeral companies to clean up their acts', *Smart Company*, 26 February 2020.

22 A. Nair, 'British funeral industry faces investigation into "exploitative" prices', *Reuters*, 29 November 2018.

23 J. Mitford, *The American Way of Death*, Simon & Schuster, New York, NY, 1963.

24 K. Penrose, 'What is the "death positive movement" and what does it mean for the funeral profession?', *Funeral One Blog post*, 29 May 2019, (blog.funeralone.com/news/death-positive-movement/).

25 C. Coutts, 'Baby boom will lead to shortage of cemetery space', *New York Times*, 30 October 2013.

26 bartonfuneral.com/the-truth-about-green-cremation-burial-and-hydromation/; 'The environmental toll of cremating the dead', 5 November 2019, *National Geographic*, www.nationalgeographic.com/science/article/is-cremation-environmentally-friendly-heres-the-science?loggedin=true.

27 B. Richmond et al., 'UK Informative Inventory Report (1990–2017)', 2019, uk-air.defra.gov.uk/assets/documents/reports/cat09/1904121008_GB_IIR_2019_

v2.0.pdf.

28 N. Mikolai, 'Natural water cremation, the eco alternative, explained', *American Cemetery & Cremation*, 2020.

29 recompose.life/.

30 J.R. Lee, 'My mushroom burial suit', TED, YouTube, 15 October 2011, (youtu. be/_7rS_d1fiUc).

31 J. Choi & J. Kim, 'Analysis on the actual status of users of public nature burial and cremated bodies using the public cremation facilities in the capital area through the funeral information system and the activation plan of the public nature burial', *International Journal of Advanced Smart Convergence*, 2017, vol. 8 no. 3, pp. 123–30.

13 스토아 철학과 중립적 수용

1 W.R. Irvine, *A Guide to the Good Life: The ancient art of stoic joy*, Oxford University Press, Oxford, UK, 2008; R. Holiday & S. Hanselman, *The Daily Stoic*, Profile Books, London, UK, 2016.

2 Epictetus, *Discourses and Selected Writings*, Penguin, London, UK.

3 M. Pigliucci, *How to Be a Stoic: Ancient wisdom for modern living*, Rider Books, London, UK.

4 R. Holiday & S. Hanselman, *The Daily Stoic Journal*, Profile Books, London, UK.

5 Epictetus, *Enchiridion*, Dover, Mineola NY, 2014.

6 Aurelius, M. *Meditations*, trans. Martin Hammond, Penguin, London, UK, 2006.

7 Nietzsche, *On the Genealogy of Morals*.

8 *Meditations*.

9 Seneca, *How to Die: An ancient guide to the end of life*, Princeton University Press, Princeton, NJ, 2018.

10 Diogenes Laertius, P. Mensch (trans.), J. Miller (ed.), *Lives of Eminent Philosophers*, Oxford University Press, New York, NY, Section 38, Chapter 7,

Book 9.

11 Plato, D. Gallop (ed. & trans.), *Phaedo*, Oxford University Press, Oxford, UK, 1975; www.gutenberg.org/ebooks/1658.

12 Soma Thera, *The Way of Mindfulness: The satipatthana sutta and its commentary*, 1998, www.accesstoinsight.org/lib/authors/soma/wayof.html#discourse.

13 P.T.P. Wong, G.T. Reker & G. Gesser, 'Death Attitude Profile—Revised: A multidimensional measure of attitudes toward death (DAP-R)', in R.A. Neimeyer (ed.), *Death Anxiety Handbook: Research, instrumentation, and application*, Taylor & Francis, Washington, DC, 1994, pp. 121–48; P.T.P. Wong, D.F. Carreno & B.G. Oliver, 'Death acceptance and the meaning-centred approach to end of life care', Menzies, Menzies & Iverach (eds), *Curing The Dread of Death, Samford Valley*, QLD: Australian Academic Press.

14 B. Bethune, 'Why so many people —including scientists—suddenly believe in an afterlife: Heaven is hot again, and hell is colder than ever', *Maclean's*, 7 May 2013, www.macleans.ca/society/life/the-heaven-boom.

15 S.R. Harding, K.J. Flannelly, A.J. Weaver & K.G. Costa, 'The influence on religion on death anxiety and death acceptance', *Mental Health, Religion and Culture*, 2005, vol. 8, pp. 253–61.

16 C.S. McClain, B. Rosenfeld & W. Breitbart, 'Effect of spiritual well-being on end-of-life despair in terminally-ill cancer patients', *Lancet*, 2003, vol. 361, no. 9369, pp. 1603–7.

17 Herodotus, *The Histories*.

18 V.G. Cicirelli, *Older Adults' Views on Death*, Springer, New York, NY, 2006.

14 최후의 날

1 HYDE(History Database of the Global Environment), 2010, themasites.pbl.nl/tridion/en/themasites/hyde/download/index-2.html.

2 J-N. Biraben, 'An essay concerning mankind's evolution', *Population*, Selected

Papers, 1980, vol. 4, pp. 1–13; Jean-Noël Biraben, 'Essai sur l'évolution du nombre des hommes', *Population*, 1979, vol. 34, no. 1, pp. 13–25.

3   R. Caspari & S.H. Lee, 'Older age becomes common in human evolution', *Proceedings of the National Academy of Sciences of the United States of America*, 2004, vol. 101, no. 30, pp. 10895–900.

4   'Life expectancy at birth, total (years)', World Bank, 2019 revision, data. worldbank.org/indicator/SP.DYN.LE00.IN.

5   A.A. Volk & J.A. Atkinson, 'Infant and child death in the human environment of evolutionary adaptation', *Evolution and Human Behavior*, 2013, vol. 34, no. 3, pp. 182–92.

6   M. Rosner, H. Ritchie & B. Dadonaite, 'Child and infant mortality', *Our World in Data*, November 2019 update; E. Trinkaus, 'Neanderthal mortality patterns', *Journal of Archaeological Science*, 1995, vol. 22, pp. 121–42.

7   T. Malthus, *An Essay on the Principle of Population As It Affects the Future Improvement of Society, with Remarks on the Speculations of Mr. Goodwin, M. Condorcet and Other Writers* (1 ed.), Printed for J. Johnson, in St Paul's Church-yard, London, 1798, p. 61; /archive.org/details/essayonprincipl00malt.

8   scientistswarning.forestry.oregonstate.edu/sites/sw/files/Warning_article_with_supp_11-13-17.pdf.

9   '1 in 3 people globally do not have access to safe drinking water—UNICEF, WHO', World Health Organization, 18 June 2019, news release.

10   M. Rosner, H. Ritchie & E. Ortiz-Ospina, 'World population growth', May 2019 revision, *Our World in Data*.

11   D. Howden & Y. Zhou, 'Why did China's population grow so quickly?', *Independent Review*, 2015, vol. 20, no. 2.

12   A. Harmon, *From Sand and Ash*, Lake Union Publishing, Seattle, WA, 2016.

13   A. Wisman & J.L. Goldenberg, 'From the grave to the cradle: Evidence that mortality salience engenders a desire for offspring', *Journal of Personality and Social Psychology*, 2005, vol. 89, pp. 46–61.

14 I. Fritsche, E. Jonas, P. Fischer, N. Koranyi, N. Berger & B. Fleischmann, 'Mortality salience and the desire for offspring', *Journal of Experimental Social Psychology*, 2007, vol. 43, 753–62.

15 I. Fritsche and colleagues, 'Mortality salience and the desire for offspring', *Journal of Experimental Social Psychology*, 2007, vol. 43, 753–62.

16 Z. Xinyue, L. Jing, C. Chengchao & Y. Zonghuo, 'Do children transcend death? An examination of the terror management function of offspring', *Scandinavian Journal of Psychology*, 2008, vol. 49, pp. 413–18.

17 Z. Xinyue and colleagues, 'Do children transcend death? An examination of the terror management function of offspring', *Scandinavian Journal of Psychology*, 2008, vol. 49, pp. 413–18.

18 Xinyue et al., 'Do children transcend death?', pp. 416–17.

19 R.A. Cummins, 'Subjective wellbeing, homeostatically protected mood and depression: A synthesis', *Journal of Happiness Studies*, 2010, vol. 11, pp. 1–17; R.A. Cummins, J. Woerner, A. Gibson, M. Weinberg, J. Collard & M. Chester, *Australian unity wellbeing index: Report 21.0. The wellbeing of Australians— gambling, chocolate and swine flu*, Australian Centre on Quality of Life, School of Psychology, Deakin University, Melbourne, May 2009.

20 T. Kasser & K.M. Sheldon, 'Of wealth and death: Materialism, mortality salience, and consumption behavior', *Psychological Science*, 2000, vol. 11, pp. 348–51.

21 I. Dar-Nimrod, 'Viewing death on television increases the appeal of advertised products', *Journal of Social Psychology*, 2012, vol. 152, no. 2, pp. 199–211.

22 Dar-Nimrod, 'Viewing death on television increases the appeal of advertised products', *Journal of Social Psychology*, 2012, vol. 152, no. 2, pp. 199–211.

23 J.R.R. Tolkien, *The Silmarillion*, George Allen and Unwin, London, 1977.

24 'Obesity rate nearly triples in the United States over the last 50 years', USA Facts, 4 September 2019, usafacts.org/articles/obesity-rate-nearly-triples-united-states-over-last-50-years/.

25 'Overweight and obesity', Department of Health, Australian Government.

26 T. Kelly, W. Yang, C.S. Chen, K. Reynolds & J. He, 'Global burden of obesity in 2005 and projections to 2030', *International Journal of Obesity*, 2008, vol. 32, no. 9, pp. 1431–7.

27 www.ipcc.ch/srccl/; M. Howden, 'UN climate change report: Land clearing and farming contribute a third of the world's greenhouse gases', *The Conversation*, 8 August 2019; Food and Agriculture Organization of the United Nations, *In Brief: The State of the World's Forests: Forests, biodiversity and people*, 2020; D. Gibbs, N. Harris & F. Seymour, 'By the numbers: The value of tropical forests in the climate change equation', World Resources Institute, 4 October 2018, (www. wri.org/blog/2018/10/numbers-value-tropical-forests-climate-change-equation).

28 T. Kasser & K. Sheldon, 'Of wealth and death: Materialism, mortality salience, and consumption behavior', *Psychological Science*, 2000, vol. 11, pp. 348–51.

29 'Translation by W M Connolley of: Fourier 1827: MEMOIRE sur les temperatures du globe terrestre et des espaces planetaires', 30 June 2001 version, www.wmconnolley.org.uk/sci/fourier_1827/fourier_1827.html; J.R. Fleming, 'Joseph Fourier, the "greenhouse effect", and the quest for a universal theory of terrestrial temperatures', *Endeavour*, 1999, vol. 23, no. 2, pp. 72–5.

30 E. Foote, 'Circumstances affecting the heat of the Sun's rays', Art. XXXI, *American Journal of Science and Arts*, 2nd series, vol. 22, no. 66, November 1856, pp. 382–3, ia800802.us.archive.org/4/items/mobot31753002152491/mobot31753002152491.pdf.

31 *Electricity Supply in the United Kingdom* (PDF), The Electricity Council, London, 1987.

32 S. Evans and R. Pearce, 'Global coal power', *Carbon Brief*, 26 March 2020, www.carbonbrief.org/mapped-worlds-coal-power-plants.

33 'Global temperature', NASA, climate.nasa.gov/vital-signs/global-temperature/; D. Lüthi, M. Le Floch, B. Bereiter, T. Blunier, J.-M. Barnola et al., 'High-resolution carbon dioxide concentration record 650,000–800,000 years before present', *Nature*, 2008, vol. 453, pp. 379–82.

34 N. Jones, 'How the world passed a carbon threshold and why it matters', Yale Environment 360, 26 January 2017.

35 www.climate-change-performance-index.org/country-results.

36 M. Maslin, 'The five corrupt pillars of climate change denial', *The Conversation*, 29 November 2019.

37 *Denial of Death*, p. 70.

38 K.J. Ryan & C.G. Ray (eds), *Sherris Medical Microbiology* (4th ed.), 2004, McGraw Hill, pp. 484–8.

39 N. Rascovan, K.G. Sjögren, K. Kristiansen, R. Nielsen, E. Willerslev, C. Desnues & S. Rasmussen, 'Emergence and spread of basal lineages of Yersinia pestis during the Neolithic decline', 2019, vol. 176, no. 1–2, pp. 295–305.e10, doi:10.1016/j.cell.2018.11.005, PMID 30528431.

40 Nino Vitale, Facebook, 4 May 2020, (www.facebook.com/188497347685/posts/this-is-the-greatest-nation-on-earth-founded-on-judeo-christian-principles-one-o/10157503830002686/).

41 M. Boorstein, 'Prominent Virginia pastor who said "God is larger than this dreaded virus" dies of covid-19', *Washington Post*, 14 April 2020.

42 B. Cameron, 'I ran the White House pandemic office. Trump closed it', *Washington Post*, 14 March 2020.

43 D.G. McNeil, Jr, 'Scientists were hunting for the next Ebola. Now the U.S. has cut off their funding', *New York Times*, 25 October 2019; USAID–Predict, 'Pandemic Preparedness for Global Health Security', 17 March 2020, static1.squarespace.com/static/5c7d60a711f7845f734d4a73/t/5e95fb725309184f8a1e76b2/1586887590640/PREDICT+March+18+Data+Discussion.pdf.

44 'Population division, world population prospects 2019', United Nations, population.un.org/wpp/Graphs/.